中国新闻业年度观察报告
（2018）

An Annual Report on Chinese Journalism
（2018）

张志安⊙主编

人民日报出版社

图书在版编目（CIP）数据

中国新闻业年度观察报告 . 2018 / 张志安主编 . --
北京：人民日报出版社，2018.9
ISBN 978-7-5115-2689-2

Ⅰ . ①中… Ⅱ . ①张… Ⅲ . ①新闻事业－调查报告－
中国－ 2018 Ⅳ . ① G219.2

中国版本图书馆 CIP 数据核字（2018）第 210076 号

书　　名：	中国新闻业年度观察报告（2018）
主　　编：	张志安
出 版 人：	董　伟
责任编辑：	张炜煜
装帧设计：	阮全勇
出版发行：	人民日报出版社
社　　址：	北京金台西路 2 号
邮政编码：	100733
发行热线：	（010）65369527　65369512　65369509　65369510
邮购热线：	（010）65369530
编辑热线：	（010）65369514
网　　址：	www.peopledailypress.com
经　　销：	新华书店
印　　刷：	北京鑫瑞兴印刷有限公司
开　　本：	710×1000mm　1/16
字　　数：	320 千字
印　　张：	25
印　　次：	2018 年 9 月第 1 版　2018 年 9 月第 1 次印刷
书　　号：	ISBN 978-7-5115-2689-2
定　　价：	48.00 元

主办机构

中山大学传播与设计学院

中山大学全媒体研究院

编辑顾问委员会（按姓氏笔画排名）

冯建三	台湾政治大学
杜骏飞	南京大学
杨国斌	美国宾夕法尼亚大学
李金铨	香港城市大学
李良荣	复旦大学
吴　飞	浙江大学
陈韬文	香港中文大学
陈昌凤	清华大学
陈卫星	中国传媒大学
胡　泳	北京大学
赵月枝	加拿大西门菲莎大学
夏倩芳	武汉大学
唐绪军	中国社会科学院
展　江	北京外国语大学
黄　煜	香港浸会大学
喻国明	北京师范大学
潘忠党	美国威斯康星大学

主编

张志安　中山大学传播与设计学院

副主编

李艳红　中山大学传播与设计学院

编辑

王海燕　中山大学传播与设计学院

徐桂权　中山大学传播与设计学院

陈楚洁　中山大学传播与设计学院

特约编辑

王辰瑶	南京大学
白红义	上海社会科学院
刘海龙	中国人民大学
刘　鹏	《新闻记者》
朱鸿军	中国社会科学院
李立峰	香港中文大学
李红涛	浙江大学
沈　菲	香港城市大学
张洪忠	北京师范大学
张毓强	中国传媒大学
周葆华	复旦大学
胡翼青	南京大学
黄顺铭	四川大学
童静蓉	英国莱斯特大学
Marina Svensson	瑞典隆德大学

前 言

《中国新闻业年度观察报告》是由中山大学传播与设计学院、中山大学全媒体研究院主办的新闻传播学学术出版物，自2014年起由人民日报出版社连续出版。本报告遵循"独立、原创、可信"的理念，旨在观察中国传媒业（非注明外均不涉及港澳台地区）一年一度的最新变化、事件、话题和趋势，关注重大问题，把握变化逻辑，进行理论阐释。《中国新闻业年度观察报告2018》包括本刊专访、年度专题、年度观察、年度调查、研究述评五个部分。

第一辑的人物专访邀请到了美国威斯康星大学麦迪逊分校的达万·沙教授和香港中文大学的李立峰教授。达万·沙教授从传播学实证研究的角度探讨了数字媒体环境下政治传播与新闻传播的发展趋势，并建议学者可以从比较研究出发来探索人类传播行为的共性特征。李立峰教授则从公共传播的视角分析了数字化时代新闻业正在发生的变化，在这一空前活跃的图景中，机构新闻业面临的最大挑战是其作为公共传播中心的地位被撼动。由于新闻对于社会和公共传播的重要意义，新闻教育和新闻研究不能回避价值理念的问题，同时也需要扎实的经验分析来考察新闻业的现实与变化。

第二辑的年度专题是"数字时代新闻业的创新"。白红义的《从技术创新到新闻创新》梳理了现有的关于新闻业创新的研究文献，并立足于我国新闻业发展过程中的各类创新现象，提出创新的组织、创新的过程、创新的产品和创新的意义四个可展开理论和经验研究的维度，以及由政治—经济、社会—文化与技术—物质三种研究路径构成的分析框架，为我们理解当前数字化技术所推动的新闻创新过程提供了较全面的知识地图。

本期专题的其他论文则从中国语境出发,探讨了数字时代中国新闻业的创新趋势。张志安和汤敏的《专业媒体的格局变迁》通过考察新新闻生态系统中党媒与市场化媒体在经济产业属性与意识形态属性上历经的格局变迁,来把握当前中国专业媒体被重塑了的内外生态与实践形态,并分析了社会化传播语境下专业媒体生存发展所面临的挑战。陈楚洁《迎接新的"黄金时代"?》发现媒体创业的叙事具有精英化和浪漫化倾向,在多数情况下被等同为媒体人创业,且呈现出去新闻化、再媒体化的状态;媒体创业叙事勾连了创业者的职业历史、创业现状与媒体前景的想象,既召唤了创业精神和职业理想,也重新定义了"媒体"和"理想"。王海燕、科林·斯巴克斯、黄煜的《作为市场工具的传媒公信力》则对新闻业创新中的"公信力营销"进行了批判性分析,认为公信力营销做法的背后实际上折射出中国媒体生态的深层变化,带来媒体社会正当性的困境,为新形势下中国媒体的转型提出了许多挑战性的议题。

第三辑是中国新闻业的年度观察。这组文章延续了往年的写作思路,分别对2017年的重大传媒事件、传媒伦理话题、新闻摄影、新闻评论、公益新闻与公益媒体等领域的基本特征进行了回顾和分析,着力把握这些领域的最新变化趋势。其中,张志安和李霭莹的《2017年中国新闻业年度发展报告》从新闻传播者、新闻内容、传播渠道、受众、传播效果五个方面,以相关案例、事件和数据为基础,整体勾勒出2017年中国新闻业的主要特点和发展图景。戴玉的《2017中国数据新闻年度观察》和白玫佳黛等所撰的《2017中国性别新闻年度观察》是新增的两个主题观察,体现了本刊对新闻业新兴议题的关注。

第四辑收录的调查报告,从不同角度呈现了中国新闻业的发展面貌。张志安和曹艳辉的《新媒体环境下中国调查记者行业生态变化报告》是针对中国调查记者行业的第二次全国性普查,调查发现:调查记者行业面临严重的人才流失趋势,他们在择业动机、角色认知方面与首次调研结果高度相似,但职业认同感显著下降、工作自主空间有所收缩、职业忠诚度更加充满不确定性。张伟伟和郭小安的《新媒体从业者的媒介赋权认知及其影响因素探究》则针对成渝两地新媒体从业者展开调查，发现年龄、媒介依赖和政治效能感对新媒体从业人员的媒介赋权认知具有显著预测力。徐笛、欧杨洲的《中国数据新闻发展报告》通过对北京、上海、广州三地数据新闻从业者进行的问卷调查、深度访谈和行动研究，介绍了中国数据新闻从业者的基本构成、工作状况、从业情况以及价值认知，并分析了当下数据新闻面临的一些困境。陶建杰和宋姝颖的《新媒体环境下新闻学子专业学习状况及效果评价调查报告》则通过对上海地区八所高校新闻传播类专业本科生的问卷调查，呈现了新媒体时代新闻学子专业学习状况与效果评价。

第五辑是中外新闻业的研究述评。方可成和贾宸琰根据国际主流新闻学刊的论文，重点分析2017年新闻业研究的几个重要方面：自动化新闻和算法、假新闻和事实核查，以及民粹主义和议程设置等处于新闻研究和政治传播研究交叉领域的话题。虽然算法技术和数字平台更新迭代，但新闻专业主义、新闻业公信力和权威性、新闻生产过程中的影响因素等经典问题依然是学术讨论的焦点。徐桂权和尹子伊对本刊编辑部发起的"2017中国新闻业研究十佳论文"评选活动的获奖论文的新观点进行了回顾，力图从中窥探当下我国新闻业研究的发展图景，并为未来的相关研究提供可资借鉴的学术思路。

作为《中国新闻业年度观察报告》的第五部，我们相信本书对中国新闻业的实践者与研究者都有重要的参考价值。我们也期望，通过我们持续的努力，《中国新闻业年度观察报告》能够凝聚国内新闻研究学者的智慧，观察新闻业、研究新闻业、推动新闻业，使之成为中国传媒研究的新标杆。

目 录

前 言 ………………………………………………………………… 1

第一辑　本刊专访

数字媒体环境下的新闻传播学实证研究走向
　　——达万·沙教授学术访谈 ………………… 达万·沙　杨帆 / 3
数字化时代的新闻与公共传播
　　——李立峰教授学术访谈 …………………… 李立峰　王海燕 / 16

第二辑　年度专题：数字时代新闻业的创新

从技术创新到新闻创新：重塑新闻业的探索性框架 …… 白红义 / 39
专业媒体的格局变迁：党媒与市场化媒体的业态重塑
………………………………………………… 张志安　汤敏 / 64
迎接新的"黄金时代"？
　　——媒体创业叙事与创业者的认同建构 …………… 陈楚洁 / 75
作为市场工具的传媒公信力：
新媒体技术冲击与经济下滑双重压力下中国纸媒的社会正当性困境
………………… 王海燕　科林·斯巴克斯　黄煜 / 109

第三辑 年度观察

2017年中国新闻业年度发展报告…………… 张志安 李霭莹 / 139
2017年重大传媒事件盘点……………………… 范以锦 聂浩 / 159
2017年传媒伦理问题研究报告
………………《新闻记者》年度传媒伦理研究课题组 / 168
2017年中国数据新闻年度观察………………………… 戴玉 / 191
2017年中国新闻摄影年度观察……………… 杜江 马敏慧 / 206
2017年中国新闻评论年度观察………… 陈敏 张志安 黄睿 / 221
2017年中国性别新闻年度观察：性别平等体制建设的角度
………………………………… 欧阳黔 林源 白玫佳黛 / 235
2017年中国公益新闻与公益媒体年度观察… 周如南 冯敏仪 / 255

第四辑 年度调查

新媒体环境下中国调查记者行业生态变化报告
………………………………………………… 张志安 曹艳辉 / 273
新媒体从业者的媒介赋权认知及其影响因素探究
——一项针对成渝两地新媒体从业者的调查研究
………………………………………………… 张伟伟 郭小安 / 291
中国数据新闻发展报告——基于从业者的调查
………………………………………………… 徐笛 欧杨洲 / 303
新媒体环境下新闻学子专业学习状况及效果评价调查报告
………………………………………………… 陶建杰 宋姝颖 / 322
2017年电视新闻节目收视回顾………………………… 娜布琪 / 343

第五辑　研究述评

2017年全球新闻业研究趋势：剧变时代的追问和坚持
………………………………………… 方可成　贾宸琰 / 361
2017年中国新闻业研究的年度观点………… 徐桂权　尹子伊 / 376
2017年"中国新闻业研究十佳论文"评选结果
………………………《中国新闻业年度观察报告》编辑部 / 387

第一辑
中国新闻业年度观察报告 2018

本刊专访

数字媒体环境下的新闻传播学实证研究走向

——达万·沙教授学术访谈

达万·沙　杨帆

【达万·沙教授简介】

达万·沙（Dhavan Shah）教授是国际知名的横跨政治传播、健康传播两大领域的实证研究学者，自1994年来已在国际学术期刊如Communication Research，Political Communication，Human Communication Research，Journal of Communication， Journal of Computer-Mediated Communication，The Annals of the American Academy of Political and Social Science，Communication Theory，Health Communication等上发表论文120多篇，并出版过Toward Computational Social Science: Big Data in Digital Environments，News Frames and National Security: Covering Big Brother两本学术著作，著有其他书节共21篇章。曾入选12家学术杂志的编辑委员会，同时也担任顶级传播学会议AEJMC和ICA、政治学会议APSA的组织领导职务。2016年，达万·沙教授被选为国际传播学会（ICA）的学术委员会成员。

达万教授现任职于美国威斯康星大学麦迪逊分校新闻传播学院，组建并领导着该校大众传播研究项目、健康行为促进中心和社交媒体与西方民主课题组，同时也兼任威斯康星大学机械工程系、市场系和政治学系联合教授，研究兴趣集中于数字媒体对社会态度和健康支持的影响，并发展了三个细化的研究方向：（1）信息框架和信息处理对个体/组织决策和意见形成的影响；（2）网络社区中大众和个人传播对行为参与的影响；（3）电脑中介传播对癌症病人、老龄群体和药品上瘾者寻求社会支持并表达的影响。电脑辅助文本挖掘，机器学习和网络映射是现阶段采用的主要调查方法。

除此以外，达万教授还担任了一系列研究基金的主管和项目负责人。迄今为止，他涉及参与申请的研究基金已超过200万美元，获得过来自美国公共广播协会（PBS）、卡内基基金会、美国癌症协会（NIH-NC）、美国药物滥用委员会（NIDA）等十家政府、社会组织提供的研究经费。自2008年起，他开始领导美国癌症协会社科方法与理论分支小组。2011年，达万教授又参与领导了美国老龄化研究项目的三个课题小组，成为一名活跃在跨学科领域的传播学学者。

第一部分：学术经历

杨帆（以下简称杨）：作为美国新闻传播学研究的领军人物，你认为现在传播学实证研究，尤其是政治传播的现状及前沿方向是什么？

达万·沙教授（以下简称达万）：我认为新形势下的传播学发展主要集中在理论和方法两个层面。从理论上来说，过往的政治传播主要集中于经典的框架理论、政治参与、媒体效果的感知这三个领域，而今则扩张为更为复杂的叙述劝服（narrative persuasion）模式。当下西方，尤其是美国的政治传播研究，正在不停地朝着网络极化（polarisation）、新闻不信任度等归属民主机构如何蓬勃发展的大方向深入。而在效果感知的研究上，我们除了关注第三人效应和媒介偏向（hostile media effect）理论的变量外，还新增了不少其他新的指标，如对信息娱乐化的测量等。

从方法上来说，计算社会科学方法（computational social science）的发达让我们能有更多机会从事时间上的纵向研究。现在可以较少地依赖传统的问卷和实验等调查方式，让机器学习来观测舆论意见的走向并提炼理论。如先对Twitter，Facebook和YouTube上用户使用的数字痕迹进行共线挖掘，然后再总结规律或者发展已有的理论。总而言之，数字媒体冲击下的政治研究在理论和方法上都有非常大的变化。

杨：那在这两个方面发展的过程中，有没有一些重大的研究课题值得一提？

达万：谈到具体课题的话，我认为政治误导（political misinformation）是一个值得未来五年深挖的概念。在美国，总统特朗普的上台导致了网络民粹主义（populism）的泛滥，引发了学界关于民主党/共和党合法执政的系列讨论，这些讨论衍生开的有关政治极化、政治不信任等议题，都将在相当长一段时间内统治美国的政治传播研究。与此同时，计算机辅助方法在诸如语义分析和文本挖掘上，也都会有超越以往的发展。从世界范围来说，比较政治学，以及不同政治体系如何影响意见表达仍然是研究热门。

杨：在你的经历中，有哪些特别重要的阶段或者时刻对你的学术选择起到了关键作用？

达万：我想主要分为两个阶段。早期阶段深受框架理论（framing theory）在信息决策和影响人们观念上的影响，后期则受来自不同媒体使用习惯规律研究的影响较深。无论是电视还是现在的数字媒体，我都认为我们对他们的使用习惯影响了我们对信息内容的接受，无论这样的接受效果是积极的或是消极的。这也是促成了我现在对表达（expression）和接受（reception）效果研究的重要因素。我之前的研究已经发现，信息的表达，尤其是社交媒体上信息的表达，往往比对信息的接受，更对受众自身理解产生影响。

第二部分：新技术冲击下的新闻传播学研究特点

杨：你的个人学术经历横跨了政治心理、社会支持和计算机辅助方法研究，从你的观点出发，"传播"这个词，到底归根于一个领域还是一个概念？

达万：这是个很难界定的问题。"传播"可以是一个领域，因为这个领域已经积累了很多它自己的概念和方法，并且有着一套自成系统的测量量表。但当放到整个大的社会科学研究背景下，"传播"又是一个变量，衡量着社会关系的变化，并反映着不同社会结构的特点，从而影响到我们个体的意见形成、决策过程和行为表达。所以当对一些宏大的社会模型进行建构时，"传播"就会被当成一个变量。

就我个人而言，当下的传播学实证研究可能更偏向于一个领域，并且这个领域允许我们横跨各种学科背景，对同一个问题有着从政治科学、心理学、社会组织学、公共卫生、甚至是公共信息营销等不同角度进行解构的可能。这代表着这个领域走向成熟，虽然它包含了作为一个变量的多重性。

杨：如果"传播"是一个领域的话，它区别于其他社会学科的不同之处是什么？

达万：如果心理学是强调人类心理为对象，社会学关注系统和关系，那传播学则强调信息或者传播过程中的表达（expression）和接受（reception）。这两层效果可以表现为很多形式，比如说个人的博客、推特和主页状态，也可以存在于一部电影或者一篇新闻报道中。我们关注这两个效果中的社会角色，他们可以是专业人士，比如记者，也可以是普通大众。我们也关注是什么样的机制导致不同的社会角色在两层效果中的不同表现，如专业记者和普通大众对新闻的界定，对信息生产的不同理解等。诸如像Pamela Shoemaker 和Stephen Reese等学者已经研究了大众传媒在信息生产和传递中的功能[1]，而我们现在的课题，如起源于我们学院的CHESS项目[2]，则主要研究个人怎么生产信息，并且什么样的因素导致了他们表达和传递这些信息等问题。由于社交媒体的介入，现在的信息生产者既可以是庞大的媒体

---

[1] Shoemaker, P. J., & Reese, S. D.（2013）. *Mediating the message in the 21st century*: A media sociology perspective. Routledge.
[2] CHESS 项目全称为"the Center for Health Enhancement System Studies（CHESS）"。

机构，也可以是单个个体，而传播影响力的大小则取决于各种场景下对信息的接受广度和深度。这就是我认为的我们学科区别于其他社科的表达和接受效果研究，或者从传播的机构角度说，信息的生产和消费效果。

杨：那你认为社交媒体的出现，或者新媒体技术冲击下的传播学研究在这两个层面有什么发展？

达万：不断有研究表明，我们在社交媒体上的分享、评论等行为，催化着我们对社会议题的态度，并且让我们不停地形成自己的意见。我们当然也会暴露在成千上万的信息面前，但更为重要的是，我们表达，或者生产的信息总是或多或少反映了我们对事物更主动的认知。我们在浏览社交媒体上的信息时，总会面对多变的甚至是肤浅的内容，从而导致我们对处理这些信息时候的力不从心。而信息生产则需要人类在书写、编辑文字上投入较多的认知努力（cognitive effort），帖子发布者需要提前思考他发布内容的影响力，并通过这个过程直接或间接地理解自己的思维过程。从这个角度上来说，在社交媒体上发文比单纯地阅读、浏览信息更对个人产生影响。

杨：可以与我们分享下你的这个观点是由何而来吗？有没有一些特定的社会条件？

达万：这个想法的启发来源于James Pennebaker曾经写过的一篇在协商环境（deliberative setting）中，对经过思考的讨论塑造信息传播者意识的作用讨论。[1]我们现在进行的有关健康信息干预的研究也是基于此，所得到的结论部分或修改了有关信息表达作用更直接的理论。虽然现有的信息表达和接受还仅限于健康传播，但现在院里的课题小组正考虑将其与框架理论，公众参与等政治传播课题结合起来，尤其是政治信息生产对参与行为的影响还有待研究。

---

[1] Pennebaker, J. W., Mayne, T. J., & Francis, M. E.（1997）. Linguistic predictors of adaptive bereavement. *Journal of personality and social psychology*, 72（4），863.

第三部分：数字媒体与人类传播行为研究

杨：在你看来，什么是新媒体技术带来的真正传播行为变化？

达万：我认为新技术改变了我们的信息生产量。在新媒体出现前，我们习惯于通过对话、写信、或发表文章的方式传播自己的观念。而现在我们有着多种多样的，可为个人所用的大众传播渠道（自媒体）。我们在社交媒体上点赞、发表观点、转发文章、评论他人，并且从这些过程中得到他人的反馈，都塑造着我们之后在网络世界上分享的信息数量和质量。

另一个重大的变化则是线上关系对线下面对面关系的推动和重塑。人们通过网上世界长时间的互动，会在这种衍生的对话关系中获得社会支持，从而建立起更有意义或更深刻的联系。新媒体技术并没有改变人类天生需要交流和联系的本质。

杨：那你认为数字媒体技术对人类传播行为进行了哪些延伸呢？

达万：至少从社交网络存在感来说，数字媒体影响并扩大了人们对社交网络存在感的体验。以我女儿的高中生活举例。如果你活在40年前，你可能知道最近会有一个聚会。如果你被邀请了你会觉得很开心，而如果并没有你就会去做其他事情。但是社交媒体改变了这个情况。你会时不时地看到别人参加这个聚会的照片和帖子，会无意或者有意地注意到这个被"媒介"的聚会。这种意识使得我们并没有从那些互动（如"聚会"）参与中孤立出来。我们被社交媒体不断提醒着这种意识，最终可能增加心理上的负担感。具体来说，我们现在不仅需要关注自己在做什么，还不得不关注别人在做什么以及他们的行为对自己社会关系造成的影响。如果我在社交媒体上看到两个最好的朋友参加了一个我没被邀请的聚会，这又会对我的情感变化和未来的社交媒体行为造成什么影响？

在数字媒体渗透前，我们不会有这种问题，也不会有这样的担忧。但如今这种被"存在"的意识感被社交媒体渗透和普及，以至于我们轻易就注意到自己在社交网络中的存在。长久以后，被加强的存在感肯定会影响我们的心理动因。这可能是社交媒体或者数字媒体带来的对人类行为的变化。那这种影响会是持久的吗？会对社会关系乃至社会结构产生影响吗？这就值得传播学者关注了。

杨：媒介生态也正被社交媒体重新塑造，可否与我们分享下这些课题中的核心概念和已有发现，以及未来该领域研究发展的方向和问题？

达万：现在的课题主要集中在三个方向：一个是新技术干预健康信息传播和社会支持，另两个分别是社交媒体对西方民主的侵蚀和媒介生态与政治争议。

在健康传播课题中，我们主要关注手机App对寻求线上社会支持的作用，尤其是对个体信息表达的促进效果。我们可以从使用者的语言表达中提取出他们的心理特征，并通过这些心理特种预测什么时候进行信息干预最有效，如对药物上瘾者的戒断治疗等。

而在社交媒体与西方民主的课题中，我们则关注社交媒体信息流对舆论塑造的新影响。公共舆论既可以是问卷调查中那些关于态度测试的问题，也可以是那些人们主动公开披露的信息，那些他们愿意与其他受众分享的信息。而社交媒体的显著特点，就是提供了这种主动性的可能。所以我们会从人们在社交媒体上主动分享的信息，去观测它们与总统选举，与枪支管理等民意的关系。由于社交媒体自带的时间记录属性，我们还可以知道时间这个因子在线上线下交互中的动态作用，以及事件的爆发对民意长时间的影响，从而反作用于意见表达的效果。

课题的第三个方向是围绕媒介生态和它们怎么拟定政治争议展开的。社会中的小群体具有很高的统一性，但我们想要跨越团体之间的不同则非常不易。政治极化和分歧就是其中的一个表现，并且被社交媒体无限扩大。如果

你住在威斯康辛州,你会发现有很多小团体之间都有所谓的政治观点分歧。自由派和保守派有着不同的社会诉求,所以导致了他们互相质疑和不信任。自由派非常不信任集权机构,而保守派则不信任分散的小团体。这些不同又被宗教、种族等因素切割,瓦解着社会机体(social fabric)的各个层面。目前公众参与的主要问题并不是频率,而是即使我们参与了,也是建立在不信任和不一致的基础上的。这种"为了我赢你必须输"的观念正在侵蚀西方民主的根基,使得社会问题寻求解决方案变得异常艰难。

杨:那你认为这样的不信任和不一致是不是因为西方政治越来越被社交媒体化了呢?这种现象的出现又会带来哪些研究课题呢?

达万:我不认为社交媒体是导致政治极化的主要原因,因为传统的新闻媒体也正在高度极化。比如美国的Fox和MSNBC的新闻,它们播放的政治类评论带有高度的政治倾向。这个过程可以被标签为社会分类(social sorting)。我们本来就愿意和那些与自己有相同观念的人接触,也更愿意把自己归属为其中的某个群体。这就导致了我们的接受新闻的网络和社交媒体网络都呈现群聚性。在美国来说,就是人们主动把自己归为保守派或自由派。虽然我们有时并没有主动选择分类,但由于被绝对地暴露在有分歧和争议的信息中,它们背后所蕴含的意识形态将长久地改变我们对事件的认知。

至于谈到媒介生态在这个过程的作用,我认为主要来自对共享事实(shared fact)的不同报道,而这个报道角度又受媒体背后的政党意识形态所支配。在当今的美国,是否信任FBI都已经变成了争议性话题。这是很罕见的。尽管曾经的自由派会不信任执法机关,但大部分人还是会对某些机构,如FBI持有一定信任度的。现在这种情况因为媒体的介入已经不复存在了。

杨:线上线下的新闻议题具体是怎样根植这种民众不信任的呢?

达万:我认为传统媒体和互联网上的议题对于根植这种不信任都是起推

波助澜作用的。在麦迪逊新闻学院有不少学者已经致力于分解这个过程了。以研究本地新闻生态的课题为例，我们用网络科学的分析方法将本地新闻、本地社交媒体公众号、公共舆论和政治对号连接起来，找到了推动本地政治冲突剧化的那些关键环节，试图了解人们的政治表达和意见交换是如何塑造他们对本地公共事物态度的。新闻报道在其中起到了话题引领和加强群体不信任感的双重作用，也鼓励了人们对本地事务的关注。但很重要的问题则是它们对分享事实上的分歧，比如自由派媒体和保守派媒体的不同解读。正如我一直强调的那样，如果在对一些事实上无法共享事实，最终是无法就社会问题达成统一答案的。

杨：就你看来，就新闻议题设置本身，网络和传统媒体又是如何相互影响的呢？

达万：我认为它们彼此提供了不同的叙述框架，而某个框架的流行度决定了两个平台的互动走向。具体来说，记者总是会用某些特定的观点或语言去谈论一个事件，或多或少带有了精英阶层对这个社会的解读。但由于社交媒体的开放性，使得受众可以在一定程度内选择他们是否接受这种框架定义，具体表现为他们是否乐意转发、点赞和认同。这就导致了术语"虚假新闻（fake news）"能大行其道，而希拉里致力推广的"Trumped up trickle down"① 因为无法得到受众喜欢而普及度低。所以以往的以精英意识形态为主的新闻话语在网络上不一定得到传播，而网络舆论则摇身一变，成为衡量受众接受度的重要指标。正因如此，传统媒体开始关注互联网流行的俗语，从而间接地影响了对新闻议题的塑造。

---

① 此为希拉里在总统竞选时针对特朗普的涓滴经济政策（trickle down economics）提出的针对性经济口号。

第四部分：新闻内容创新和中美比较研究

杨：新闻创新有哪些新的形式？为什么新闻创新值得学界探讨？

达万：我们院的Sue Robinson教授研究新闻创新对内容生产的影响，发现美国对调查类新闻的创新投入越来越少[①]。我们对即时类和评论类的新闻往往采用很多先进的数字模式，但是深度新闻却很少见有质上的变革。造成这种现象的原因主要有两方面：一方面是传统新闻媒体，如报纸、电视等，自身技术上无法与数字媒体比拟。另一方面也来源于基于政治争论引发的对新闻媒体的攻击。这种对新闻机构的不信任会导致西方民主整体陷入危机，因为从本质上来说，我们需要可信度高的媒体对政府进行监督和平衡。

杨：中国与美国有着截然不同的媒介体系。从研究者的角度出发，我们该怎么运用这样的差异来形成通用的理论呢？

达万：我认为从共性上来说，中西方的传播学研究都需要关注人类传播行为的特点。比如说我一直强调的信息表达过程和效果。因为社交媒体的某些特征是不变的，人们对信息的接受、分享和传播行为都是有共性的。即使是在中国，我也想大胆揣测网民会对自己写的，或生产的文字、图片有更高的价值认同，而这个过程对他们的影响，会比只是阅读或接受网络信息更为有效。

而另一个挖掘通用理论的方面则是传统的比较研究。探讨问题包括不同媒体系统下对同一主题的内容生产，比如中美在对东亚事务上的不同民意等。这些都可通过比较双方的新闻报道得出结论。但是这种比较有一个弊端，就是在政府管控较严的地区会有内容审查，使得对比的基准线有偏差。

---

① Robinson, S.（2011）. Journalism as Process: The Labor Implications of Participatory Content in News Organization. *Journalism & Communication Monographs*, 13（3）, 138-210.

所以就跨地区研究来说，我还是认为应该更关注人类传播行为的共性，找到一些对社会问题具有实际效应的解决方案。比如就健康信息传播情境下的社会支持问题，无论是在美国还是中国，都可以从受众情绪化的语言表达中挖掘出行为规律，从而进行有效的信息干预。

附录： CHESS研究课题部分发表结果

Han, J. Y., Shah, D. V., Kim, E., Namkoong, K., Lee, S. Y., Moon, T. J., ... & Gustafson, D. H.（2011）. Empathic exchanges in online cancer support groups: distinguishing message expression and reception effects. *Health communication*, 26（2）, 185-197.

Kim, S. C., Shah, D. V., Namkoong, K., McTavish, F. M., & Gustafson, D. H.（2013）. Predictors of online health information seeking among women with breast cancer: the role of social support perception and emotional well-being. *Journal of Computer-Mediated Communication*, 18（2）, 212-232.

Kim, E., Han, J. Y., Shah, D., Shaw, B., McTavish, F., Gustafson, D. H., & Fan, D.（2011）. Predictors of supportive message expression and reception in an interactive cancer communication system. *Journal of health communication*, 16（10）, 1106-1121.

Kang Namkoong, Dhavan V. Shah, Bryan McLaughlin, Ming-Yuan Chih, Tae Joon Moon, Shawnika Hull & David H. Gustafson（2017）. Expression and Reception: An Analytic Method for Assessing Message Production and Consumption in CMC, *Communication Methods and Measures*, DOI: 10.1080/19312458.2017.1313396.

Jeong Yeob Han, Robert Hawkins, Timothy Baker, Dhavan V. Shah, Suzanne Pingree & David H. Gustafson（2017）. How Cancer Patients Use and Benefit from an Interactive Cancer Communication System, *Journal of Health Communication*, DOI: 10.1080/10810730.2017.1360413.

Yoo, W., Shah, D. V., Chih, M. Y., & Gustafson, D. H. (2018). Predicting changes in giving and receiving emotional support within a smartphone-based alcoholism support group. *Computers in Human Behavior*, 78, 261-272.

其他参考文献:

1. "Revising the Communication Mediation Model for a New Political Communication Ecology," Dhavan V. Shah, Douglas M. McLeod, Jaeho Co, Hernando Rojas, Michael Wagner, and LewFriedland, *Human Communication Research*, forthcoming. DOI: 10.1111/hcre.12115

2. "Opinion Leaders in Online Cancer Support Groups: An Investigation of their Antecedents and Consequences," Eunkyung Kim, Dietram A. Scheufele, Jeong Yeob Han, and Dhavan V. Shah, *Health Communication*, 32(2): 142-151, February 2017. DOI: 10.1080/10410236.2015.1110005.

3. "How Trump Drove Coverage to the Nomination: Hybrid Media Campaigning," Chris Wells, Dhavan V. Shah, Jon C. Pevehouse, JungHwan Yang, Ayellet Pelled, Fred Boehm, JosephineLukito, Shreenita Ghosh, and Jessica L. Schmidt, *Political Communication*, 33(4): 669-676, October-December 2016. DOI: 10.1080/10584609.2016.1224416.

4. "Dual Screening During Presidential Debates: Political Nonverbals and the Volume and Valence of Online Expression," Dhavan V. Shah, Alex Hanna, Erik P. Bucy, David S. Lassen, Jack Van Thomme, Kristen Bialik, JungHwan Yang and Jon Pevehouse, *American Behavioral Scientist*, 60(14): 1816–1843, December 2016, DOI: 10.1177/0002764216676245

"Conversation is the Soul of Democracy: Expression Effects, Communication Mediation, and Digital Media," Dhavan V. Shah, *Communication and the Public*, 1(1), 12-18, March 2016. DOI: 10.1177/2057047316628310.

（杨帆为威斯康辛麦迪逊分校在读博士生。曾参与中山大学传播与设计学院第三届"海外青年传播学人访学项目"，研究兴趣为数字媒体环境下的社交媒体行为和计算机辅助语义分析。）

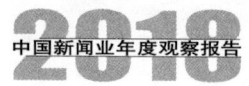

数字化时代的新闻与公共传播

——李立峰教授学术访谈

李立峰　王海燕

【摘要】

当代意义下的机构性新闻实践,是近两个世纪现代社会对公共传播这一问题所提供的答案。然而,伴随着互联网的崛起和数字化年代的到来,传播去中心化的趋势越来越明显,机构性新闻实践的社会正当性遭遇越来越多的挑战。但作为公共传播的一部分,新闻关乎一个社会如何发掘、组织和传播与公众利益相关的资讯,是永恒存在的重要问题。作为新闻研究学界,在当下环境下需要观察和思考的是,传统意义下的新闻正在出现什么变化,是否会以新的形式和构成出现,它在多大程度及在什么意义上仍然是或者不再是公共传播的中心。在本期的学术访谈中,香港中文大学李立峰教授对这些问题进行了一一剖析,他的主要观点包括:(一)作为谈论新闻研究的起点,我们首先要对"新闻"这个词的两重不同意义进行区分,一个对应的是英文中的 news,一个是英文中的 journalism,两者关系紧密但不必然相关,有着相互重叠但又相互独立的一套理论和问题。(二)伴随着数字媒体的崛起,新的传播过程、传播中介、制度基建、以及新的行动者都在形成,在这一空前活跃的图景中,机构新闻业面临的最大挑战是其作为公共传播的中心的地位的撼动。(三)基于"大数据"的研究是大势所趋,但"大数据热"需警惕,认真考虑"数字方法"到底是什么、怎么用更加可取。(四)新闻教育不只是职业训练,新闻教育和新闻研究都不能完全回避价值理念的问题,但过分看重应该不应该的问题也不一定可取,学术研究还是要多做扎实的经验分析。

【关键词】

传播去中心化　机构性新闻实践　社会正当性　公共传播　制度基建　大数据　数字方法

进入21世纪以来，新媒体技术迅速发展，数字化时代加速到来，从方方面面改变着社会的形态，也改变着新闻传播的制度格局和社会实践。面对当今社会越来越明显的传播去中心化趋势，建立在主导20世纪的"大众媒体"和"大众传播"理论根基上的新闻研究学界也有着诸多反思。在新媒体的背景下，新闻学研究面临着哪些挑战，又有哪些机遇？有哪些新的议题、新的现象值得关注？如何挑战着我们固有的理论和方法认知？创新和拓展的空间何在？在这样的背景下，我们访谈了香港中文大学新闻与传播学院李立峰教授。李立峰教授研究兴趣广泛，涉猎政治传播、大众舆论学、社会运动研究和新闻学研究等多个领域，自2003年从斯坦福大学博士毕业到香港任教短短十几年时间，已经发表论文150多篇、英文学术专著4本，另编辑论文集4本。他目前是两本SSCI期刊 *Mass Communication & Society* 和 *The Chinese Journal of Communication* 的副编辑（associate editor）。自2017年8月开始，李立峰教授任香港中文大学新闻与传播学院院长。

一、数字化年代的新闻：公共传播与文化实践

王海燕（以下简称王）：我们最初的想法是大致谈谈新闻研究的问题，但在我们为这个访谈做准备的沟通过程中，我留意到你做了小小的修正，你说我们来谈谈新闻与公共传播（Journalism studies AND public communication），那么我想问的第一个问题是，你认为"新闻"（journalism）应该如何定义？它与公共传播的关系是什么？

李立峰（以下简称李）：在你的提问里，你把新闻等同于英语中的journalism，我反而想先往后退一步，从中文词语"新闻"的两重不同意义讲

起。有趣的是，在英语中，journalism和news是两个不同的字眼，中文却只用"新闻"一词来代表两者。我觉得，把journalism和news分开，有些问题比较容易说得清楚。简单地说，news指的是一些受众之前未曾听闻的新资讯。广义地看，news不只是新闻机构提供的东西，它是在我们日常生活里不停出现的东西，社会学者Herbert Gans（甘斯）几年前写过一篇反思什么是news的文章，就很强调这一点。例如很多人每天下班回家后会跟家人分享当天发生的事情，那些被分享的讯息和故事，也是news。值得留意的是，在这些日常生活中出现的"新闻"，其实跟新闻机构提供的新闻已经有不少共通的地方，例如在日常生活中，我们会视谈话对象是谁而决定跟对方分享什么资讯，我们也会判断哪一些资讯值得分享，亦即是说，我们在日常生活领域中分享的"新闻"，也会有"新闻价值"和受众兴趣的考虑。

当然，日常生活中的新闻通常只是一些属于私人领域的讯息，大概只有自己身边的人会有兴趣知道或者会受到影响。但社会上也存在着很多具"公共性"的讯息。所谓具公共性，回到John Dewey（杜威）的说法，不外乎是指讯息及其指向的事情，对社群中所有人都有一定的影响，关乎一个群体的利益。于是，任何社会或社群，都需要处理一个根本问题，就是跟公众相关的、具公共性的资讯如何能有效地被发掘、组织和传播，让社会里的人都可以得知相关资讯，以及可以根据资讯决定个人的行为以致对公共议题进行讨论。这就是公共传播（public communication）的问题。

顺着以上的思路，我们可以说，当代意义下的journalism，是近两个世纪现代社会对公共传播这一问题所提供的答案。Journalism指的是一种制度化的社会实践和通过这种社会实践而产生出来的、具备某些特定形式的"文本"。在大多数情况下，这种社会实践由在资源丰厚的机构内工作的、专职的受薪人士来负责。同时，这批专职人士又发展出一套价值和理念，指导和规范自己的工作，确立自己的工作的正当性（legitimacy），以及防范外界对其工作的不合理干扰，传播新闻的工作也因此成为一种专业。而那些机构组合起来，就成为了社会上的新闻媒体系统，其整体上的功能，就是向大众发送大家需要知道的和应该知道的讯息，监察社会，促进讨论。

随着科技和社会变迁，近年学界的确有不少"如何重新定义新闻"的讨论，我甚至听过一些国内的学者朋友说，journalism好像变得没有那么重要或值得研究。但若根据以上的讨论，我们可以说，公共传播的问题，即一个社会如何发掘、组织和传播跟公众利益相关的资讯，是永恒存在的重要问题。我们需要观察和思考的，是传统意义下的journalism正在出现什么变化，它是否会以新的形式和构成出现，以及它在多大程度及在什么意义上仍然是（或者不再是）公共传播的中心等问题。例如几年前美国出版的一本名为Will the last reporter please turn off the lights（最后一位记者请关灯）的论文集，讨论美国新闻业在数字转型下的"危机"，文集中很多文章，就可以粗略地分为两派，一边认为如果新闻机构难以继续生存，会对公共传播构成很大的伤害；另一边却认为互联网带来的是新的公共传播模式和形态，新闻机构的功能会被新的实践和现象取代，所以人们无须执着于新闻机构的未来。换句话说，如果一个学者关心的是公共传播，那么传统意义下的journalism是否仍然是那么重要，的确是一个可以反思的问题。

王：你在区分"新闻"这个词的两个英文表达news和journalism时，格外提到公共性（publicity）的概念，就像你所说的，news从广义上来理解，其实就是新鲜资讯，new的复数形式，new-s，它可以是关于公领域的资讯，也可以是关于私领域的资讯；可以是专业人士与普通公众之间的沟通，也可以是普通公众与普通公众之间的沟通。在前一种沟通背景下，news通过journalism传播，具有机构性的色彩；而在后一种沟通背景下，news并不一定通过journalism传播，或者至少不需要机构性的journalism来传播。但其实现在，我们看到越来越多的非机构性的journalism实践，也看到越来越多的在公共空间传播关于私领域话题的news。这可能是在现时环境下研究者们谈论起"新闻"来常有概念不清的困惑的原因，不仅是因为在中文语境中难以对"新闻"的news和journalism两个层面的意涵进行区分，而且也因为不管是news还是journalism，其形式越来越多样，新型实践层出不穷，如果我们对"新闻"的理解过于狭义的话，的确容易陷入困境。不知你认为有哪些角度能够让我

中国新闻业年度观察报告

们在当今情况下更加有效地谈论"新闻"的复杂性?

李：从公共传播的角度来看，如果我的理解没有错误的话，有很多其他现象在中国扮演着重要的角色，比如，政务微博的传播功能和影响可能比传统新闻媒体更大。这里当然有场景和脉络的因素，因为大陆的新闻界在制度上从属于国家，在新闻工作者的观念中，相比起西方社会，也不会太强调公开的监督和批判功能。德国学者Thomas Hanitszch（托马斯·汉尼驰）统筹的一个全球大型比较研究，在66个国家/地区对新闻工作者进行了抽样调查。其中一个研究结果就是若将新闻工作者的理念放到一个"跟政府合作—监督政府"的维度上，中国大陆的新闻工作者的态度，是66个国家/地区中最强调合作的几个之一。不过，不管在规范意义上我们喜欢合作多一点还是监督多一点，我觉得当新闻媒体少强调监督的话，媒体在报道跟政府和政策相关的资讯时，未必容易做到有很大的附加价值，因为在新的传播环境中，普通百姓为什么不直接看官方渠道的发布呢？这也指向我在以上提及的去中心化问题，但去中心化的程度和形式，在不同政治社会环境下并不一样。

回到你问题的重心。的确，新科技带来新的可能性，也因此带来新的实践，很多时候，这些新的实践会冲击我们对新闻的理解。例如1992年，Elihu Katz（卡茨）在Journal of Communication（传播学刊）上发表过一篇文章，讲述他观看关于1991年海湾战争的电视新闻报道时的感受和观察。那篇文章题为The end of journalism（新闻的终结）。Katz（卡茨）的批评对象，是CNN当年的现场直播式的报道，Katz（卡茨）认为那些现场直播根本不算新闻（journalism），因为新闻（journalism）一定涉及编辑工作（editing）——不是指狭义的新闻机构内部分工中的编辑工作，而是概念上的资讯筛选、整理，和诠释的工作，新闻不只是报道事实和资讯，而是向受众提供对事件和议题较完整的"故事"，让受众能够理解该事件和议题。相比直播科技，互联网带来的可能性更多样化，而且互联网使所有人都可以参与内容生产和传送，自然产生更大的冲击。例如面对着公民新闻（citizen journalism）出现，我们也可以问，是不是一位百姓拿着手机拍下一次意外事件的一些影像，然后放到网上，就等于做了记者的工作，这种讨论也是在问一个基本问题，就是什么才"称得上"是新闻。

要留意，既然我们说新闻的定义在演变之中，那么新闻应如何定义，可不是学者们可以说了算的。我们需要的是一种有利于分析新闻如何演变的思路。这里，我们也许可以参考文化研究大师Raymond Williams（威廉姆斯）对"文化"一词的分析。他指出文化一词可指向三种东西：文明、生活方式和文化产物。我想指出的是，Raymond Williams认为我们无须把文化简化为三种意思之一，也无须尝试把三种意思归纳为一个完整的定义。我们要做的是通过了解这三种意思之间的异同，以及它们之间的错综复杂的关系，来分析各种跟文化相关的现象和问题。

如果我们用同样的思路去考虑新闻的话，就是要理解新闻既指向news，亦指向journalism。就算只集中在英文journalism一字，事实上，新闻机构提供的产品就是journalism，但在规范意义上，有某些特征的才算得上是journalism。而随着科技发展，普通人也有可能生产出在规范意义上"合格"的journalism。我们没有必要——坦白说亦没有办法——消除新闻一词的多义性，但如果我们对这些不同的意义和它们之间的关系能有较敏锐的触觉的话，我们会更能够了解新闻正在如何演变。

王：从公共传播的角度来看新闻（journalism）的话，它只是公共传播的一种形式，与政治宣传、公共关系等，虽然在实践形式、规范、伦理上有所不同，但归根结底都是关于公共事务的传播。但从另外一个角度来看，公共传播也可以说只是新闻（journalism）的一种形式，因为新闻不仅可以关于公共传播，也可以关于非公共传播，比如明星八卦的娱乐新闻，或者现在比较新鲜的，是以非公共传播的形式进行的公共传播，比如穿着睡衣或者内衣的网络主播用不太标准的语音向她的"粉丝"播报着时事新闻。请问你认为我们应该如何看待这种非公共传播的形式的新闻？

李：你在这个问题中包含了两个其实颇不一样的议题。让我先谈你所指的"非公共传播的形式进行的公共传播"。要留意,这也不是什么新现象。20世纪90年代开始,西方的新闻学和政治传播学就有很多关于资讯娱乐化的讨论。所谓资讯娱乐化,其指向的现象,包括一些时事资讯和讨论越来越多地在娱乐节目里出现,也包括原来严肃专业的新闻内容的娱乐化,当这个现象在报业出现,也常被称为小报化。我不在这里系统地回顾那些文献和讨论了。就谈谈你举的例子,我没有看过那些睡衣或内衣主播如何报新闻,但面对着这一现象,我想有几个问题是很重要的。第一固然是她们播报的内容,是什么样和什么题材的新闻?那些新闻内容本身是否具备公共性?第二和更重要的,是粉丝在看她们的直播时,是一种什么样的接收模式(mode of consumption)?这里所指的接收模式,是法兰克福学派很强调的东西。同样的一件艺术品,可以是人们细心欣赏和冥想的对象,也可以是游客们纯粹慕名而至,拍张照片,证明自己曾到此一游的对象。所以,就算报道的是认真的新闻内容,问题是受众是否认真地去了解和思考内容。这也是为什么专业新闻工作者对娱乐化的表达形式会很抗拒,因为报道形式可以影响接收模式。

不过,我们也要留意,资讯娱乐化的影响,也不一定完全是负面的。我们也要问,那些网络主播会否接触到一些平时反正不会看新闻的人?另外,平时会看严谨的新闻报道的人,会否转向了只看那些网络主播?换句话说,她们对新闻资讯在社会上的传播面和接触面有什么影响?资讯娱乐化的其中一个可能的正面影响,是令新闻资讯传播面更广,以及收窄不同教育程度及社会阶层的市民对新闻的认识的鸿沟。无论如何,从直觉上,我固然不觉得这种现象很健康,但它的实际影响是什么,是要通过经验研究才能说清楚的。

至于你的提问涉及的另一个议题,是跟公共传播并不直接相关的新闻。的确,很多新闻机构生产的内容,并不涉及狭义的公共事务。这也是为什么新闻学研究和政治传播学只是部分重叠的学科。新闻学研究中,也有学者从其他出发点来分析新闻。例如一些文化研究学者可以把新闻看成一种普及文化,如果从这个视角出发,那么体育娱乐八卦等都会是很重要的研究题材。

我从个人的角度去谈谈这点吧。我一直以来都有一个想法，就是开一门名为"新闻与普及文化"的课程。这课程可分三部分，分别为关于普及文化的新闻、作为普及文化的新闻，以及普及文化里的新闻。用英文表述，就是journalism of popular culture，journalism as popular culture，和journalism in popular culture。每一部分，都有一些有趣和重要的议题。例如关于普及文化的新闻，娱乐新闻向来都是普及文化的互涉文本（intertextuality）的一个重要组成部分，它也可以跟普及文化工业的发展和运作有密切的关系，其实我一直不明白研究普及文化的人为什么不多点研究娱乐新闻。又例如普及文化中的新闻，即是例如关于调查新闻的美国电影《聚光灯》（*Spotlight*）和《总统班底》（*All the President's Men*）或电视剧《新闻编辑部》（*Newsroom*）等文本如何呈现记者、新闻机构和新闻工作，可以建构公众对新闻工作的认知，也可能影响公众对新闻机构和记者的态度和信任。至于作为普及文化的新闻，则有较多新闻学研究者处理过，重点通常是文化观念、常识，或叙事框架如何在日常的社会新闻中反复出现。正如Jack Lule（鲁尔）在这方面较经典的著作，名为*Daily News, Eternal Stories*，日常的新闻，说的是永恒的故事。我们其实可以通过分析新闻来了解文化。所以，换个视角，一堆不一样的问题就出来了。不过多年来始终未有时间和机会开这一门课。

二、数字化年代的新闻研究：去中心化与制度重建

王：随着数字化年代的到来，传播环境发生很大的变化，过去我们不需要特别说明，说到"传播"，自然指的是"大众传播"，说到"媒体"，自然指的是"大众媒体"，这是20世纪的主流故事。但是现在，传播越来越去中心化，大众分散为各种不同的群体或者"小众"，媒体的形态也是百花齐放。在你看来，这种传播环境的变化对新闻研究意味着什么？

李：传播环境的确发生了很大的变化，因为数字科技跟之前很多新传播科技不一样。例如电视的出现，使新闻的传播多了一种形式，多了一些渠

道，以及媒体系统可能多了一些机构，但它没有改变"大众"传播的基本格局。数字媒体不一样的地方，在于它们往往只是平台的提供者而不是内容的提供者，在数字平台上提供内容的，有传统的新闻机构，有新兴起的传播行动者，有千千万万的普罗大众。不过，数字平台虽然不一定提供自己的内容，却可以主宰内容提供者能接触到多少受众，也有能力抢走内容提供者的收入。它一方面对传统新闻机构的营运模式造成很大的打击，另一方面又促进了新传播行动者和新传播机制的出现。

那么复杂多样的变化，不容易在简短的访谈中系统地论述。但对新闻研究和教育，以及传播学整体而言，有两点我是较为重视的。第一，在大众传播的年代，主流的传播学研究，大都离不开"生产—内容—接收"这三个部分。无论是英国文化研究讲的编码／解码模型，抑或是媒介效应或新闻生产等研究范畴，都指向那三部分或三部分之一或二。在内容和接收之间出现的发布过程（distribution process），是很少有人研究的，例如报纸贩售方式和网络，我不敢说没有人研究过，但肯定为数不多，亦没有进入新闻研究的主流视野。同样，大众传播和人际传播如何扣连在一起，新闻讯息如何通过人际网络流通，早期的芝加哥社会学派学者，如Robert Park等，固然有一定的论述，Elihu Katz（卡茨）和Paul Lazarsfeld（拉扎斯菲尔德）的二阶传播理论，也是重要的文献，但自60年代之后，相关的理论发展和经验研究也不多。

不过，在数字媒体，尤其是社交媒体的年代，对新闻发布和传送过程的分析变得越来越重要。相关的研究可以很多形式出现，简单一点的，一些研究者会分析什么因素或内容特征，会使得新闻内容在网络和社交媒体上更多被分享，分享价值（shareworthiness）和传统的新闻价值（newsworthiness）之间有多大差异。另外，意见领袖（opinion leadership）这个概念，在近几年的传播研究中又再次"热"起来。这都是因为大家明白，在网络上，人们往往不是从新闻机构那里直接接触新闻内容，而是通过朋友的分享而看到新闻。

一些学者也开始尝试为新闻在网络上的发布和传送做一些较为系

统化的理论建构。Esther Thorson和Elizabeth Wells于去年在学术期刊*CommunicationTheory*（传播理论）上发表了一篇讲述"策展流"（curated flow）的文章，是一个不错的例子。两位作者指出，新闻内容在数字和社交媒体上的流通，越来越取决于各种策展者（curator）如何选择内容。他们把社交媒体上出现的策展者分为五类，分别为新闻界策展者、代表商业机构或政治团体的策略策展者、个人策展者、代表各种社会组织和力量的社会策展者，以及社交媒体平台本身的演算策展者。这些策展者的运作逻辑和理念并不一致，而他们的运作及互动，造成各种复杂多变的资讯流通路径。

我在最近的一篇学术文章中，也尝试分析新闻资讯在网络上的流通及其过程中可能出现的新闻事件本身的转化，但我强调的不只是"策展流"，而是网络上的行动者在传播新闻资讯时，往往会对新闻资讯加以诠释和评论，甚至为新闻事件创造新的框架、重新定义事件的中心议题，或引导议程发展的方向。所以，新闻在网络的传播不只是一个资讯流通的过程，也可以是一个新闻事件转化和发酵的过程。我以政治资讯循环（political information cycle）为主要概念，通过对资讯循环中的动态过程的分析，我们可以看到传统新闻机构和网络上的新行动者之间如何互动，以及传统新闻机构在网络时代的力量和限制。

除了发布过程的重要性外，另一个研究者需要多思考和关注的重点，是制度重建的问题（institutional reconfiguration）。我指的制度重建，是指传播在制度层次上的基础建设出现了什么变化，使传播渠道和过程出现什么新的可能性和机会。正如中国大陆发展高铁，交通基建出现了重要变化，人们如何在城市之间移动也会因新的可能性和机会而变化，要了解人的流动，首先要搞清楚交通基建系统。传播也是一样，要了解新闻和资讯的传播，首先要搞清楚资讯传播的系统和制度基础。

这点其实在上面的讨论中已显现出来。在大众传播的时代，数量有限的新闻机构掌握着接触普罗大众的钥匙。专业新闻工作者就是公共资讯的把关人，用英国前首相撒切尔夫人的说法，他们掌控着公共性的氧气（the oxygen of publicity）。换句话说，大众传播时代的公共传播的基本形态，就是所有社会和政治行动者都要通过主流媒体来跟"大众"沟通。

当然,就算是大众传播时代,另类媒体和小众媒体也是存在的,但它们的力量和影响非常有限。而互联网和社交平台的出现,降低了媒体内容的复制和传送成本,助长了另类媒体和小众媒体的发展。政府、商业机构,以及社会组织等亦可以通过网络直接接触目标受众。同时,互联网让很多新的行动者和数字中介(digital intermediary)出现,在网络上资讯爆炸,参与受众注意力竞争的单位也是前所未有的多,大众分裂成众多的小众,主流新闻媒体在公共传播中的中心位置无可避免地受到挑战。

在这个背景下,研究者需要关注的是公共传播的制度基建(institutional infrastructure)发生了什么变化。当然,这里的困难,是公共传播的制度变迁仍然在急速进行之中。以香港为例,过去几年,有很多以策展新闻为主的网媒出现,这些网媒资源不多,没有多少第一手的新闻报道,它们往往是把传统新闻媒体的东西在筛选、拼凑和重新包装后推送出去,同时,传统新闻的营运则面临很大的挑战,但若传统媒体生存不了,那些以策展新闻为主的网媒,也会失去内容来源。到底有多少传统媒体机构和多少以策展为主的网媒会以什么样的方式共存,是未知之数。另外,脸书是香港最多人使用的社交媒体,也是很多新闻机构和网媒在互联网上接触读者的最重要的平台,但脸书本身其实也要面对流失年轻使用者的挑战,它在全球各地不停试验新的演算法,而这些试验对新闻媒体通过脸书接触读者的能力有很直接的影响。脸书会否继续成为网络新闻传播的最重要的平台,会直接影响有什么类型的行动者能以什么样的方式参与公共传播。但无论如何,我们首先要对一个社会中公共传播的制度基建有一个准确的描述,才可以更恰当地分析新闻的传播。

王:当社会从报纸、电视主导媒体的年代进入互联网主导的年代,我们一方面需要重新审视传播模式的变化,在报纸、电视年代,研究者主要关注的是生产(production)和接收(reception)两个环节的问题,而在互联网年代,在生产和接收两端之间,有一个发布(distribution)过程存在,而且变得越来越突出；另一方面，我们也需要看到新的环境下公共传播的制度基建的变化，新的制度基建在形成并发挥作用。我想在这一空前活跃的图景中，最难以忽视的部分可能是各种各样的行动者，比如新闻创业者（journalism entrepreneurs）、机构新闻工作者、自媒体人士，以及你刚说的策展人（curator）等。请问你认为这对记者（journalists）工作的影响是什么？

李：要回答这个问题，我们要留意在网络上的新闻发布和传送过程，对传统新闻机构来说，有两个异常重要的特征。第一，传统的新闻产品——无论是一份报纸或一则电视新闻报道——都是捆绑式发布的，即是说很多内容被捆绑在一起，你不可以只买一篇报道，一买就是整份报纸。第二，负责发布工作的不是负责内容生产的新闻工作者。例如一份报纸，负责内容生产的新闻工作者在完成了工作之后，负责印刷和发布过程的另一些员工，他们会将整份报纸生产出来，然后根据发行网络传送到报贩、商店，及订户手上。但今时今日，尤其在社交媒体的世界中，新闻内容是每一则每一则地发布的，而且负责发布的就是编采部的人员。这对记者自然构成很大的压力。

首先，当一份报纸是捆绑式发布时，销量是一份报纸的销量，而不是一篇新闻的销量。同时，当内容是捆绑销售时，一份报纸其实不需要每一篇文章都有很多读者。有时，有些内容的重要性不是它能带来大量读者，而是它能带来小量的不一样的读者。所以，记者做好自己负责的部分就可以了，不用太顾虑自己的那篇文章有多少人看，反正也不可能知道准确数字。但在当今的网络环境中，每一则内容的浏览量、点赞人数、分享人数等，在机构内部都是一目了然的，这些数据，对新闻机构及记者均构成压力。第二和更重要的，是编采部门的人员要直接负责发布的工作，亦即是说他们要承担一些自己不熟悉的工作，而且这里涉及的不只是要学习新知识新技能。在性质上，发布其实可以算是市场推广的范畴。所以，一些传统新闻工作者抗拒学习在网络上如何有效率地发布新闻，不只是因为觉得困难，也是因为在专业意识上，他们抗拒承担市场推广的工作。不过，在欧美地区，大部分新闻工作者都接受了编辑室要同时负责发布工作的现实。

这又带到第三点,就是很多新闻机构现在会聘请人员专门负责网络传送和读者联系的工作,例如近年多了很多社交媒体编辑、增长编辑(growth editor)、社群编辑(community editor)等职位,而他们都是编辑部门的人。亦即是说,新闻行业的职位结构也正在发生转变。这里指的行业职位转变,不完全等同于之前谈论的制度重构,这里指的是新闻行业和机构内部,旧有的职位有哪些会减少,有哪些会消失,有哪些新职位出现,不同职位之间的分工以及权力关系有什么演变等。

三、数字化年代的研究方法:"大数据"与"数字方法"之辨

王:互联网和数字化的崛起不仅是传播环境变化的问题,也是一种新型的现代性,在方方面面重塑着社会的形态。对研究者而言,这为我们带来新议题、新思维方式、新理论图景、同时也有新方法。比如现在"大数据"是个"热"词,基于"大数据"的研究炙手可热。的确,如果技术可以让我们研究母本(population),我们为什么还要去研究样本(samples)呢?所以有学者呼吁,在新闻研究的领域,大数据的方法也应该尽快用起来。请问在你看来,新闻研究在方法上有哪些突破的路径,与大数据结合的可能性和必要性在哪里?

李:基于所谓大数据的研究的确是大势所趋。但我想首先指出,大数据这个词语的意指其实不大精确,因为很多人在运用这个词语时,指向的是颇不一样的东西。有人用大数据来指向所有规模庞大的数据库,有人用大数据来指向所有从网络而来的数据,有人则强调只有像百度、阿里巴巴、Google、Facebook等机构手上的才算得上是大数据。社会科学学者可以如何看待大数据?Rob Kitchins(基钦斯)的 *The data revolution*(数据革命)是颇值得参考的,但我们不在这里仔细讨论大数据本身的问题了。我个人觉得,既然是谈论方法,用数字方法(digital methods)这个字眼可能会较好。要留意的是,我用的英文是复数的,数字方法不是单一的方法,而是泛指各种涉

及网络内容数据挖掘、收集、整理,以及分析的方法。

对新闻学研究而言,数字方法也是越来越重要的,因为它们对解答某些问题至为关键。举个例子,我刚在德国慕尼黑大学参与一个工作访谈,学者Neil Thurman(屠尔曼)谈他的研究,关于英国报纸《独立报》在去年停刊印刷版。研究问题是,印刷版消失后,读者花在阅读印刷版上的时间会全数转移至阅读网上版、部分地转移至阅读网上版,抑或是完全不会转移至网上版?要回答这个问题,传统研究方法不是完全不可以用,我们可以想象在印刷版未停刊之前做一个调查研究,询问《独立报》读者花在印刷版和网上版的时间,然后,在印刷版停刊后再做一个调查研究,询问同一批读者花在《独立报》网上版的时间,通过前后比较,我们可以测量原本花在印刷版的时间有没有过渡至网上版。不过,这方法在实行上很困难,首先是因为我们很难一开始就预知某报纸在什么时候会突然停止印刷版。其次是调查中被访者的自我评估不一定很准确。最后是用以上方法,我们只有前后对比,不能更仔细地追踪阅读量如何随时间演变。但如果我们能掌握《独立报》网上版的流量和读者阅读时间,我们就可以非常准确而且仔细地回答上面的研究问题(至于研究结果,Neil Thurman的发现是读者花在阅读印刷版上的时间完全不会转移至网上版)。

另外,如上面提及的,什么样的内容特征和其他因素,会影响新闻内容的分享程度,就更加是需要用到数字方法才能回答的问题。又或者我在上面提到的自己最近的文章,要分析新闻内容如何在社交媒体流通,和其间的动态过程如何做成新闻事件和议题的变化,也是要先通过一些新发展出来的网络内容搜寻器把大量相关内容先挖掘出来,才可以开始进行分析。

但要留意的是,以上的例子,全部都是先有了我们需要关注的现象,想问的问题,然后去运用一些恰当的甚至是必要的数字方法。那不是因为数字方法存在而且很流行,所以就为用而用。从这个角度看,更基本的是我们如何通过观察和反思新闻与公共传播的转变,修正和发展我们的问题意识。当然,在学者的实际工作过程中,有时我们也会因为知道了一些方法学上的发展,然后被启发去问某些问题。但在学理上,问题始终是先于方法的,只有问对了问题，研究答案才有意义。

另外，面对数字方法，我们也要跟面对传统研究方法一样，留意方法的限制。例如你提到，有了母本就不用样本。问题是，我们用什么具体方法来分析母本？用一个实际例子来说，如果我们的母本是300万篇新闻文本，我们如何进行内容分析？现在较常用的方法之一，就是所谓情感分析（sentiment analysis）。但以我的理解，到目前为止，无论是通过词库发展出来的系统，抑或是通过机器学习，自动化的情感分析，其可靠度（reliability）都是非常有限的。而且，有一些问题，可能还是要通过人手编码才较易做到。在这种情况下，通过电脑化的情感分析去分析母本，从所得数据的准确度、资料的丰富度，和结论的可靠度而言，其实不一定比抽一个样本来做人手的内容编码好。我不是批评和反对电脑操作的情感分析，说到底，它还有一个很实际的好处，就是节省时间和人力（假设分析系统已经存在的话），视个别研究的需要和研究者手上的资源，情感分析固然可以在个别研究中非常有用，而且我也不敢小看发展这些方法的人，将来能把相关方法完善到什么程度。但我觉得要记住的是，数据的大小只是一个次要的问题，数据的素质，以及我们能否从数据诠释出什么东西，才是更重要的问题。这也是另一个我不太喜欢"大数据"这个字眼的原因。

王：你不喜欢"大数据"这个字眼可能是因为它听起来好像重视数量大过质量，同时也因为它没有非常准确地描述方法到底是什么，而且这个词比较"热"，研究者可能容易走入材料优先于理论和问题、方法优先于理论和问题的路径，最终却走不出材料和方法本身。不过话又说回来，方法优先的研究是否就一定没有意义呢？就像我们经典的研究方法里面有一个扎根理论（Grounded Theory）的方法，虽然不受鼓励，尤其对于理论功底不深的初级研究者，但是，有时候一个娴熟的研究者从材料出发，再往上抽象，最终可能做出很有创建的理论贡献，比如James Scott（斯考特）关于东南亚农民的研究。这个问题你怎么看？

李：也许要澄清几点。第一，虽然大家都在说"大数据"，但现实的情况并不是说我们能很轻易地掌握数据。事实可能相反，近年很多对大数据和数字方法的较批判性的讨论，都围绕着谁有能力去收集网络数据这个问题。学术界能掌握的数据，远远比不上大型网络公司和政府掌握的数据"大"。就算只计算学术界，从事一些进阶的数字方法研究所需要的资源和基础建设，也不一定是所有院校都有的。另外，纵使有了资源去收集数据，网络数据的清理也很花时间和功夫。所以，用数字方法做研究，也不一定那么轻松容易。

更重要的，回到研究问题、理论和概念，以及方法之间的关系，你提到研究是否也可以"方法优先"，那么我们要搞清楚所谓"方法优先"是什么意思。其实我在上面的答案中已经提到，在现实的研究过程中，先有方法和数据，然后才找出问题、论点和意义，的确是经常出现的事情。这里我们甚至不需要以人类学做例子，就拿一个我自己很喜欢的经典的新闻学研究为例——Daniel Hallin（哈林）对sound-bite news的分析（编注：sound-bite即电视新闻中对消息来源的直接引述）。Hallin（哈林）指出，美国电视新闻中的sound-bite，在20世纪60年代到80年代之间缩短了很多，他以此为切入点，分析美国新闻界越来越直接及高度介入政治传播过程，而越来越短的sound-bite是高度介入的一个指标。我很喜欢这个研究，是因为它充分展现了一个好的研究如何能见微知著。很多年前，我问过Daniel Hallin（哈林）这个sound-bite news的想法是怎样出来的，他说其实意念来自他做博士论文时，要分析美国电视新闻横跨多年的越战报道。在过程中，他无意地发现了sound-bite越来越短这现象，于是他开始思考这个现象的成因和意义，所以，该研究就是一个先有数据，后有问题和观点的案例。

对我来说，从事学术研究，往往是在现实（或关于现实的数据）以及理论性或概念性观点之间来回穿梭的过程。有些学者习惯从现有理论出发提出问题，更多学者可能习惯从现实或数据出发提出问题。不过，Daniel Hallin（哈林）的例子也说明，从现实或现有数据中找出值得研究的问题，其实不一定需要大量数据，真正需要的是一种洞察力。Rob Kitchins（基钦斯）在

The data revolution（数据革命）中也指出，数据多，噪音也多，研究者要从数据中找出值得深入分析的东西其实更难。Daniel Hallin（哈林）当年做内容分析，看过多少新闻报道，面对着多少内容分析的数据？但他就是捉到了日渐缩短的sound-bite这个切入点，而那篇研究之所以成为经典，是因为他能够阐释出那些数据的社会和政治意义，他能凭着数据说一个新闻在政治传播中的角色演变的故事。所以，我仍然会强调研究问题和概念观点在学理上的优先性，无论实际起点在哪里，一个研究的意义，在于它解答了一个什么样的问题，尤其是就着该问题在概念或理论层次上说明了什么。

王： 海量（或者大量）数据的存储和获得的可能性，的确带来方法上的创新可能性，并且由于方法而赋予的可能性，可能启发研究者去问一些以往想都没有想过的问题。你认为，在关于新闻研究领域，有没有一些这样的问题出现呢？

李： 有很多新的研究问题被提出，不是纯粹因为方法的转变和发展，更基本的是新现象的出现。上面已经提到过一些例子，如什么因素影响新闻内容被分享的频率，又或者新闻内容在一个循环不息的动态过程中如何转变，以前不会提这种问题，不是方法存不存在，而是这些问题指向的现象存不存在。

当然，我不否定方法和数据的发展本身可以影响人们思考研究问题时的方向。以近年突然非常流行的网络分析（network analysis）为例，其实很多网络分析中的基本概念和方法，已经存在了很多年。网络分析的基本特征，不在数据大小，而是数据是以一群研究对象之间的关系为单位的。以前要获取这种类型的数据是殊不容易的，但在互联网和社交媒体上，我们却较容易获得这种类型的数据。所以，研究者便可能多了使用网络分析，在思考研究问题时也多了往网络结构和关系的方向去想。

四、新闻的规范视野与经验视野

王：到目前为止我们这个访谈主要是从公共传播的角度来谈论新闻，但是正如你所提到的，新闻与普及文化的点子也非常好，把新闻当作一种文化或者文化实践来看待，我们看待新闻的角度也许更加丰富。如果这样去看：新闻就是记者们在做的那些事情（Journalism is what journalists do），而不仅仅是记者被期待去做的那些事情（Journalismis not just about what journalists are expected to do），也就是说，如果从规范性研究的路子走出来一点，也许可以大大拓展我们的研究图谱。

李：西方的新闻学经验研究，从来就是分析新闻机构和记者在做的事情或生产出来的内容。正如我在上面提过的，我们不用把"记者在做的事情"和"记者应该做的事情"设定为非此即彼的两种问题。很多研究是一方面在分析实际上记者做什么，但另一方面又有规范性的价值理念或评判标准为背景。最简单的例子，是西方社会中一个关于新闻媒体在报道选举新闻时是否客观中立的分析，这种研究很多时候都假设了新闻媒体应该在选举报道上客观中立。又例如Joseph Cappella（卡培拉）和Kathleen Jamieson（吉米森）对选举新闻中的新闻框架的经典研究。两位研究者指出，美国媒体的选举报道多使用策略框架，亦即将选举视为争夺权力的候选人之间的竞赛，报道着重分析候选人的选举策略和选情走势等，媒体较少使用议题框架，亦即较少把选举视为不同政策理念之间的辩论场。他们亦通过实验研究发现，以策略框架来报道的新闻会使读者更为犬儒，以及有较低的投票意欲。而在这些分析和结果背后的价值理念假设，就是健康的民主社会需要公民的积极参与，而促进公民参与也是新闻媒体的职责之一。

在跟选举有关的新闻研究以外，情况也是一样。20世纪70年代兴起的新闻室观察研究，如Gaye Tuchman（塔奇曼）的*Making News*（做新闻）、Mark Fishman（费史曼）的*Manufacturing the News*（生产新闻）等，表面上只是分

析新闻机构的内部运作，但其结论往往指向新闻机构及新闻内容如何向建制倾斜，新闻机构未能做到真正独立于政治权力之外。这种观点之所以重要，固然也是因为背后的价值前提——在欧美自由主义新闻观中，新闻的自主性和独立性非常重要。

那么，新闻学研究一定要有规范性理念作为背景吗？当然不是。就算是关乎公共传播的新闻学研究，也不是每一个个别研究都需要跟新闻的价值理念或社会功能直接拉上关系。在某种意义上，新闻学研究的图谱本来就已经很宽阔了。不过，很多研究领域都会有它的重心问题，而重心问题是什么，就要回到"我们为什么要进入这个研究领域"这个基本问题上。我们为什么要花时间研究新闻？为什么其他人应该花时间留意我们的研究成果？这又回到访谈一开始的讨论了。至少对很多西方学者来说，新闻之所以重要，是因为新闻对民主社会和公共传播很重要，相关的问题自然也有较多学者处理。

当然，因为研究者个人兴趣也好，对研究的多元化本身有所追求也好，社会环境不一样也好，研究者不妨发掘其他的研究路向。不过，我们逃避不了的是如何理解和阐释新闻学研究的重要性。如果新闻与普及文化真的是一个值得多发展的路向，那不会只是因为两者的确有关联，也是因为普及文化本身就很值得研究。

王：我记得有一次Elihu Katz（卡茨）到香港参加一个国际会议（大约在2010年，香港城市大学的李金铨教授组织的），会上大家讨论到我们应不应该谈论新闻应不应该的问题，卡茨插了一句，如果没有关于新闻应该怎样不应该怎样的规范性说法，新闻教育就没法进行下去了。作为香港中文大学新闻与传播学院的新晋院长，这个问题你应该不会没考虑到，也可能是你要面临的很重要的问题，请问你的看法如何？

李：谈到教育问题的话，我会从大学教育是什么这个问题出发，而我要提出的起步点很简单，就是大学不是单纯的职业训练机构，当然，有一些学科，例如医学或电脑或工程学科，从学术研究得来的知识跟行业实践较为紧密相连，而且这些学科享有认知垄断（cognitive monopoly），亦即这些学科涉及并垄断了一套非常精确的和高度技术性的知识，一定要花很长的时间系统学习。因此，大学会有这些学科，训练学生成为工程师和医生等，可以理解。

相比之下，新闻学不涉及认知垄断。在世界上绝大部分的国家和地区，读新闻不是做记者的必要条件，或者说，读大学其实也不是做记者的必要条件。同时，新闻学研究和新闻实践的关联不大。学者从事的新闻学研究，主要是从社会或人文科学的角度进行，剖析如上面讨论的，像新闻媒体在公共传播里的角色、新闻媒体报道重要事件时的表现，又或者是新闻与文化的关系这些问题。一方面我相信，如果新闻工作者能多点认识和思考这些问题，对他们的实务工作也会有助益。但另一方面，大部分新闻学学术研究的结果，的确没有直接的应用性。很多对传播学不甚了了的记者一样可以非常出色。那么问题就来了，既然大学不是单纯的职业训练机构，新闻又不涉及什么极其高深而需要长时间系统学习的知识，为什么大学需要有新闻教育？为什么我们不把一些新闻院系都变为像社会学、人类学一样的纯学术学科，不跟行业直接挂钩，然后让一些职业训练机构或新闻机构自己替有志入行的人提供所需训练？

我相信，有人倒真的会觉得大学不需要新闻系，事实上，哈佛、耶鲁、普林斯顿、牛津、剑桥都没有新闻系啊！但假设我们要为大学的新闻教育寻找理据，最重要的不外乎两个相关论点。第一，就是整个访谈里不断提及的，新闻对公共传播——也因此对整个社会——的重要性。在现实中，新闻可以是一门生意，但本质上它不是一门生意，它是一种公共服务（public service）。第二，因为新闻是一种公共服务，新闻工作不只是一种职业，它是一种专业，甚至是一种志业（vocation）。所以，新闻教育不是职业训练。我们也可以说，在大学里读新闻的人，就算毕业后不当记者（而现实中很多新闻系毕业生不会真的当记者），他们都会成为对社会有更深入了解的，更有公民素质的人。

如果这样去理解大学里的新闻教育的话，那么Elihu Katz（卡茨）的观点自然是对的了。把应该不应该的问题去掉，即是把新闻的专业性质去掉，把新闻在公共传播中的作用也去掉。我不会说新闻教育无法进行下去，我会说，不如把大学里的新闻院系变成纯学术研究的院系，职业训练留给其他机构做就可以了。

当然，这并不是说我们要一天到晚不停地和开宗明义地谈应然的问题，以上所说的是新闻教育背后有价值理念的基础。在很多具体的课程中，这些价值理念是不言而喻的。

不过，我承认以上是较为理论性的推演。也许我们也要思考，为什么有人会觉得谈论新闻时不需要或甚至最好不要讨论"应然"的问题。我并不在你提及的那个会议上，所以不清楚那时候的讨论背景。但我想，大陆的学术研究有较强的思辨传统，有不少研究文章，可能只停留在讨论应该不应该的问题。在这个背景下，如果有人提出，新闻研究最好少谈一些应该不应该的问题，多做扎实的经验分析，而且在诠释经验材料时，不要被我们自己的一些规范性观念主导，而是尽量客观地去看，或者对自己的成见如何影响自己对经验材料的解读有察觉和反思。如果是在这个意义上少谈应该不应该，我是能够理解，甚至赞同的。

学术研究和教育，既不能完全回避价值理念的问题，但也不能过分被单一的价值理念主导，在一些场景中，可能是谈得太少，要多留意一点；在另一些场景中，则可能是已经谈得太多，不如少谈一点，都是有可能出现的。

（李立峰，香港中文大学新闻与传播学院教授，主要研究兴趣：政治传播、大众舆论学、社会运动和新闻学研究。
王海燕，中山大学传播与设计学院副教授，主要研究兴趣：新闻学、数字化媒体、职业群体、媒体与性别、传播政治经济学。
文章原载《新闻与传播评论》2017年卷，第2—23页。由刊物编辑授权本刊登载。）

第二辑
中国新闻业年度观察报告 2018

年度专题：
数字时代新闻业的创新

从技术创新到新闻创新：
重塑新闻业的探索性框架

白红义

【摘要】

以互联网为代表的数字技术已经成为形塑新闻业的重要力量，它使新闻业陷入困境的同时，也为未来的发展带来机遇。新闻业主动或被动地启动创新过程、研发创新产品以应对困境，寻找新的发展方向和路径。新闻创新现象的涌现又引发了新闻创新研究的兴起。本文详细梳理了现有关于新闻业创新现象的研究文献，试图为我们理解当前数字化技术所推动的新闻创新过程提供更全面的知识地图。

【关键词】

新闻创新　新闻业　危机

一、新闻创新作为分析透镜

在技术冲击和经济衰退的双重裹挟下，传统新闻业似乎进入了"危机"时刻。[1]数字媒体的快速发展被认为是导致传统媒体逐渐陷入困境的主要原因，许多媒体试图通过变革与创新适应当前的数字化环境以维系新闻业的发展。这些新闻业发生的创新现象起初被媒介管理和媒介经济学者在媒介创新

---

[1] Zelizer, B., "Terms of Choice: Uncertainty, Journalism, and Crisis," *Journal of Communication*,v Vol.65,No.5,2015,pp.888-908.

（media innovation）的范畴内进行少量讨论。①随着新闻创新案例的大量出现，新闻研究者也开始关注这一话题并生产出诸多成果，在研究的议题、视角和路径等方面都与传统的媒介创新研究形成差异。新闻创新现象不是始自今日，而是始终存在于新闻业的发展历程中，只不过我们在当下开始以这样的概念来界定类似的现象。

在早期的研究中，学者们往往以技术决定论的态度讨论新闻业中的技术创新，认为其必然会自动带来相应的社会变迁，但后续的经验研究却证明这些猜测近似于数字乌托邦而非一个有扎实经验基础的解释框架。②技术创新虽然早就成为讨论新闻业适应新的社会和市场趋势的关键面向，但却很少成为研究的焦点。③而在新闻社会学的文献中，受制于既有的研究兴趣和理论路径，创新和变迁问题成了研究的盲点。④在线新闻室的出现则为以参与式观察、深度访谈等为主要方法的新闻生产研究提供了新的田野地点。因此，新闻创新研究一开始通常都集中在对在线新闻的研究上。大量关于在线新闻生产的民族志研究已经发现，技术发展与其他因素一起形塑着在线新闻的实践。这种建构主义的研究视角认为，技术创新是一个发生在特定地点（新闻室）、因特定行动者的决策而演化的、历史性的嵌入过程，强调技术与新闻业的相互塑造。⑤

在线新闻室的出现意味着传统新闻业对于技术创新的主动回应，新闻创新成为应对技术变迁的重要方式。斯廷森（Steensen）认为，创新之所以成为研究在线新闻的重要视角是出于两个原因：其一，当代的经济危机使创新成为一个主宰变迁话语的流行词，所有的行业都要面对危机的挑战，新闻业尤

---

① Dogruel, L., "What is so special about media innovations? A characterization of the field," *The Journal of Media Innovations*, Vol.1,No.1,2014,pp.52-69.

② Spyridou, L., Matsiola, M., Veglis, A., Kalliris, G., & Dimoulas, C., "Journalism in a state of flux: Journalists as agents of technology innovation and emerging news practices," *International Communication Gazette*, Vol.75,No.1,2013,pp.76-98.

③ Cottle,S.,& Ashton,M., "From BBC newsroom to BBC newscentre: On changing technology and journalist practices," *Convergence*,Vol.5,No.3,1999,pp.22-43.

④ Schmitz Weiss, A.,& Domingo, D., "Innovation processes in online newsrooms as actor-networks and communities of practice," *New Media & Society*,Vol.12,No.7,2010,pp.1156-1171.

⑤ Schmitz Weiss, A.,& Domingo, D., "Innovation processes in online newsrooms as actor-networks and communities of practice," *New Media & Society*,Vol.12,No.7,2010,pp.1156-1171.

其如此，因其绝大多数的收益都来自广告；其二，在线新闻因新技术的采用而诞生，它本身就是一种技术创新的产物，因此，从一开始，它就被创新话语的框架所限定。①创新在实践层面对于新闻业的意义正是新闻创新研究得以兴起的重要现实因素，不仅是新闻实践者关心的问题，也成为新媒体研究范式转移中的一个重要研究趋势。②新闻创新浪潮虽因技术创新而引发，但并不局限于新闻业对于新技术的采纳和应用，而是已经广泛影响到了新闻业的方方面面。"它不仅包括新闻生产最前端的产品和方法的创新，而且是涉及组织作为主体的结构创新、行政创新、市场创新，以及涉及在变迁中的组织场景中进行工作的'个体行动者'的工作方法创新，工作关系和实践社区之重构的复杂过程。"③本章将以新闻创新（journalism innovation）作为统摄性名词④，对有关新闻业中创新现象研究的各类文献进行梳理，除了展示这一领域的研究状况外，还试图提出在中国语境下进行新闻创新研究可关注的议题和路径。

二、创新视域下的新闻业变革

新闻业应对数字化挑战的各种策略并不全是创新，这就涉及对何为新闻创新的理解。在媒介创新研究领域，不同学者从不同维度对其进行了界定，尚未形成一个广为接受的定义。⑤有学者强调了媒介创新的两个基本维度：其一是变化（changing），即媒介的哪些方面正在发生创新；其二是新颖（degree of novelty）的程度，即创新是有限的还是深刻的，它有什么样的影

---

① Steensen,S.,*Back to the feature. Online journalism as innovation, transformation and practice*,Ph.D. Dissertation, University of Oslo,2010,p.61.
② Pavlik, J., "Trends in New Media Research: A Critical Review of Recent Scholarship," *Sociology Compass*,vol.7,no.1,2013,pp.1-12.
③ 李艳红：《新闻创新与新闻业的数字化转型》，2016年未刊稿。
④ 在英文文献中，media innovation、news innovation、journalistic innovation、newsroom innovation、journalism innovation 等名词都指涉新闻业中特定的创新现象。
⑤ 关于现有研究中对媒介创新概念的描述，参见 Dogruel, L., "Opening the black box. The conceptualising of media innovation," In T.Storsul & A.H.Krumsvik, eds.,*Media innovations: A Multidisciplinary study of change*,Göteborg: Nordicom,2013,pp.29-44。

响。①上述两个维度对于新闻创新研究同样具有意义,不过学者们更多是从变化的角度来讨论不同类型的创新现象,而且集中在两种类型:其一是产品创新(product innovation),其二是过程创新(process innovation)。②产品创新指的是一种新物品或一种新的质量的物品的引入,过程创新是一种新的生产方式或者一种新的管理商品的商业手法的引入。在新闻创新领域,前者关注的是新传播技术在传统新闻业内引发的巨大变化,后者是对新技术被接受、采纳、扩散的过程进行描述。也就是说,前者表明了创新是什么,后者则是对创新如何展开的过程进行描述。当然,产品和过程的划分只是一种理论上的分类,二者的区分并不是那么清晰,经常出现一个创新既是产品创新也是过程创新的情况。

(一)产品创新

博奇科夫斯基(Boczkowski)对新闻创新进行了开创性的研究,其研究焦点在于融合(convergence)产品。作者发现,纽约时报的技术部门改换了报纸内容,保留了记者的传统角色,并且把受众想象成一个对技术一无所知的群体。休斯顿纪事报网站的虚拟航行计划则把受众想象成技术精明的人,期望记者扮演传统的把关角色,他们要拥有能够通过多媒体收集、处理和传送内容的技能。新泽西在线以用户授权内容和双向交换为特点,记者在其中的角色是促进者和调节者。这些个案研究展示了新闻组织如何设想它们的在线产品和在线受众。③亚当斯(Adams)把报纸的在线版本视为一种创新产品,他对美国周报的研究发现,大多数报纸在发展它们的在线版本时并没有遵从任何类型的创新管理策略,对一种新兴技术的采用和管理以一种"相当随意的方式"在进行。多数报纸经理声称他们没有为此设计商业计划或为推动在线报纸的成功而制定具体的目标,几乎有四分之三的报纸在启动在线报

---

① Storsul,T., & Krumsvik,A.H., "What is Media Innovation?," In T.Storsul & A.H.Krumsvik, eds.,*Media innovations*: A Multidisciplinary study of change, Göteborg: Nordicom,2013,pp.13-28.
② Evans, S. K., "Making sense of innovation: Process, product, and storytelling innovation in public service broadcasting organizations," *Journalism Studies*,Vol.19,No.1, 2018,pp.4-24.
③ Boczkowski,P.J.,*Digitizing the News: Innovation in Online Newspapers*,Cambridge, MA: MIT Press,2004,p.179.

纸之前没有研究目标市场或进行受众研究。不过，研究发现这些报业经理对于报社员工关于出版在线报纸的疑问、需求和关切十分重视，多数还让员工参与到决策过程中。因此，在利用新技术出版在线报纸的过程中，报纸没有遇到任何来自员工的阻力。①

随着数字化程度的加深，新闻业不得不根据技术的要求改造自己的运作方式，以即时性（immediacy）、互动性（interactivity）、参与性（participation）为代表的新的观念正在塑造着新闻实践。②这些新观念的出现是基于互联网技术在新闻业内具体运用的展示，对于新闻业的数字化运作却具有相当的普遍意义。不少新闻创新产品也围绕这些特性而被研发出来。奥斯特塔格（Ostertag）和塔克曼（Tuchman）研究的一个名为"新奥尔良之眼"（The New Orleans Eye）的在线新闻网站就代表着传统媒体对参与的吸纳。该网站由当地一位著名的公民记者创办，网站设在当地的Fox News8电视台的新闻室，成员包括博客写手和前纸媒记者，每两周发布一次调查性报道。该网站代表着一种创新的新闻生产模式，它的主要特点是将传统的受众吸纳进新闻生产过程，与专业记者一同来制作新闻。③韦斯（Weiss）和沃尔夫梅耶（Wulfemeyer）的研究则探讨具有网络特点的内容创新是如何被新闻组织提供的，他们特别注意了互动性、多媒体、用户生产内容、社交媒体推广等代表了网络特征的新内容的供给。通过检视新闻媒体主页上的内容，来确定到底有哪些具有网络特色的在线内容被提供、有多少类型的网络特色内容被提供以及不同的媒介类型之间是否存在差异。作者发现，报纸和地方电视台的主页要比新闻广播表现出更多的多媒体特征，它们已经进入创新采用的实施阶段，而新闻广播仍处在起始阶段。④

格雷夫斯（Graves）等人研究的是美国政治新闻中的事实核查（fact-

---

① Adams,J.W., "Innovation Management and U.S. Weekly Newspaper Web Sites: An Examination of Newspaper Managers and Emerging Technology," *International Journal on Media Management*, Vol.10, No.2, 2008,pp.64-73.
② Usher, N.,*Making News at The New York Times*,Ann Arbor, MI: University of Michigan Press,2014.
③ Ostertag,S.F.,& Tuchman,G., "When Innovation Meets Legacy," *Information, Communication & Society*, Vol.15,No.6, 2012,pp.909-931.
④ Schmitz Weiss, A.,& Wulfemeyer, T., "Newspapers, TV news offer more online innovation," *Newspaper Research Journal*,Vol.35,No.2,2014,pp.100-118.

checking），这一新兴的新闻实践致力于评估政客们的政治说辞的准确性。事实核查的兴起提出了两个问题：一是这种报道方式如何深刻地渗透进标准的政治报道。它不仅在记者中间很流行，也被一些精英媒体所广泛采用。几乎每个全国性的新闻机构都在提供某种类型的事实核查，包括美联社、《纽约时报》《华盛顿邮报》等。然而，占据美国新闻业多数的依旧是地方和区域性媒体，在这些机构所提供的政治报道里事实核查又是如何普及的？二是事实核查如何以及为何在新闻业内流行开来、对于理解专业内的创新扩散有何借鉴意义。一种观点认为，政治记者及其媒体对事实核查的接纳是出于对一种已获专业认可的创新性实践的接受；另外一种观点认为，由于面临商业和技术上的压力，媒体和记者对于受众需求越来越敏感，事实核查不过是对读者需求的回应。作者通过实地实验（field experiment）方法发现，政治记者愿意采纳事实核查更多是出于专业考量，将其视为一种符合专业价值和理想的操作方式。[1]

吉涅德（Gynnild）研究的是新闻报道中的机器人目击（Robot Eyewitnessing），与它意义相同的另一个词是无人机新闻（drone journalism）。[2]在新闻实践中，现场目击对于记者的权威性具有重要价值，记者依靠在场目击来强调、建构和保持他们报道的权威性，目击不仅仅是新闻业的标志，更是好的新闻实践的代名词。[3]现场目击不可避免地受到现实条件的限制，在诸如战争、环境灾难等新闻事件中，记者的现场目击需要承担相当高的风险。技术的发展能够促进现场目击实践的扩大和延伸，类似无人机等新技术的引入会提高记者对目击叙述的使用。所谓机器人目击是指使用看似无人操作的镜头对事件进行自动视觉记录，比如把摄像头安装在无人机或无人飞行器上。文章借用创新扩散和破坏性创新的理论阐释新技术和机器

---

[1] Graves,L. ,Nyhan,B., & Reifler,J., "Understanding Innovations in Journalistic Practice: A Field Experiment Examining Motivations for Fact-Checking," *Journal of Communication*, Vol.66,No.1,2016,pp.102-138.

[2] Gynnild,A., "The Robot Eye Witness," *Digital Journalism*, Vol.2,No.3,2014,pp.334-343.

[3] Zelizer, B., "On 'Having Been There': 'Eyewitnessing' as a Journalistic Key Word," *Critical Studies in Media Communication*, Vol.24 ,No.5,2007,pp.408-428.

人目击叙述这一新的新闻实践的相互关系。①

在日常的新闻实践中，一些不同于传统的做法也在媒体中出现。拉哈夫（Lahav）和莱奇（Reich）分析的案例是一个不直接与技术变迁有关的创新。以色列的一家精英日报Haaretz在2009年6月19日出版了一个名为"作家的国土报"的专题，当天的新闻全部由作家和诗人来撰写。这种做法模糊了专业边界，记者的象征资本受到威胁，但不是因为新技术的应用而是因为一种试验性的、非正统的组织和专业措施的引入。记者们对这个特殊的项目做出了保守的反应，认为它是对真正新闻的悖离。这个案例表明，新闻共同体对他们熟悉的常规强烈的反思性保护有可能危及他们应对威胁的能力，更表明技术中心主义把对变迁的解释都放在技术的框架下有其严重不足。②

（二）过程创新

创新不是简单的一个新的技术、观念或思路的引入，也需要与之相匹配的组织结构、管理层级等方面的变革。因此，组织创新和管理创新都属于非技术性的、影响组织绩效的关键因素。以新闻室融合为例，管理者的看法和员工的感知之间的矛盾就是新闻创新采纳的经验研究中经常讨论的一个影响因素。奎因（Quinn）认为融合策略必须满足双重目标才能成功：好的新闻业和好的商业模式。③但在实践中，新闻业界对所谓的双重目标并未达成一致。管理者希望通过创新寻找到新的商业模式，记者则以是否能够改进新闻工作的质量来判断一项创新的优劣。因此，一旦记者们认为如此可以带来更优的新闻业，他们就更乐于拥抱创新和组织变迁。④不过，一项来自中国的经验研究却与上述结论相反。作者在考察中国一家报业集团内部对于融合的态度时发现，管理层和普通记者对于报业融合的理解的确存在差异。但比较而

---

① Gynnild, A., "The Robot Eye Witness," *Digital Journalism*, Vol.2, No.3, 2014, pp.334-343.
② Lahav, H., & Reich, Z., "Authors and Poets Write the News," *Journalism Studies*, 12（5），624-641.
③ Quinn, S., "Convergence's fundamental question," *Journalism Studies*, Vol.6, No.1, 2005, pp.29-38.
④ Gade, P., & Perry, E., "Changing the newsroom culture: A four-year case study of organizational development at the St. Louis Post-Dispatch," *Journalism & Mass Communication Quarterly*, Vol.80, No.2, 2003, pp.327-347.

言,出于自身利益的考量,普通记者对于技术融合主要持不合作或不认同的态度;管理层更愿意推动新闻融合。①保卢森(Paulussen)等人认为,新闻室内的创新经常面临诸多阻碍,他们通过对两家比利时新闻室融合发展的民族志研究发现,新闻室的创新进程被那些不愿接受变化的记者们所大大延缓了,即使记者们的怀疑和抗拒态度确实影响了新闻室创新的采纳,但还有其他一些实际的、结构性的因素在起作用,如新闻室的组织特征、可用的人力资源、新闻劳动的组织以及对于新闻室创新的专业态度等。②利施卡(Lischka)同样注意到了组织结构、个体因素等对创新的影响。作者研究的是多平台结构的新闻室特征和个体的创新价值如何影响跨渠道和跨部门的工作程序。根据对瑞士德语地区的跨平台新闻机构的报纸和在线财经记者的在线问卷调查,作者发现,多平台报道与记者的创新价值观有强烈关系,增强了与跨渠道而非跨部门有关的工作程序。多平台策略有效地克服了程序的惯性,这对于一个新闻组织最大化提高创新能力是非常必要的。③

与融合新闻室或跨媒体建立在传统新闻业基础上的创新方式不同,韦斯(Weiss)和多明戈(Domingo)分析的是在线新闻室的创新,指的是在线记者的新闻生产实践的发展、新的产品特征或新的技术工具,包括那些能够帮助在线新闻的分发、获得、处理、展示和存储的系统、程序或应用。他们借用行动者网络和实践社区两种理论路径来理解创新作为一个社会过程如何嵌入到记者的日常实践中。④斯普利多(Spyridou)等人同样分析的是不同的行动者协商和塑造互联网及其相关的数字技术如何被嵌入到新闻室的过程。研究发现,专业文化是一种弱化技术对创新的潜在影响和受众导向的新闻业模

---

① Yin, L.,& Liu,X., "A Gesture of Compliance: Media Convergence in China," *Media, Culture & Society*,Vol.36,No.5,2014,pp.561-577.
② Paulussen, S., Geens, D.,& Vandenbrande, K., "Fostering a culture of collaboration: Organizational challenges of newsroom innovation," In D.Domingo & C.Paterson, eds., *Making online news(Volume 2):Newsroom ethnographies in the second decade of Internet journalism*,New York: Peter Lang,2011,pp.3-14.
③ Lischka,J.A., "How structural multi-platform newsroom features and innovative values alter journalistic cross-channel and cross-sectional working procedures," *Journal of Media Business Studies*,Vol.12,No.1,2015,pp.7-28.
④ Schmitz Weiss, A.,& Domingo, D., "Innovation processes in online newsrooms as actor-networks and communities of practice," *New Media & Society*,Vol.12,No.7,2010,pp.1156-1171.

式的网络。①组织结构对于创新的影响还不止体现在新闻融合的过程中。博伊尔斯（Boyles）在研究美国和加拿大数字新闻组织的内部创业时发现，管理层面的三种变迁，即新闻室领导权、组织文化和创新速度会影响创业。由于新闻室权威的官僚化本质，在内部创业单位产生的新观念会被隔离在组织的血液之外。②李艳红将数据新闻视为一种新闻创新，对三家中国的新闻组织采纳和发展这一具有创新意涵的数据新闻实践的过程进行考察。作者认为，三家新闻组织在促进技术与数据新闻实践的融合时显示出显著差异，这种差异影响到各家媒体创新实验的常规化过程，导致三家媒体所建立和实践的典型样式也呈现出差异。③

三、从技术创新到新闻创新的要素驱动

现有研究往往聚焦于某项特定的新闻创新现象，揭示其创新的原因、动力、过程和障碍等问题。明确何为创新有助于我们在创新与非创新之间划分边界。理解如何创新则有助于我们了解驱动或阻碍创新的动力来自哪里。

（一）个体

在新闻室内，新闻工作者是具体进行技术运用、参与创新过程的群体。他们的日常实践如何与创新发生勾连成为研究者们十分关注的问题。韦斯（Weiss）和多明戈（Domingo）运用了两种相互补充的理论资源考察这一问题：一为"行动者网络（actor-network theory）"理论，作者借此识别新闻室中的相关行动者，阐释他们在创新发展中的阻碍或促进作用。这一视角有助于厘清新闻室中不同行动者的权力关系和他们对技术塑造创新过程这一问题的冲突性阐释。尽管关于谁应来负责培育和引导创新已经有清晰的责任

---

① Spyridou, L., Matsiola, M., Veglis, A., Kalliris, G., & Dimoulas, C., "Journalism in a state of flux: Journalists as agents of technology innovation and emerging news practices," *International Communication Gazette*, Vol.75, No.1, 2013, pp.76-98.

② Boyles, J.L., "The Isolation of Innovation," *Digital Journalism*, Vol.4, No.2, 2016, pp.229-246.

③ 李艳红：《在开放与保守策略间游移："不确定性"逻辑下的新闻创新——对三家新闻组织采纳数据新闻的研究》，《新闻与传播研究》2017年第9期，第40—60页。

划分，但对编辑人员和技术人员优先等级的不同认识倾向限制这一发展。在线记者认为他们无力影响决策过程，他们的需求被技术人员认为缺乏技能。由于这种不一致，技术创新使得记者的工作常规更为复杂。新闻室内的不同行动者分别拥有不同的角色、责任，也拥有不同的对待创新的态度，他们可能会产生冲突并形成新的权力关系，从而成为创新过程的主要阻力。另一为"实践社区"（communities of practice）的理论。这一视角将新闻室视为一个实践社区，展现新闻工作者如何在创新过程中相互学习和获得知识，具体涉及记者如何互动、协商、确定边界和限制及他们参与的程度。通过彼此学习，记者适应了新的情境，变迁过程很容易被遗忘而新知识很快被归化为社区的共享剧目。新闻记者个体及其彼此之间的互动是决定创新发生的重要因素，只有当缓解这些个体行动者之间的冲突、促进他们之间的相互学习和合作时，创新才更有可能顺利发展。[1]斯普利多（Spyridou）等人的研究把记者视为技术创新和新兴实践的主体，通过考察网络中的权力关系、等级和秩序，阐明新闻生产网络如何决定新技术嵌入的方式以及传统的强大主体如何协商和塑造最终的产品。他们发现，新闻文化中的技能、观念和实践是影响新闻创新的行动者，弱化了技术对创新和受众导向的新闻业模式的潜在影响。[2]

  不过新闻记者并不总是新闻创新的热心接受者。莱夫（Ryfe）研究了三家美国地方报纸的新闻人抗拒变迁的过程，这三家报纸为了应对互联网的冲击都曾进行过新闻业务层面的创新，但这些创新毫无例外都失败了。作者就此提出了三种解释路径：第一种是将新闻实践视为一种习惯，记者在融入新闻生产的过程中，以相对盲从的、无意识的方式演绎这种潜在的规则。从这一视角看，新闻生产保持不变是因为这些实践都是出于本能的。第二种认为新闻实践更像是一种制度或规则和信源的聚合，记者对标准实践行为的资源

---

[1] Schmitz Weiss, A.,& Domingo, D., "Innovation processes in online newsrooms as actor-networks and communities of practice," *New Media & Society*,Vol.12,No.7,2010,pp.1156-1171.

[2] Spyridou, L., Matsiola, M., Veglis, A., Kalliris, G., & Dimoulas, C., "Journalism in a state of flux: Journalists as agents of technology innovation and emerging news practices," *International Communication Gazette*, Vol.75,No.1, 2013,pp.76-98.

投资可以解释他们对传统的坚持。第三种认为新闻实践具有建构性,即它们展现了什么可以被认为是新闻活动,这种观念很难被改变,不是因为习惯性或变革的高成本,而是因为它们将记者置于社会互动的语境中来展现新闻定义的共识。第一条解释路径或许能更准确地反映新闻室经历变革的早期阶段(20世纪90年代初)的状态。那时的记者还将互联网视为对新闻业的干扰,他们在固有的习惯中如鱼得水,并简单地将他们的实践行为视为新闻生产应有的方式,这使他们放弃了将实践与互联网联系得更紧密的机会。在变革的第二个阶段(20世纪90年代后期至21世纪初期),互联网已不被视为传统新闻实践的一个非主流的挑战,但记者们也意识到改变新闻实践方式需要很高的成本,尤其是新闻室长期以来对关键的新闻条线做了巨额投资,所以并不愿放弃。现在处于第三个阶段,新闻室的记者和编辑都乐于承担变革的成本,因为他们意识到在线新闻才是新闻业的未来。然而这些个体仍继续着标准化的生产实践,甚至业余记者也都在努力复兴传统的新闻产生,而不是投资新的实践行为。那些很难被看做是新闻的活动都被排除在新闻边界之外。[①]

(二)组织

上述微观视角关注的是新闻工作者个体在创新过程中的能动性。但事实上,个体行动者的创新行为正是在新闻组织所建立的场景中展开,新闻组织作为创新主体在创新过程中可能发挥的角色不可忽视。[②]李艳红对数据新闻的研究发现,作为一种与技术有密切关联的新闻产品创新,数据新闻的发展建立在很多条件的基础上。它需要新闻组织为这一新兴新闻形态的实验在结构上进行特定的安排,如建立连接技术部门与新闻采编部门之间的虚拟工作室以协调来自不同部门的数据新闻需求,需要组织进行一定的资源投入,也需要组织为创新开展建立战略等。新闻组织的领导人是否具有明确的创新意识、其在数字化转型中采取了何种初始战略、新闻组织是否建立了有助于新

---

① Ryfe,D.M.,*Can Journalism Survive? An Inside Look at American Newsrooms*,Malden: Polity Press,2012.
② 李艳红:《新闻创新与新闻业的数字化转型》,2016年未刊稿。

闻创新的企业文化（如协作性的工作文化和创新性文化）等对于一个新闻组织能否发展出应对科技挑战的数据新闻产品具有决定性的作用。[①]王辰瑶和喻贤璐则强调了新闻室内行动者网络的作用，新闻创新在其中发生与开展，受到各类新闻生产者之间的关系、投入在创新上的资源以及编辑部的原有规制的影响。新闻创新是一个动态的过程，既存在路径依赖，也保留着多重可能性。[②]

斯廷森（Steensen）对一个挪威在线报纸dagbladet.no的特稿新闻进行了长时段的民族志研究，把创新理解为一个组织结构和个体能动性互动的结果。研究结果表明，在先前的研究中个体行动对于在线新闻室创新过程的决定性作用已经被淡化，而在线报纸中关于创新的扎根理论由五个因素构成：新闻室自主性、新闻室工作文化、管理角色、新技术的相关性和创新个体。这些因素影响着dagbladet.no特稿新闻的发展和运作，并通过复杂的因果链条而相互依赖。最具决定性的因素似乎是自主性问题，无论是在新闻室内部还是与其他新闻室之间。没有自主性，替代性的工作文化不可能被发展出来，管理层也不可能获得稳定的有助于创新的常规。对于新闻室实践的重视揭示了一个此前没有被发现的重要因素：创新个体的重要性。[③]

保卢森（Paulussen）等人的研究也指出，传统媒体的创新过程遇到的困难常常出现在机构运作层面上，如新闻部门多独立运作，跨部门的创新有困难；不同的技术与市场推广部门需设计新工作流程，往往遇到人事管理上的阻力；传统媒体记者缺乏新技术训练，态度消极；改革后工作量增加、产生消极抵抗；部分人会认为改革是为了商业利益，因而不认同。因此，在新闻室内部培育出合作性的工作文化非常重要，但开展创新和培育合作文化的步伐往往被那些不愿接受变化的工作人员所延缓，成功的新闻室重构并不容

[①] 李艳红：《在开放与保守策略间游移："不确定性"逻辑下的新闻创新——对三家新闻组织采纳数据新闻的研究》，《新闻与传播研究》2017年第9期，第40—60页。

[②] 王辰瑶、喻贤璐：《编辑部创新机制研究——以三份日报的"微新闻生产"为考察对象》，《新闻记者》2016年第3期，第10—20页。

[③] Steensen, S., "What's Stopping Them?," *Journalism Studies*, Vol.10, No.6, 2009, pp.821-836.

易实现。①洛瑞（Lowrey）从新制度主义的理论出发认为，新闻组织的改革受两种对峙力量的左右导致缺乏弹性：一为"强联系网络"（strongly-tied network），重视与政治经济网络的联系、自身专业操守及传统视之为理所当然的运作模式等，促成组织的稳定性、合理性与公信力。受此影响，组织不鼓励创新，变革通常转瞬即逝；二为"弱联系网络"（weakly-tied network），多属组织架构中较为频密接触市场与受众的一面，鼓励尝试与转变，与上层组织或既得利益层接触较少，乐于迎接挑战。新闻组织的改革往往因这两种力量的对峙而成效不彰。②

梅尔（Meier）研究了奥地利、德国和瑞士三国的新闻室模式。这些国家的报纸和通讯社的新闻室都经历了革命性的变化，巨大的、开放的新闻室正在变得越来越流行。与英美式的新闻室概念不同，这些国家的新闻室强调跨边界跨媒体的分享条线内容和进行计划的编辑理念，各部门和媒体之间的墙被拆除，以允许记者之间更好的沟通，为此提供了一种新的方式的结构和工作流程以及一个新的新闻思维方式和行为方式。现代化的新闻室提高了新闻的速度和质量。同时，结构和空间在新闻室的创新过程中扮演着重要角色，对工作地点的满意度和质量提升的评价之间存在显著的相关关系。那些认为工作环境已经恶化的人很难意识到创新的机会，他们会假定新闻质量已经下降。重要的是在一个创新过程的早期阶段，把尽可能多的记者包括进来参与对建筑布局的规划以及工作地点的设计。③

（三）网络

除了关注个体和组织在新闻创新过程中的作用外，一些学者也开始讨论新闻室之外的其他行动主体在这一过程中的角色，特别是如何在新闻室内外

---

① Paulussen, S., Geens, D.,& Vandenbrande, K., "Fostering a culture of collaboration: Organizational challenges of newsroom innovation," In D.Domingo & C.Paterson, eds., *Making online news（Volume 2）:Newsroom ethnographies in the second decade of Internet journalism*,New York: Peter Lang,2011,pp.3-14.

② Lowrey, W., "Institutionalism, News organizations and Innovation," *Journalism Studies*,Vol.12,No.1,2011,pp.64-79.

③ Meier, K., "Innovations in Central European Newsrooms. Overview and Case Study," *Journalism Practice*, Vol.1,No.1, 2007,pp.4-19.

形成联动、构建创新网络,强调新闻室外其他协同创新主体的作用。比如为新闻创新提供人才和研发支持的教育机构、培训机构和研发机构,如大学的新闻院系、非营利机构等都可能在推动新闻创新的过程中扮演重要角色,它们是否能够提供符合新闻创新需求的人才,是否能够为新闻创新提供低成本和普及性强且符合新闻机构专业要求的技术工具等,都对新闻创新的发展有重要意义。①

刘易斯(Lewis)对奈特基金会(Knight Foundation)的一系列研究就证明了在新闻组织之外其他机构的重要性。②在西方社会,制度化的新闻业正面临两种挑战:一是由于广泛的公众参与引发的专业权威的危机,二是传统通过广告获利的商业模式崩塌带来的行业存续危机。由于报纸未能有效地回应这些难题,非营利的基金会已经超越了单单是对新闻工作提供经费支持的角色,而是对在一个更广的专业层面驱动创新表现出更浓厚的兴趣。奈特基金会就是这种非盈利机构的典型代表,它在各种与新闻业有关的活动上累计投入了超过400万美元,尤其是过去5年,大量资金从传统的新闻业项目转移到更具实验性和高风险的旨在激发新闻业创新的项目上。③由其组织的奈特新闻挑战赛(the Knight News Challenge)已经成为激发新闻业创新现象最重要的平台之一,刘易斯(Lewis)对这一竞赛近5000个申请项目进行了内容分析,探究申请者、入围者和获胜者的突出特点,他发现入围者和获胜者最常使用参与和分发知识的形式,如众包和用户操控,也有很多形式与新闻业没有关系,如软件发展。申请项目如果聚焦于新闻和信息、技术、参与及对社区的超本地化界定,则更可能被选中。④在另一篇文章中,刘易斯(Lewis)继续聚焦于奈特基金会的"转型"(transformation)。自1990年末以来,基金会试图通过重新协商新闻工作的修辞边界和实际边界来创新自身及新闻业,从

---

① 李艳红:《新闻创新与新闻业的数字化转型》,2016年未刊稿。
② Lewis, S. C.,*Journalism Innovation and the Ethic of Participation: A Case Study of the Knight Foundation and its News Challenge*,PhD Dissertation, The University of Texas at Austin,2010.
③ Lewis, S. C., "Journalism Innovation and Participation: An Analysis of the Knight News Challenge," *International Journal of Communication*, Vol.5, No.5,2011,pp.1623-1648.
④ Lewis, S. C., "Journalism Innovation and Participation: An Analysis of the Knight News Challenge," *International Journal of Communication*, Vol.5, No.5,2011,pp.1623-1648.

过往对新闻专业主义的强调转向拥抱一个更去体制化的、导向外部影响的路径，如群众的智慧、新闻业的参与形式及一套关于新闻如何构成和在社群内发生的假设。这些修辞转换与奈特基金会转变其资助过程几乎同步，特别是新闻挑战赛的发展转变了传统的资助方式及对新闻业的理解。作者认为，奈特基金会重新架构了数字时代新闻业存在的问题，偏离以往拯救报纸的观念，转向寻找新的方式去实现新闻业的核心功能以满足社群的信息需求。因此，基金会放弃长期以来对专业知识的坚持，开始承认最好的解决方案或许来自分散的人群在新闻业传统边界外的运作，这有助于新闻业在修辞和物质层面的开放。①

除了讨论非营利组织对新闻创新的介入，刘易斯（Lewis）与其合作者还着重研究了技术对新闻创新的影响。艾塔穆尔托（Aitamurto）和刘易斯（Lewis）通过对开放的应用程序编程接口在纽约时报等四家新闻机构应用情况的研究，探讨了数字媒体的开放式创新原则的相对价值。开放式应用程序的使用代表了一个开放式的创新模式，可能有助于解决新的新闻行业面临的双重挑战：对改进的研发和新的收入流的双重需求。②在刘易斯（Lewis）与厄舍（Usher）合作的文章中，作者发现记者和技术人员越来越多地进行跨越主要新闻组织的正式或非正式合作，这主要是通过一个叫"黑客和黑客"的组织（hacks and hackers）展开的，该组织的成员在为新闻寻找技术解决方案方面拥有共同的兴趣。作者探索了开源作为一个分布式开发的结构框架和亲社会的黑客伦理的文化框架的概念，确定了四种与新闻业既有关联也有偏移的开源文化：透明性、修补、迭代和参与，评估其为反思新闻创新所提供的机会。开源给技术人员和记者们提供了机会一起去思考传统新闻学拥护的新价值，使新闻与一个参与性的数字文化更为相关。文章批判性地评价了新闻业中的开源现象，为理解这一现象及其对新闻工作的潜在影响提供了一个理

---

① Lewis, S. C., "From Journalism to Information: The Transformation of the Knight Foundation and News Innovation," *Mass Communication and Society*, Vol.15, No.3, 2012, pp.309-334.

② Aitamurto, T., & Lewis, S. C., "Open Innovation in Digital Journalism: Examining the Impact of Open APIs at Four News Organizations," *New Media & Society*, Vol.15, No.2, 2013, pp.314-331.

论框架。①

刘易斯（Lewis）与厄舍（Usher）的最新论文关注的是奈特-莫兹拉新闻技术合作项目（the Knight-Mozilla News Technology Partnership）。创建该项目的目的是为新闻发展开源软件创新，并将其应用于几个世界领先的新闻室。该文研究了这一合作项目的一个特定阶段"学习实验室"（Learning Lab）。在这一阶段，共有60名之前提交过新闻创新创意的申请人被遴选出来组成一个班级，参与了为期一个月的虚拟学习。接着从这个由记者和程序员一起组成的班级中再选出5位奈特-莫兹拉学者（Knight-Mozilla Fellows），他们将获得资助在五家项目合作媒体度过一整年。尽管这些学员拥有不同的背景，对新闻与技术的理解和掌握的技能也有所不同，但他们拥有一个共同的关切，就是通过开源技术（open-source technology）进行新闻业的创新。两位作者使用科学技术研究中的交易区（trading zones）和边界客体（boundary objects）概念，试图探究对于新闻和技术的不同理解如何融合、分化以及最终混合在一起，形成三个主题：制作更具过程取向的、参与式的、社会策划的新闻。②

四、新闻创新研究的议题与路径

如何应对数字化对新闻业的挑战已经成为一个世界性的难题，中国新闻业也未能自外于这一世界大势。一方面，传统媒体不得不进行转型与融合的尝试，除了着眼于自身的数字化转型外，还创建了大量新的基于互联网的平台，如澎湃新闻、界面新闻、上海观察、封面新闻等新闻客户端的出现；另一方面，互联网科技公司也纷纷进军新闻业，不仅门户网站依然占据着信息生产传播的关键节点，类似"今日头条"等新的提供新闻信息服务的创业公司也开始涌现，并在新闻生态系统中占据重要的位置。变革、转型、融合、

---

① Lewis, S. C., & Usher, N., "Open Source and Journalism: Toward New Frameworks for Imagining News Innovation," *Media, Culture & Society*, Vol.35,No.5, 2013,pp.602-619.
② Lewis, S. C., & Usher, N., "Trading zones, boundary objects, and the pursuit of news innovation: A case study of journalists and programmers," *Convergence*,Vol.22,No.5,2016,pp.543-560.

创新等问题不仅是新闻业界和学界关心的问题，甚至还进入了中央和地方政府的政治议程。本文认为，将这些与新闻业的变迁、转型、改革等有关的现象统称为新闻创新，把"创新"作为理解新闻业变迁的透镜（lens），有助于我们深化对相关问题的研究和认识。关键问题也随之而来，面对复杂多样的新闻创新现象，我们从何着手？本文立足于我国新闻业发展过程中的各类创新现象，尝试提出下列四个可展开的维度，在各个维度下可分别展开理论研究和经验研究。

（一）"创新的组织"，主要讨论各类新闻行动者在当下新闻生态系统中的角色。具体而言，这些具体进行创新的主体包括三种类型的组织：第一种是传统的新闻机构及其所创办的数字机构。这些机构依然是最为重要的原创新闻的生产者和发布者，它们在面对技术和经济危机的冲击时的调适与变革值得持续关注，如人民日报、解放日报这样的主流媒体，以及新京报、南方都市报这样的都市报。第二种是新近创立的新闻初创公司（news startups）。这些组织以网络为新闻的生产、发布和传播平台，虽然并不隶属于现有的传统新闻组织，但它们的内容以严肃新闻为主，是真正意义上的新闻机构。①比如澎湃、界面这样的新闻机构。第三种是日渐兴起的平台媒体（platform press）。②它们通常以技术公司的面目出现，否认自己是媒体公司，但对新闻业的影响日趋深刻而广泛。③比如新闻分发平台和社交媒体平台，前者如今日头条、一点资讯和天天快报，后者如微信、微博。显而易见，虽然新闻组织依然是推动和开展新闻创新的主体，但这里所指的组织已不限于传统新闻组织，而是一种泛新闻组织的概念。

（二）"创新的过程"，主要讨论创新在新闻业和新闻组织中的演化过程。新闻创新研究的核心议题就是探讨影响创新过程的各种因素、动力和作

---

① Bruno, N., & Nielsen, R. K., Survival is Success: *Journalistic Online Start-Ups in Western Europe*, Oxford: Reuters Institute for the Study of Journalism, 2012.

② Bell, E., & Owen, T., The Platform Press: *How Silicon Valley reengineered journalism*, Tow Center for Digital Journalism, 2017, http://towcenter.org/wp-content/uploads/2017/03/The_Platform_Press_Tow_Report_2017.pdf.

③ Napoli, P., & Caplan, R., "Why Media Companies Insist they're not Media Companies, Why They're Wrong, and Why it Matters," *First Monday*, Vol.22, No.5, 2017.

用机制。创新不是简单的一个新的技术、观念或思路的引入，也需要与之相匹配的组织结构、管理层级等方面的变革，从过程的角度讨论创新的产生更有利于揭示驱动创新的动力机制。创新过程中具有四个关键维度：驱动、来源、方向和轨迹。驱动包括了影响创新发生的内部和外部因素，内部驱动包括组织内的知识或资源，外部驱动则包括管制的角色、影响组织的市场特征等。来源是来源于内部因素的具有启发性的想法，如构思和知识，或者是外部因素，如对外部观点的采纳或模仿。方向是指过程创新是由上而下还是由下而上的，即创新是由管理层发起的还是一线员工发起的。轨迹是指创新的空间，是在组织内部的封闭过程还是在一个网络里的开放过程。[1]

（三）"创新的产品"，主要讨论一些新兴的新闻产品、新闻类型和新闻实践。创新最终要体现为一种新物品或一种新的质量的物品的引入，但在新闻创新领域，它不止是一种新的物品。创新的产品可能是新的新闻产品，如新闻客户端、中央厨房、平台媒体等；可能是新的新闻类型，如数据新闻、机器人新闻、短视频等；当然也可能是新兴的工作实践，如算法分发、新闻推广、流量监控等。这些都是新传播技术给新闻业带来的变化，这些变化最直观地体现了创新是什么。在研究时，我们除了关心创新的产品是什么、它是如何运作的，还有它是如何被接受、采纳和扩散的过程。前者表明了创新是什么，后者则是对创新产品的出现过程进行的描述。当然，在很多情况下，二者的区分并不是那么清晰。

（四）"创新的意义"，主要讨论创新对于中国新闻业的价值，尤其是在元新闻话语的层面，不同的行动主体如何论述创新及其意义。尽管中国新闻业的数字化转型晚于美英等西方国家，但新闻业困境的出现也已将创新提上各个新闻组织的决策议程。从实践层面来看，创新失败的可能性更大，为什么还要提倡创新？这个问题就关系如何理解新闻创新对于中国新闻业的意义。关键之处可能就在于，通过培育创新文化和创新精神为新闻业的转型找到可行的路径和方向。虽然某一个项目或产品的创新有起止时间，但整个行

---

[1] Evans, S. K., "Making sense of innovation: Process, product, and storytelling innovation in public service broadcasting organizations," *Journalism Studies*, Vol.19, No.1, 2018, pp.4-24.

业内的创新将会是一个长期的过程。因此,创新与新闻业的未来密切有关,成功案例与失败案例都有其独到的价值。而在具体的创新案例中,创新主体及其他行动者是如何阐释创新过程并赋予其意义的。基于这些中国本土实践的研究,为我们展开中国语境下的新闻创新研究提供了难得的机遇,这些丰富而又特殊的实践有可能产生独特的理论贡献。

本文从创新的组织、过程、产品和意义四个维度对现有的新闻创新现象进行了一个理想性分类,它们代表的是侧重点的不同,而并不意味着就可以在现实中进行判然有别的区分,更多时候可能是以一种混杂的形态出现。在具体的研究中,刘易斯(Lewis)针对大数据新闻所提倡的案例、概念和批判分析路径有助于我们展开具体的研究。[1]我们当然可以从事大量的创新案例的研究,无论是某个新闻组织的媒体融合历程,还是一个具体的创新产品的出炉过程;我们也需要对新近涌现出的新鲜概念进行细致的梳理和厘清,比如算法、平台、中央厨房等。此外,我们在研究时还需有批判的意识,对那些可能影响公共生活的新现象保持警惕,比如算法带来的负面效应、平台对新闻业格局的重塑等。

新闻业中出现了大量的新现象亟待纳入新闻研究的视野。与此同时,我们也要以与之相匹配的研究方法和理论予以支持。舒德森(Schudson)曾将既有新闻研究概括为三种取向:政治经济、社会和文化。[2]此后,他将政治与经济独立开来,成为政治、经济、社会和文化四种并列的路径。[3]近年来,一些研究者开始倡议新的分析路径。比如在研究计算新闻时,安德森(Anderson)就呼吁要迈向一个计算和算法新闻社会学的研究体系,他在舒德森(Schudson)的基础上提出一个包含"政治、经济、场域、组织、文化和技术"六种研究路径在内的研究框架。[4]在研究大数据和新闻时,刘易斯

---

[1] Lewis, S.C., "Journalism in an Era of Big Data," *Digital Journalism*, Vol.3,No.3,2015,pp.321-330.
[2] Schudson, M., "The sociology of news production," *Media, Culture & Society*,Vol.11,No.3,1989, pp.263-282.
[3] Schudson, M., "Four Approaches to the Sociology of News," In J. Curran & M.Gurevitch, eds., *Mass Media and Society*,London: Arnold,2005,pp.171-197.
[4] Anderson, C. W., "Towards a sociology of computational and algorithmic journalism," *New media & society*,Vol.15,No.7,2013,pp.1005-1021.

（Lewis）和韦斯特兰（Westlund）提出了一个包含认识论（epistemology）、专业知识（expertise）、经济（economics）和伦理（ethics）四重维度的分析框架。①在对媒介创新的研究中，他们又提出了一个由行动者（actor）、技术性组件（actant）、受众（audiences）和行为（activities）构成的4A矩阵的分析框架。②

上述分析框架是研究者在面对各自的研究对象上提出的针对性的路径，在综合考量上述创新的研究框架后，本文在西方理论和本土实践的基础上提出一个由政治—经济、社会—文化与技术—物质三种研究路径构成的分析框架，其中既包括一些传统的研究路径，也纳入了一些新近提出的创新路径。需要说明的是，笔者希望这个分析框架可以不仅限于研究新闻创新，而是能够成为一种整合性的新闻研究的研究路径。

（一）政治—经济路径。新闻创新都是在特定的政经环境里运作，在这个国家出现的创新案例未必会在别的国家有效；甚至在一国内部，此地的创新案例也不一定能出现在他处。格雷夫斯（Graves）等人将美国政治新闻业中的事实核查视为一种创新，被一些美国的全国性精英媒体广泛采用，却在地方性和区域性媒体中应者寥寥。③即使同为发达国家，促进创新的环境也有很大差异。鲍尔斯（Powers）和桑布拉诺（Zambrano）通过对美国西雅图和法国图卢兹的在线新闻初创机构的比较研究发现，新闻业在权力场域中的位置不同，导致两座城市的记者所拥有的资本数量和类型也有很大差异，这些差异影响了每座城市形成初创机构的程度以及结构化记者将资本转换成创立初创机构所需资源的能力。④洛瑞（Lowrey）指出，新闻组织的创新受两种对峙力量的左右而缺乏弹性，其中"强联系网络"较为重视与政治经济网络的

---

① Lewis, S. C., & Westlund, O., "Big data and journalism: Epistemology, expertise, economics, and ethics," *Digital Journalism*, Vol.3, No.3, 2015, pp.447-466.

② Westlund, O., & Lewis, S. C., "Agents of media innovations: actors, actants, and audiences," *Journal of Media Innovations*, Vol.1, No.2, 2014, pp.10-35.

③ Graves, L., Nyhan, B., & Reifler, J., "Understanding Innovations in Journalistic Practice: A Field Experiment Examining Motivations for Fact-Checking," *Journal of Communication*, Vol.66, No.1, 2016, pp.102-138.

④ Powers, M., & Zambrano, S. V., "Explaining the formation of online news startups in France and the United States: a field analysis," *Journal of Communication*, Vol.66, No.5, 2016, pp.857-877.

联系，而"弱联系网络"则更为关注与市场和受众有关的面向。①这些研究从不同侧面显示了政经力量对新闻创新的影响。而在中国语境下考察新闻创新的动力和过程时，尤其要注意不同力量的交织，如国家、制度、资本、商业等因素。就以国内近年来兴起的新闻客户端浪潮为例，尽管同样有地方党委政府的支持，但不同的创新产生了不同的效果，比如澎湃新闻的估值已经超过34亿②，但也有一些已经烟消云散。新闻客户端这种创新产品的兴起及其在各地的扩散背后的政经因素值得探究。

（二）社会—文化路径。20世纪70年代以来，通过对新闻工作的社会组织研究，学者们把原本居于后台的新闻生产过程呈现出来，揭示了新闻业建构社会现实的本质。③伯科威茨（Berkowitz）和刘正稼（Liu,Zhengjia）则指出，现在不仅要揭示新闻的建构过程，还应专注于新闻的意义生成，进而提倡一种新闻的社会—文化建构路径。④在考察新闻创新时，同样可以采用社会—文化的路径。由于新闻组织是各类新闻创新发生的重要场景，研究者需要深入内部考察各种创新的具体运作过程。更早之前，博奇科夫斯基（Boczkowski）对美国在线新闻作为新闻创新的研究就是典型的社会建构的路径。⑤保卢森（Paulussen）等人的研究就是通过参与式观察，解释了一个传统媒体的创新过程遇到的困难不仅存在于机构运作的层面，也与新闻工作者的抗拒态度有关。⑥斯普里多（Spyridou）等人利用行动者网络理论考察不同

---

① Lowrey, W., "Institutionalism, News organizations and Innovation," *Journalism Studies*,Vol.12,No.1,2011,pp.64-79.
② 上观：《刘永钢：内容的价值，千万别低估，澎湃这三年告诉我们的事》，http://www.jfdaily.com/news/detail?id=68634。
③ Schudson, M., "The sociology of news production," *Media, Culture & Society*, Vol.11,No.3,1989,pp.263-282.
④ Berkowitz, D. A., & Liu, Z., "The Social-Cultural Construction of News," In R. S.Fortner & P.M.Fackler,eds.,*The Handbook of Media and Mass Communication Theory*, John Wiley & Sons,2014,pp.301-313.
⑤ Boczkowski,P.J.,Digitizing the News: *Innovation in Online Newspapers*,Cambridge, MA: MIT Press,2004.
⑥ Paulussen, S., Geens, D.,& Vandenbrande, K., "Fostering a culture of collaboration: Organizational challenges of newsroom innovation," In D.Domingo & C.Paterson, eds., Making online news（Volume 2）:Newsroom ethnographies in the second decade of Internet journalism,New York: Peter Lang,2011,pp.3-14.

的行动者如何协商并最终塑造互联网及相关的数字技术嵌入新闻室的方式。①卡尔森（Carlson）和厄舍（Usher）把数字新闻初创公司视为创新的主体，通过对创业宣言的元新闻话语进行分析，展示它们对新闻业的阐释，如对既存新闻实践的确认与批评、对新闻业与技术间的边界的重新思考等。②回到中国语境，当我们把新闻组织的融合、转型等视为创新时，仍有大量的未知问题等待探究，如它们的实际运作、创新过程等。这些新机构、新产品、新实践的出现在何种程度和意义上影响着新闻业则需要进行文化路径的阐释。

（三）技术—物质路径。在经典的新闻社会学研究中，技术问题虽然经常被提到，但很少被详细的讨论，并没有获得足够重要的位置。③而现在，讨论当代新闻业的发展不关心技术是难以想象的，二者正以复杂和多元的方式深深地联系在一起。④博奇科夫斯基（Boczkowski）和安德森（Anderson）认为，以前的新闻研究总是以词（word）为开端，侧重于讨论词的内容、写或说这些词的人以及他们所属和互动的组织。而信息的生产、分发和接受过程中的物质条件被忽略了，现在应该加强对物（things）的研究，包括工具、机器、硬件、软件和其他类型的技术。⑤技术—物质路径有两层含义：一是新闻研究对象的拓展和转向。新闻业正在进入一个技术导向的时代，出现了数据新闻（data journalism）、机器人新闻（robot journalism）、自动化新闻（automated journalism）、算法新闻（algorithmic journalism）等新的实践类型。它们构成了新闻研究的新客体（new objects）⑥，体现了一种物

---

① Spyridou, L., Matsiola, M., Veglis, A., Kalliris, G., & Dimoulas, C., "Journalism in a state of flux: Journalists as agents of technology innovation and emerging news practices," *International Communication Gazette*,Vol.75,No.1,2013,pp.76-98.

② Carlson,M.,& Usher,N., "News Startups as Agents of Innovation," *Digital Journalism*,Vol.4,No.5, 2016,pp.563-581.

③ Schmitz Weiss, A.,& Domingo, D., "Innovation processes in online newsrooms as actor-networks and communities of practice," *New Media & Society*,Vol.12,No.7,2010,pp.1156-1171.

④ Lewis, S. C., & Westlund, O., "Mapping the Human-Machine Divide in Journalism," In T.Witschge,C.W.Anderson, D.Domingo & A.Hermida, eds., *The SAGE Handbook of Digital Journalism*, New York: Sage,2016, pp.341-353.

⑤ Boczkowski, P. J. & Anderson, C. W., "Introduction:Words and things," In P. J.Boczkowski & C. W.Anderson, eds.,*Remaking the News: Essays on the Future of Journalism Scholarship in the Digital Age*,Cambridge, MA: The MIT Press,2017, pp.1-12.

⑥ Anderson, C. W., & De Maeyer, J., "Objects of journalism and the news," *Journalism*,Vol.16,No.1 ,2015,pp.3-9.

质性（materiality）的转向①。二是对这些新客体的研究必然会带来新闻研究范式和路径的更新，一个突出的例子就是科学和技术研究中的理论和方法被大量引入新闻研究，如已经被广泛采用的行动者网络理论（actor-network theory）②，以及交易区（trading zones）和边界客体（boundary objects）③、技术戏剧（technological drama）④等概念的使用，这些新的理论和方法为新闻研究提供了丰富的概念和工具。博奇科夫斯基（Boczkowski）和米契尔斯泰因（Mitchelstein）认为，以往对在线新闻的研究一直走在一条单行道上（one-way street），既不能厘清哪些经验趋势独属于在线新闻、哪些又可被其他数字文化领域所共享，也无法与其他行为和社会科学中的相关理论构建工作进行概念方面的交流。他们希望实现的是一种双向的交换，将网络视角引入对新闻的研究为网络研究中对技术和组织因素的讨论提供了一个可能的场景。⑤目前国内学界对今日头条等新闻分发平台背后的算法机制的关注就是物质转向的很好体现，一方面，它能够拓宽我们对新闻中行动者的理解，不仅限于记者，还应包括程序员、工程师、数据可视化专家等；另一方面，它也打破了传统新闻研究中的新闻室和新闻组织的中心性，一些新闻生态中的新来者亟需得到正视。

五、小结

从新闻创新的视角考察中国新闻行业的变化，具有两方面的意义。首先，从研究的角度，有助于拓展现有研究的广度和深度。新闻业的数字化转

---

① Boczkowski, P. J., "The material turn in the study of journalism: Some hopeful and cautionary remarks from an early explorer," *Journalism*,Vol.16,No.1,2015,pp.65-68.
② Turner,F., "Actor-networking the news," *Social Epistemology*, Vol.19,No.4,2015,pp.321-324.
③ Lewis, S. C., & Usher, N., "Trading zones, boundary objects, and the pursuit of news innovation: A case study of journalists and programmers," *Convergence*,Vol.22,No.5,2016,pp.543-560.
④ Carlson, M., "The robotic reporter: Automated journalism and the redefinition of labor, compositional forms, and journalistic authority," *Digital Journalism*,Vol.3,No.3,2015,pp.416-431.
⑤ Boczkowski, P. J.,& Mitchelstein, E., "Scholarship on Online Journalism: Roads Traveled and Pathways Ahead," In P. J.Boczkowski & C. W.Anderson, eds.,*Remaking the News: Essays on the Future of Journalism Scholarship in the Digital Age*,Cambridge, MA: The MIT Press,2017,pp.15-26.

型本身就是一个创新的过程,它是传统的新闻生产模式如何与新兴的技术特性相结合的创新过程。新闻创新是一种多元创新,它不仅包括新闻生产最前端的产品和方法的创新,而且是涉及组织作为主体的结构创新、行政创新、市场创新,以及在变迁环境下进行工作的个体行动者的工作方法创新、行动者的工作关系和实践社区进行重构的复杂过程。采用有关创新的相关理论来探讨这一过程,将可能为理解我国新闻业的数字化转型提供更深入的洞察,比如理解和探讨创新将如何在新闻领域发生、会遭遇哪些阻力、受到哪些因素的形塑等,深化对这些问题的认识对于理解新闻业的变迁至关重要。[1] 其次,从实践的角度,有助于倡导行业内的创新风气。新闻创新活动的出现与新闻业面临的两个根本性挑战有关:一是新闻业作为一种专业,正在逐渐丧失其垄断性的职业地位;二是新闻业从广告商和受众那里获取收入维持其发展的商业模式也渐渐失效。传统媒体必须更主动地进行组织变迁和媒体创新,不仅是那种在常规的内容生产层面进行的创新,还应该在编辑过程、新闻产品及其商业模式和组织结构方面进行大的创新。西方新闻业面临的困境比中国同行更早也更艰难,但新闻创新的例子不胜枚举,说明危机之中也可能孕育着生机。虽然创新也并不总是能够成功,失败更有可能是常态。但在新闻业陷入困境的当下,我们依然要鼓励创新,激发新闻组织和新闻工作者的创新精神,为新闻业的持续发展探索出新的路径。

  比较而言,我国的新闻创新研究还处在起步阶段。虽然媒体行业也出现了不少的创新现象,但相关的学术研究却落后于现实发展,目前仅见王辰瑶和喻贤璐对三家报社微新闻生产体现出的创新机制的研究[2]、李艳红对三家媒体采纳数据新闻的创新过程展开的经验研究[3]。事实上,丰富的行业实践为学术研究提出了大量有待回答的问题:在中国语境下,究竟哪些现象能称得上是新闻创新?判断的标准是什么?新闻创新是如何展开的?哪些因素在影响

---

[1] 李艳红:《新闻创新与新闻业的数字化转型》,2016年未刊稿。
[2] 王辰瑶、喻贤璐:《编辑部创新机制研究——以三份日报的"微新闻生产"为考察对象》,《新闻记者》2016年第3期,第10—20页。
[3] 李艳红:《在开放与保守策略间游移:"不确定性"逻辑下的新闻创新——对三家新闻组织采纳数据新闻的研究》,《新闻与传播研究》2017年第9期,第40—60页。

和制约着创新过程？如何评判新闻创新的结果？创新对于未来新闻业有何意义？就研究而言，创新视角的引入为研究者厘清相关现象提供了认识工具以及相应的理论资源。反过来，学界对这些问题的解释和探索也能为业界的创新实践提供借鉴和指导，促进新闻创新实践的发展。中国新闻业发展面临的问题既有世界新闻业存在的普遍性，也有在不同政经环境下运作的特殊性。现有主要基于西方国家的新闻创新实践的研究有可能为我们提供借鉴，从中汲取具有共性的经验和教训；但也必须意识到，那些生发于西方社会环境和媒介生态的创新实践具有很强的"地方性"，未必适用于中国社会。

（作者为上海社会科学院新闻研究所副研究员。文章一部分原载于《南京社会科学》2016年第10期，一部分原载于《新闻与写作》2018年第1期。此番收入报告时又重新做了修订。）

专业媒体的格局变迁：党媒与市场化媒体的业态重塑

张志安　汤敏

【摘要】

本文通过考察新新闻生态系统中，党媒与市场化媒体在经济产业属性与意识形态属性上历经的格局变迁，来把握当前中国专业媒体被重塑了的内外生态与实践形态，如国有资本驱动下党媒的重新崛起、市场化媒体多元融合转型路径下趋向宣传渠道的角色再定位，以及新型主流媒体新闻的重新大众化。进而，本文思考社会化传播语境下专业媒体生存发展所面临的双重挑战，即参与受众争夺的同时实现宣传的认同建构，以及严肃新闻业衰落背景下如何化解专业媒体生存的正当性危机。

【关键词】

专业媒体　党媒　市场化媒体　媒介融合　新新闻生态

在社会化传播成为主流传播形态的当下，中国的新新闻生态系统已然形成，专业媒体、机构媒体、自媒体与平台媒体，共同组成了新新闻生态系统的媒体行动者，专业媒体主导职业化生产和体制内行动者垄断传播资源的传统新闻业态，已转变为多元行动者共同参与、多样新闻实践并存共生的新生态格局。①本文通过考察党媒与市场化媒体在权力与市场维度所历经的变迁，来把握专业媒体被重塑了的内外生态与实践样态，进而思考社会化传播语境

① 张志安、汤敏：《新新闻生态系统：中国新闻业的新行动者与结构重塑》，《新闻与写作》2018年第3期，第56—65页。

下专业媒体生存发展面临的诸多挑战。

一、专业媒体的行动者界定与外部生态

从媒体同权力或市场距离远近的维度来进行新闻实践形态或媒体类型的划分，本质上是聚焦于传者的价值偏向，是更多从"传者本位"出发、侧重服务于党和政府的宣传需求，还是偏向"受众本位"、侧重服务公众的社会信息需求。依此二分法，传统媒体时代大致分化出以党报为代表的机关型媒体和以主流都市报为代表的市场化媒体。

1.党媒与市场化媒体：专业媒体的主要行动者

专业媒体指的是职业化新闻媒体，将新闻报道视为专业化的社会分工，追求真实客观等专业标准，核心功能是生产专业化的原创新闻。在新新闻生态系统中，专业媒体主要由党媒、市场化媒体及其新媒体延伸所构成，具有官方认可的新闻采编资质，作为"党和人民的喉舌"，以"新闻舆论工作者"的角色和相对高品质的新闻生产追求社会效益和经济效益的统一。专业媒体的特质在于追求信息生产的专业品质与新闻传播的公共价值。一方面，党媒和市场化媒体均拥有职业化的新闻采编队伍，建立了从事原创性新闻生产所需要的专业门槛与体制机制。另一方面，各级党媒通过对该层级公共权力普遍的代表性宣称而具备一定的行政权威性，而市场化媒体则通过对社会公共利益的代表性宣称而建立市场口碑，两者都以综合性媒体的形态彰显出专业媒体的公共属性与公共价值。

当前，从中央到地方，几乎各级党媒与主流化市场媒体都进行了从传统介质形态向移动化、社交化与智能化方向的融合转型，从而形成了党媒与市场化媒体各自的新媒体延伸——"新党媒"与"新都市媒"，前者典型如"人民日报"系的微博微信，后者典型如"澎湃新闻""封面新闻""新京报"新媒体矩阵等。

2.徘徊于权力与市场之间：市场化媒体与党媒的关系分析

市场化媒体于20世纪80年代末90年代中后期兴起，先后经历"周末报热""晚报热""都市报热"以及传媒集团化发展热潮后，由原来依靠行政地位获得发行优势、主要承担新闻宣传使命的"事业单位"模式，转变为基于受众需求的满足而达成宣传效果与实现经济效益的"企业经营"模式。市场化媒体大多作为党媒的子报子刊而创办，其与党媒的界限并非泾渭分明①，会伴随政治与媒介生态格局的变迁而调整自己的价值偏向。

潘忠党认为，市场化媒体的发展是一个以"上下合作"为途径、以经营方式为驱动、以"临场发挥"为基本行为特征的改造新闻生产中的社会关系和重构现存体制内在活动空间的"边缘突破"过程，行动者创造性地运用改革话语中市场经济和党的新闻事业的语汇，将其改革行为融汇于"市场经济条件下的党的新闻事业"这一正当化的理论框架内。②这决定了一旦技术与商业环境发生变迁，市场化媒体将受到"党的新闻事业"这一刚性原则的影响而面临不确定的发展前景。

3.渠道失灵与话语失效：专业媒体业态重塑的外部生态

移动化、社交化与智能化传播技术的发展，改变了传统媒体时代的渠道门槛和国有传媒体制造成的传播壁垒，让不同属性、层级或形态的社会行动者都具备了运营社交媒体的可能，传统的专业媒体的职业权威面临挑战。

这种挑战主要来自平台媒体与自媒体的发展。微博微信等社交型的平台媒体与今日头条等聚合型的资讯平台，改变了专业媒体组建传播网络与实现内容分发的传统方式，而网络自媒体一定程度上消解了专业媒体在议程设置、真相挖掘与舆论引导方面的垄断优势，"网络成为社会意见汇聚、协

---

① 比如成立新中国第一家报业集团的《广州日报》，就以党报的身份成功实现了市民化、大众化的市场化生存，并刷新过中国报业的多项纪录，可见党媒与市场化媒体并非截然区分。详见田秋生：《市场化生存的党报新闻生产》，复旦大学博士学位论文，2008年。
② 潘忠党：《新闻改革与新闻体制的改造——我国新闻改革实践的传播社会学之探讨》，《新闻与传播研究》1997年第3期，第62—80+96—97页。

商、发酵的场所,传统媒体'为民请命'的角色在很大程度上被互联网所取代"①。此外,平台媒体与自媒体还以其智能化推送机制、社会化传播形态让专业媒体"传者本位"的话语风格面临影响力和传播力衰落的风险。这些都促使各级党媒和市场化媒体纷纷通过实现与新兴媒体的融合发展来重构自己的渠道体系与话语形态。

二、专业媒体的格局变迁与业态重塑

传统报业和广播电视业市场份额迅速下滑,资本大鳄悄然开始投资新媒体领域,这让国家有了失去"主流传播渠道"的担忧,如何找到切实有效的手段来应对信息传播和社会舆论的形态变化,成为重要的执政议程。②2014年8月18日,"推动传统媒体和新兴媒体融合发展"被提升为国家政策,《关于推动传统媒体和新兴媒体融合发展的指导意见》标志着传统媒体融合转型的节奏加速,"打造一批形态多样、手段先进、具有竞争力的新型主流媒体"成为专业媒体转型发展的目标。近年来,专业媒体在技术手段、话语方式、角色定位等层面重塑自我,党媒与市场化媒体的关系格局也由此发生变迁。

1.重掌"麦克风":国有资本驱动下党媒的重新崛起

作为国家意识形态和主流价值观的传播载体,党报的职责在于引领主流舆论、传播先进文化、提升国家治理能力与执政合法性,其融合的关键是如何巩固官方舆论场、增强舆论引导力。党媒在扩大发行、争取补贴或专项经费、实现混合经营的同时,加速微博、微信、客户端、"中央厨房"等"新党媒"渠道体系与运营机制的重建。

从2014年开始,越来越多中央和省级党媒在融合转型的过程中得到了更多的政策红利,直接从政府获得了财政支持。比如,上海宣传文化专项资金

---

① 陈力丹、林羽丰:《再论舆论的三种存在形态》,《社会科学战线》2015年第11期,第174—179页。
② 王维佳:《传播治理的市场化困境——从媒体融合政策谈起》,《新闻记者》2015年第1期,第15—20页。

会每年安排1亿元专项扶持资金用于上海报业集团发展新媒体，嘉兴日报报业传媒集团探索联办模式，地方县（市）委将分社版面作为自己的党委机关报，以办报补贴的形式给予资金支持，2014年办报补贴达2500万元。①

在国有资本与政策扶持的驱动下，不少党媒逐渐成为"两微"平台上具有影响力的媒体力量。2015年上半年微信媒体类公号传播度最高的20篇文章，几乎全部来自人民日报和央视新闻，社交媒体时代党媒"重掌麦克风"的现象，改变了此前市场化媒体影响上升、党媒逐渐式微的态势，也改变了中国社交媒体上的舆论生态。②

通过"新党媒"的建设，党媒实现了移动传播语境下的全媒体覆盖。例如，人民日报逐步由一份报纸转变为全媒体形态的"人民媒体方阵"，旗下拥有报纸、杂志、网站、电视、广播、电子屏、手机报、微博、微信、客户端等10多种载体，29种社属报刊、31家网站、111个微博机构账号、110个微信公众账号及20个手机客户端。2017年10月，人民日报客户端下载量达2亿，初步实现了"有新闻的地方就有人民日报"的发展目标。③

2.角色再定位：市场化媒体融合转型的路径与趋向

媒介技术与市场环境的变化，让市场化媒体遭遇严重的生存危机。自媒体与平台媒体的兴起，部分替代了市场化媒体"为民代言"、满足消费等功能。与部分党报发行量和广告保持稳定甚至略有增幅相比，都市报的广告和利润在2014年下滑明显，少则跌幅15%—20%，多则达到30%。④商业模式的失灵叠加舆论环境的变化，让市场化媒体既不再具有"走市场"与"亲社会"的能力禀赋与行动空间，又难以像党媒那样拥有足够的行政资源与权力资本。在数字化融合发展的过程中，市场化媒体进行着多元路径模式下的转型探索：

---

① 张志安、刘杰：《媒介融合的年度观察及展望》，《新闻战线》2015年第3期，第36—38页。
② 方可成：《社交媒体时代党媒"重夺麦克风"现象探析》，《新闻大学》2016年第3期，第45—54页。
③ 崔保国：《2017年新型主流媒体发展概况及展望》，《新闻战线》2018年第1期，第10—12页。
④ 张志安、刘杰：《媒介融合的年度观察及展望》，《新闻战线》2015年第3期，第36—38页。

（1）全平台转移模式下的媒体再造。其典型案例是《东方早报》和"澎湃新闻"。"澎湃新闻"脱胎于上海报业集团旗下的《东方早报》，"专注于时政与思想"。自2014年7月22日起，网站、客户端、微信公众号、微博等多渠道产品同时上线后，开始实行《东方早报》和"澎湃新闻"的"双品牌"运作。2016年12月底《东方早报》休刊，澎湃新闻成为全国第一个由传统媒体成建制整体转型而成的新型媒体。

在内容生产方面，作为专注时政与思想的媒体开放平台，澎湃新闻强调专业媒体组织化生产特长的同时也采纳互联网化的生产方式。通过新闻追问和新闻跟踪等应用功能的创新，用户可针对每一条新闻提出自己的疑问并获得其他用户的解答，优质的回答内容将在热门追问页面展示。[①]在产品运营方面，通过优化网站搜索、广开合作渠道、增加用户黏度等方式实现用户量的逐步攀升[②]，借助"澎湃视频"、开通"澎湃问政"政务互动平台、邀请全国性政务机构入驻与开通"政务号"、与今日头条合作引入算法推荐的分发技术等方式，不断提升影响和拓展收入。可以说，《东方早报》向"澎湃新闻"的全平台迁移重生，是一种将专业媒体的价值传承与互联网的技术创新加以结合的、整体再造式转型的典型样本，代表了市场化媒体融合转型的方向。

（2）内容优势主导下的全媒体转型发展。以新京报为例，2012年起开始探索全媒体发展路径，通过提高新闻采集、分析、整合能力，借由网络传播渠道加快转型。2015年，该报提出"新京报+"和"+互联网"概念，除官方微博与客户端外，还打造垂直领域的微信公众号矩阵，开发"动新闻"短视频新闻产品，成立"我们"视频新闻直播部门，上线"话题性内容类产品""热门话题"，与腾讯合作成立大燕网，把原创内容的优势与IT公司的技术、渠道和资本优势进行嫁接。[③]

新京报的转型路径，是在保持与发挥专业媒体内容采编优势的前提下，

---

① 郭泽德：《澎湃新闻的移动战略研究》，《新闻研究导刊》2014年第12期，第3—6页。
② 满江红：《澎湃新闻调研报告》[EB/OL]. http://mp.weixin.qq.com/s/4UZqf34UF3E27tnACmm9xg。
③ 李晨：《新京报：融合发展模式下都市报创新的综述与反思》，《中国记者》2016年第10期，第27—29页。

以"增量"创新推进"存量"渐进式变革①。这种"+互联网"式的转型尽管步伐稳健,但在技术不断演进的新新闻生态中,仍面临着较大的不确定性。

(3)技术驱动主导下的平台化升级改造。这一模式的典型案例是《华西都市报》及其创办的封面传媒。封面传媒于2016年5月上线,力图打造引领人工智能时代的泛内容生态平台,旗下的系列产品包括封面舆情、封面VR、封面直播、封面视频等,突出"技术+内容"的客户端定位,既引入算法推荐、机器人写作等新技术,又保持导向原则、注重编辑权威。"媒体融合应以'互联网+'为前提,通过构建全新的互联网平台来推动媒体融合,抓住传统媒体所剩无多的转型窗口期,努力实现自身的融合转型。"②

市场化媒体要么通过关停并转的方式退出市场,要么逐渐转向了"党报化",体现出宣传主义强化、商业主义统合与专业主义离场的态势③。比如,经过高层动员后,东方早报团队卸下思想包袱,形成了"将澎湃新闻作为党的宣传报道的重要渠道"的共识④。"从组织生活源头、选题管理源头、采编思想源头,细化和完善各项工作制度,澎湃新闻党组织战斗堡垒作用和党员先锋模范作用逐步得到充分发挥。"⑤可见,融合转型后的"新都市媒"作为宣传资源的渠道与符号意义进一步凸显,形成了与党媒相互补的角色再定位。

3.新闻的重新大众化:受众竞夺生态中的新型主流媒体

作为专业媒体,"新党媒"与"新都市媒"在新新闻生态中面对着市场与受众极度细分的需求环境。在主要由国有资本与财政补贴支撑的大背景下,专业媒体的商业属性被相对弱化,意识形态属性则被极大凸显,它们需

---

① 翟娜娜:《立足内容,渐进转型——〈新京报〉媒体融合的策略与实践》,《新闻爱好者》2016年第18期,第13—16页。
② 李鹏:《打造引领人工智能时代的泛内容生态平台———封面传媒的实践与思考》,《传媒评论》2016年第9期,第43—46页。
③ 李艳红、陈鹏:《"商业主义"统合与"专业主义"离场:数字化背景下中国新闻业转型的话语形构及其构成作用》,《国际新闻界》2016年第9期,第135—153页。
④ 陈昌凤:《媒体融合中的全员转型与生产流程再造——从澎湃新闻的实践看传统媒体的创新》,《新闻与写作》2015年第9期,第48—50页。
⑤ 满江红:《澎湃新闻调研报告》[EB/OL]. http://mp.weixin.qq.com/s/4UZqf34UF3E27tnACmm9xg。

要持续完成对受众注意力的竞夺，实现舆论引导能力的重建。

新闻大众化（popular journalism）成为不少党媒及其"新党媒"的探索实践。党媒为尽可能多地"圈粉"而越来越多采取新闻大众化手法，或通过"传播模式的调适"①来处理满足受众需求与达成宣传使命的双重任务，或通过抓住建党、建军、建国、"两会"等重大主题报道的契机，实践将用户情感、行动与多样场景卷入进来的"新宣传"模式，来建构与强化网民的政治认同。同时，市场化媒体也以新的新闻大众化手段来争夺用户市场，南都报系总裁认为，都市报再造"话语空间"需进行三大转型，其中媒体本身在定位上需要升级，南方都市报过去有许多深度报道，而现在则是向让读者更轻松易读的方向转变②。而封面传媒的转型，更多着眼于通过技术的力量重新"拉回"逐渐流失的受众。总体上，伴随专业媒体的新闻大众化潮流，严肃新闻业的式微成为变迁格局中新闻业的隐忧。

三、变迁格局中专业媒体面临的挑战

1. 受众争夺与认同建构：新型主流媒体的双重挑战

在经济产业属性维度，"国有资本主导推动下的行政性媒介融合被当成拯救'主流'的路径，被认为是'国家'有效进入'社会'赢取受众注意力的手段"③。当融合转型后短期内难以找到可持续的有效商业模式之时，得到各级政府发行渠道保障、财政拨款支持和专项经费资助的"公益化"新型主流媒体，固然不会因财政问题而整体衰亡，但可能面临失去市场竞争力、难以争夺受众注意力的风险。而在意识形态属性维度，尽管一些新型主流媒体重掌了"麦克风"，但在互联网语境下舆论引导与广泛建构受众主流意识形态认同的需求，同受众分化、价值观多元与反向认同建构之间始终存在着不

---

① 李艳红、龙强：《新媒体语境下党媒的传播调适与"文化领导权"重建：对〈人民日报〉微博的研究（2012–2014）》，《传播与社会学刊》2017年总第39期，第157—187页。
② 曹轲：《再造"话语空间"都市报需三大转型》，《新闻与写作》2015年第1期，第50页。
③ 王维佳：《传播治理的市场化困境——从媒体融合政策谈起》，《新闻记者》2015年第1期，第15—20页。

小的张力。

在平台媒体与自媒体兴起初期，中国媒体分化出三个舆论场：以党报党刊、国家电视台、通讯社、重点新闻网站等为主体的官方舆论场，以市场化的都市媒体、商业网站组成的市场化媒体舆论场，以微博等社会化媒体为主渠道传播的民间舆论场。①此后，经过网络空间治理、新型主流媒体打造、政务机构媒体大规模运营，官方与民间"'两个舆论场'的交集和共识度有显著增强"②，原本活跃的市场化媒体舆论场也逐渐与党媒的官方舆论场趋同。

然而，在社会化媒体语境中，舆论引导要产生实效、要形成主导性舆论变得更加困难。一方面，由于公共表达的环境和平台媒体的管制政策变化，显舆论的形成愈发困难。另一方面，基于特殊情境与体验的、非复制性传播的潜舆论或"沉默舆论"越发活跃。"沉默舆论"或在公开的舆论体系中难以反映和捕捉，或被显舆论乃至"舆论泡沫"所覆盖与隐藏，或构成与主流舆论层断裂的潜在民意场。它并不占据着显性的议程资源，但却切实地构成和"涵化"着社会意识的主体，在表层舆论的"社会皮肤"之下运行生长。③

由"新党媒""新都市媒"等组成的新型主流媒体，在很大程度上成功地将"主旋律"的显舆论从传统介质延伸到了数字化的网络空间，但各种被遮蔽或隐藏起来的潜舆论，始终对主流意识形态认同建构造成压力。从这个角度看，党媒的重新崛起依然面对挑战：其一，中国的网络空间依然面临着严重的"左右"撕裂，党媒的社交媒体对左右立场的平衡把握非常困难；其二，尽管心灵鸡汤和生活小窍门等内容以及"标题党"式的做法吸引了民众的关注，但这些内容在中上阶层、精英阶层却并不受欢迎，党媒的社交媒体账号面临着在精英群体中失去影响力的危险。④

---

① 周廷勇：《从"威权舆论"到"权威舆论"——"微时代"主流舆论的解构与重振》，《重庆工商大学学报（社会科学版）》2012年第6期，第113—119页。
② 祝华新：《2014："两个舆论场"共识度增强》[EB/OL]．http://yuqing.people.com.cn/n/2014/1225/c209043-26277634.html。
③ 徐翔：《"沉默舆论"的传播机理及其功能研究》，《南京社会科学》2015年第10期，第112—117页。
④ 方可成：《社交媒体语境下党媒"重夺麦克风"现象探析》，《新闻大学》2016年第3期，第45—54页．

2.衰落的严肃新闻业：专业媒体生存的正当性危机

生产专业化原创新闻是专业媒体的核心功能，其正当性（legitimacy）寓于作为公众信托的中介来完成对生存环境的监测、对社会风险的预警和对问题真相的披露。基于真实、客观、公正与服务公共利益等专业价值标准的严肃新闻业，则是它建构起自身社会正当性的重要依托。

就政务机构媒体及其"新机关媒"而言，其新闻生产虽有聚焦特定行业领域的权威优势，但因并非综合性媒体而难以承担公共新闻产品持续供给的职能；数量庞大的自媒体，虽具备专业知识评论和关键信息突破的潜能，但因不具备新闻采编资质、表达伦理的欠缺，难以成为严肃新闻业的行动者；就平台媒体而言，在商业驱动、用户至上的价值影响下更难以成为严肃新闻业的实践者。因此，专业媒体凭借专业资质、伦理水准和媒介公信力，依然是新新闻生态下严肃新闻业的关键行动者。

在商业变现压力与变化的政策环境下，严肃新闻业面临"何枝可依"的重要追问。采编、经营之间的防火墙制度，对于保证新闻质量、维持媒体公信力及促进承担社会责任有着重要作用。然而，随着传统盈利模式遭到冲击，转型过程中专业媒体的防火墙也出现松动。比如，不少都市报采取"事业部制"，以行业条线整合采编和经营人员，统一协调整个条线的新闻生产和广告经营。这种设置策略背后的逻辑，实际上就是把采编和经营部门相互打通，采编人员也开始深度介入经营，以整合营销的方式来替代单纯的广告售卖。①

这种经济压力下的实践策略，是以流失媒介公信力作为代价的。王海燕、斯巴克斯（Sparks）等基于2016—2017年间对中国六家媒体机构的考察和92份深度访谈资料的研究发现，面对生存危机时这些媒体的普遍性做法是利用公信力进行营销，以使媒体摆脱或者缓解经营困境。在组织架构的市场化、收入来源的公关化与采编角色的经营化这三重策略的运作下，媒介公信力的市场潜能被充分挖掘，公信力不再是一种规范性的伦理工具，而变成一

---

① 张志安、刘杰：《媒介融合的年度观察及展望》，《新闻战线》2015年第3期，第36—38页。

种市场化的经济工具，从而使媒体的社会正当性受到挑战。①

而在监测环境、披露真相方面，专业媒体的社会功能出现了严重衰退。比如，包含调查性报道在内的深度报道，被视为专业媒体实践公共价值的重要领域。然而，一项针对中国调查记者的全国普查显示，与六年前相比，调查报道行业面临着更大的生存困境：人才严重流失，传统媒体调查记者从业人数下降幅度高达58%；调查记者的职业认同感显著下降，对国内媒体作为"理想媒体"的评价总体不高；职业忠诚度普遍较低且呈现出高度的不确定性。②

综上所述，专业媒体作为"党和人民的喉舌"既要切实扮演好"新闻舆论工作者"的角色，也要坚持严肃新闻业的价值传统。在事实碎片化、公众情感化的"后真相"时代，如何坚守严肃新闻业的职责使命、凝聚社会的理性共识，始终是专业媒体维护自身正当性与建构传媒公共性的重要挑战。

（作者张志安为中山大学传播与设计学院教授，上海体育学院、上海社科院新闻研究所特约研究员；汤敏为中山大学传播与设计学院政治传播专业博士生。
本文为2016年教育部哲学社科研究重大课题攻关项目"大数据时代国家意识形态安全风险与防范体系构建研究"（编号16JZD006）的系列成果。）

---

① 王海燕、科林·斯巴克斯、黄煜：《作为市场工具的传媒公信力：新媒体技术冲击与经济下滑双重压力下中国纸媒的社会正当性困境》，《传播与社会学刊》2018年第1期，第123—154页。
② 张志安、曹艳辉：《新媒体环境下中国调查记者行业生态变化报告》，《现代传播（中国传媒大学学报）2017年第11期，第27—33页。

迎接新的"黄金时代"?

——媒体创业叙事与创业者的认同建构

陈楚洁

【摘要】

媒体创业已成为中外传媒业转型发展的出路之一。近年来的中国媒体话语经历了从转型、怀旧到创业的转向。基于行业刊物、网络报道和微信公号中有关媒体创业文本的细读,本文发现,媒体创业具有精英化和浪漫化倾向,在多数情况下被等同为媒体人创业,且呈现出去新闻化、再媒体化的状态。媒体创业叙事再现了传统媒体机制的弊端,塑造了内部创业的他者形象;而新媒体创业则被刻画为在传统媒体动荡、技术变革、内容商业化、资本推动、社群互助、政策鼓励等背景下迎来历史性的"黄金时代"。通过使用旅行、战争等隐喻,创业叙事凸显了自由、自主、商业成就等创业神话。媒体创业叙事勾连了创业者的职业历史、创业现状与媒体前景的想象,既召唤了创业精神和职业理想,也重新定义了"媒体"和"理想"。总的来说,既有的媒体创业叙事偏向于"创业"的成败与否而淡化"媒体"的专业意理。本文也探讨了媒体创业实践的其他研究议题。

【关键词】

媒体创业　创业叙事　创业者认同　创业新闻　内部创业

一、导论

传媒业的历史总是镌刻着创业精神[①]。例如，19世纪的媒体创业者们充分利用了邮政服务、电报技术、铁路网络的现代化创办了各种各样的报刊[②]；同样，我国自1949年以来党的新闻事业以及20世纪80年代以来媒体改革催生都市报、电视节目改革等现象，也体现了筚路蓝缕、艰苦创业的精神。随着移动数字技术的普及以及社会资本来源的多元化，媒体创业的技术门槛和成本进一步降低。当中外传媒业陷入传统商业模式难以为继、不确定性增强的迷茫期时，媒体创业成为新闻业转型突破的方向之一，越来越多的数字初创媒体正在世界范围内产生[③]。有学者指出，记者之所以自主创业，是由于传统媒体就业机会减少，也是由于他们对新闻业的现状不满，以及老牌媒体机构的衰落[④]。同时，"受大投资商、风险资本和技术企业青睐的营利性数字新闻初创公司，在新闻产业中扮演着日益重要的角色"[⑤]。当下的媒体生态格局呈现出两幅对比鲜明的画面：一面是慨叹"一个时代结束了"的传统媒体，另一面则是高呼"媒体人创业的黄金年代，刚刚开始"的新媒体创业。

首先需要指出的是，媒体创业（media entrepreneurship）与媒体内部创业（media intrapreneurship）不同。顾名思义，后者指向在传统媒体组织内部推

[①] Rafter, K.（2016）. Introduction: Understanding where Entrepreneurial Journalism Fits in. *Journalism Practice*, 10（2）: 140-142; Prenger, M., & Deuze, M.（2017）. A History of Innovation and Entrepreneurialism in Journalism. In Pablo J. Boczkowski & C.W. Anderson（Eds.）, *Remaking the News: Essays on the Future of Journalism Scholarship in the Digital Age*（pp.235-250）. Cambridge, MA.: The MIT Press.

[②] Chalaby, J. K.（1998）. *The Invention of Journalism*. Barsingtoke & New York: Palgrave Macmillan.

[③] Bruno, N., & Nielsen, R.K.（2012）. *Survival is Success: Journalistic Online Start-Ups in Western Europe*. Oxford: Reuters Institute for the Study of Journalism; Wagemans, A., Witschge, T., & Deuze, M.（2016）. Ideology as Resource in Entrepreneurial Journalism. *Journalism Practice*, 10（2）: 160-177; Price, J.（2017）. Can The Ferret be a Watchdog?, *Digital Journalism*, 5（10）:1336-1350.

[④] Naldi, L., & Picard, R.（2012）. "Let's Start An Online News Site": Opportunities, Resources, Strategy, and Formational Myopia in Startups. *Journal of Media Business Studies*, 9（4）: 69-97.

[⑤] Carlson, M., & Usher, N.（2016）. News Startups as Agents of Innovation. *Digital Journalism*, 4(5): 563-581.

动的创新实践①，而前者则指向由媒体人在传统媒体外部推动成立的区别于传统媒体生产的破坏性或创造性实践。有学者将"媒体创业"界定为"小型企业或组织的建立与拥有，其创业行动会对媒体市场增添一种影响或创新"②。在他们看来，媒体创业研究的对象主要是指小型媒体企业组织的创办者，他们通过掌握媒体技术创新或产品创新的方式，将新的生产要素投入到媒体市场中，打破市场准入的障碍，对媒体行业增添一种影响或创新。但这一定义受到不少学者的质疑，认为其过于宽泛，导致可能随便开设博客的个人都能被纳入其中③。本研究更认可达梯斯·卡耶黑安（Datis Khajeheian）和罗森德尔·阿巴坦尼（Roshandel Arbatani）对媒体创业的定义——"利用小型媒体企业的有限资源去追寻那些能够从某个特定利基市场（niche market）获取收益的媒体机会"④。综合上述定义，本文将媒体创业界定为以相对低成本的生产方式，在传统新闻业外创建小型媒体公司、推出新的媒体产品或推广新的媒体运作模式，与传统媒体形成竞争或补充关系的创新实践。媒体创业的研究对象，往往从初创媒体及其从业者们开始⑤。

纵观而言，有关媒体创业的研究自20世纪90年代中期开始出现于美国传播学界，然而彼时其关注的主要对象是文化与创意产业，如网络出版、音

---

① Baruah, B., & Ward, A.（2015）. Metamorphosis of Intrapreneurship as an Effective Organizational Strategy. *International Entrepreneurship and Management Journal*, 11（4）: 811-822; Boyles, J.L.（2016）. The Isolation of Innovation: Restructuring the Digital Newsroom through Intrapreneurship. *Digital Journalism*, 4（2）: 229-246.

② Hoag, A., & Seo, S.（2005, April 2）. *Media Entrepreneurship: Definition, Theory and Context*. Paper presented at the NCTA Academic Seminar, San Francisco. Retrieved from https://www.smeal.psu.edu/fcfe/research/white/mediaentre.pdf/view[10-06-2017].

③ 如 Achtenhagen, L.（2008）. Understanding Entrepreneurship in Traditional Media. *Journal of Media Business Studies*, 5（1）: 123-142。

④ 转引自 Khajeheian, D.（2013）. New Venture Creation in Social Media Platform: Towards a Framework for Media Entrepreneurship. In Mike Friedrichsen & Wolfgang Mühl-Benninghaus（Eds.）, *Handbook of Social Media Management*（pp. 125-143）. Berlin: Springer, p. 127.

⑤ 在这个意义上，媒体创业也就是从媒体人创业开始，它们都发生于传统媒体机构之外，具有个体化色彩，但并不意味着它们始终都是个体化的，随着创业实践的制度化，它们也将成为工业组织的产物。至于彻底离开新闻业进行跨界创业的现象（如媒体人经营民宿、卖生鲜等），则不属于本文的分析对象。

乐、电影等①。直至2008年，新闻业界与学界才逐渐关注媒体融合与转型语境下媒体创业的现象，同时，美国及欧洲高校的新闻学院也先后应业界的需要而开设"创业新闻"（entrepreneurial journalism）的课程②。在创业的旗帜下，商业模式创新和技术变革是媒体创业的两大聚焦点和着眼点。而媒体创业研究在近三四年来获得更为深入与显著的关注，相关学术会议主题讨论、暑期学校的举办、学术期刊专题论文的发表，预示着新的研究方向的形成。在既有的研究中，学者们基于不同理论视角探讨了媒体创业的不同方向。有人关注媒体创业对新闻业边界带来的挑战和影响③，有人从场域理论探究创业媒体如何在新闻场域内完成文化资本的转化与习惯的调整④，有人则考察创业环境下媒体人的工作自主性与面临的限制⑤，还有人关注初创媒体中记者的职业伦理问题⑥。这些研究提供了对媒体创业现象的多方位理解，构成了进一步研究的基础。然而，现有研究往往是被关于创业的经济理性取向和个人本质主义特征取向所主导，而从结构的、文化的、话语的角度去考察的研究则相

---

① 如 Ehrmann, T., Haas, F., & Harms, R.（2002）. The Bases of Successful Market Entry: The Liability of Size and of Newness in E-commerce. *International Journal on Media Management*, 4（4）: 203-211; Gerpott, T.J., & Niegel, C.（2002）. Mobile Business Start-ups in Germany. *International Journal on Media Management*, 4（4）: 235-247; 亦参见 Hang, M., & Weezel, V.A.（2007）. Media and Entrepreneurship: What Do We Know and Where Should We Go? *Journal of Media Business Studies*, 4（1）: 51-70。

② Ferrier, M.B.（2013）. Media Entrepreneurship: Curriculum Development and Faculty Perceptions of What Students Should Know. *Journalism & Mass Communication Educator*, 68（3）: 222-241; Rafter, K.（2016）. Introduction: Understanding where Entrepreneurial Journalism Fits in. *Journalism Practice*, 10（2）: 140-142。

③ 如 Coddington, M.（2015）. The Wall Becomes a Curtain: Revisiting Journalism's News-Business Boundary. In Matt Carlson & Seth C. Lewis（Eds.）, *Boundaries of Journalism: Professionalism, Practices and Participation*（pp. 67-82）. New York: Routledge; Singer, J.（2017）. Reinventing Journalism as an Entrepreneurial Enterprise. In Pablo J. Boczkowski & C.W. Anderson（Eds.）, *Remaking the News: Essays on the Future of Journalism Scholarship in the Digital Age*（pp. 195-210）. Cambridge, MA.: The MIT Press。

④ 如 Vos, T., & Singer, J.（2016）. Media Discourse about Entrepreneurial Journalism: Implications for Journalistic Capital. *Journalism Practice*, 10（2）: 143-159; Powers, M., & Zambrano, S.V.（2016）. Explaining the Formation of Online News Startups in France and the United States: A Field Analysis. *Journal of Communication*, 66（5）: 857-877; Rosenkranz, T.（2016）. Becoming Entrepreneurial: Crisis, Ethics and Marketization in the Field of Travel Journalism. *Poetics*, 54:54-65。

⑤ 如 Mathisen, B.R.（2016）. Entrepreneurs and Idealists: Freelance Journalists at the Intersection of Autonomy and Constraints. *Journalism Practice*, 11（7）: 909-924; Cohen, N.S.（2015）. Entrepreneurial Journalism and the Precarious State of Media Work. *South Atlantic Quarterly*, 114（3）: 513-533。

⑥ 如 Porlezza, C., & Splendore, S.（2016）. Accountability and Transparency of Entrepreneurial Journalism. *Journalism Practice*, 10（2）: 196-216; Hunter, A.（2015）. Crowdfunding Independent and Freelance Journalism: Negotiating Journalistic Norms of Autonomy and Objectivity. *New Media & Society*, 17（2）: 272-288。

对较少[1]；并且，西方语境下以新闻初创媒体研究所得出的结论，未必适用于中国语境下的媒体创业现象。事实上，在媒体初创公司的早期，媒体创业者所要面对的挑战，不仅包括如何获得长期的资金支持，还事关如何将自己打造成为这个世界的合法记录者（legitimate recorder）[2]，更关系到一个新的职业认同的形塑。鉴于此，创业的修辞与叙事便扮演了不可或缺的角色。如果我们仅仅关注媒体创业的物质层面和创业者的特征要求而忽视了其论述建构与意义塑造的面向，不能不说是遗珠之憾。

在过去二十年来，叙事（narrative）在创业研究中所受重视日深。在组织学、管理学和创业社会学研究中，有越来越多的文献关注创业者、创业活动的叙事角色，因为叙事理论相比过往的理性选择论和创业者特征论提供了对创业现象的新理解[3]。本文认为，理解媒体人创业并不全在于去寻找一种普适的商业模式或探求创业成功的要诀，而在于理解媒体创业者如何讲述创业故事，建构了什么样的媒体想象和职业认同，而创业叙事又如何反映、构筑传媒业的转型等问题。

二、理论脉络

（一）理解媒体创业：一种叙事视角

叙事是指对一个时间序列中的真实或虚构的事件及情境的再现[4]。一个完

---

[1] Clarke, J., & Holt, R. （2010）. The Mature Entrepreneur: A Narrative Approach to Entrepreneurial Goals. *Journal of Management Inquiry*, 19（1）: 69-83; Larty, J., & Hamilton, E. （2011）. Structural Approaches to Narrative Analysis in Entrepreneurship Research: Exemplars from Two Researchers. *International Small Business Journal*, 29（3）:220-237.

[2] Carlson, M., & Usher, N.（2016）. News Startups as Agents of Innovation. *Digital Journalism*, 4(5): 563-581.

[3] Johansson, A.W. （2004）. Narrating the Entrepreneur. *International Small Business Journal*, 22（3）: 273–293; Steyaert, C. （2004）. The Prosaic of Entrepreneurship. In Daniel Hjorth & Chris Steyaert （Eds.） *Narrative and Discursive Approaches in Entrepreneurship: A Second Movements in Entrepreneurship Book*（pp. 8-21）. Northampton, MA.: Edward Elgar; Navis, C., & Glynn, M.A. （2011）. Legitimate Distinctiveness and the Entrepreneurial Identity: Influence on Investor Judgments of New Venture Plausibility. *Academy of Management Review*, 36（3）: 479-499.

[4] Prince, G. （1982）. *Narratology: The Form and Functioning of Narrative*. Berlin & New York: Mouton.

整的叙事具有开头、中场、结局等具有先后顺序的情节。尽管对于叙事的定义有争议，但在一个最简单的意义上，叙事是由多个情节、问题、人物等存在关联的因素构成的连续性故事[1]。叙事具有多种形式，包括了私人故事、虚构叙事、自传体叙事以及新闻故事等[2]。

作为叙事的最基本形式，故事是各种事件赖以联结的介质，能够创造主题、情节，并提供对社会情境的理解[3]。叙事的主要功能在于整合人们的经历，即通过连接过往与当下并设置未来场景，来打造一个连贯、统一的身份认同[4]。换言之，叙事的视野囊括了过去、现在与未来，叙事者在叙事中往往会建构一个连贯的自我，使其生命历程、职业选择呈现出一种线性观感。

当然，叙事研究并不在于提供解释事件的科学法则，而是通过确认事件的意义来寻求理解[5]。作为叙事形式之一的媒体报道，是指报道或文本生产者以讲故事的元素再现他们认为有意义的世界。自20世纪80年代起，创业叙事就已受到经济学、管理学和社会学研究者的关注，但近五六年来才形成小高潮[6]。然而，具体到媒体创业领域中，叙事究竟扮演了何种角色，以及从中反映、建构了什么样的创业者认同，仍然未见系统性的考察。

---

[1] Holloway, I., & Freshwater, D. (2007). Vulnerable Story Telling: Narrative Research in Nursing. *Journal of Research in Nursing*, 12 (6): 703-711.

[2] Foss, L. (2004). "Going against the Grain…" Construction of Entrepreneurial Identity through Narratives. In Daniel Hjorth & Chris Steyaert (Eds.), *Narrative and Discursive Approaches in Entrepreneurship: A Second Movements in Entrepreneurship Book* (pp. 80-104). Northampton, MA.: Edward Elgar.

[3] Buckle, S.A., & Zien, K.A. (1996). The Spirituality of Innovation: Learning from Stories. *Journal of Product Innovation Management*, 13 (5): 391-405; Smith, R., & Anderson, A.R. (2004). The Devil is in the E-tale: Forms and Structures in the Entrepreneurial Narratives. In Daniel Hjorth & Chris Steyaert (Eds.) *Narrative and Discursive Approaches in Entrepreneurship: A Second Movements in Entrepreneurship Book* (pp. 125-143). Northampton, MA.: Edward Elgar.

[4] McAdams, D.P. (1996). Personality, Modernity, and the Storied Self: A Contemporary Framework for Studying Persons. *Psychological Inquiry*, 7 (4): 295-321.

[5] Smith, R., & Anderson, A.R. (2004). The Devil is in the E-tale: Forms and Structures in the Entrepreneurial Narratives. In Daniel Hjorth & Chris Steyaert (Eds.) *Narrative and Discursive Approaches in Entrepreneurship: A Second Movements in Entrepreneurship Book* (pp. 125-143). Northampton, MA.: Edward Elgar.

[6] 张慧玉、程乐：《创业叙事研究述评与展望》，载《商业经济与管理》2017年第3期，第40—50页。

（二）创业叙事、创业神话与认同建构

按照安东尼·吉登斯的观点，身份认同是一个"成为"（becoming）的过程①，在这一过程中，个体通过其所处的文化环境的意义认知系统对其身份认同进行协商。创业研究表明，叙事不仅有助于创业者获取资源②，亦有助于建构认同③，后者往往与诸如艰辛、清醒/节制、创造力和独立等价值观相联系，是在不同话语间的穿梭旅行、反思的过程④。叙事反映、创造了一个社会、组织或职业的文化观念，提供了一种建构身份认同的方法和意义系统⑤。如果说创业是一种新价值观的创造，那么叙事则使这些价值观得到传递。

有学者提出，媒体创业的价值观强调媒体从业者的自我认同应从"组织人"转向"创业者"的想象，以"创业型自我"（entrepreneurial self）的概念来建构工作主体性⑥。创业者在塑造"创业型自我"时一方面突出其创业产品与既存事物的差异，另一方面也展现其在某些特征上与既有事物的相似性。简而言之，一个新的职业认同的形成将围绕连续性和差异两个层面进行阐述⑦。马特·卡尔森（Matt Carlson）和妮姬·厄舍（Nikki Usher）通过分

---

① Giddens, A.（1991）. *Modernity and Self-Identity: Self and Society in the Late Modern Age*. Cambridge: Polity.
② Manning, S., & Bejarano, T.（2016）. Convincing the Crowd: Entrepreneurial Storytelling in Crowdfunding Campaigns. *Strategic Organization*, 15（2）: 194-219.
③ Cohen, L., & Musson, G.（2000）. Entrepreneurial Identities: Reflections from Two Case Studies. *Organization*, 7（1）: 31-48; Cohen, L., & Mallon, M.（2001）. My Brilliant Career? Using Stories as a Methodological Tool in Careers Research. *International Studies of Management & Organization*, 31（3）: 48-68; Down, S., & Warren, L.（2008）. Constructing Narratives of Enterprise: Clichés and Entrepreneurial Self Identity. *International Journal of Entrepreneurial Behaviour and Research*, 14（1）: 4-23.
④ Foss, L.（2004）. "Going against the Grain…" Construction of Entrepreneurial Identity through Narratives. In Daniel Hjorth & Chris Steyaert（Eds.）, *Narrative and Discursive Approaches in Entrepreneurship: A Second Movements in Entrepreneurship Book*（pp. 80-104）. Northampton, MA.: Edward Elgar.
⑤ Smith, R., & Anderson, A.R.（2004）. The Devil is in the E-tale: Forms and Structures in the Entrepreneurial Narratives. In Daniel Hjorth & Chris Steyaert（Eds.）*Narrative and Discursive Approaches in Entrepreneurship: A Second Movements in Entrepreneurship Book*. Northampton, MA.: Edward Elgar, p. 129.
⑥ 张煜麟：《从"组织人"到"创业者"：媒体从业者职业图像的变迁》，载《新闻记者》2014年第8期，第33—39页。
⑦ Jones, S., Millermaier, S., Goya-Martinez, M., & Schuler, J.（2008）. Whose Space is MySpace? A Content Analysis of MySpace Profiles. *First Monday*, 13（9）, DOI: http://dx.doi.org/10.5210/fm.v13i9.2202[10-06-2017]; Down, S.（2006）. *Narratives of Enterprise: Crafting Entrepreneurial Self-identity in a Small Firm*. Northampton, MA.: Edward Elgar.

析新闻初创企业的创业宣言,指出它们通过宣誓与传统新闻业既区分又有所继承的价值立场批评了传统新闻业在应对变革、试错方面的迟滞行为,同时以实验的态度推动媒体创新,从而与专业新闻业单一化的声音形成了鲜明对比[1]。在这一框架下,媒体创业带来的新问题对记者的职业认同也产生了新的影响。传统意义上,记者的专业认同与实践是基于公众服务、客观性、自主性、伦理等共享的职业意识形态[2]。这些职业意识形态相比商业价值在塑造一个记者的认同与实践上更具有优势地位[3]。而随着社会环境、职业环境的变化,人们对职业的认知也有建立新的意义和理解的需要。例如,在新媒体环境下工作的记者,由于组织环境、工作常规和职业价值观的调整,对于其作为记者的职业认同往往会产生疑问[4]。简·辛格(Jane Singer)提出,在媒体创业环境下,我们应当将记者重新理解为创业者,将新闻业理解为创业,考察其对新闻业的传统职业规范与价值观产生的冲击和调整[5]。这意味着,对媒体创业者的身份认同的理解,将围绕着与既有的职业认同的差异和共性而展开,这将是一个区分"自我"与"他者"的建构过程,而从传统媒体人转向创业媒体人的变化过程,使得创业叙事的展开具有了时间上的秩序。

创业价值观的传递和创业者认同的建构,有赖于被一个社会或一个群体所接受的隐喻、传说、神话(myth)与寓言等叙事工具,它们融合在创业叙事中的起因、过程、结果之内[6]。琳恩·弗斯(Lene Foss)指出,创业叙事可以帮助个人重构过往、认知当下和预测未来,从而使个人生命历史具有结

---

[1] Carlson, M., & Usher, N.(2016). News Startups as Agents of Innovation. *Digital Journalism*, 4(5): 563-581.

[2] Deuze, M.(2005). What is Journalism? Professional Identity and Ideology of Journalists Reconsidered. *Journalism*, 6(4): 443-465.

[3] Baines, D., & Kennedy, C.(2010). An Education for Independence: Should Entrepreneurial Skills be an Essential Part of the Journalist's Toolbox? *Journalism Practice*, 4(1): 97-113.

[4] Chadha, M.(2016). What I am Versus What I do: Work and Identity Negotiation in Hyperlocal News Startups. *Journalism Practice*, 10(6): 697-714.

[5] Singer, J.(2017). Reinventing Journalism as an Entrepreneurial Enterprise. In Pablo J. Boczkowski & C.W. Anderson(Eds.), *Remaking the News: Essays on the Future of Journalism Scholarship in the Digital Age*(pp. 195-210). Cambridge, MA.: The MIT Press.

[6] Smith, R., & Anderson, A.R.(2004). The Devil is in the E-tale: Forms and Structures in the Entrepreneurial Narratives. In Daniel Hjorth & Chris Steyaert(Eds.)*Narrative and Discursive Approaches in Entrepreneurship: A Second Movements in Entrepreneurship Book*. Northampton, MA.: Edward Elgar.

构感①。在创业叙事的结构之下，不同的隐喻（如旅行、养育、竞赛、建设、战争、反传统、激情等②）被叙事者所使用并被赋予不同的意义。既有研究表明，个体化的创业者是一种被广为接受的神话，因为它既可以将复杂的创业现象简单化，也可以产生激励众人的效果，以为创业家都是个人英雄式的人物③。这不仅在经济领域是如此，在媒体创业领域亦然。在美国，媒体管理者和雇主越来越强调创业作为一项记者、编辑的个体属性而非组织属性，这意味着创业者需要改变以往专注于条线的劳动分工，而其结果是内容生产与商业运作的融合④。有学者指出，新闻界近年来出现的数字初创媒体及其创新形式与20世纪中叶公共事务电视节目作为一种独特的新闻形式的面世具有异曲同工之妙，其背后都与三种现象紧密相关：受众和记者对职业新闻的不信任催生了新的媒体类型与形式的诞生，受内部与外部力量刺激的日益激烈的新闻竞争，以及参与新闻创业的记者和编辑的独特魅力人格⑤。而关于创业新闻的媒介话语的分析发现，尽管媒体创业可能带来内容生产与商业运营融合而导致的伦理问题，但媒体创业仍然被广泛地视为一种积极现象，对新闻业在数字时代的生存至关重要⑥。

总之，本文所关心的问题是：中国媒体创业叙事是如何讲述媒体创业故事的？它们叙述了什么样的媒体历史、现状并描绘了什么样的前景？媒体创业叙事建构了什么样的职业想象与职业认同？塑造了什么样的媒体创业偶像（entrepreneurial icon）或者反面的典型？这种创业者认同的建构，与媒体行

---

① Foss, L.（2004）. "Going against the Grain…" Construction of Entrepreneurial Identity through Narratives. In Daniel Hjorth & Chris Steyaert（Eds.）, *Narrative and Discursive Approaches in Entrepreneurship: A Second Movements in Entrepreneurship Book*. Northampton, MA.: Edward Elgar, p. 99.

② 参见 Dodd, S.D.（2002）. Metaphors and Meaning: A Grounded Cultural Model of US Entrepreneurship. *Journal of Business Venturing*, 17（5）: 519-535。

③ Dodd, S.D., & Anderson, A.R.（2007）. Mumpsimus and the Mything of the Individualistic Entrepreneur. *International Small Business Journal*, 25（4）: 341-360.

④ Witchge, T.（2011）. Changing Audiences, Changing Journalism? In Peter Lee-Wright, Angela Philips & Tamara Witchge（Eds.）, *Changing Journalism*（pp. 117-134）. London: Routledge.

⑤ Prenger, M., & Deuze, M.（2017）. A History of Innovation and Entrepreneurialism in Journalism. In Pablo J. Boczkowski & C.W. Anderson（Eds.）, *Remaking the News: Essays on the Future of Journalism Scholarship in the Digital Age*（pp.235-250）. Cambridge, MA.: The MIT Press.

⑥ Vos, T., & Singer, J.（2016）. Media Discourse about Entrepreneurial Journalism: Implications for Journalistic Capital. *Journalism Practice*, 10（2）: 143-159.

业的变革、转型具有何种关联？

本文研究资料来源有二：一是以"媒体+创业""内容创业"为关键词搜索特定微信公众号（包括但不限于创业家、36氪、传媒狐、南友圈、新榜、闹客邦、刺猬公社、钛媒体、三声、DoNews、铅笔道、创业邦、财经记者圈、AI蓝媒汇等）中的原创文章，同时辅以作者近四年来对相关案例文本的收集，共有文章189篇；二是从百度新闻检索2014年至2017年12月有关媒体人创业的评论与报道，共398篇，去除重复、无关者之后得到165篇。需要指出的是，本文无法亦无意于穷尽所有关于媒体创业的叙事文本。在完成数据收集之后，作者开始对材料进行重复而深入的阅读，归纳其主题、情节、隐喻、神话等叙事要素。

三、媒体创业叙事的结构与主题

媒体创业叙事在结构（传媒业的变革）与能动性（媒体人的进退选择）的主题下形成了时间、职业变动的秩序，这个秩序围绕着两个鲜明对比的主题——传统媒体正处于动荡，而新媒体创业正迎来"黄金时代"。而随着媒体创业的深入，关于创业探索的过程与阶段性结果都在不断地被叙述。

（一）传统媒体的动荡：困境叙事

媒体创业叙事往往以传统媒体遭受技术冲击发生行业性动荡为宏观语境，强调传统媒体正遭受新媒体技术冲击，内容生产管辖权被瓦解，商业模式陷入困境，经营收入急剧下滑，媒体人才频繁流失，转型前景充满不确定性等难题。"危机""商业模式崩塌""传统媒体的寒冬""断崖式的坠落""遭受巨大冲击"等热门词汇被频繁地用来开启媒体创业叙事。正如胡舒立指出的那样，"新闻媒体这个行业，近来出现许多变化和动荡，转型冲击强烈。因此，'创业'是我们这个行业最近的热词"。①

---

① 胡舒立：《创业与专业——十字路口的中国新闻人》，http://hushuli.blog.caixin.com/archives/70545，发表日期：2014-04-28。

而更为常见的是，创业叙事不断将传统媒体的困顿和新媒体领域的吸引力并列叙述。在发表于2015年初的一篇文章中，前媒体人朱学东这样总结道："传统媒体在政治和技术以及自身体制的先天性疾病的多重夹击下，让从业者无法突破事业的天花板，看不到未来。……而技术主导的新平台财富的想象空间以及其他领域企业现实的实惠，都在诱惑着越来越多的人转身，或创业，或转型。"①甚至于，创业叙事向传统媒体人在留在传统媒体和转型去新媒体创业之间发出了哲学意义上的提问："传统媒体的日渐式微，新媒介的迅猛崛起，To be or not to be？与其做困兽之斗，不如选择迈步向前，越来越多的媒体精英选择在变革中涅槃重生。"（方糖小镇2016-01-15，《媒体人的"解放"之路》②）在传统媒体的颓势与新媒体的光明前景的对比之中，媒体创业也就成为一种自然发展的趋势。

（二）新媒体创业的开启："黄金时代"叙事

区别于传统媒体的困境叙事，媒体创业叙事对基于新媒体的创业构筑了"黄金时代"的诠释框架。就新媒体创业出现的时间长度而言，"黄金时代"之说仍有待时间的考验，也因此更多是作为一种集体声称与呼吁。如果说怀旧叙事中的"黄金时代"神话围绕着职业的青春成长与赋能而宽松的组织环境以及推动社会进步的"新闻理想"③，那么创业叙事中的"黄金时代"神话则指向了新的内容。

其一，它以乐观积极的态度划定新媒体技术变革带来的历史性机遇，而善于抓住机遇的是传统媒体行业的精英，他们往往对行业变动保持敏感。在这一叙事基调下，新媒体技术对媒体内容生产格局产生了巨大的冲击，小型初创媒体以低成本触及广泛受众群体成为可能。创业者们声称"技术的变革带来了新渠道的开拓，新渠道对于内容的需求才带来了内容创业的春天"，

---

① 朱学东：《2014：中国传媒业大事点评》，http://www.ftchinese.com/story/001059987，发表日期：2015-01-07。
② 此为微信公众号引文，下文引文采取统一格式："公众号名称＋日期，文章标题"。
③ 李红涛：《"点燃理想的日子"：新闻界怀旧中的"黄金时代"神话》，《国际新闻界》2016年第5期，第6—30页；陈楚洁：《媒体记忆中的边界区分、职业怀旧与文化权威》，载《国际新闻界》2015年第12期，第26—45页。

"现在是媒体人创业最好的时候"以及"现在是内容创业的黄金时代",如此一来,拥抱新媒体创业也就成为大势所趋的必然选择。从原央视新闻频道主播邱启明的讲述中,互联网技术的变革拓宽了以社交媒体为依托的内容创业的历史性机会窗口:

> 内容红利的窗口一直都在。如果说过去的窗口外大概能占一百人,但技术的变革、互联网优势的扩大让窗口变得越来越大站我们可以理解为技术的出现帮助内容生产者在窗外修了楼梯,远的人站在梯子上一样可以看到窗内的内容。就这样,过去的几年间,内容的创业迎来了"时代性的商机"……(36氪2017-07-31,《沉静的力量才有〈远方〉,邱启明作为媒体人的创业转身》)

其二,它指向了内容消费的细分化及其商业潜力的再发掘。在创业叙事中,技术变革促进了媒体内容生产的去中心化,而受众/用户群体的细分以及移动互联网语境下内容消费的多元化所蕴含的商业价值,成为新媒体创业的经济基础。传统媒体时代的"内容为王"、新闻生产开始让位于"内容平台""内容产业""内容创业""内容产品化""内容商业化""内容付费""知识服务"等热词以及"内容市场的火热源自其背后的商业价值"等趋势判断。在"刺猬公社"创始人叶铁桥看来,"内容消费的升级也在逐渐发生。在PC时代习惯免费阅读的受众,开始愿意打赏、订阅、包月购买内容,有很多内容生产者已经完全能够依靠内容生产而过上不错的生活"。①

基于垂直领域的初创媒体还因其商业潜力而受到风投资本的认可。一家专注于新媒体项目投资的风投基金概括了他们在垂直领域的投资偏好,指出"我们投的十来个财经项目里边,绝大多数都是基于某一个细分市场的财经新媒体"②。对新媒体融资现象的概括也表明,"在投资者眼中,'垂直化'

---

① 叶铁桥:《我为什么要离职创业》,《青年记者》2016年11月(下),第120页。
② 腾讯财经:《高樟资本CEO范卫锋:期待自媒体的内容质量超越传统媒体》, http://finance.qq.com/a/20160706/046230.htm, 发表日期:2016-07-06。

是大势所趋。如今,最受网友热捧的新媒体平台往往集中在汽车、财经、美食等垂直领域。这直接体现在新媒体的投资风向上……"①简而言之,互联网用户对内容消费的细分化以及创投资本对垂直领域内容创业的偏好,正在影响新媒体创业的内容格局。

这引出了"黄金时代"叙事的第三个指向:基于新媒体的创业实现了融资与估值的迅速增长,是媒体人"理想"与"市值"的双赢。借助于社交媒体,风投资本方也是讲述媒体创业故事、构筑媒体创业前景的重要主体,有些传统媒体人也转型成为风投资本的合伙人,如高樟资本的范卫锋、紫牛基金的张泉灵。风投资本方还提出"当旧的生产关系瓦解之时,其中先进的生产力应该得到释放,得到自由,得到机遇。应该有人投资于他们,投资于媒体行业的内容极客"②。通过展现新媒体创业领域获得风投资本融资的典型案例,创业叙事刻画了风投资本入局的正面形象,也以此来展示媒体创业的勃勃商机:

> 资本入局新媒体创业领域并被业界关注始于两年前。2014年,上线两个多月的"一条"公众号获得挚信资本数百万美元的投资。此后,新媒体创业融资开始进入加速期。2015年10月,自媒体平台"罗辑思维"宣布完成B轮融资,其13.2亿元的估值将新媒体融资推向新的高潮。③

其四,"黄金时代"叙事还指向了媒体创业者塑造共同体的努力以及为先行者加冕的集体仪式。在内容创业、自媒体人成为流行热词的背景下,创业媒体人试图通过建立松散的互助社群,交流创业理念,分享创业资源,建立创业者的群体认同、规范与愿景。如以原南方报系创业媒体人组成的南友

---

① 卢泽华:《资本搭台 内容唱戏 新媒体创业进入"天使"时代》,《人民日报海外版》2016年4月21日,第8版。
② 百家号"商业相对论":《范卫锋:我要做内容的"看门狗"》,https://baijia.baidu.com/s?old_id=223264,发表日期:2015-11-09。
③ 卢泽华:《资本搭台 内容唱戏:新媒体创业进入"天使"时代》,《人民日报海外版》2016年4月21日,第8版。

圈,为媒体人创业提供创业空间、培训的方糖小镇,由新榜、刺猬公社、钛媒体、自媒社等初创媒体举办的年度峰会、论坛、沙龙,以及内容平台媒体组织的内容创业者大会、颁奖礼等,不断在凸显内容创业者身份的价值与重要性。有创业者表示,"创业是杯苦咖啡,如果我们给你加一点糖,你会甜一点。如果大家相互加一点糖,创业的过程就会美好很多"(方糖小镇2015-12-22,《前媒体人创业成功,公益支持同行转型》)。换言之,媒体创业者不再是独行者,而是共享了媒体创业者的共同体身份。

最后,"黄金时代"叙事还指向了制度层面上创业政策的推动作用,将媒体创业置于近年来国家推出的"双创"政策框架下。媒体创业也因此成为曾经的"无冕之王"在万众创新的潮流中寻求"解放"之路的选择(方糖小镇2016-01-15,《媒体人的"解放"之路》)。典型者如"在国家'双创'政策的引导下,媒体人创业也成了最受人关注的选项",以及"伴随着万众创新,媒体人离职创业蔚然成风"。更为重要的是,制度上的创业潮流也使媒体人焕发出新的热情和憧憬——"冲破传统媒体制度束缚的媒体人,在'双创'大潮中仿佛找到了曾经的'干劲儿''理想'和'情怀',一股全新的媒体人创业季宣告到来。"①

(三)创业前后的职业体验:从焦虑、压抑到开阔、自由

媒体创业叙事往往将媒体创业描述为一个向过去告别,同时向新媒体领域出发的旅程。创业之前与创业之后的经历在创业叙事中得到鲜明的对比。

1. 巨变之下克服恐惧与焦虑

传统媒体的动荡难以再给媒体人带来"激情"与职业想象空间,而精英同行的离开又加剧了职业的焦虑感与危机感——传统媒体的荣光不再,媒体人何以安身立命?在张泉灵的自述和媒体的报道中,我们看到这样一个故事发生的过程:传统媒体转型迟滞,未能及时掌握受众习惯的变化,导致媒体人难以在职业与社会变化之间建立直接的联系,从而产生职业焦虑感与危机感。

---

① 栾春晖:《"媒体+"时代媒体人迎来创业季》,载《青年记者》2015年11月(下)。

媒体人张泉灵有些看不懂了。传统媒体信息权被社交媒体瓦解，外面的世界不断翻页，身处信息最前沿的张泉灵突然感到了恐惧、焦虑，她发微博说，自己被"时不我待，知识缺口巨大"弄得焦虑无比。（钛媒体2017-12-04，《专访"百变"张泉灵：投资活得"像狗"，并非华丽转身》）

　　另一位创业者在故事分享中直指媒体人在行业动荡时期面临"一个充满不确定性的年代"，"充满忧思、困惑和恐惧。这很正常。可是我们不能什么事情都不做。与其被恐惧紧紧地汗衣裹体，不如去顺应它，拥抱它"。（高樟会2017-11-23，《迟宇宙：我们打得赢与写稿机器人的战争吗？》）然而，职业环境不确定性的增强与同行的陆续离场、转场无疑搅动了职业士气与神经：

　　外部的风云变幻也撩拨着她的情绪。传统媒体式微，技术革命让周遭一切都沸腾起来，整个行业在"动荡"，媒体领军人物纷纷离开工作了十七八年的传统媒体。……易小荷的同事或创业，或转型……纸媒新闻人转型的焦虑最终逼出了易小荷的抑郁症。（火星实验室2017-10-25，《前"篮球第一女记者"易小荷：传统媒体衰落期，文艺治疗抑郁的伤》）

　　于是，媒体创业成为一个克服职业危机感、恐惧感乃至治疗职业病痛的过程，这一过程的描述也将媒体创业医疗化和自然化：困守衰落期的传统媒体象征着受疾病困扰，而创业则成为治疗的药方。

2.实现对自由与自主的向往

　　在对媒体人走出体制开始媒体创业的叙事中，旅行成为基本的诠释框架。与旅行有关的隐喻也被频繁使用，诸如"拓荒者""探索者""摸着石

头过河""改变潮水的方向""登山""十字路口""柳暗花明""创业是一场修行",乃至带有宗教色彩的"出埃及记"等描述都将媒体创业者的转型探索赋予神话意涵。在呼吁打造"11·9中国自媒体节"的大会上,内容创业者们以乐观的笔墨描绘了媒体创业的新场景:"互联网以降,用户主权既开,去中心化势不可当,话语霸权渐行渐远。媒体人转场,自媒体潮平岸阔,内容创业风正帆悬……"

在旅行的隐喻中,媒体创业叙事塑造了媒体人通过新媒体创业实现独立自主、自由和获得更多职业空间的创业神话。诸如,媒体创业"让我们发现生活的另一种可能""做自己擅长且真正想做的事情""和志趣相投的人做一件有趣的事"等。以央视原记者武卿为例,她在辞职创业之前经历过职业上的压抑和挣扎,"生产力、创造力不能充分释放的压抑感,离地三尺找不到着落的空洞感,从2010年就开始有了。"无论她怎么努力都"无法填补内心的空洞,它反而越来越大"(卿谈2015-09-11,《武卿:告别〈焦点访谈〉我创业了 临了有些真话想说》),而创业之后,她感到自己"终于可以淋漓尽致、旁若无人、不急不缓地做事","感觉空间打开了……打开的有发展空间、人际关系空间,更重要的是心理空间。"(传媒狐2015-09-16,《告别焦点访谈,武卿:央视和辞职都再不谈了》)

(四)未知的结局与丛林式的竞争

与"黄金时代"的乐观叙事形成差异的是,战争隐喻被用于刻画新媒体创业即将面临的激烈竞争,一边是前景的光明,另一边则是为内容流量与商业资源而激烈竞逐的紧张与曲折。其热门词汇包括"红海战场""千军万马""前仆后继""千里马""冲锋舟""瞭望塔""武器"等。媒体创业的竞争不仅包括创业者之间的竞争,还包括创业型媒体与传统媒体、大型互联网平台的竞争。一篇悼念前媒体人、原"春雨医生"创始人张锐的文章正是以战争隐喻来形容创业路上的残酷景象:

来自投资方的盈利需求、竞争对手的"挖角"与攻击、媒体舆论的怀疑与唱衰、合伙人的离开与背叛、员工的懈怠与流失、家人的担心,最可怕的是失去信心的自己……"下海"创业的激情燃起的时候,就算战八方,也是"虽千万人吾往矣"的豪情万丈。(界面2016-10-09,《媒体人创业:血战八方的残酷图景》)

2016年初的"新榜"还以颇含诗意的语言发出迎接内容创业者之春的呼唤,到了2017年底则以进化论来形容即将到来的内容创业场上的"生死存亡":

> 这一年,内容创业者在内容迭代进程中摸爬滚打,经历风风雨雨,甘苦自知。……传统媒体时代培养出的"内容熟练工"已全部抵达新媒体战场,缺乏"内容基因"的、不懂精雕细琢的新媒体,将在本轮大洗牌中直面"生死存亡",号亦然,小编亦然。……物竞天择,适者生存,内容创业的玩法仍然在不断进化。(新榜2017-12-29,《有些人会熬不过去,有些人会活得更好》)

就此而言,所谓媒体创业的"黄金时代"是短暂的,媒体创业者的生存法则仍然是残酷的优胜劣汰,在激烈变化的技术变革、政策监管、流量竞争、平台统合、资本变动的不稳定状态下经历创业的跌宕起伏。

四、从记者到创业者:职业认同的重构

(一)职业角色的转型:从单一到多元

1.角色定义的调整

新的角色定义在于迎接挑战和适应变化,在创业的未知旅程上成为探索者。"刺猬公社"2017年12月发布的年会邀约辞中,将主动迎接变化并探索内容生产新边界的"媒体人"定义为"新内容探索者"——他们"没有因茫然而不知所措",没有"因麻木而随波逐流",而是像探路的先知一样,

"积极求索,主动探知各种可能","站立在变化的潮头上,身体力行地探索着当下内容变化和发展的可能性,拓展着内容的边界,创造出新的物种丰富着社会对内容和内容生产者的认知"。(刺猬公社2017-12-11,《让让道,刺猬公社的年会来了!》)

尽管"新内容探索者"未必都指向创业媒体人,但却从探索者的角度赋予媒体创业者一种新的身份特征。

其次,创业者的角色定义更为多元,而传统媒体记者的角色是单一的,这在关于创业媒体人的新称呼中也可见一斑。传统意义上的记者在进入创业之后需要成为内容创业者、内容拓荒者、内容提供者、先行者、自媒体人、创始人,等等。以往单纯负责采写、编辑的新闻记者角色,转向了创业之后必须承担多重、交叉职责的角色,"要从单纯的记者、编辑向管理者、经营者等角色过渡、融合"。在"闹客邦"创始人栾春晖看来,离职媒体人参与的媒体创业正迎来从单一个体到集体性参与的新阶段:

> 从零星的行为,到今天集中式的离职创业,从曾经做一个具体项目,到今天做投资(徐诗和范卫锋)、做创业服务("南友圈"),媒体人投入创业浪潮中的角色日益多元,日益显现系统化的特点。从单兵作战到集团作战,从个体户创业到有强有力的组织保障(创业服务社群与新媒体投资基金),不断升级。①

其三,从媒体与受众的关系而言,传统媒体时代是记者—受众关系,而初创媒体则将受众定义为"用户""粉丝"或业余内容提供者。不断有创业媒体人指出,参与创业之后,他们与用户的互动增强,其角色定义不再是单向的传播者,而是强化了互动、参与、社群关系维护等。例如,"大米和小米"创始人姜英爽表示:

---

① 栾春晖:《"媒体+"时代媒体人迎来创业季》,载《青年记者》2015年11月(下)。

在传统媒体中，做新闻不知道服务了谁，得不到直接的反馈。所以传统媒体的新闻传播方式的消亡是必然的。真正的新闻应该是互相反馈、信任、增进的，是读者和记者交互深入的过程，这些我在做自媒体的时候深深地感受到了。而且我现在面向的领域是垂直性的，我能直接感受到服务对象的心痛，感受到他们的快乐。（传媒狐2017-03-22，《雷文峰事件首曝者姜英爽：我用"南都血液"创业》）

最后，媒体人和媒体的定位也在改变，不再局限于单纯制作通俗的大众新闻，而是围绕着适合用户消费的内容生产和传播，向用户提供必要的知识（如教育、财经、健康、知识问答等）和服务。在"罗辑思维"的自我定位中，我们看到其定位从个人化的内容生产者走向了多元化的"知识服务商"：

罗辑思维早就不再是一场属于罗振宇个人的知识"脱口秀"，它已经是一家拥有得到App、罗辑思维、时间的朋友跨年演讲等产品的知识服务商。无论你喜欢与否，它都成为一面旗帜，引领着整个新媒体及内容行业摸索和变革的步伐。（新榜2017-12-26，《脱不花：罗辑思维的天花板在哪？》）

总之，初创媒体不仅仅是传统媒体的一种补充，而是更新对媒体的定义，同时也让媒体创业者跳出传统体制的框架。这带来了两种后果，一方面是媒体理念的革新，另一方面，也可能使初创媒体不再遵循媒体专业伦理。比如，创业新媒体的内容生产更为迎合用户需求，内容定位从思想启蒙转向了生产迎合粉丝的争议性文章。于是，一些自媒体创业者提出了用户至上的游戏规则，认为"做内容，关键要解决用户的七情六欲"，"在用户的有限时间里，谁能最大限度地满足他的诉求，谁就是用户需要的内容形态"。

2. "商人"与务实主义者

角色的转型也带来对过往职业认同的调整,它既有发扬也有否定。尤其是,当创业媒体人为了维持创业项目的经济支撑而必须与资本打交道时,他们的角色定位不再是在内容生产与商业运营之间建立防火墙,相反,是要充分利用资本来促进初创媒体的存续与壮大。首先,创业者肯定商业运作对初创媒体生存的重要性。媒体创业者作为商人的角色——兼顾内容生产、融资、推广、商业变现等多重角色因此得到强调。有创业者直言"出来创业就是商人的身份,为团队找到生存之道,帮投资人赚钱,帮小伙伴们富裕,这是最大的情怀"。(刺猬公社2017-06-04,《创业3年失败两次,前南周首席评论员李铁这次想做一个真正的商人》)也有人感慨这种身份的转变,指出"他们,敲键盘的文人,最终都变成了自己曾经报道过的商人"。(财经女记者部落2015-01-20,《主编大人都去创业:一个时代结束了》)这种身份的转变还意味着从理想主义者转向务实主义者,就像"十余年的时间里,经历坎坷与磨练,他从一个意气风发的记者变身为踏踏实实的创业者"①。在对"央视创业帮"的描述中,罗振宇、马东等人就被当作典型:

> 与罗振宇类似,马东成了务实主义者。于是,你可以看到,他聪明地在《奇葩说》里玩花式口播广告,同时讨好广告主和观众,也会在许知远的《十三邀》里笃定地与年轻人站在一起,避而不谈这个时代的焦虑和不安,毫不避讳自己的商人身份——这些,恰恰都是年轻人喜欢的,而后者是米未传媒最重要的受众。从这个维度上看,马东已经顺利完成了从媒体人到创业者的转变。(首席人物观2017-10-09,《央视创业邦沉浮录》)

在这里,"媒体人"与"创业者"的角色预期和行为逻辑是存在差异的,"媒体人"可能对"商人的身份"羞于启齿,不"讨好广告主和观

---

① 陈健、夏琪:《媒体人王乐创业:在磨砺中"重启"在"顺势"中有为》,capital.people.com.cn/n1/2017/1130/c405954-29676202.html,发表日期:2015-11-30。

众",要"谈论这个时代的焦虑和不安",而"创业者"则要求成为务实主义者,要在商业、资本、受众之中游刃有余。

其次,他们从创业者本位的伦理出发,认为商业与资本运作并不必然与内容生产矛盾,关键在于平衡。在原《南方都市报》执行总编、百神传媒创始人庄慎之看来,商业与内容生产之间并不天然对抗,而商业的运作是回馈资本投资的必然要求:

> 我不是一个纯内容的原教旨主义者,不像一些传统的报人那样特别理想主义,天然觉得商业会对内容造成伤害,在商业和内容之间要砌一道墙。现在做内容,采编经营很难完全分得开,主要在于决策者拿捏的尺度。……我还是知道柴米油盐贵的。人家要投钱进来,也不是给你成就梦想的,你得呈现出未来盈利的可能性,就算这个东西不盈利,但如果能够树立品牌,在其他方面带来效应的话,也行。(刺猬公社2017-04-24,《"庄子"一去不复返,一头扎向自媒体》)

可见,"商人"作为一个在传统媒体时代与"记者"相对立的称呼,现在成为创业媒体人所要承担的一种重要角色。通过商业的运作维持初创媒体的生存与发展,被当作一个既符合创业伦理,又能证明转型创业成功的标志。

(二)"昨日之我"与"今日之我"的纠葛:内部创业vs新媒体创业

创业叙事常常涉及对媒体人过去、现在与未来的描述,通过时间秩序上的勾连,创业者的职业认同也被赋予了历史语境。不同的叙事主体也对这一时间秩序上的不同阶段赋予了不同的意义。总的来说,传统媒体叙事倾向于强化媒体创业者过去的职业经历,突出传统媒体对他们的职业训练所产生的影响;而媒体人则倾向于陈述传统媒体机制的弊病,将自身的创业视为个体的能动性对科层结构的不满。

1. 传统媒体视角的叙事：传统媒体经历成创业法宝

立足于传统媒体转型视角的媒体叙事将媒体人创业视为传统媒体职业经历的延伸。在《南方传媒研究》关于媒体创业的专题中，编者按提出：

> 他们曾经都是传统媒体记者，都在广州大道中289号大院共事。由于各种原因，他们走上创业之路，并且获得成功。他们还有这样的共性：当年作为报纸记者，表现都很优秀，硕果累累，实现了新闻理想；试水传统媒体人的转型，方向路径明确，得施所长，少走了许多弯路。……他们善于在生活中发现需求，并且尽快地满足需求。他们的故事还告诉人们，成功的根本与其曾经从事的报纸新闻工作、与充分发挥自身优势有很大关系……①

在《南方日报》的描述中，曾在《南方都市报》工作的王玉德"辞职创业是考虑已久的选择"，其所以创办财经新媒体是从基于在纸媒的经验积累：

> "无冕财经"并不是王玉德第一次创业……在《南方都市报》任职期间，王玉德发起创办过多个商业项目，如"南都总裁读书会"等。……因为各方面的原因，这些尝试并没有达到王玉德的理想状态，但这些项目却给他积累了在采编岗位上很难得到的经验，以及给了他最终出走创业的把握和决心。（《南方日报》2015-11-16，《传统媒体从业经历成创业法宝》）

对传统纸媒来说，媒体人走出体制创业并不能说明传统媒体体制存在问题，反而证明了传统媒体经历对媒体创业的重要性：传统媒体工作的经历使他们发现了新媒体创业的机会，积累了社会资本进入新的领域。

---

① 《编者按》，载《南方传媒研究》2016年第61期，第3页。

2.创业者视角的叙事:从体制内走向体制外

从媒体创业者的视角来看,属于传统媒体的内部创业被视为媒体创业的"他者"。通过确立这个他者,媒体创业叙事突出了具有个体化色彩的媒体创业的机遇和空间。

媒体内部创业被谈论的第一种场景是创业媒体人曾经在体制内试图尝试创业的经历。一个常见的情节是:创业媒体人亲历、参与了新闻业的"黄金时代",并且尝试在媒体巨变时期推进内部创业创新实践,然而往往都因受到多种限制而难以如愿,于是选择走出体制进行媒体创业。例如,一位原都市报的副总编这样描述自己的体制内创业经历:

"在传统媒体中,我经历过纸媒的黄金时代;也看到它在最后的十年慢慢下滑。"谈到自己跳出传统媒体,开始创业的原因时,苟骅这么告诉界面记者。在探索媒体转型的过程中,苟骅不仅尝试推进媒体自身的互联网化,也希望能够带动媒体人内部的创业孵化,然而他发现,他的尝试往往会受到诸多掣肘,无法突破。在多年的努力未果后,苟骅终于选择跳出体制。(界面2016-08-13,《从资深媒体人到新晋创业者 苟骅想搭建一个"自媒体人的Uber平台"》)

创业叙事一方面对传统媒体内部创业持有否定论,而另一方面通过创业者的职业经历完成了对媒体创业精神的召唤,从而建立这样一种连贯的职业经验:创业者的创业精神不变,媒体创业是对内部创业的扬弃。在辞职创业的自述中,央视新闻频道原调查记者武卿这样说:

"创业"之于央视,不陌生,也不遥远。十三年前央视吸引我的,就是它内部的创业氛围——那种创业的热火和对社会的冷静凝视所交织而成的魅力之于我,就如同延安之于当年从四面八方汇聚而来的革命小青年。创业没有失败。创业者永远不死,理想永不凋

零。(卿谈2015-09-14,《武卿:告别〈焦点访谈〉我创业了 临了有些真话想说》)

媒体内部创业被谈论的第二种场景涉及传统媒体机构的创新体制问题,诸如产权与激励机制不清晰、协调机制不灵活、内部创业前景不明等。在一位转型新媒体风投基金合伙人的叙述中,内部创业的机制无法适应移动互联网时代激烈的市场竞争要求,也就"无法解决媒体机构的未来出路问题":

既然是创业,说明利益主体已经有分歧了;又叫内部,说明还是在旧机构的土壤上。当他需要其他"相关部门"配合、支持的时候,凭什么这些部门会比原来更加热情?……作为创业团队,当需要各种来自后方、兄弟部队的支持时,如果需要不断地沟通、协调、配合、平衡,创业团队的竞争力就会大打折扣。(高樟会2014-11-13,《媒体人创业的黄金五年来了》)

对媒体内部创业的叙事还用上了"如蚍蜉撼大树,收效甚微""所有的想象空间和尝试似乎已触及天花板""如果不突破瓶颈,不可能再有新作为"等语句。总之,内部创业被脸谱化地展现了:内部创业是不可能的任务。

尽管如此,仍然在专业新闻业内坚守的媒体人则继续认定媒体创业应当在机构层面上取得进展才能为传媒业带来真正的出路。以胡舒立为代表的专业媒体人指出,当前的媒体创业机会是个体化的,并未形成机构层面的制度实践:

转型从个体开始,形成创业潮。……但我想提醒,就目前所看到的商业机会而言,应当说这些新媒体形式,只属于单个新闻工作者的转型窗口,并没有为新闻机构的转型,给出解决方案。而做大事，做新闻的大事业，是要靠机构、靠公司的。①

换言之，不同于创业者们宣称媒体创业的颠覆性力量，新闻业的坚守者们仍然坚持基于大机构生产的新闻业的主导地位，将个体化的初创媒体视为其补充。

总之，媒体创业叙事在涉及媒体人的过往职业经历时，产生了两种不同面向的评价：传统媒体机构的叙事淡化了内部创业所受到的体制束缚，但突出了创业者在传统媒体机构内获得的职业经验与方法论对体制外创业的正面意义；而媒体创业者则突出创业型的个体如何受限于不合时宜的组织机制。同时，他们在抽象层次上将个人的创业经历视为连贯的选择，既肯定了自己的内部创业经历，也为当下的媒体创业赋予更多的意义。创业者对传统新闻业经历的双重态度，反映出他们在对过去的继承与区隔中面临着职业认同的调整与重构。

3. "理想"的再诠释与"媒体"的再定义

在媒体创业叙事中，媒体人之所以离开体制，是由于不能再实现职业理想，而创业则为实现职业理想创造了新的机会与可能。"理想"和"媒体"在创业叙事中都得到了重新诠释。在《中国记者》对小猪短租副总裁潘采夫的报道中，潘将媒体工作和创业视为殊途同归之事：

> 老潘说，在这时，他实现了自己的价值理想。这个价值理想与他还是一个媒体人时的信念没什么不同。更确切地说，他成功地把自己的价值观、把自己推动社会进步的新闻情怀注入到了新创的企业和独创的项目，并借助新媒体和商业的力量实现了更大程度的传播和推广。……在今天这样一个媒体泛化的时代……潘采夫说，像小猪短租这样的公司，本身就是一个媒体平台，因为它是生产故事

---

① 胡舒立：《创业与专业——十字路口的中国新闻人》，http://hushuli.blog.caixin.com/archives/70545，发表日期：2014-04-28。

的，……成了一个各种故事的"发生器"。①

在这里，"媒体"的内涵和外延得到了拓展，只要涉及故事的生产和传播，就可以视为与媒体挂钩。简而言之，"媒体的定义从内容走向了更宽泛的以传递知识为目的的创业，跨越金融、健康、法律甚至更多行业"。（传媒梦工厂2017-01-09，《"想象重生"2016中国新媒体创业大赛圆满收官》）这些细分领域的创业，都被冠以"内容创业"的名号，构成了新的"内容为王"。

而"理想"也给创业项目起到了加冕和升华的作用，令人看到创业者是在以昔日"推动社会进步"的理念投入创业。甚至于，离开媒体核心的创业比过往的媒体工作创造了更大的社会价值。比如，有创业者直言，"一篇报道可能改变一个人的命运，一个产品则可能改变无数人的生活行为习惯"，以及"用新技术、移动互联网将新闻之外的有趣的内容，传递给那些需要精致阅读和讨论的用户，不是一件美好的事情吗？不也是为社会创造财富、服务社会吗"。可以说，"理想"在这些叙事中被抽象化为一种泛指实现自身价值与创造一定社会价值的职业价值观。在新媒体创业中提出的为用户利益着想、满足用户的需求、为垂直细分受众群体服务等做法，都被打上了服务公众，促进社会改变的象征符号。某种程度上，"理想"的叙事隐含了一种悖论：对新闻业核心的逃离反而是为了更好地实现曾经的"理想"。

（三）创业偶像、失范者与专业主义

关于什么样的媒体创业者和媒体初创项目构成媒体创业的角色模范，并未在现有的媒体创业叙事中取得共识。但那些被频繁引述的初创媒体项目及媒体创业者往往在创业项目融资或估值、商业变现模式（如知识付费、内容电商、社群经济）、营业收入、内容阅读量（10万+）、社会影响力等方面具有不凡的表现。《人民日报海外版》关于创业媒体人的报道可见一斑：

---

① 张垒：《在互联网的创业创新中实现新闻理想》，《中国记者》2016年第4期，第86页。

成功者引人注目。罗振宇的"罗辑思维"与马东的"奇葩说",估值已远超10亿元,成为创业者的标杆;从前媒体人成长为"网红"的咪蒙,新书4小时内预售出5万多本;去年年底,王玉德的"无冕财经"也完成了第一轮数百万元的天使投资。①

作为媒体创业中的重要力量,有影响力的创业媒体、风投资本机构、内容平台媒体(如微信、今日头条、百度百家号、网易号等)等举办的各种年度大会、颁奖礼等行业仪式和激励计划通过遴选、彰显其认可的媒体创业项目,也在塑造新媒体创业的偶像。

另外,初创媒体中也出现了有违传统媒体伦理的现象和创业者,凸显了这一新兴现象的繁荣表象之下的失范。它们至少涉及内容创业中这样一些引发争议的表现:缺乏查证,观点多于事实,抄袭,煽情迎合粉丝等。于是,在商业变现和阅读量上表现非凡的"示范者"也成为争议性的"失范者",显示了两者之间界限的流动性。《南方都市报》原编辑马凌创办的"咪蒙"就成为一个常常引发争议的典型。"GQ中国"的一篇文章指出,它"是2016年上升速度最快的微信公众号,积累了800万粉丝,持续生产爆文,从《致贱人》《致low逼》到《永远爱国,永远热泪盈眶》,因风格偏激在一年之内引发过八次舆论争议。但它深受广告主的追捧,广告报价在公开数据中占首位"。文章继续勾勒马凌的职业经历和变化的媒体生态,指出:

咪蒙因新闻理想的感召去了南方系,在《南方都市报》工作过12年,经历了纸媒的黄金时代。当她转型为自媒体人,却被看做是与理想主义的背离。……新的平台产生,就有新的代表人物产生。咪蒙的故事不仅是媒体人的职业转型,也是媒介迭代的结果。媒介与内容并非是相互依存的关系,它塑造了内容,并影响着我们感

---

① 刘峣:《媒体人创业,你准备好了吗?》,《人民日报海外版》,2016年5月12日第8版。

受、认知世界的方式。（GQ中国2017-03-13，《咪蒙：网红，病人，潮水的一种方向》）

在这里，"南方系"纸媒作为新闻理想的象征，它们曾经的"黄金时代"在媒体平台更迭之下已被契合社交媒体消费习惯的新潮流引领者所取代，而"咪蒙"创始人作为曾经的一员则被当作是对"理想主义的背离"。新环境下的记者已不再是精英时代引领"读者"、塑造内容品味的主导者，而是被社交媒体平台所影响、塑造，内容创业者仿佛只能依顺新的时代潮流。这无疑是在反映新的时代语境下理想与专业主义的反讽：背离了理想与专业主义，却收获了巨大的阅读量与商业的成功。

与此同时，一些媒体创业者仍坚持要用专业主义来区分初创媒体专业与否、好与不好。在"无冕财经"的招聘启事中，他们打出了"专业主义，内容为王"的旗帜，对自媒体领域专业主义的阙如表示了失望与不屑：

> 鲜少有人将新媒体与专业主义联系在一起。相比之下，更多的新媒体宁愿将自己与百万粉丝、十万+阅读关联，或者直接跟娱乐八卦绑定。……回头看新媒体崛起这几年，抄袭、洗稿、刷量、诉讼、乱象叠生……只有流量信仰、没了专业主义信仰和专业制作能力的新媒体，就像脱了缰的野马、出了轨的列车。（无冕财经2017-09-18，《听从专业主义的召唤，加入无冕财经吧！》）

可以看出，他们将自媒体出现的乱象归因于专业主义的缺失，同时，他们坚信"在传统媒体的整体衰落中、在新媒体的一片混乱中，专业主义终将胜利"。在"大米和小米"创始人、前《南方都市报》深度新闻记者姜英爽的自述中，专业主义是其新媒体项目获得成功的基础："客观、中立、敏锐的新闻专业主义基因和符合公共群体利益，这才是'大米和小米'能够迅速成长并无法被抄袭和复制的根源。"①在这个意义上，专业主义构成了标榜专业、得体的初创媒体区别于业余、脱轨的其他新媒体的叙事资源。

创业叙事中专业主义出场的另一种场景是媒体创业者们试图以此来建立自媒体写作的职业规范。2016年11月9日，以南友圈、自媒社等100多家机构为代表的自媒体社群联合发布了《自媒体内容创业公约》，指出：

> 基于媒体人的专业背景和行业规范制定，并将那些经过国内外媒体行业长期检验的传播原则应用到自媒体领域，旨在提升自媒社以及自媒体内容创业人的品牌美誉度，激励媒体人积极参与内容创业，同时坚守媒体从业者应遵循的基本价值观和原则底线，包括但不限于真实、客观、理性生产原创内容，传播公共资讯，表达个人观点。（自媒社2016-11-09，《〈自媒体内容创业人公约〉今天发布，全文在这里！》）

一方面，公约的出现正反映了专业伦理规范在内容创业领域的缺失；另一方面，从传统媒体走出的创业者们正力图将客观、真实、原创、理性等意理移植到自媒体领域，同时又不讳言个人观点的表达。如此一来，媒体专业意在这里是经过修剪、调适的。总而言之，专业主义作为叙事资源主要是在新媒体发生争议性现象时才得到凸显，在一般情况下，它并不成为讲述媒体创业故事的核心资源。

五、总结与讨论

本文关注有关媒体创业的叙事文本，尝试从中透析媒体创业者的职业认同、角色认知与媒体价值观。诚然，创业叙事所面向的受众和所欲达到的目标并不完全在于建构创业者的职业认同，它还包括了创业组织/产品合法

---

① 姜英爽：《能做好新闻人，你可以创造更多生产力》，《南方传媒研究》2016年第61期，第5—6页。

性的塑造、维持和修复，资源获取，应对挑战与危机，厘定创业的边界与规范等，本文只是聚焦了创业叙事的一个面向。媒体创业叙事在社交媒体时代成为潮流，不意味着它在媒体历史上就没有出现过。在中央电视台副台长孙玉胜于2003年首次出版的著作《十年》中，他写道："十年前，这些满怀理想与激情的年轻人聚在一起，吸引他们的是创业；十年后的今天，凝聚和吸引人才的基础仍然是创业——是一种创新机制使得整个集体充满活力。尽管创业的过程充满艰辛，但我的同事们却用激情和意志矗起了一座理想的山峦。"①如果说二十几年前吸引中国媒体人的是改革语境下开疆辟土的创业理想与抱负，那么，二十几年后媒体动荡语境下的媒体创业，其对象、理想、激情、意志的含义已发生改变，并且还融入了技术变革、商业涅槃、价值重构等充满不确定性的要素。此外，衡量媒体创业是否成功的依据，以及哪些主体来衡量，已然不可同日而语。中国急剧变化的媒体生态，也见证了媒体叙事从对传统媒体"黄金时代"的怀旧②转向了对媒体创业"黄金时代"的憧憬与激情。总而言之，媒体创业叙事既勾连了传统媒体机构、媒体人职业经历的昨天与今天，也构筑了媒体创业者对传媒业的未来的想象。在推崇创业思维的情境下，媒体创业者正在经历职业认同、价值观与职业伦理的重构，并未形成共识。

首先，需要指出的是，创业叙事的言与实之间的差异并非本研究的重点。叙事理论家们认为，虚构叙事和非虚构叙事之间的差异对于叙事的说服效果而言并不重要③。当然，不同的叙事主体所发展的叙事存在内部的差异，也指向了不同的职业认同和职业想象。媒体创业叙事的主体既有创业的媒体人，也有传统媒体，还有作为投资方的风投资本方，以及与新媒体创业有关的利益相关方（如社交媒体、内容分发平台）。从传统媒体组织出发的叙事倾向于肯定媒体创业者在科层制组织的职业经历，将媒体创业视为传统媒体职业的有机延续，并为传统媒体加冕，淡化媒体内部创业面临的体制机

---

① 孙玉胜：《十年》，人民文学出版社2012年版。
② 李红涛：《"点燃理想的日子"：新闻界怀旧中的"黄金时代"神话》，《国际新闻界》2016年第5期，第6—30页。
③ Bruner, J.（1986）. *Actual Minds, Possible Worlds*. Cambridge, MA.: Harvard University Press.

制问题。而媒体创业者、风投资本方视角的叙事则倾向于突出创业者走出体制之后能够实现"自己说了算"的自由与自主，通过对传统媒体困境的悲观描写，塑造了媒体创业的"黄金时代"叙事。尽管不同主体的叙事重点存在差异，但他们都对媒体创业抱有积极的评价和乐观的期待。无论是强调媒体职业经历的重要性，还是憧憬创业所蕴含的解放能量，媒体创业叙事的基调是：媒体创业是一种历史性机遇，孕育着产生新的媒体平台的潜力；创业对媒体人而言是自我实现与再续理想的新路径，尽管它会有曲折，但总是一件美好的事情。

于是，媒体创业叙事具有精英化和浪漫化的倾向，偏好创业者的成功故事，而淡化了对失败的检视，即便对创业失败的讲述也是指向媒体人的内部创业经历。无疑，创业媒体人属于传媒业中的精英群体，作为创业的先锋，他们具有独特的人格魅力与优于一般媒体人的社会资本和象征资本，也因为他们是冒险者、机会发现者、先行者，他们的探索也预示甚至影响了传媒业转型发展的方向。同时，媒体创业符合了这样一种承诺：由于数字化工具的扩散，媒体生产从大型但滞于改革的媒体机构中解放了出来，为记者讲述故事、触及读者提供了新的可能。媒体从业者之所以拥抱媒体创业，是因为媒体工作减少、工资降低、职业信仰下降以及记者的自主权和控制权降低[①]。然而，在创业至上的职业意识形态下，媒体创业者被认为"有着无限的热情，善于博弈，且能高度适应外部环境的变化"[②]。于是，媒体创业叙事都在强调创业者的个体能动性和自主性，那些可能使记者处于工作不稳定状态的负面影响则被选择性地淡化或忽略了，而媒体创业者们的精英背景，则强化了创业成功故事的神话。创业叙事所展现的激情、希望与憧憬固然有助于提升媒体创业的氛围和更好地获取资源，但当媒体创业面临挫折时，创业叙事会否走向悲观的极端？反思性的媒体创业叙事有待发展和考察。

其次，媒体创业叙事的兴起和流行，需要置于一个媒体边界流动性加

---

① Cohen, N.S.（2015）. Entrepreneurial Journalism and the Precarious State of Media Work. *South Atlantic Quarterly*, 114（3）, pp.514-516.

② Cohen, N.S.（2015）. Entrepreneurial Journalism and the Precarious State of Media Work. *South Atlantic Quarterly*, 114（3）, p.517.

强的语境下，亦即，媒体创业者所面对的媒体生态是非媒体机构通过内容传播日渐增强媒体属性，而媒体机构的内容生产把关权日益弱化，媒体人的身份边界也处于流动之中。在"新"与"旧"、"外"与"内"、"今"与"昨"的比较中，媒体创业者的认同重构从科层制组织中承担单一职责的记者转向了兼顾多种职责的媒体创始人、内容提供/创作者、知识服务商、"商人"等。他们所创办的媒体也不再是单纯的内容提供者，而是成为一个连接者：连接用户与创业者，连接用户与商业，连接用户与资本，连接不同的用户。媒体创业者不是在新闻业伦理的意义上去定义媒体，而是在连接用户与内容消费的层面上来界定媒体。一方面，这为媒体人的职业流动提供了广阔的空间；另一方面，这也意味着媒体创业不必然遵循传统媒体价值观的框架。当媒体和媒体人的边界不再是固定不变的，媒体的公共属性也不必然成为初创媒体的基本特征。所以，我们可以发现，中国语境下的媒体创业叙事在相当程度上被简化为"媒体人创业"——既然是媒体人创业，则未必紧贴新闻业的核心；而笼统、无所不包的"内容创业"则将一切能够生产可供互联网用户消费的文字、图片或视频的内容提供者视为媒体创业者。这就与西方语境下的媒体创业叙事具有不同的表现。在西方媒体语境下，非盈利新闻和调查新闻初创媒体的成立体现了一种专业精神的号召，再现了关于新闻业如何变化的理想化观感，关于新闻业应当如何表现的规范观点，以及去探索新闻业可以如何发展的新观念的雄心壮志；因而，媒体创业叙事同时容纳了传统与创新、怀旧与探索[1]。其中一些知名初创媒体往往批评大型媒体机构背弃了新闻业的初衷，而创业者正是要通过回溯新闻业的某些传统价值（如民主、公共性、公民参与等意识形态，但采编与商业区分的伦理则未必）和重塑内容生产的常规来凸显创业的价值与独特性和正当性[2]。在中国语境下，我们也看到媒体创业者对传统媒体机构的失望与不满。但不同的是，大多数

---

[1] Price, J.（2017）. Can The Ferret be a Watchdog?, *Digital Journalism*, 5（10）:1336-1350.

[2] Wagemans, A., Witschge, T., & Deuze, M.（2016）. Ideology as Resource in Entrepreneurial Journalism. *Journalism Practice*, 10（2）: 160-177; Vos, T., & Singer, J.（2016）. Media Discourse about Entrepreneurial Journalism: Implications for Journalistic Capital. *Journalism Practice*, 10（2）: 143-159; Usher, N.（2017）. Venture-backed News Startups and the Field of Journalism. *Digital Journalism*, 5（9）: 1116-1133.

的媒体创业者并没有将专业伦理、公共性、新闻业的社会责任等意识形态作为创业项目的核心资源予以申明，而是突出了商业潜力、用户数量、内容生产自主性、生活方式更新等关系创业项目成败、发展前景的元素。对新技术的追求和商业重要性的强调也使媒体创业减弱了"新闻"的底色，这既有客观条件的约束，也是资本偏好和创业者务实主义的选择。在追求商业收益和防范风险的决策之下，媒体创业更容易获得融资的垂直领域主要集中于财经、体育、娱乐、时尚、生活方式等。在创业的初始阶段，创业项目能够生存即为成功[1]，从而，商业成功与否的创业定律或主导话语限制了衡量初创媒体价值的多样性可能。于是，一个去新闻化的媒体创业格局正在形成之中，而媒体（人）创业的"黄金时代"未必是新闻创业的"黄金时代"。总而言之，创业叙事中初创媒体的定义是"去新闻化"和"再媒体化"的。去新闻化是为了不必固守新闻业伦理的条条框框或者避开潜在的风险；而再媒体化是为了将创业者过往的职业声誉、当下的创业实践和创业的前景连成有机的整体，并实现对传统媒体定义、功能的革新和丰富。可以说，二者构成了相辅相成的关系。

对媒体专业伦理而言，一种可能的出路是，初创媒体以一种非制度化、情境性的方式选择性地吸纳、调整专业主义。在一些民生、非政治议题上，垂直领域的初创媒体基于其专业积累，对传统媒体由于组织惯性或言论空间限制而未予以及时关注的现象与事件进行报道，倒逼传统媒体跟进后续报道。例如，2017年2月14日，关注儿童自闭症的初创媒体"大米和小米"率先报道自闭症少年雷文峰于从深圳走失并随后于广东新安某救助站意外死亡的事件，引发传统媒体跟进报道和民政部门介入调查。类似地，2017年8月，教育类新媒体"芥末堆"发布长篇调查报道《求职少年李文星之死》，率先报道东北大学毕业生李文星因误入传销而在逃跑途中溺亡一事，随后得到其他新媒体和传统媒体的跟进。此外，在2017年发生的上海携程亲子园虐童事件、北京红黄蓝幼儿园虐童事件以及北京大兴火灾之后引发争议的拆迁事件

---

[1] Bruno, N., & Nielsen, R.K.（2012）. *Survival is Success: Journalistic Online Start-Ups in Western Europe*. Oxford: Reuters Institute for the Study of Journalism.

中，包括知乎、品玩（PingWest）、好奇心日报在内的初创媒体分别有不俗的表现，提供了传统媒体中缺席的视角和新闻素材。在这些事件上，初创媒体因其在垂直领域的耕耘而代替传统媒体成为议程设置者。但这种现象毕竟缺乏制度性的支撑，具有"新闻的随机行为"（random acts of journalism）的特征[①]。

总之，当媒体话语的焦点从危机、转型时刻转向创业时刻，创业者的职业认同是否将继续在去新闻化和再媒体化中交织？他们所提供的产品、生产的内容、创办的组织，究竟在何种程度上吸纳、移植、重构或扬弃了传统媒体的理念与价值？媒体技术的革新带来的创业机会，究竟是给媒体人更大的赋能空间，还是仍将形成另一个内容生产的约束性结构？媒体创业叙事与其他领域的创业叙事，存在哪些共性与差异？这些问题仍有待进一步的探究。

（作者陈楚洁为中山大学传播与设计学院、粤港澳发展研究院副研究员。本文系中央高校基本科研业务费中山大学青年教师培育项目"新媒体语境下中国新闻业边界与文化权威的演化研究（1995—2016）"（项目批准号：17wkpy05）的阶段性成果。本文的写作与修改首先得益于与南京大学艺术学院袁梦倩副研究员的讨论，初稿曾发表于上海社科院举办的"第五届尚社论坛"。作者感谢香港城市大学媒体与传播系沈菲副教授、上海社科院新闻研究所丁方舟博士以及刊物评审专家提出的修改意见，并对文责自负。）

---

① Holt, K., & Karlsson, M.（2015）. "Random Acts of Journalism?": How Citizen Journalists Tell the News in Sweden. *New Media & Society*, 17（11）: 1795-1810.

作为市场工具的传媒公信力：
新媒体技术冲击与经济下滑双重压力下中国纸媒的社会正当性困境

王海燕　科林·斯巴克斯　黄煜

【摘要】

新媒体技术的勃兴与经济下滑的压力正使得传统媒体遭遇严峻的困境，甚至危及媒体社会正当性的基础——公信力。长期以来，公信力作为规范新闻理论中的重要概念，起着规范媒体行为和新闻伦理的作用，但是基于2016—2017年间对中国六家媒体机构的考察和92份深度访谈资料的分析，本研究发现，在面对生存危机时，有的媒体的做法是利用公信力进行营销，以使媒体摆脱或者缓解经营困境，公信力不再是一种规范性的伦理工具，而变成一种市场化的经济工具。本研究发现，这些媒体主要使用三种策略挖掘公信力的市场潜能：组织架构的市场化、收入来源的公关化、采编角色的经营化。本文结论认为，公信力营销做法的背后实际上折射出中国媒体生态的深层变化，带来媒体社会正当性的困境，为新形势下中国媒体的转型提出了许多挑战性的议题。

【关键词】

公信力　新闻伦理　社会正当性　媒体经济　媒体融合

媒体公信力（credibility）指的是媒体或新闻所具有的值得公众信任的属性，以及这一属性被社会大众认可的程度。它是新闻媒体与社会大众之间"签署"的一张无形的契约（contract），是新闻媒体作为一个社会机构获得存在合理性和正当性（legitimacy）的重要来源。而媒体之所以能够获得公信力，在于其对一系列社会角色和功能的宣称，如作为事实的告知者、权力的监督者、公共利益的代言者等；并且，媒体必须按照一定的伦理规范践行这些公众认可和期待的角色和功能，才能持续地获得公信力，从而将媒体的社会正当性维持在一定水平。

在过去长期的实践和与政治、社会和经济情境的不断磨合中，新闻业围绕着公信力这个概念似乎在其周围建立起了一个相对稳定的生态系统。在这个系统中，记者作为公共利益的代表，以专业的姿态，对事实进行客观、平衡、公正的报道，引起公众舆论，并获得公众的信任，从而成为一个社会健康运转中不可或缺的机构。然而，媒体生态系统的稳定从来都是相对而言的。尤其是进入21世纪以来，互联网技术的冲击和随之而来的靠广告支撑的传统媒体经济模式的崩溃，进一步改变了媒体的生态环境，在方方面面重塑着新闻业。不仅"新闻"和"专业"的内涵面临重新定义，支撑新闻业发展的媒体经济面临重寻出路，同时，新闻与社会和公众的关系也面临着重新调适，新闻机构获得社会正当性的重要来源——公信力也面临着新境况。

本研究的目的即是探究在当下传统媒体生态面临急剧变化的时刻，媒体机构在应对过程中赋予媒体公信力以何种新的理解和意涵，为何如此，如何如此，以及有何影响。

本研究建立在对媒体公信力概念的深入探讨和对中国六家报业集团的田野调研和深度访谈的基础上。我们发现，在当下环境中，"公信力"是很多媒体机构在经营管理过程中考虑的中心概念，但其对媒体行为和新闻伦理的规范作用渐弱，媒体管理者们一方面切实感受到媒体生态的变化，担心失去公众的信任，另一方面却主动消耗"公信力"，对其进行商业化开发和营销，意图挽救媒体的经营危机，从而迫使其从规范性意涵向市场化意涵转移，成为媒体社会正当性的撼动者而不是维护者。

本文的论述分为五个部分。第一部分是对公信力的概念以及相关研究的文献综述。第二部分为研究背景，试图说明当下中国新闻业面临着怎样的生态环境变化。第三部分为研究方法的介绍。第四部分具体分析中国媒体机构的公信力营销的主要形式,以及在这一过程中产生的悖论。第五部分讨论本研究的理论贡献和现实意义,以及后续研究可以关注的课题。

一、文献综述

(一)公信力的界定

不管是在中文文献还是在英文文献中,"公信力"都是一个被广泛使用但又缺少统一定义的词汇。[①]

在英文文献中,"公信力"的表达包括credibility、believability、public trust等。其中,最为常用的是credibility,指的是公众对媒体的一种评价,即作为讯息接收者的公众对作为讯息传播者的传媒和传媒工作者的相信程度,主要是认知层面的概念,指"认知的可信度"(perceived credibility)。[②]在这个层面上,它与可相信度(believability)、可信赖度(trustworthiness)等概念相通。[③]同时,当以形容词形式出现在credible media、credible news等用法中时,"公信力"又指媒体从业者自身的一种诉求,不但包含着媒体从业者对于媒体社会责任的信念,也代表着他们对新闻报道品质的实践要求[④]。此外,在提及媒体公信力时,英文文献中也常用到public trust一词。不过,周树华、阎岩[⑤]对相关文献进行详细梳理后指出,把public trust(of the media)

[①] 参见 Self, C. (1996). Credibility. In M. Salwen & D. Stacks (Eds.) *An integrated approach to communication theory and research* (pp. 435-456). New York: Routledge;喻国明:《大众媒介公信力理论初探——兼论我国大众媒介公信力的现状与问题》,《新闻与写作》2015年第1期;周树华、阎岩:《媒介可信度研究:起源、发展、机会与挑战》,《新闻与传播学刊》2015年第33期。

[②] 参见 Meyer, P. (1988). Defining and measuring credibility of newspapers: Developing an index. *Journalism Quarterly*, 65, pp.567-572; O'Keefe, D. J. (1990). Persuasion: Theory and research. Newbury Park, CA: Sage; *Pew Research Center* (1996, December 16). News attracts most internet users: One-in-ten voters online for campaign '96. Retrieved from http://www.peoplepress.org/1996/12/16/news-attracts-most-internet-users/。

[③] 参见 Flanagin, A. J., & Metzger, M. J. (2000). Perceptions of Internet information credibility. *Journalism & Mass Communication Quarterly*, 77, pp.515-540。

[④] 参见苏蘅、吴堂靖、张慈安、张熠:《台湾新闻媒体公信力研究》,2015年,台湾媒体观察教育基金会;Adams-Bloom, T., & Cleary, J. (2009). Staking a claim for social responsibility: An argument for the dual responsibility model. *The International Journal on Media Management*, 11 (1), pp.1-8。

[⑤] 周树华、阎岩:《媒介可信度研究:起源、发展、机会与挑战》,《新闻与传播学刊》2015年第33期。

称为媒体"信任"比媒体"公信力"更为合适,因为"信任"(trust)一词有更深的哲学意涵,可以容纳更加多元化的理论探讨,比如,"信任"有着多元的产生机制,可以基于属性、基于过程,或者基于制度;而媒体信任的类型也可以包括新闻内容信任(trust of news content)、新闻记者信任(trust of news reporters)和新闻机构信任(trust of news corportations)等层次。

中文文献中的"公信力"概念的复杂性也不输英文文献。在中文中,"公信力"一词由三个字组成:"公""信""力",直译为英文,分别对应的是:public、trust、power。而由于"力"一字具有多元语义的特点,它亦可做"能力"(capability)、"影响"(influence)或"程度"(extent)等不同理解,因此也分别赋予了"公信力"以不同的意涵。

在目前的文献中,内地和香港学界多称"公信力",[①]台湾学界多称"可信度"。[②]此外,类似"信用""诚信"等词也是常见的用法。不同的用法分别有各自的侧重点。台湾学者所研究的"可信度"和香港学者所研究的"公信力"多取"认知公信力"(perceived credibility)的意涵,其中的"力"主要取"程度"(extent)理解,使用的研究方法多为受众调查。而内地学者所研究的"公信力",通常交织着公众认知和媒体属性两方面的意涵,也即"力"取"程度"(extent)或"能力"(capability)理解,论述的方式除了基于受众调查数据的经验分析,也有很多是对这一概念进行的思辨性阐述。比如,喻国明[③]认为,对于公信力的理解有"属性说"和"关系说"两种,属性说即"把大众媒介公信力视为媒介本身的一种属性,其核心是媒介的'信用'问题"(p.12);关系说则"是将媒介公信力视为一种传播过程的产物",表达的"更多的是媒介与受众之间的一种关系"(p.12)。江作苏、

---

① 参见喻国明:《大众媒介公信力理论初探——兼论我国大众媒介公信力的现状与问题》,《新闻与写作》2015 年第 1 期;张洪忠、张诗雨:《权力的同化:商业为网站与中央台〈新闻联播〉的公信力关系》,《新闻与传播研究》2015 年第 11 期;苏钥机、陈韬文:《香港传媒公信力见新低》,《明报》,取自 http://life.mingpao.com/cfm/reports3.cfm?File=20140103/rptaa07a/fab1.txt。
② 参见罗文辉、林文琪、牛隆光、蔡卓芬:《媒介依赖与媒介使用对选举新闻可信度的影响:五种媒介的比较》,《新闻业研究》2003 年第 74 期。
③ 喻国明:《大众媒介公信力理论初探——兼论我国大众媒介公信力的现状与问题》,《新闻与写作》2015 年第 1 期。

梁锋[①]认为，公信力这个概念具有"主客体二重性"，不仅是衡量公众信任的变量，也是指传媒的客观属性，是"受众和新闻媒介机构在新闻传播活动中表现出的一对关于公开、公平、客观、正义、效率、人道、责任的相互作用力——信任力和责任力"（p. 54）。而沈菲、张志安[②]认为，credibility在中文语境中应拆分为"公信力"和"公信力评价"两个词来理解，前者指媒体表现，后者指社会对媒体的专业性评价。

综合中英文献，我们在本文中将"公信力"定义为一个复合概念，包括两个维度的意涵，一个是内向维度（internal dimension），指媒体为获得大众信任而进行的自我规范和自我要求，具体表现为媒体机构和新闻工作者的职业伦理规范、新闻专业主义的申张、媒体社会责任的表达等；另一个是外向维度（external dimension），指媒体向外连接社会和公众的诉求，具体表现为媒体被社会评价的方式和被大众信任的程度。

（二）关于公信力的研究

公信力与一个社会的信息健康密切相关，因此从20世纪中叶以来，关于媒体公信力的研究就在全世界范围内展开，不仅在北美、欧洲，而且在亚洲地区的中国大陆和香港、台湾，公信力都是学者们热议的问题。总体而言，相关研究主要可归集为两脉，一脉是从新闻实践的角度对公信力媒体和报道应该具备的特征的探讨，另一脉是从公众评价的角度对媒体公信力进行测量和比较。这两脉研究分别对应的正是上文所定义的公信力概念的内向和外向两个维度。

从媒体报道特征的角度，美国学者Jacobson[③]早期研究指出，具有公信力的报道至少应包括真实性（authenticity）和客观性（objectivity）两个方面。美国报纸编辑协会1985年提出的八大要素更是被学界和业界广泛采纳，认

---

① 江作苏、梁锋：《媒介公信力研究概述》，《新闻战线》2009年第12期。
② 沈菲、张志安：《媒介公信力再探：公信力评价个人层面效果分析》，《新闻大学》2012年第6期。
③ Jacobson, H. K.（1969）. Mass media believability: A study of receiver judgments. *Journalism Quarterly*, 46, pp 20-28.

为一个令公众信任的媒体应该：公平；不偏不倚；完整报道；正确；尊重他人隐私；注重他人利益；报道事实；有得到良好训练的记者。①Gaziano和McGrath进一步补充，有公信力的媒体不仅要正确、公平、尊重隐私，同时还应该体现社会关切（social concerns）。②

从社会评价的角度，学者的话题聚焦于对不同媒体形态以及不同历史时期的传媒公信力的公众认知进行监测和调研。这些研究，虽然结论各有不同，但是大体描述了这样的图景：（1）从媒介形态上来看，在电视媒体与印刷媒体之间比较的话，公众对前者的公信力评价普遍高于后者；③而在网络新媒体与包括电视和纸媒在内的传统媒体之间比较的话，公众对前者的公信力评价普遍低于后者（Pew Research Center, 1996），④不过随着新媒体渗透的深入，网络媒体与传统媒体之间的公信力评价的差距在缩小。⑤（2）从时间长度上来看，新闻媒体的可信度在最近几十年来呈总体下降趋势。Zhang和Hao基于1973—1993年美国媒体公信力调查的数据指出，在这20年间美国报纸和电视的公信力都呈现一条从高到低的明显下降曲线；⑥皮尤中心的调研也显示，美国民众对新闻媒体总体表现的负面评价在上升，2011年在其测量的12个指标中有9个破了历史新低。⑦而台湾的调查显示，台湾民众对"新闻记

---

① ASNE (American Society of Newspaper Editors) (1985). *Newspaper credibility*: Building reader Trust. Washington, DC: ASNE.

② Gaziano, C., & McGrath, K. (1986). Measuring the concept of credibility. *Journalism Quarterly*, 63, pp.451-462.

③ 参见 Abel, J. D., & Wirth, M. O. (1977). Newspaper vs. TV credibility for local news. *Journalism Quarterly*, 54, pp.371-375; Carter, R., & Greenberg, B. (1965). Newspapers or television: Which do you believe? *Journalism Quarterly*, 42, pp.29-34; Gaziano, C., & McGrath, K. (1986). Measuring the concept of credibility. *Journalism Quarterly*, 63, pp.451-462; Major, A. M., & Atwood, L. E. (1997). Changes in media credibility when a predicted disaster doesn't happen. *Journalism Quarterly*, 74, pp.797-813.

④ Pew Research Center (1996). *One-in-ten voters online for campaign '96* [Online]. Retrieved May 1, 1998 from the World Wide Web: http://www.people-press.org/tec96-1.htm.

⑤ 参见 Johnson, T. J., & Kaye, B. K. (1998). Cruising is believing? Comparing the internet and traditional sources on media credibility measures. *Journalism & Mass Communication Quarterly*, 75, pp.325-340.

⑥ Zhang, K. W., & Hao, X. M. (1995). Television credibility revisited: A longitudinal study. AEJMC conference papers, Washington, D.C., August 9-12.

⑦ Pew Research Center (2011, September 22). Press widely criticized, but trusted more than other information sources. Retrieved from http://www.peoplepress.org/2011/09/22/press-widely-criticized-but-trusted-more-thanother-institutions/.

者"的不信任感在2002年有53.8%，而到2013年上升到了58.6%。①

在现有研究中，基于标准统一的传媒公信力的跨国比较研究较为缺乏，因此要对不同国家和地区进行严谨的横向比较有些困难。但是，从零星的调研数据我们可以看到，中国内地民众对于媒体的信任度要远高于上述国家和地区，民众对于媒体"完全信任"和"基本信任"的比例普遍达到八成以上，而对中央电视台、《人民日报》这样的主流媒体，民众的信任度甚至高达九成以上。②究其原因，这与中国的媒体体制、媒体被定义为政府和执政党的"耳目喉舌"的属性，以及中国文化的特点和信任产生的过程、机制不无关系。③

（三）公信力与新闻业

公信力是新闻业建立自身伦理规范的参照，也是新闻业连接社会和公众的纽带。对于媒体机构和新闻工作者来说，公信力的重要性毋庸讳言，可谓其安身立命之本，是其建立专业权威（authority）、获得社会正当性（legitimacy）的重要来源。从这个角度来说，公信力是规范新闻理论的核心概念。

公信力直接指向的是边界工作（boundary work）的命题。虽然关于新闻是否构成一个专业，学界一直争论不断，但大部分学者都认为新闻至少是一种"类专业"（semi-profession），具备一定的专业性，并存在相对稳定的边界，而这很大程度上来自公众的认可和授权。④因为不同于律师、医生等典型专业，新闻这一行业并没有严格的执照制度控制，接受专业的新闻教育并不是成为记者的必要条件，获得记者证也并非进入这个行业的必须门槛，其权威的获得、专业地位的建立和社会正当性的来源主要靠社会共识的达成。

---

① 参见苏衡、吴堂靖、张慈安、张熠：《台湾新闻媒体公信力研究》，2015年，台湾媒体观察教育基金会。
② 参见喻国明：《中国大众媒介的传播效果与公信力研究》，经济科学出版社2009年版。
③ 参见周树华、阎岩：《媒介可信度研究：起源、发展、机会与挑战》，《新闻与传播学刊》2015年第33期。
④ Carlson, M.（2015）. The many boundaries of journalism. In M. Carlson & S.C. Lewis（Eds.）, *Boundaries of journalism: Professionalism, practices and participation*. NY: Routledge.

如Ward所说，这其实是记者和媒体机构与其面向的公众群体之间存在的一种"无形的契约"。①

这一新闻规范理论试图建构这样的图景：新闻向公众提供关于社会现实的真实、可信、平衡、公正的报道和解读，公众报之以注意力、信任度以及最为现实的购买和阅听行动，新闻业得以存在于一个相对稳定的生态系统中。然而，这一平衡即使在新闻业最健康的时期，或Hallin所称的新闻专业主义的"现代主义盛世"（high modernism）时期也屡屡罹难，在当下社会更是面临困境。②

同时更加不可忽视的是，不少研究已经切实指出，虽然在规范新闻理论的视域中，新闻媒体更多的是被当作一项公共服务（public service），但在具体的实践中，新闻同时也是一门生意（business）。同时作为公共服务和生意部门存在的媒体本身就存在着固有的内在矛盾，使得其始终处在服务于"他利性"的公共利益与服务于"自利性"的企业利益之间的冲突中。③

如果说在媒体的生态系统处于相对平衡状态时，这种矛盾和冲突尚是隐性、可控的，那么当系统的平衡受到威胁之时，尤其是在报业危机论甚嚣尘上的当下，这一矛盾和利益冲突更为加剧，生意经营逻辑凌驾于公共服务逻辑之上的情况经常发生。④皮尤中心发布的2004年调研报告曾指出，66%的美国记者认为市场压力和对利润的追求是伤害新闻质量的主因，该报告还引用一位媒体机构副总裁的话说："新闻现在越来越像生意运作……虽然新闻以前也一直与生意脱不开干系，但现在生意越来越成为新闻日常运作中的主要考量因素。"⑤而在这一过程中，媒体因践行社会责任和服务公共利益所获得

---

① Ward, S. J. A. (2005). Philosophical foundations for global journalism ethics. *Journal of Mass Media Ethics*, 20（1）, pp.3-21.

② Hallin, D. (2000). Commercialism and professionalism in the American news media. In J. Curran and M. Gurevitch（Eds.）*Mass media and society*（pp. 218-238）. London: Arnold.

③ 参见 Davis, C., & Craft, S.（2000）. New media synergy: Emergence of institutional conflicts of Internet, *Journal of Mass Media Ethics*, 15（4）, pp.219-231;McManus, J.（1992）. Serving the public and serving the market: a conflict of interest? *Journal of Mass Media Ethics*, 7（4）, pp.196-208。

④ 参见 Siles, I., & Boczkowski, P. J.（2012）. Making sense of the newspaper crisis: A critical assessment of existing research and an agenda for future work. *New Media and Society*, 14（8）, pp.1375-1394。

⑤ Geary, D. L.（2005）. The decline of media credibility and its impact on public relations. *Public Relations Quarterly*, Fall, 50（3）, pp.8-11.

的名望（name）、树立的品牌（brand）、积累的声誉（reputation）等被认为是最重要和最有效的资本和经营性资源。①也就是说，传媒公信力，这一本来支撑媒体公共服务理想的支柱，在传媒生态环境发生变化，尤其是经营危机出现的时候会更为显性地成为媒体谋求自身经济利益的手段。

二、研究目的、背景和问题

如上所述，作为维系媒体核心价值和伦理的支柱，公信力在传媒生态系统平衡遭遇破坏的时刻，因媒体本身固有的服务于社会还是服务于市场的矛盾，极易成为公然的、显性的营销工具。但是公信力究竟如何被当作营销工具来使用，现有中英文文献中的具体研究都非常缺乏。本文的目的正在于从经验性研究的角度补充这一缺失。本研究具体聚焦的是中国媒体。中国媒体当下所处的正是这样一个生态平衡被打破的时刻，这为我们研究媒体公信力的市场化运作提供了绝佳的观察窗口。

中国媒体在面临新媒体技术冲击时，也遭遇着与全球媒体同样的困境。新媒体的到来不仅仅意味着技术手段的变化，新闻生产方式、呈现方式和接受方式的变化，更重要的是新闻业所在的生态环境也相应地发生变化。而以报纸为代表的传统媒体，在面对新媒体技术冲击时，最致命的影响是其赖以生存的传统的经济模式发生了动摇，甚至垮塌。相关数据显示，中国媒体广告收入的拐点出现在2011年，发行量拐点出现在2012年。国家新闻与广电出版局的报告显示，从2012年以来，报纸的零售市场份额连年出现下跌，当年跌幅3.09%，2013年达10.83%，2014年达到15%，而进入2015年以来，全年报业总体广告收入同比下降幅度高达35%。②GAPP在发布报告时，毫不讳言报业面临"全方位深度下滑"，而社会科学文献出版社出版的《中国传媒产业

---

① 参见 Deephouse, D. L. (2000) Media reputation as a strategic resource: An integration of mass communication and resource-based theories. *Journal of Management*, 26 (6), pp.1091-1112; Klewes, J., & Wreschnoik, R. (2009). *Reputation capital: Building and maintaining trust in the 21st century*. London: Springer.

② 国家新闻出版广电总局（GAPP）：《中国新闻出版统计资料汇编》，2010—2016年，中国书籍出版社。

发展报告（2015）》提到纸媒时，甚至称其为"断崖式下滑"。①

这一状况对新闻的影响是深远的。过往研究显示，遭遇经济困难的媒体要比未经历经济困境的媒体更易产生服务于公共利益还是服务于商业利益的冲突，并在操作上更倾向于向后者倾斜。②体现在新闻生产方面，报业经济的下滑给媒体带来更为严重的广告商压力（advertiser pressure），媒体妥协的结果往往是广告内容与新闻内容之间界限的模糊（Peeler & Guthrie, 2007）。③学者曾指出的营销型信息（infomercials）、广告型新闻（advertorials）、商品植入（product placement）、公关型新闻（public relations journalism）的突出增长均与此有关。

同时，处在新闻生产两端的记者和公众群体也发生了变化。在记者一端，相关研究显示，当曾经惯于较高利润期待的媒体机构面临既有的商业模式难以为继时，其在新闻制作和人力资源投入方面均收紧，让很多人感到难以适应，④记者的职业倦怠感（burnout）越来越强。⑤同时，就公众一端而言，在互联网崛起的环境下，点击量、粉丝量成了支配性指标，新闻的商业化趋势更加突出，新闻经历着如Hallin所说的从公民模式到消费者模式的转变，⑥相应地，原来的"公众"变成了现在的"用户"，新闻与公众之间的关系也更深地偏离了公共服务的理想状态，而被市场交易的逻辑所垄断。

基于此，围绕"公信力"这个概念，本文提出两个具体的研究问题：

（1）"公信力"的市场化在中国媒体是如何体现的？其实现途径主要有

---

① 崔保国：《中国传媒产业发展报告（2015）》，社会科学文献出版社2015年版。
② An, S., & Bergen, L.（2007）. Advertiser pressure on daily newspapers: A survey of advertising sales executives. *Journal of Advertising*, 36（2），pp.111-121; Soley, L. C., & R. L. Craig（1992）. Advertiser pressures on newspapers: A survey. *Journal of Advertising*, 21（4），pp.1-10.
③ Peeler, L., & Guthrie, J.（2007）. Advertising and editorial content: Laws, ethics, and market forces. *Journal of Mass Media Ethics*, 22（4），350-353.
④ 参见 Meyer, P.（1988）. Defining and measuring credibility of newspapers: Developing an index. *Journalism Quarterly*, 65, pp.567-572; Gade, P. J.（2008）. Journalism guardians in a time of great change: Newspaper editors' perceived influence in integrated news organizations. *Journalism & Mass Communication Quarterly*, 85（2），pp.371-392.
⑤ 参见 Reinardy, S.（2011）. Newspaper journalism in crisis: Burnout on the rise, eroding young journalists' career commitment. *Journalism*, 12（1），pp.33-50.
⑥ Hallin, D. (2000). Commercialism and professionalism in the American news media. In J. Curran and M. Gurevitch (Eds.) Mass media and society (pp. 218-238). London: Arnold.

哪些？

（2）不同媒体的实现途径存在什么样的差异？尤其是，市场化媒体与党报之间，以及不同经济状况媒体之间分别有何不同？

三、研究方法

本文的主要研究方法是田野调研和深度访谈。基于中国

报业集团的现有层次（全国性媒体、地方性媒体）、地域分布（经济发达地区，如东部沿海省份；经济欠发达地区，如中西部省份）和报纸类型（党报和市场报），从2016年初至2017年初，笔者采用分层抽样的方法选择6家报业集团（报社）进行调研，在每家报业集团（报社）调研两份报纸，党报和市场报各一，采访对象包括报社管理层、经营部门和一线采编人员，访问对象总计92人。

在访问进行之前，笔者均向访问对象解释此次调研的目的所在，并获得采访、录音或引用的同意。出于研究伦理的考虑，本文对被访者及其机构统一匿名处理，分别以内陆A报、B报、C报、D报等，以及沿海R报、S报、P报、Q报等指代所访问的媒体机构；而访问对象分别编号为A1、A2、A3……B1、B2、B3……R1、R2、R3……，以此类推。所访问媒体的类别、人数和编码方式见表一。

此外，资料研究是本文的辅助研究方法。笔者在每次访谈之前和之后都会通过数据库和公开网络资源搜集访问对象及其所在媒体的相关数据，包括行业杂志上刊登的文章、微信公众号文章、采访对象的公开演讲、公开撰文、媒体访问、媒体报道等。对这些内容的搜集不仅提高了深度访谈的效率和敏感度，同时也为受固定时间和固定空间限制的深度访谈提供了富有延伸性的信息补充。

表1 访问的媒体类别、编码和人数

	经济欠发达地区（内陆）		
党报	A报（8人） C报（9人） E报（7人）	B报（9人） D报（10人） F报（7人）	市场报
	R报（8人） P报（8人） M报（4人）	S报（10人） Q报（7人） N报（5人）	
	经济发达地区（沿海）		

（注：A报与B报、C报与D报、E报与F报、R报与S报、P报与Q报、M报与N报分别为同属一家报业集团的党报和市场报）

四、研究发现

伴随着新媒体的崛起及相应的技术、社会和文化环境的变化，加之近年来中国经济增长速度总体放缓的大趋势，媒体机构也面临着自20世纪90年代媒体改革以来最严重的经济困境。在笔者访问的六家报业集团中，每一家都遭遇了整体营收的大幅下滑。下滑的领域主要体现在报纸的广告收入上，相对于高峰时期，这些报业集团广告下滑的幅度最少的有一成，而最大的下滑幅度达五成以上，比"腰斩"更为严重。广告下滑幅度的大小与两个因素有关：一是地域，位处沿海经济发达地区（同时也是互联网渗透率更高的地区）的报业集团，普遍比位于内陆经济欠发达地区（同时也是互联网渗透率略低的地区）的报业集团下滑幅度大；二是对市场报的依赖程度，越依赖市场报广告收入的报业集团，总体广告收入下滑的幅度越大，而在党报收入占比高的报业集团，总体广告收入下滑的幅度也会相对较低。在笔者访问的这六家报业集团中，几乎每一家都呈现出两个不同的经济故事：集团的党报岿然不动甚至略有增长,而集团的市场报跌跌不休屡创低点。

同时,我们的调研显示,处在新媒体技术冲击和经济下滑压力下的当下中国媒体,一方面感到受众群体的变化,担心失去公众信任,意识到保持和建设公信力对自身生存所具有的重要性;另一方面,公信力又被很多媒体管理者视为目前其手中最重要的可支配资源,倾向于对公信力的市场潜力进行挖掘,将其作为一种营销工具来使用,意图挽救媒体的经营性危机。

具体来说,我们将媒体机构的公信力营销归纳为三种主要形式,即:组织架构的市场化、收入来源的公关化、采编角色的经营化。

(一)组织架构的市场化

为了应对新媒体技术挑战和传统媒体经济下滑态势,一些报业集团的内部组织架构在主动、悄然地发生变化。这些变化首先体现在新媒体部门的设立上,几乎每一家报业集团都在原有的采访、编辑、广告、行政等传统部门之外增设了"新媒体中心""新媒体部""融合媒体部"之类的部门,而且这些部门有不断扩张之势。但与此同时,很多报社也在对其原有的采编和经营部门进行重组和改造。如果说新媒体部门的设置主要是应对技术环境变化的话,那么对传统的采编和经营部门的调整则是直面经济困境的措施,而且这些措施旨在使媒体机构更全面、更便利地将媒体公信力营销出去,从而实现其市场价值。这一趋势在经济状况更为窘迫的市场化媒体更为突出;同时,相对于内陆媒体来说,广告、发行等经济指标下滑得更多更快的沿海地区市场化报纸更为明显。

在市场化报纸B报,有一个新增设的部门叫"项目部"。"项目部"成立的背景是该报经营状况面临困难,传统硬广日渐减少。因此,通过"项目部"的成立,该报希望盘活资源,将报社部分板块的采编和经营合并起来,从而让新闻和广告同步进行。该部门的负责人如此解释:

> 我们这是刚刚组建的部门,你来这里可能已经看到了,办公环境还比较乱,我们其实刚刚才换到这个办公室。现在我们总共有

> 14个人，分为房产项目组、餐饮旅游项目组、金融项目组、汽车项目组，我们既做内容，也做广告，主要目的是营收。现在其实感觉就像承包田地一样，我们承包这些版面，自营自收，给报社交"租金"，报社给我们下达了一年一千多万广告收入的任务，就是说，包了这些地就要有这些收成，我们现在愁的是怎么做出这一千多万。（B6）

这位负责人用"承包"的比喻来形容他所主持的这个新部门与报社的关系，表现出随部门调整而带来的工作方式的变化。项目部的员工，大部分都是从原来的记者、编辑调整而来，B6本人在来这个部门之前，曾经做过很长时间的新闻编辑，而其他人有的来自副刊类部门，有的来自记者站，有的来自新闻部门。不管原来背景如何，来到这个部门，他们都被要求"能采能编，还一定要会做经营"，因为这个部门生存的方式是"让经营和版面充分结合，做新闻不是我们的最终目的"（B6）。至于如何结合，该部门一位编辑以当天的房地产版为例向笔者解释：

> 今天我们做的是××地产的广告，半版广告再配半版报道，报道主题是城西的市政规划和分析，里面你看不到××地产，我们不提名字，但是如果你是这个地方的人你就知道，××地产这个项目就是在城西，而且是近期那里开卖的最大一个楼盘，在城西是标志性的地产项目。所以，我们做这个报道之前就会去找它谈，说我们要做这样的一个新闻，它自然会给我们投放相应的广告，所以我们就用这半版报道带起了半版广告，这是一个巧妙的结合。（B7）

类似的市场化策略在其他媒体也不鲜见。与B报做法相同，内陆市场化报纸D报也新近成立了类似部门，共有员工约30人，规模比B报"项目部"更大，员工也都是从原先的采编部门抽调而来，之前并无经营经验。该部门的负责人原来是该报一名资深记者，如今被报社委派了这个新任务，带领一群人"探索怎么让新闻与营销有效地结合起来"(D5)。他选择的方式是"做活动",比如春季组织全市居民进行"最美庭院"的评比活动,三八妇女节期间组织"最美妈妈"评比,高考期间组织"大学博览会",还有常年不断的"车展""房展"等。在这位负责人看来,这些活动的组织,一方面迎合了市民的生活需求(比如"大学博览会"让考生和家长获得充分的大学招生信息);另一方面给予了商家展示产品的机会(比如通过"最美庭院"的评比植入园艺、家居产品广告),也一定程度上配合了政府的工作重点(比如"最美妈妈"评选体现了政府目前正在倡导的"社会主义核心价值观"教育)。因此,他认为迄今为止他这个部门所做的"活动"都算是"成功"的,而成功之处就在于将报纸的公信力营销了出去,获得了社会效益和经济效益的双赢:

> 之所以我们做这些活动能成功,是因为我们是本市影响力最大的一份报纸。我们手头掌握的资源是市民对我们的信任,而这个正好就是现在一些商家所需要的,我们通过组织这些活动,等于搭了一个台子,让商家与市民对接。我们用我们报纸的名义去做这些活动,跟一些市面上的广告公司去做,效果是不一样的。我们报纸最大的优势是公信力,市民会认为从我们这里出来的东西不会有假,是有信誉保障的,而且即使出了什么问题,市民也认为我们报纸是能为他维权的,而一个普通的广告公司做不到这些。(D5)

从D5的这番自我论证中,我们可以管窥到市场、媒体与大众之间围绕公信力所进行的某种博弈。市场借助媒体的公信力扩大自身影响,媒体借助公信力获取利润,大众因媒体的公信力而对其报以信任,三者仰赖于公信力而联结到一起。但是,D5的访谈也显示出,一方面媒体人深知公信力乃媒体与市场、大众的桥接,也是媒体在市场、大众面前的价值所在;另一方面,媒体人视这种桥接为实现利润而非实现公共服务的方式。也正因此,媒体人对媒体的定位是以广告公司而非规范意义上的社会雷达或舆论监督工具来作为自身类比和参照物的。

如果说位处内陆地区的B报和D报所进行的组织架构的市场化调整还主要限于商业领域的话，那么，在经济形势更为严峻的沿海地区的S报，这一市场化调整策略则更加深入。作为一家市场化媒体，S报从2014年以来广告和发行均遭遇重创，为了求生存，该报不得不进行内部组织结构的调整，试行采编与经营合一的运作方式。与内陆B报、D报一样，首先进行合一化运作的是房地产、汽车、旅游等一向与广告衔接密切的领域，每个领域成立一个纵向的部门，将编辑、记者、广告、经营、行政等人员统一划归其中，新闻、广告、创收统一管理，操作方式与B报、D报的做法类似。在这样试行了一段时间之后，该报感到效果还可以，于是进一步尝试扩大采编与经营合一化运作的范围，将其延伸至传统新闻领域，比如教育新闻、医疗和公共卫生新闻等。该报一位访问对象说，虽然报社内部对于合一化运作有不同意见，但是考虑到目前的经济困境，这也是不得不为的权宜之计。他说：

> 按道理，采编和经营一定要分开，尤其是在硬新闻这一块。但最后报社还是觉得只有这样才能生存下去。（S2）

不难看出，所谓的"合一化"调整的背后是"生存"的忧虑，媒体认识到，似乎只有这样才能最便捷、最直接地对接市场。尽管S2意识到采编与经营分离的传统新闻伦理的重要性，但在巨大的生存危机面前，最终还是接受了将调整的触角延伸到传统的"硬新闻"领域，实行采编、经营合一的运作方式。这种运作策略的背后，也是基于对媒体公信力作为可变现资源的认识。

如该访问对象所言，跑"硬新闻"的记者如果有一点做经营的能力，其实比起纯粹的经营人员更有优势，因为在他们手中，上有接近政府机关和公权力的机会，下有普通民众的信任，是威风的"无冕之王"，所以，如果他们经营一下手头的资源，还是能为报社带来一些切实的收益的。同时，在他看来，"在目前这样的大势前面，这也是对报社负责的表现"（S6）。

显然，在他的说法中，记者要负的责任不是规范新闻理论中所指的"利他性"的社会责任，而是对其服务的媒体机构的"利我性"的经济利益追求的责任。此责任与彼责任的混淆正是该报对组织架构进行市场化调整的结果之一。

调整后的组织架构，按照一些媒体机构的流行说法，实行的是"垂直化"管理，即按照报道或经营领域的不同来纵向划分部门，每个部门的采编与经营合二为一，而不是采用以往的将采编部门与经营部门分开管理的方法。伴随这一组织架构调整的是，采编与经营之间的防火墙模糊甚至被拆除，公信力从目的和依托成为工具和手段，为新的报业盈利方式的实现创造了空间。

（二）收入来源的公关化

与组织架构调整密切相关的是新收入来源的开掘，这也是当下一些报业集团进行组织架构调整的目标。新收入来源开掘的方式不再是以往那样坐等广告商上门，而是以媒体公信力为依托，更加主动地针对手握资源的政府或商业机构展开公关。

对黄金时期的报业集团来说，当之无愧的广告金主是房地产、汽车行业。但如今，且不说房地产、汽车本身的广告投放需求在减少，即使有广告投放，其优先平台也变成了网络。在这种情况下，很多媒体不得不转向政府寻觅商机，如沿海P报业集团一位经营部门负责人所说："我们现在对政府广告这一块期望很高，现在商业广告都靠不住，政府的钱才是稳定的。"（P3）

在政务广告上，不同地区和不同经济形势的媒体之间并无太大区别，而且，不管是党报还是市场报都同样重视这一块。尽管如此，凭借自身的特殊地位，党媒做起政府公关来往往比市场报更"成功"。

这些媒体机构之所以寄希望于政府的广告机会，一个原因是他们认为自己所拥有的公信力为政府机构所看重，也是地方政府需要的资源，从而可以成为交换的商品，成为媒体的利益之源。比如，内陆C报报业集团明确将政务

广告作为新的经济增长点来培植,并将这一策略同时贯彻其旗下党报和市场报。该集团的一位负责人这样说:

> 我们报纸有很好的品牌资源,这就是我们的影响力,利用这个资源,我们搞了好几次全媒体采访,(本省下属的)主要地、市都走了一圈,报道了一圈。我们每到一个地方就跟当地的党政负责人说,我们可以给你做好报道,把你这个地方的形象通过我们的党报、市场报、网络、客户端、微信等各个渠道进行全方位的展示,在报道之余,你再投放一些形象广告,我们可以这样合作。他们一般也都很欢迎这样的合作。(C4)

与地方党政机构的这种"合作"在该报业集团已经成为一种有效的经济模式。到现在为止,该报已经与20多个县、市、区开展了合作,利润效果显著,"如果这样的操作常规化的话,我们每年的收入就有保证了"。而这样的"合作"之所以可行,是因为地方政府部门有强烈的政务广告的刊登需求。在同类的政务经济增长快速的内陆A报报业集团,该报一位经营人员的看法很有代表性:

> 我们政务广告增长的主要原因,是基层各地政府需要向上级党委传递一些信息,做一些事情,或者是表态,或者是汇报,那么党报实际上就是干这个事情的很好的平台。(A4)

可以看出,无论是A报业集团还是C报业集团,政务广告的拓展机会主要是由媒体与政府的亲密关系赋予的。我国媒体体制的特点决定了政府与报纸之间不是Hallin和Mancini所说的平行关系(parallelism)①,而是李金铨、何

---

① Hallin, D., & Mancini, P. (2004). *Comparing media systems: Three models of media and politics.* Cambridge University Press.

舟、黄煜所说的代理关系（clientalism）①，因此，报社和地方政府在政务广告的索取或投入上，可谓互利互惠，从而形成一种利益一致的共同体。

当然，在同一集团内部，不同性质的报纸对政务广告的吸引力是不同的，党报的优势要明显强于市场报，正如一位编辑所说，"党报是每天直接送到各级党政一把手办公桌上的报纸，市场报是不会送到一把手办公桌上的"（M6）。而各级地方政府最在意的就是上级一把手对自己业绩的关注。因此，党报在这方面得心应手，而市场报的空间则不太明朗。但这并不意味着市场报会放弃政务广告。沿海市场报Q报的一位经营人员说，市场化媒体开拓政务广告的可能性在于其在过去报业黄金时期积累的公众信任，借助这一被公众信任的媒体平台，政府的信息可以更加有效地到达群众之中，而这给予了市场化媒体与政府协商广告机会的筹码。他说：

> 说实话，市场化媒体以前做报道是得罪了很多政府部门的。但是媒体手上的确有一些东西是他们想要的，这就是我们在普通市民心中的影响力。媒体是写报道的，总会有点威慑，做得好的我表扬你，做不好的我监督你，政府部门也很聪明，他希望你尽可能多地表扬他，尽可能少地监督他。所以他不能不跟你搞好关系。但是媒体也知道，即使他在你这里做了一些广告，你也不可能说不做他们的负面新闻了。但是，他们心里也清楚，万一他发生了负面新闻的话，作为报纸的广告客户，至少在报社内部，他能找到人说上话，能有个沟通的机会，这样总比完全没有的好。（Q5）

作为市场报的Q报开拓政府广告的方式，明显的与作为党报的A报、C报有所不同，其依托的不是政府对报纸的信任，而是公众对于报纸的信任以及政府对这种信任的青睐和试图利用。这让Q报的营销方式在某种程度上有着"携天子以令诸侯"的意味，即以公众对媒体的信任和对其监督功能的期待

---

① Lee, C. C., He, Z., & Huang, Y.（2007）. Party-market corporatism, clientelism, and media in Shanghai. *Harvard International Journal of Press/Politics*, 12（21）, pp.20-42.

来威慑公权力部门，逼迫其拿出手中的资源，尤其是目前对市场化报纸来说至关重要的经济资源来进行交换。

当然，政府广告只是媒体开拓新经济来源的其中一个方面。除此之外，公关的第二个对象是所谓的"非报产业"。目前对很多报业集团来说，报纸的广告收入已不是其主要的经济支柱，提供经济支撑的越来越变成媒体机构所称的"非报产业收入"或"副业"。但与"主业"相同的是，取得"副业"收入也需要仰赖于报纸公信力。

内陆A报集团一项引人注目的"非报产业"是电子商务。该报负责人称这项业务开展得很成功，每年都能为报社带来可观的收入。谈起为何能够开出这样一个看上去跟报业没有关联的公司，该报业集团一名访问对象说，这跟报社的"特殊资源"分不开，而这个特殊资源就是报社的口碑：

> 现在我们报社应该说在这个城市的影响力还可以，就是说我们的口碑还不错，借助这个口碑，我们一方面能够跟商家谈，你进入我这个平台可以，但我要对你的服务提出要求，你要规范运营，包括你的服务流程、收费标准、售后等，你必须是良心企业，跟报社的形象相匹配。而顾客，他到报社经营的平台买东西他也放心，他知道如果出现投诉的话，报社是要来解决的，报社解决，除了退货赔偿，我们还是媒体，绝对不会让用户有损失。（A6）

虽然电商公司不是报社，但是以报社名义开办的电商公司却可以分享报社所拥有的社会信誉，用A5的话说，这是"报社的影响力的延伸"。同样的逻辑，更多的报业机构在开拓物流、旅游、家居等与城市生活服务有关的"副业"，虽然方式略有不同，但同样也是对报纸多年来所积累的公信力的一种变现。沿海市场化报纸Q报的一位高层认为，现在的报纸尤其是都市报，做新闻已经没有出路了，必须转向，方向之一是做城市服务。在他看来，报纸做服务有报社的公信力做背书，有着其他纯商业机构所没有的优势："老百姓的家门，你一般人敲他不开的，但是你说××报来了，他会开门的，别

人他不信，但是我们他可以相信。这是我们最好的资源。"（Q7）

同样，在内陆市场化报纸D报的一位负责人看来，现在的媒体机构并不一定要做新闻，做新闻是当时基于新闻业的赢利状况良好态势下的选择，是一种理性的市场行为；而当新闻不能挣钱时，媒体应该找其他的合适产品。他说，媒体本质上是一个公司，不必受过多的羁绊。

"只要有经济效益都该做，没有什么不能做。"（D8）而在沿海市场报S报，该报管理者并不讳言，报业机构说白了其实就是一个"公关公司"，只不过是有着特殊资源的"公关公司"，这个特殊资源浅层次的意思是指"报纸的品牌"，深层次的意思即为"媒体公信力"，如S报一位经营负责人所说：

> 我们越来越体会到我们其实应该是一个公关公司，但是我们不是去做一个普通的公关公司，我们没有必要去抢别人（那些普通公关公司）的饭碗，我们要发挥自己的特长，而对我们来说，我们报纸的品牌是最容易变现的，我们应该用它去打造一些对客户真正有用的东西。（S5）

不难看出，在经济下滑的形势下，有的报业机构的选择是逐渐从"做新闻"的机构转向"做公关"的机构，逐渐从做好"主业"转向多面向的"副业"，管理者的思维不再是社会效益优先，而是经济效益优先；主要处理的关系不再是与"公众"的关系，而是与"客户"的关系。而在这一转变中，报业机构不管是在意识层面还是在实践层面，牢牢抓住的都是媒体机构所拥有的"特殊资源"，即公信力，以此作为背书来实现一系列的转向。

（三）采编角色的经营化

为了顺利实现公信力营销，媒体机构在重新架构内部组织结构和转换管理思路之外，也在逐步推动采编人员角色的经营化调整。

尽管不同媒介体系中新闻规范的内涵不一而足，但共识较强的一点是，采编与经营之间应有一道防火墙，越厚实越好，越能保证新闻运作的自治性。但在报业经济下滑的当下，这道防火墙面临的不只是厚实不厚实的问题，而是有与无的问题，因为采编工作者正在逐渐吸纳经营性角色，甚至向其彻底转向，两个角色之间的界限变得越来越模糊。

我们在调研中发现，这种采编与经营角色之间的模糊在市场报甚于党报，在经济形势差的媒体甚于经济形势稍好的媒体。而其推进的动力，既来自媒体高层管理者自上而下的策略性要求，也来自采编人员自身主动的配合调整。

在沿海市场报S报，伴随着采编和经营合一化的组织结构调整，该报管理层明确提出希望采编团队的"潜能"被激发起来，而这个潜能主要指的是"创收潜能"。如何做到，该报一位访问对象举例说：

> 比如我们跑政府部门的记者，有很多东西他可以做，他应该把自己看成是一个内容提供者，而这个内容不仅仅是新闻，也可以是营销、广告文案。他只要不违背底线，协助一下经营是无可厚非的。（S3）

在这位访问对象看来，记者工作应该更宽泛地定义为"内容提供者"或"文本提供者"，而不是狭义的"新闻提供者"，而"内容"或"文本"可以是新闻，也可以是广告或营销方案。他认为，在当下环境中当记者应该有这样的弹性，只要是为了与报社同舟共济度过经济难关，做新闻报道还是做文案策划或者做公关游说，都应该能够适应。同时，为了鼓励记者参与经营，该报还出台了激励制度，如果采编提供了经营线索或者推动了一些广告合作，报社会给予一定的奖励，而当问及此举是否会遭遇记者的抗拒时，这位访问对象说：

> 现在记者们不这样不行，这是没有办法的办法，因为现在不景气，报社没有版面发稿，如果不通过这个办法，他的工资都发不出

来，现在做记者不能太理想化。（S3）

在要求记者不要"太理想化"的同时，一些记者也被要求向采编与经营结合的方向"转型"。位处经济发达地区的市场报N报一位经营负责人称，最近他们成功吸纳了该报一位知名记者加入营销队伍，该记者对外仍称"N报高级记者"，但在内部，写稿已经不是他的主要任务，他的主要任务是"创收性新闻策划"。这位负责人对该记者的转型表示很满意："因为他长期跑政府口，比较了解大政方针和领导意图，一些策划方案做起来得心应手。最近他出手了一些项目，做的效果大家一致觉得很好。"（N5）

在管理层看来，目前的普遍看法是最好的记者同时也应该是好公关，或者如一位访问对象所言，"现在报社要的是有用的记者"，而"有用"指的不是社会之用，而是功利之用：

> 做一个有用的记者，就是说他做的事情要符合现在报社的需要，他带来的价值不仅仅是把信息拿来报社，报社再拿来告诉公众，这种方式已经过时了，现在他要能够整合资源，给报社带来利益，比如能找到一些有招商潜能的线索，所以现在我们要求记者成为一个综合性的人才。（D2）

不过，经营人员与采编人员之间的冲突也在所难免，很多媒体过去一直强调的是采编为先、为本，如今却走向经营为先、为本，转变的过程难免伴随着抵抗，很多记者发现难以适应经营的要求，在理念上也并不认同介入经营类工作。

S报一位主管采编的负责人在接受笔者访问时说，他最初坚持认为采编与经营一定要分开，但是后来为了配合其所在报社组织结构的变化，他对其属下的记者也会提出一些调整性的方法，要求记者即使不直接参与经营，但是如果知道可供经营的线索，要及时反馈到报社，让非采编人员进行营销，毕竟"想想看也是，记者每天接触的其实都是各种潜在的客户"（S4）。

采编角色的经营化转向，除了媒体机构的管理策略调整所导致的自上而下的影响之外，同时也是一些记者本人在当下从业环境中的一种主动选择。沿海地区的党报R报一位记者对笔者说："我们做新闻无非是两个原因，一个是理想，但是现在这样的环境，不可能给你实现什么理想；另外一个就是实际点，一份工作吧，既然理想实现不了，不如就追求实在一点的东西。"（R8）在他所在的报社，最近一两年采编工资下降得厉害，尤其是新来的记者，工资更是低得可怜，除了数百元的基本工资外，其他都靠稿费生存，"光靠写稿的话，一个月下来真的连自己都养不活"（R8）。所以，记者们更多的精力其实是在"拉广告"。

在此情况下，少数媒体甚至弥漫着"全员营销"的氛围，编辑记者在日常的新闻报道之外"写专题""拉广告"十分普遍。在同样是党报的A报，报社专门为从事这些营销活动的采编人员设置了一些报社级别的奖励项目。这意味着采编从事经营在该报是被鼓励的。对于这种"全员营销"的做法，媒体管理者虽感到稍有不妥，但是态度又比较模糊。比如，A报的一位负责人虽然很清楚地意识到，"我们实际上是在打一个纪律的擦边球，所以对这个事情不能太强调，如果太强调的话，大家全扑到这个事情上来，就有有偿新闻的嫌疑，这就违反规定了"（A8），但在实际操作中又是抱着不得不如此的态度，因为"很多资源掌握在记者手中，尤其是地方政府、企业的资源都在他手里，有很多东西广告人员是做不了的，只有记者能做"（A8）。

而这种氛围对一些媒体工作者造成了切实的困扰。沿海Q报一位高层说，他现在每天都处在焦虑之中，他以前主管报社的重点采编部门，但是他现在负责的内容不再仅仅是采编，同时也包括经营。他如此形容这一工作的变化："以前每天睁开眼睛最关心的事情是，今天报纸上的新闻做得怎么样；现在每天睁开眼睛最关心的事情是，今天有多少收入进账。"（Q5）对他来说，昔日相对纯粹的采编内容管理者如今要通盘考虑采编与经营，不仅要用专业思维来做新闻，更加需要用经济思维来权衡投入与产出、成本与收益，如何娴熟地游走于这两种思维之间确实是一种挑战。

同时，一些记者在这一行业中也不再能够获得职业自豪感和价值实现感。一位报社记者曾经负责该报的一个访谈栏目，借助这个栏目，他得到了很多职业荣誉。但是，他坦言最近一年来已经几乎不写稿了，原因在于在目前的环境下，他无法按照自己的职业标准来写稿，对他所主持的栏目也失去了自主权，访谈谁、怎么访谈不是由他说了算，而是按报社的统筹需要，而报社的需要通常是配合经营任务来进行一些与潜在的广告客户的访谈，而这不是他所感兴趣的。所以，他现在基本不去报社上班。

五、讨论与结论

Blumler认为，新闻业一直靠两条腿支撑前行，一条是经济层面的"存在性的腿"（viability leg），另一条是社会层面的"公民性的腿"（civic leg）。[①]那么，作为一系列新闻业核心价值和伦理规范的维系者，公信力可谓是新闻业的公民性支柱，至少在规范新闻理论的视域中如此。但是在现实中，新闻媒体承担着多重社会角色，它既是一个经济性的盈利机构，也是一个公共性的服务机构；前者要求它服务于利己性的企业利益，后者要求它服务于利他性的社会利益。这种双重角色的同时存在不可避免地置新闻业于固有的内在矛盾中，使得新闻业在运作过程中面临着这两种利益之间冲突的日常化、结构化。而随着新媒体的夹击，这种冲突在媒体现实中表现得更为尖锐、突出。也正是在这种角色冲突的大背景下，对公信力进行营销成为现下中国一些媒体机构的策略。如果说在媒体经济健康发展、媒体生态系统相对稳定的时候，公信力营销尚只是隐性"潜规则"的话，那么当媒体经济出现较大危机、媒体生态平衡难以为继的时候，公信力营销就不再是"潜规则"，而是成为媒体运作中的显性的、公开的"明规则"。

基于对六家媒体机构进行的田野调研和深度访谈，本文发现，媒体机构实现公信力营销的策略是一个全方位、大范围、系统性的工程，涉及从管理层到普通编辑记者、从理念价值到日常实践各方面的改造。具体而言，本文

---

① Blumler, J. G.（2010）. Forward: The two-legged crisis of journalism. *Journalism Practice*, 4（3），pp.243-245.

将其归纳为三个层次,即:组织架构的市场化、收入来源的公关化、采编角色的经营化。

(1)组织架构的市场化。不管是在内陆的B报、D报,还是在沿海的S报、Q报,这种对组织架构进行市场化调整的的做法背后,都是传统新闻业在遭遇新媒体挑战和经济困境中试图营销公信力以实现利益追求的表现。公信力本是媒体机构安身立命的基石,从而成为新闻核心价值的维系要素,但是在当下环境中,有的媒体却将基石作手段,首先就从组织架构的层面上通过部门的调整,保证对经济利益的追求从内部结构上成为可能。

(2)收入来源的公关化。公关的对象一类是政府,旨在瞄准政务广告;另一类是商业机构,也即原来的广告商,旨在实现从为其刊登广告的商业模式向为其提供公关服务的商业模式转变。

(3)采编角色的经营化。中国媒体对编辑记者的要求从采编优先在向经营优先转变,采编与经营之间的角色界限在模糊。这种转向既体现在媒体管理者价值理念的重构上,也体现在其对采编雇员角色任务的重新定位,同时也是一些编辑记者在当下从业环境中的主动选择。这种角色转向固然使得编辑记者成为媒体管理者眼中"有用""负责任"的员工,但也使得一些记者不能再获得职业自豪感和价值实现感,并陷入角色冲突的困惑中。

这种公信力营销策略的盛行,一方面说明在新形势下媒体的商业性与公共性的内在固有矛盾日益难以调和,"利己性"的经济利益服务和"利他性"的公众利益服务之间的冲突越加明显;另一方面也说明有些传统媒体在面对网络媒体勃兴时所采取的逐利式策略,和对作为其立身之本的"公信力"进行商业化运用的倾向愈加严重。这种公信力营销策略也许能缓和当前危机,但从长远来看,势必陷媒体于更深的困境中,而这个更深的困境,就是使得媒体的社会正当性从根本上受到挑战。

同时,公信力营销现象不应孤立地被解读,对当下传媒转型的大命题来说,它有着多方面的意涵。首先,它昭示着新闻媒体的专业追求在发生转变,商业性压倒公共性,公共性日益退居其后并成为商业性追求的手段与工具;其次,它昭示着新闻媒体对自身社会角色定位的转变,它们不再视传统的"社会雷达""舆论工具"一类的角色定位为当然,而代之以将自身作比为公关公司、中介公司一类的商业服务机构;再次,它昭示着新闻媒体的话语的转变,专业话语日益为"客户""经营""资源"一类的商业性话语所取代;最后,这也从另一层面昭示,当下的"报业危机"不能简单地理解为报业经济危机,同时更应理解为更深层次的新闻作为不可或缺的社会机构的正当性危机。

  当然,本研究主要基于中国媒体的案例,虽然相关理论显示,囿于媒体同时作为公共服务机构和经营机构的内在固有矛盾,公信力被当作市场化工具进行营销的现象可能跨越政治、社会体制的差异而普遍存在于各国媒体之中,但是,在不同的媒介体系中,公信力营销的程度、表现和结果等会呈现各自不同的面貌。因此,后续研究要注意分析公信力营销在不同媒体体系中的不同表现、差异何在、为何有这些差异,以及如何带来不同的后果。

(本文是教育部人文社科规划基金一般项目"媒体融合趋势下新闻生产的社会学分析"(项目号16YJA860009)的阶段性研究成果。作者王海燕为中山大传播与设计学院副教授,科林·斯巴克斯为香港浸会大学传理学院讲座教授,黄煜为香港浸会大学教授。文章原载在《传播与社会学刊》2018年总第43期,第123—154页。)

第三辑
中国新闻业年度观察报告 2018

年度观察

2017年中国新闻业年度发展报告

张志安　李霭莹

【摘要】

　　本文从新闻传播者、新闻内容、传播渠道、受众、传播效果五个方面，以相关案例、事件和数据为基础，整体勾勒2017年中国新闻业的主要特点和发展图景，包括：①新闻从业者方面，职业化与社会化传播者"此消彼长"；②新闻内容方面，正日益适应移动传播的叙事形态变化；③新闻传播渠道方面，多元化、移动化和平台化成主流；④受众行为变迁方面，阅读者、生产者和消费者角色并存；⑤新闻传播效果方面，信息茧房和"后真相"现象凸显。针对上述特点，本文预测了2018年中国新闻业发展的五大趋势：内容价值继续回归并更受重视，人工智能将深化对新闻业的影响，短视频将继续成为媒体争夺受众的关键，传统媒体将面临增强影响力和盈利能力的更大挑战，知识付费将成为内容盈利的新渠道。

【关键词】

　　新闻业　移动化　平台媒体　人工智能

　　2017年，全国两会、一带一路、十九大等重大专题的策划报道作品不断涌现，主流党媒重新夺回麦克风的现象令人关注；榆林产妇跳楼事件、江歌案掀起舆论反转高潮，"后真相"时代严肃新闻业的发展面对诸多困惑；AI、VR、算法推送等技术革命和创新运用给新闻传播带来诸多深层变革……融合化、智媒化的语境下，中国新闻业既紧跟潮流、贴合受众需求、创新新闻产品，不断深化媒体转型改革，又面临着新型盈利模式的艰难探索、平台媒体整体崛起导致的专业媒体影响力衰减、社交媒体谣言传播的阻击难度加大等挑战。本文将从新闻传播者、新闻内容、传播渠道、受众、传播效果这五个方面，以相关案例、事件和数据为基础，整体勾勒2017年中国新闻业的主要特点、发展图景和变化趋势。

一、新闻从业者：职业化与社会化传播者"此消彼长"

1.持证新闻记者总数增加

据国家新闻出版总局公布的数据显示，我国近三年持有效新闻记者证人数呈上升态势，但2017年增速较去年有所减缓，其中，报纸记者人数减少了246名，电台、电视台和新闻电影制片厂记者人数增加了3.4%，达到4421名。男女新闻记者比例更趋平衡，30岁以下的年轻新闻记者有所增加，总体仍以30—50岁为主。

资料来源：国家新闻出版广电总局官网①

同时，2017年新闻网站记者人数比去年增加了30.5%。取得记者证的新闻网站以人民网、新华网、中国网等14家中央主要新闻网站为主，腾讯、新

---

① 《我国持证记者已超过22.8万人》，国家新闻出版广电总局，2017年11月8日，http://www.sapprft.gov.cn/sapprft/contents/6582/353459.shtml。

浪、搜狐、网易等商业网站因不具备原创新闻采访权而不在发证之列。这意味着，主流新闻网站记者的采访权优势获得正式确认，而商业网站在重大题材的新闻报道中只能通过转载、编辑传统媒体的新闻稿来进行报道。

另据中山大学团队发布的报告显示，中国调查记者目前仅有175人，比起6年前减少了57.5%。调查记者群体依然由男性主导，年龄结构偏向年轻化，平均年龄仅34.8岁。调查记者教育程度普遍有所提高，47.2%来自新闻传播学专业，从业经历也更加丰富，平均从事新闻工作9.9年。此外，调查记者在择业动机、角色认知方面变化不大，但职业认同感显著下降，工作自主空间有所缩减，职业忠诚度更加充满不确定性①。

2.社会化传播者大量涌现

媒体技能的"去专业化"，新闻发布渠道的"去中心化"，催生了"人人皆媒体、人人皆记者"的现象，一大批草根记者、业余新闻工作者成为新闻传播的"新行动者"，比如商业自媒体作者、政务微信编辑团队、视频平台投稿用户、大学新闻专业学生等。

自媒体人。微博大V、微信大号、知乎大V等自媒体人，在某个领域持续发言或针对热点话题运用搜索工具整合资料进行写作，在公共舆论场中扮演着意见领袖的角色。2017年11月，日本留学生江歌遇害案引发广泛关注，一系列自媒体发布的文章将该事件推向舆论高潮。比如马东创立的微信公众号"东七门"发布文章《刘鑫，江歌带血的馄饨，好不好吃？》，"咪蒙"发布的《刘鑫江歌案：法律可以制裁凶手，但谁来制裁人性？》等，引发舆论一边倒地声讨刘鑫。11月13日，资深媒体人王志安发布《关于"江歌案"：多余的话》，详细解读刘鑫和江歌母亲见面始末，激愤的网络情绪有所收敛。可见，自媒体人在当下新传播业态下扮演着重要的信息整合、评论表达角色，在舆论生成和引导中具有很大的话语权，但由于情绪化的表达或批判，也容易加剧公众情绪的非理性。

---

① 张志安、曹艳辉：《新媒体环境下中国调查记者行业生态变化报告》，《现代传播》2017年第11期。

新闻事件的爆料者。比如6月5日,新浪微博用户"北京侯亮平"发表长文,实名举报北京电影学院性侵案涉事人员,事件经过网友和媒体的转发后,成为关注焦点。此外,以众包化视频生产为常规机制的"梨视频",赋予每一个全球拍客以"新闻生产者"角色,让普通公众可以轻松采用用户生产内容(UGC)模式来提交视频、传播资讯。

政务微博和政务微信编辑。截至2017年3月31日,新浪认证的政务微博已达到168839个①。截至2017年10月初,中国政府网、最高检、公安部、北京发布等65000家各级党政机构进驻头条号,平均每周发文7万篇,推荐人次超过24亿②。这些政务微博、微信和微头条发挥着正面宣传、信息服务、危机沟通等多重功能,其幕后的编辑团队是公共传播业的重要组成。

机器人"记者"。2017年,包括腾讯dreamwriter、今日头条"张小明"、第一财经"DT稿王"等机器人写作在重大突发事件中体现出快速生成信息并即时推送的优势。2017年8月8日四川九寨沟发生7.0级地震,中国地震台网的机器人用25秒写作并发布了地震快讯,震中简介、震中天气、热力人口等新闻要素俱全,同时配有地震参数图和地形图。两会期间,新华社机器人记者"i思"采访了多位代表和委员,访谈结束后,直接把语音对话转换为文字,省去了不少写稿时间③。尽管机器人编写的消息缺乏深度信息和故事挖掘,但它刷新的新闻报道"新速度",对突发事件的新闻生产流程进行了改造④。未来在新闻消息、数据类新闻和趋势类新闻方面,机器算法会比人更具优势⑤。

3.传统媒体精英职业流动加速

---

① 《2017年第一季度人民日报·政务指数微博影响力报告》,人民网舆情监测室,2017年11月。
② 《今日头条总编辑:今日头条是国内内容建设投入最大的信息平台》,钛媒体,2017年10月23日。
③ 《机器人写稿,智能视频剪辑……人工智能,内容生产者的敌人还是伙伴?》,搜狐,2017年8月5日。
④ 张志安、刘杰:《人工智能与新闻业:技术驱动与价值反思》,《新闻与写作》2017年第71期,第3—9页。
⑤ 《2017中国媒体内容生产者职业发展状态与工作习惯》,《国际公关》2017年第4期,第85—86页。

继崔永元、张泉灵、马东等知名媒体人离职转型后，2017年传统媒体精英的职业流动继续受到关注。8月，新京报创社社长戴自更离职。10月，央视纪录片频道制片人陈晓卿离职。11月，原东莞报业传媒集团副社长谭军波离职，原新京报总编辑王跃春也提出辞职。有学者将媒体人转型的原因概括为薪资、新媒体冲击、"求新求变，重新规划职业生涯"①。比如离开央视的张泉灵进入创投领域，成为紫牛基金合伙人，刚刚辞职的戴自更出任北京市文化投资发展集团总经理，负责部分投资业务②。

二、新闻内容：适应移动传播的叙事形态变化

1. 注重视觉呈现

2017年，视频、动画、无人机、VR/AR、直播等新媒体技术越发成熟，新闻业界对这些技术的运用更加熟练和广泛。新闻的视觉化呈现，不仅便于受众理解新闻，也能使受众在轻松娱乐的氛围中接受信息。"有图有真相""无视频，不新闻"，已经成为对新闻生产者的新要求③。下表是2017年若干具有代表性的视觉新闻作品。

---

① 陈敏、张晓纯：《告别"黄金时代"：——对52位传统媒体人离职告白的内容分析》，《新闻记者》2016年第2期，第16—28页。
② 《又一位媒体人出走！新京报社长戴自更离职，将出任北京文投总经理》，凤凰科技，2017年8月4日。
③ 李良荣、袁鸣徽：《中国新闻传媒业的新生态、新业态》，《新闻大学》2017年第3期，第1-7、第146页。

报道类型	主要作品	传播效果	简要分析
微视频	2017年5月13日,新华社动画《神曲丨Let's go Belt and Road 一带一路 世界合奏》上线,将流行说唱和传统京剧相结合,讲述一带一路的历史。	"一带一路"国家合作高峰论坛系列报道中一抹亮色。	短小精美、易于传播的微视频已成为当前受众所喜闻乐见的传播载体,不少媒体紧跟受众的喜好,制作出一批精良的微电影、微纪录片。尤其在重大新闻报道中,微视频成为主流媒体创新报道形式的"必杀技"之一。
	在建军90周年到来之际,新华网推出"国家相册"特别节目《大国强军梦》,讲述中国人民解放军90周年光辉历程。	该条微信阅读量在几个小时内达到10万+。	
直播	2月19日,习近平总书记召开党的新闻舆论工作座谈会一周年,人民日报、央视、新华社均推出移动直播。	提高了新闻报道的传播速度和影响力。	CNNIC数据显示,截至2016年6月3日,中国网络直播用户达到3.25亿,占网民总体的45.8%。目前,中国在线直播平台数量接近200家。① 随着一直播、映客等直播平台日益完善,媒体的直播技术日益成熟。
	7月30日,人民日报社的人民直播频道对建军90周年阅兵现场进行了全程直播,并在直播结束之后,又对整个视频内容进行了加工与编辑,同时在客户端推出了《"乘"战机,"架"坦克 特殊机位再看阅兵》微视频。		

---

① 《中国新闻事业发展报告(2016年)》,中国记协网,2017-05-31。

续表

报道类型	主要作品	传播效果	简要分析
直播	人民网在十九大召开期间推出《直通十九大》栏目，对开幕式进行了图文和视频直播。	视频播放量超过1000万。	
	截止11月6日，封面新闻直播视频部已生产了超过700场视频直播节目，总时长超过1500小时，总计收看超5000万人次①。	5月24日，封面直播《俯瞰"川藏第一桥"》引来共计71.7万人在线观看。	
VR报道	5月，南方日报VR报道《不能忘却的纪念——汶川大地震九周年》。	让受众仿佛身临北川、映秀等地，亲眼见证灾后重建的真实景况。	数据显示，2016年我国VR潜在消费人群约3亿人次②。VR报道使得受众越来越多地"随手可得"和"虚拟参与"，所有的变化都在趋近和探索人对于世界的原始感知③。
无人机	截至11月28日，新华网今年已发布航拍图片作品超过887部，视频作品超过267部。在春运、广州塔灯光秀、国际自行车节、漠河冰雪马拉松等新闻报道中，新华网都运用了无人机航拍技术。	充分发挥航拍优势，在新闻图片报道中提供根据现场感的视觉作品。	透过无人机的镜头，观众以全新的宏观视角观看新闻，除了能够从大局上对新闻事件有更清晰的把握，也能在其中获得视觉享受。但目前部分媒体的航拍作品主要是简单的后期制作，未来将在交互设计方向发力。

---

① 张华：《封面新闻的智媒体创新与探索》，"一本正经"微信公众号，2017年11月6日。
② 《VR行业生态及风险研究报告：潜在VR消费人群约3亿》，腾讯研究院，2016年3月17日。
③ 郭雅静：《论中国新闻传媒业的混合所有制》，新闻大学，2017（03）：8-14+27+146。

续表

报道类型	主要作品	传播效果	简要分析
动图	10月21日，人民日报客户端推出《刻度上的新时代》，针对十九大报告中提出的关键时间节点和阶段性任务，推出动态长图，以时间刻度轴为主线，简明直观地呈现各阶段奋斗目标，为群众画出改革时间表。	动感长图的形式将政治新闻趣味化，有利于受众直观解读十九大。	动图与动画相似，又比动画简单许多，受众不需要耗费过多流量就能在移动端上进行观看，便于传播。

从以上作品可以看出，主流媒体在重大主题报道作品策划中已经将可视化呈现作为基本要素，不过，部分可视化新闻产品主要停留在信息的浅加工层面，缺乏视觉效果和深度解读的有机结合。

2.强化互动体验

除注重视觉设计外，主流媒体在策划和推广新闻产品的过程中也非常重视交互性，并善于利用明星的号召力和各大新媒体平台的覆盖面，扩大新闻作品的传播面和影响力，且重视情感动员，用亲近的手法给受众带来"沉浸式"的互动体验。下表中，我们选取了2017年一些互动性较强的新闻报道进行分析。

报道主题	作品简介	传播效果
全国两会	人民日报"小端"、新华社"小新"和光明日报"小明"等知识机器人在两会期间开启了"聊新闻"模式。用户可以与机器人实现文字和语音交互提问，并获得相关回答。	媒体通过机器人技术，将新闻从传播变成了对话，受众从"看新闻"变成了"问新闻""答新闻"⑤。

---

① 张志安、刘杰：《人工智能与新闻业：技术驱动与价值反思》，《新闻与写作》2017年第11期，第5—9页。

续表

报道主题	作品简介	传播效果
建军90周年	八一建军节前夕，人民日报社新媒体中心推出H5产品"我的军装照"，读者只需在手机微信选择心仪的军装，再上传自己的照片，就能"穿上军装"，并将"军装照"分享到朋友圈。	从7月29日晚发布到8月1日中午12时，活动页面总浏览量已达4.67亿，创下了人民日报新媒体H5浏览量最高纪录[①]。
国庆节	人民日报社新媒体中心联动全国主流媒体及新媒体平台推出"我爱你中国"系列活动。包括与浙江卫视共同发起的"我爱你中国燃唱季"活动，发动TFBOYS、张艺兴、快乐家族等众多流量明星参与#我爱你中国#演唱活动。此外，向网友"众筹"对祖国的一句话表白，并选取部分留言印到北京热门地铁线路的车厢里。	截至12月中旬，#我爱你中国#微博话题阅读量为16.6亿，208.2万人参与了讨论。
党的十九大	人民网推出《报告电子书》，模拟电子书的形式，具有"随身听""重点读"服务，受众可以选听习近平总书记读报告的原声。考虑各年龄层在线阅读的便利性，电子书还加入了放大、缩小、重点标注、留言等功能。	在论坛、微博、微信、手机等全媒体渠道推送，总阅读量突破2000万。
党的十九大	新华社联合中国邮政、ofo小黄车在全网多终端推出"点赞十九大"活动。网友可在微博、微信、客户端、网站上听到十九大代表丁俊晖等文体明星录制的祝福音频，同时还可通过扫描ofo小黄车二维码收听文体明星音频，在骑行中为十九大送上祝福。	截至十九大闭幕，活动显示已有超过1亿点赞，有近万封首日封作为奖品从人民大会堂寄出。

---

① 《人民日报浏览量近5亿的H5产品原来是这样炼成的》搜狐,2017年8月2日。

3. 变革新闻话语

通常，官方媒体报道以宣传模式为主，市场化媒体更偏好信息模式、情感模式和监督模式。如今，官方媒体开设的微博微信等社交媒体平台，逐渐强化了对亲近性表达方式的偏好，草根化的立场、情感化的偏向以及富有亲和力的对话感，成为"新党媒"在宣传主义之外适当借鉴煽情主义的主要手段。比如，人民日报官方微博47.3%的话语来自普通民众，32.7%来自政府官员。人民日报海外版微信公众号"侠客岛"，也将"岛叔"形象贯穿文本，还不乏"岛叔内心几乎是崩溃的"等网络流行用语，以此拉近官媒与读者的距离，摆脱了过去高高在上的姿态[①]。

主流党媒变革新闻话语的同时，新闻业也要注意温情和煽情的边界，避免新闻内容因过度煽情而陷入迎合受众、吸引眼球的低层次传播。相关隐忧主要表现有三：第一，不少商业新闻网站为了迎合受众趣味和增加点击量，习惯将色情、凶杀、暴力等刺激性内容放在醒目位置，娱乐八卦、时尚美食、健身休闲等消费类软性话题也被过度推荐。第二，"标题党"现象屡见不鲜，尤其是商业媒体吸引眼球的常规策略。去年3月，《南方周末》发表《刺死辱母者》一文，初期通过版面和该报网站传播，并未引起广泛关注。随后，某商业网站将新闻标题改为《母亲欠债遭11人凌辱 儿子目睹后刺死1人被判无期》发布，4天后，该条新闻评论留言超过237万条[②]，引发舆论场热议，从中既可以看出商业网站的受众规模和强大影响，也折射出放大冲突、刺激情绪所激发的舆情效应。第三，部分时政新闻报道也出现了明显的娱乐化现象[③]，特朗普访华期间，网上恶搞的表情包不断，国家领导人与夫人穿着情侣装甜蜜牵手等"花边新闻"被强势推荐。对此，新闻工作者应保持反思，在满足受众喜好的同时注重信息质量，把握速度和深度的关系、形式和内容的平衡。

---

① 龙强、李艳红：《从宣传到霸权：社交媒体时代"新党媒"的传播模式》，《国际新闻界》2017,39（02）:52-65。
② 《南方周末〈刺死辱母者〉，是如何传播与发酵的》，搜狐，2017年4月5日。
③ 单凌：《中间阶层的觉醒：中国舆论场新生态》，《新闻大学》2017年第3期，第15—20页和第146—147页。

三、新闻传播渠道：多元化、移动化和平台化成主流

1.多元渠道并存

一是媒介形态多元化。2017年，传统纸媒发展和转型形势依然非常严峻。《京华时报》《东方早报》《贵州商报》《江西上饶广播电视报》《楚天金报》等市场化报纸停刊。国家新闻出版广电总局官网数据显示，近十年全国出版报纸种数呈下降趋势，十年间共计减少44种报纸。都市报的相继停刊，既因为盈利模式相对单一、新型收入探索艰难，也因为网络上免费海量信息对用户的吸引和对都市报带来的巨大冲击①。

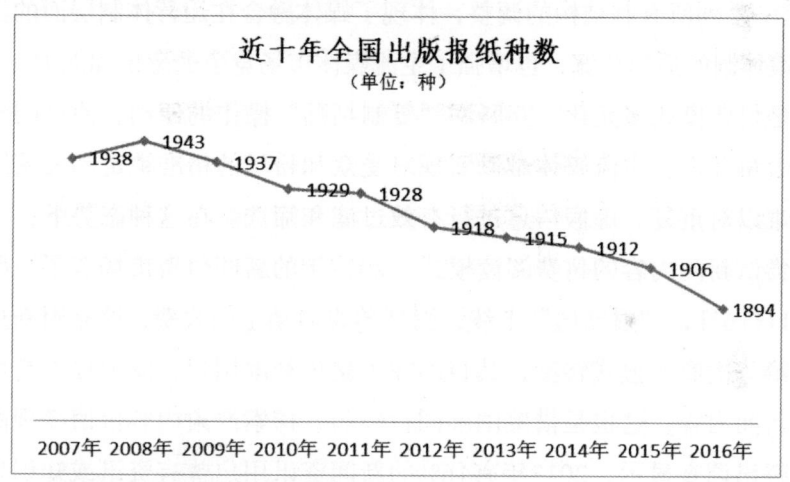

资料来源：国家新闻出版广电总局官网②

此外，新闻网站、微博微信、新闻客户端以及问答社区，为受众获取信息提供了多元、多层的接收渠道。传统媒体和新兴媒体、新闻内容供应商和资讯分发平台之间的融合正走向深入，但总体上看，资讯类平台的传播优势

---

① 李良荣、袁鸣徽：《论报纸再造：从"信息媒体"到"意义媒体"》，《现代传播》（中国传媒大学学报），2017,39（08）:1-5.
② 中华人民共和国国家新闻出版广电总局官网，统计信息，http://www.sapprft.gov.cn/sapprft/govpublic/6676.shtml。

已日益明显甚至呈现出垄断化、集中化的态势。2月19日,人民日报"人民直播"、新华社"现场云"、央视新闻"央视新闻移动网"同日上线,进驻媒体可以通过平台实现文图、视频、直播等多种形态新闻素材的共享,从中可见主流媒体打造自身平台的努力和焦虑。

二是所有制多元化。近年来,资本裹挟技术大举进军媒体行业,兼并收购的浪潮层出不穷,互联网企业对传统媒体的"倒融合"已成趋势①,由此彻底改变了过去由国有资本垄断传媒业的老格局,纯国营、纯民营、国营与民营混合的混合所有制新格局已经形成②。4月11日,新华网出资2亿元,与阿里巴巴集团成立合资公司——新华智云科技有限公司,其中新华社三家直属企业占51%的股份。11月16日,人民网旗下基金战略入股梨视频,注资1.67亿元③。这一系列所有制结构的调整,体现了媒体融合在运营体制层面的探索、国家政策体制的适当放宽,也增强了主流媒体市场竞争的意识和能力。

三是付费模式多元化。互联网"复制粘贴"操作的便利,使得同质化免费信息大量涌现,主流媒体难以实现对受众和粉丝的精准锁定和关系维护,受众也难以对重复、虚假信息进行有效过滤和筛选。在这种态势下,一些媒体开始尝试新闻内容的付费阅读模式,2017年的新闻付费市场有了一些重大尝试。11月6日,"财新通"上线,财新传媒启动全面收费,这是财新成立八年来的第一次商业模式转型,其目的在于聚焦精准用户,倾力提供高质量原创财经新闻内容,这也是借鉴国际同行经验、探索严肃内容价值变现的大胆探索。腾讯调查显示,2017年有16%的新闻资讯用户曾有资讯或知识付费行为④,免费与付费的多元阅读模式并存成为新闻内容传播的新格局。

2.移动端竞争激烈

伴随手机网民的规模剧增,移动新闻客户端成为媒体角逐的主战场。2017年第一季度中国手机新闻客户端市场用户规模已达6.05亿。腾讯新闻以

---

① 李良荣、袁鸣徽:《中国新闻传媒业的新生态、新业态》,《新闻大学》2017,(03):1-7+146。
② 郭雅静:《论中国新闻传媒业的混合所有制》,《新闻大学》2017,(03):8-14+27+146。
③ 《梨视频获人民网基金1.67亿元战略入股》,钛媒体,2017年11月16日。
④ 《未来地图:2017中国新媒体趋势报告》,腾讯企鹅智酷,2017年11月17日。

41.6%的活跃用户占比位列第一，今日头条以36.1%紧随其后①。

目前市场上的新闻客户端可分为三类：一是传统媒体转型App，如人民日报、澎湃新闻、封面新闻、凤凰新闻等。二是传统门户转型App，如腾讯新闻、网易新闻、搜狐新闻、新浪新闻等。三是聚合类新闻App，如今日头条、一点资讯、ZAKER、天天快报等。不过，3月份"有效使用时长"统计排名前五位的新闻资讯客户端都属于民营新媒体②，而囿于专业技术和开发运营成本不足，传统媒体转型App的信息来源相对单一，用户量普遍偏小，影响力也不够大③。

此外，"双微"作为移动社交平台仍然是新闻传播的重要渠道④。2016年，国内百强报纸微信公众号开通率已达100%。2017年1月，第一个新闻类微信小程序"新华社微悦读"也正式上线，卡片式现场阅读、记者互动等特色功能，结合微信小程序无需安装、轻量化的特点，开启了移动端新闻传播的新入口。

3.聚合分发平台强势

如何令受众在浩瀚信息世界中获取最有用的信息？今日头条、一点资讯等新闻聚合分发平台，依托对用户个人兴趣的精准捕捉和需求满足极致化的算法推送机制建立起强大优势。第一季度，今日头条凭借其良好的用户体验，在手机新闻客户端黏性指数排名中位列榜首⑤，以智能算法作为主导分发机制，辅之以人工编辑和价值判断，成为其在聚合分发平台领域夺魁的法宝。

腾讯调查显示，相比于编辑推荐和社交网络推荐，算法推荐在用户感知上更有优势⑥。今日头条算法推送根据用户定位整合出当地新闻，以接近性吸引用户关注，同时根据用户的浏览记录，捕捉其兴趣领域，再向用户推荐个

---

① 《2017Q1手机新闻客户端市场研究报告》，艾媒咨询，2017年5月8日。
② 李良荣、袁鸣徽：《中国新闻传媒业的新生态、新业态》，《新闻大学》2017，(03):1-7+146。
③ 李良荣、袁鸣徽：《论报纸再造：从"信息媒体"到"意义媒体"》，《现代传播》（中国传媒大学学报），2017,39（08）:1-5. [2017-10-08]。
④ 《2017中国新媒体行业全景报告》，艾媒咨询集团，2017年3月29日。
⑤ 《2017Q1手机新闻客户端市场研究报告》，艾媒咨询，2017年5月8日。
⑥ 《未来地图：2017中国新媒体趋势报告》，腾讯企鹅智酷，2017年11月17日。

性化、定制化资讯,增强其阅读兴趣。尽管算法推荐新闻也引发了不少争议或隐忧,比如单纯依靠算法推荐的平台容易存在价值观的偏差、单纯依靠算法获取内容可能对用户造成"信息茧房"效应、以算法建立强大垄断优势的竞争手段对传播底线有所挑战等问题,但毫无疑问,算法推送作为新闻分发的关键机制已逐渐成为行业共识。在"制播分离"背景下,新闻生产和分发不再囿于同一媒体,"智能算法+人工编辑"成为新闻聚合分发平台的运作模式。

四、受众行为变迁:阅读、生产和消费者角色并存

1.网络新闻用户继续增长

2017年,我国网络新闻用户规模继续扩大。截至6月,我国网民规模达到7.51亿,半年共计新增网民1992万人,其中网络新闻用户规模为6.25亿,网民使用比例为83.1%[①]。近十年来,我国网民规模和网络新闻用户在网民总数所占比例如下表所示。

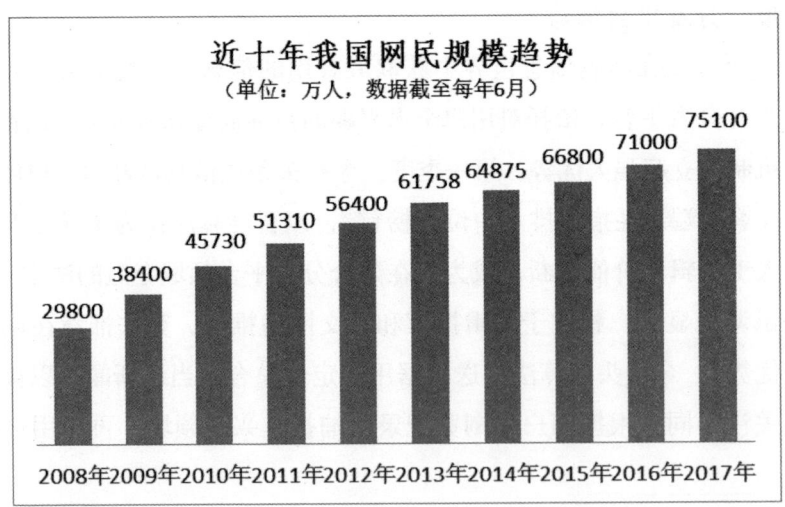

资料来源:中国互联网络信息中心(CNNIC)

---

① 《2017年第40次中国互联网络发展状况统计报告》,CNNIC,2017年8月4日。

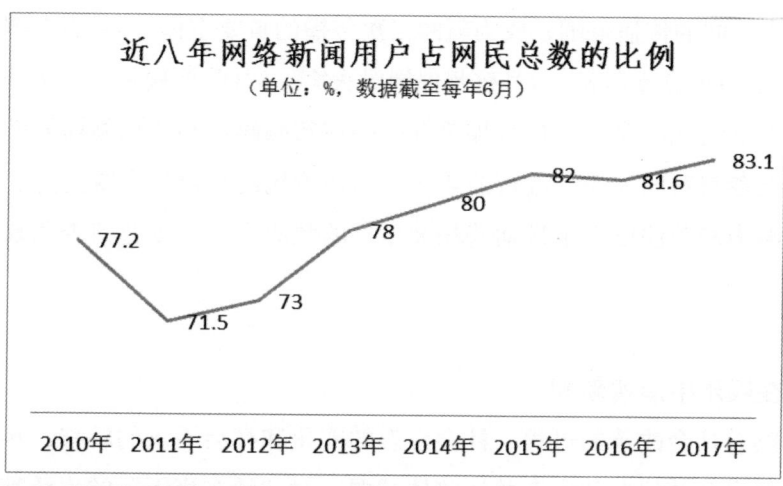

资料来源：中国互联网络信息中心（CNNIC）

调查显示，中国网民每天用在新闻资讯上的时长约为67分钟，占据网民手机上网时间的29%，其中日均超过2小时的用户占14.6%[①]。

2.积极参与新闻生产传播

发生重大事件后，网民活跃转发、积极热议、参与生产已经成为常态。11月12日，江歌案在日本开庭，梨视频几位拍客进入庭审现场旁听。每场庭审结束后，拍客以口述的形式再现现场情况，这一系列视频单条播放量不低于100万，不亚于以同样形式进行现场报道的凤凰网"风视频"。在"双微"、头条号、直播平台、梨视频等平台的支持下，受众已成为新闻生产环节中的重要组成部分，社会化新闻生产和专业化新闻生产已并驾齐驱。专业化内容生产模式（PGC）与用户导向的内容生产模式（UGC）相融合成为新闻生产领域的新特征，加上依托数十万个政府机构创办的微博微信平台所实践的政务生产模式（GGC），三者相互补充、活跃共生，丰富了新闻信息源的结构，带来了叙事角度的多样性。

除了成为新闻生产者，受众还热衷于参与新闻事件的传播和讨论，通过

---

① 《未来地图：2017中国新媒体趋势报告》，腾讯企鹅智酷，2017年11月17日。

转发扩大新闻的传播范围,成为新闻二次传播的重要主体。3月山东聊城于欢案、5月北京侯亮平事件、7月杭州保姆纵火案、8月陕西榆林产妇坠楼、11月北京红黄蓝幼儿园事件、12月煤改气……在新闻媒体和意见领袖的推动下,大量网友参与新闻讨论,进行公共表达,舆论场的众声喧哗既提升了新闻事件的影响力和关注度,也推动着相关事件的政府介入、专业侦查和政策调整的进程。

3.在娱乐中消费新闻

伴随着社会改革的进程、社会心态的变化和社会需求的转移,年轻网民群体对严肃公共议题的常态关注整体减弱,对"活在当下"的生活品质和自我实现需求不断增强,新生代的互联网生力军对"软新闻"的偏好普遍高于"硬新闻"。

据复旦大学李良荣教授观察,拒绝严肃、拥护诙谐、视频为上、游戏人生是他们的独特个性,新一代微博用户对时政类话题的关注度有所下降,娱乐消费类话题更加走俏[①]。据新浪微博"社会化大数据"显示,2017年10月,鹿晗在微博上公布恋情,该条娱乐新闻迅速被网友转发热议,在一小时内转发量达到18万条,甚至导致微博服务器瘫痪。截至12月13日,"鹿晗关晓彤"微博话题阅读量为14.2亿,而同月发生的某重大时政新闻的阅读量是206.5万。

纯粹的新闻受众正转变为对综合资讯有着多元需求、更加注重情感满足的"用户",依托某个传播渠道、单纯接受新闻的受众已不复存在,而代之以"消费者"的角色生活于纷繁复杂的新闻场域中,用户需求、用户个性、用户体验成为新闻生产者关注的重点。将"用户"这一经济概念引入新闻生产,体现了受众的消费属性,"顾客就是上帝"的营销思维也有利于媒体更加重视读者的阅读体验。不能否认,用户在"软新闻"的消费中也同样能或多或少地接触"硬新闻",但这也极易将过分的利益追逐和低俗的受众诉求

---

① 李良荣、袁鸣徽:《中国新闻传媒业的新生态、新业态》,《新闻大学》2017,(03):1-7+146.

杂糅进新闻生产的过程中，从而影响社会公众对公共议题的严肃关注、对公共对话的持续参与并继而影响基于新型传播业态的公共生活的整体质量。

五、新闻传播效果：信息茧房和"后真相"等现象凸显

1.信息茧房的负面效应引发关注

聚合分发类平台的强势崛起让受众享受到"私人订制"新闻的阅读快感，但算法技术对新闻分发渠道的渗透，也同时容易把受众束缚在信息茧房和过滤气泡的传播效应之中——尽管这种传播效果的责任主体并不只是由平台设定的机制所决定，而是由用户点击行为、个性化阅读兴趣和相似人群的需求特点所共同决定的。此外，加上社交网络对信息过滤所产生的回声室效应，信息在相对封闭的小圈子里得到强化，使受众对新闻信息的重要性产生认知偏差。

长此以往，信息窄化极易造成用户的认知偏狭，更容易被情绪化的片面新闻信息所驱使，对特定议题和整体社会的判断可能趋于非理性。同时，还可能会逐渐降低受众对公共议题的关注兴趣，进而不利于社会公共事务的理性讨论和积极参与。对此，一点资讯CEO李亚认为，有价值的内容推送不应由机器起全部作用[①]。仅仅由机器或者由受众自身决定信息的分发，不仅很大程度上消解了传统主流媒体"把关人"的功能，也将导致相当一部分受众安于坐井观天的温房、弱化了完整接收社会信息的能力。

2.事实和真相对舆论影响弱化

2016年，《牛津词典》将"后真相"（post truth）评选为"年度词汇"，内涵为诉诸情感与个人信仰比陈述客观事实更能影响公众观点和民意。2017年，这一词也成为中国新闻业热议的话题。

8月榆林产妇坠楼事件，咪蒙《我把你当老公，你把我当子宫》一文引

---

① 《解读：一点资讯为何能率先拿到"新闻牌照"》，传媒大观察，2017年11月1日。

领舆论把矛头指向产妇家属，控诉男女不平等的生育观念，随后经过主流媒体发布家属、医院双方回应视频以及多方信源补充，网络舆论才在事件反转后逐步转向理性。11月北京红黄蓝幼儿园虐童事件发生后，引发公众激烈声讨，随后警方发布硬盘损坏、家长造谣通报等消息，但这些信息并未能完全平息民怨，直到29日涉事人员被立案调查后网络舆论才稍有平复。

在这些反转新闻的发生过程中，网络舆论以情绪代替事实的倾向尤为明显，事件真相对舆论的影响作用有所弱化。究其原因，主要有二：从信息内容和传播载体看，是媒体报道与自媒体信息相互混杂的结果，这在客观上混淆了信息与新闻、事实与虚构、观点与"口水"的界线①；从技术偏向和社会心理看，是公众缺乏安全感、信任感的社会情绪结构，在特定议题上被社交媒体爆炸式的传播效能所激发和放大的结果。成见在前、事实在后，情绪在前、客观在后，话语在前、真相在后②，使得网络舆论极易偏离理性的轨道。

六、总结和预测

腾讯网把2017年传媒业态定义为"媒体新星球"，在众媒和智媒交融时代，传播的5W模式都发生了巨大变化，新闻生产过程被重新建构③。新闻产品在智媒技术下变革出多元呈现方式，大众在众媒时代紧握麦克风各抒己见，新闻从业者在纷繁的舆论意见市场中重新探寻着专业的意义与价值。

2017年6月1日，《互联网新闻信息服务管理规定》正式施行，其对微博、公众账号、网络直播等提供互联网新闻信息服务的平台进行了统一的规范和管理④。加上2016年11月发布的《互联网直播服务管理规定》也对直播服务提供者、发布者提出了更高的资质要求。总体上，国家对移动互联网平台上的内容管理正在不断强化和规范化，新媒体催生的新新闻业也在朝着更加

---

① 李良荣、袁鸣徽：《论报纸再造：从"信息媒体"到"意义媒体"》，《现代传播》（中国传媒大学学报）2017,39（08）:1-5. [2017-10-08].
② 张华：《"后真相"时代的中国新闻业》，《新闻大学》2017,（03）:28-33+61+147-148. [2017-10-08].
③ 《中国新媒体趋势报告2017：通向媒体新星球的未来地图》，腾讯科技，2017年11月20日。
④ 《国家网信办公布〈互联网新闻信息服务管理规定〉》，中国网信网，2017年5月3日。

合法、规范的方向发展。

立足2017年中国新闻业的年度发展态势，参考国内外行业观察报告和观点，我们对2018年中国新闻业发展有以下预测：

第一，内容价值继续回归并更受重视。人人皆媒、万物皆媒的环境下，优质的内容始终是稀缺品。调查显示，2017年超过半数用户对自媒体内容质量感到担忧[1]。梨视频创始人邱兵也认为，在后真相时代，专业媒体人将在内容真伪识别、质量控制、专业加工和价值观把握上发挥关键作用[2]。同时，自媒体红利持续耗散，2000多万个公众号将在内容专业化、垂直化展开激烈竞争，谁去谁留将经历更加严酷的市场筛选和行业洗牌。

第二，人工智能将更加深度影响新闻业。一方面，在重大突发事件的快速报道中，机器人写作将逐步取代记者消息编写，新闻从业者将面临如何抵达现场、怎样深度阐释、如何逼近真相的职业挑战。另一方面，AI技术将发挥大数据信息获取和解读优势，实时监测新闻热点，即时获取受众反馈，在技术驱动下的新闻生产将更具效率和活力。值得深入探讨的是，人工智能将如何影响宣传格局、网络舆论乃至意识形态，这个话题将更加具有前沿性和重要性。

第三，短视频将继续成为媒体争夺受众的关键。3—5分钟的短视频既达到了视觉化呈现的效果，也满足了受众碎片化观看时间的需求。未来，新闻视频与AR技术结合、与娱乐消费结合，将进一步丰富新闻的呈现形态，更加贴合受众的阅读喜好。同时，新闻和资讯视频的表现形式也将更加多样化，超短视频、中长视频、视频直播、真实视频与虚拟的混合等各种形式的视频内容将呈现出更加井喷的增长态势。

第四，传统媒体将面临增强影响力和盈利能力的更大挑战。李良荣预测，纸媒的停办、瘦身、重组还将继续延续，并逐步回到"一城一报"或

---

[1] 《未来地图：2017中国新媒体趋势报告》，腾讯企鹅智酷，2017年11月17日。
[2] 《看十五位大咖如何诠释"媒体新星球"|2017腾讯媒体＋峰会》，RUC新闻坊，2017年11月20日。

"一城两报"的基本格局①,区域性报业整合趋势或将增强。优质调查性报道、深度分析和评论将成为传统媒体和门户网站重夺话语权的关键发力点。同时,传统主流媒体的影响力提升,如何在"造船出海"和"借船出海"之间寻求平衡,也是探索盈利模式、增强舆论引导力过程中的重要挑战。

第五,知识付费将成为内容盈利的新渠道。深圳晚报社副总编辑周智琛指出,2018年将有更多媒体开启收费模式,用户也将逐渐顺应内容付费的趋势②,不过针对严肃媒体、综合媒体的新闻内容能否成功实现数字化收费阅读,学界和业界总体上保持很大的不确定性和乐见其成的观望状态。同时,有价值的自媒体所运营的知识付费产品,还将在优胜劣汰的进程中保持需求黏性和价值变现的能力。腾讯公司副总裁陈菊红预测,付费订阅的首批爆点将出现在专业集成度高的领域以及有垂直影响力的个体IP③。

(作者分别为中山大学传播与设计学院教授、中山大学互联网与治理研究中心主任、中国新闻史学会应用新闻传播学研究会会长,2017级硕士研究生。本文是2016年教育部人文社科研究重大攻关项目"大数据时代国家意识形态安全风险与防范体系构建研究"(项目编号16JZD006)的研究成果。)

---

① 李良荣、袁鸣徽:《论报纸再造:从"信息媒体"到"意义媒体"》,《现代传播》(中国传媒大学学报),2017,39(08):1-5。
② 《关于2018年传媒业的50个预判》,周智琛频道,2017年12月3日。
③ 《看十五位大咖如何诠释"媒体新星球"|2017腾讯媒体＋峰会》,RUC新闻坊,2017年11月20日。

2017年重大传媒事件盘点

范以锦　聂浩

2017年，传媒生态、媒体业态和媒介形态随着时代的变革不断发展变化着。党和政府越来越重视舆论工作，管理部门推出一个又一个管理措施。传统媒体在转型中积极探索、创新，新媒体发展日新月异，VR、AR、MR、H5等媒介新技术使信息传播的深度和广度进一步拓展。与媒体传播相关的热点事件层层叠叠，引发众多媒体用户的关注。这里列举的只是各门类中的典型案例。

一、众媒聚焦十九大，合力传播提升报道影响力

事件回放：

无论是在喜迎十九大的过程中，还是在十九大开幕之后，全国各类媒体都利用各自的优势和特点，多角度、全方位地对十九大进行报道。除了传统媒体常用的报道手法之外，多媒体传播和新闻产品创新异彩纷呈。新闻网站成为报道大会的主阵地，各大网站集纳新闻、评论等多种报道方式以及图片、视频等各种表现形式，形成了强大的视觉冲击力。尤其是由15家中央主要新闻网站组成的十九大报道"国家队"，在新闻报道中承担了主力军的角色，成为众多网民关注的焦点。

点评：党的十九大的报道，不仅受到传统媒体及其创办的新媒体的高度重视，商业互联网公司创办的传播平台、各类社会化媒体和自媒体也高度关注。特别引人注目的是，用户量极大的今日头条联合人民网、新华网、央广网、光明网、中国新闻网、解放军报融媒体、中青在线、大众网、大河报、

浙江新闻、长江日报等四十多家主流媒体，打造了十九大报道专题页面"喜迎十九大"。权威性极高的主流媒体与用户量极大的资讯客户端合作，综合音频、视频、图文等多种表现形式，使权威的内容通过鲜活的表现形式及时精准地传递到用户，使报道更接地气、更富成效，大大提升了十九大的影响力。

二、中央主流媒体领衔构建"中央厨房"，各媒体"特色小厨"推进媒体融合

事件回放：

1月5日，中宣部负责人在推进媒体深度融合工作座谈会上发表讲话，强调要抓好"中央厨房"建设这个龙头工程，推进媒体深度融合。1月16日人民网创办20周年座谈会之际，人民日报社社长表示人民日报不但要做新闻宣传的排头兵和领航者，也要成为媒体融合的标杆和示范，借助"中央厨房"机制，用好深度融合枢纽。2017年，人民日报着力推动"中央厨房"与媒体智库融合转型；新华社"中央厨房"全媒体报道平台扩容升级，初步建成了资源整合、融合加工、舆情监测、业务管理、影响力评估、远程指挥六大功能。

点评： 在中央权威主流媒体的带动下，各类媒体纷纷打造有自身特色的"中央厨房"。2017年全国两会召开之际，中国青年报"中央厨房"工程——"融媒小厨"正式投入使用；湖北广电集团"长江云"自2016年开始改革，2017年全面升级为"新闻+政务+服务"的综合云；南方报业传媒集团以"重组、再造、融合"三大关键词打造"中央厨房"。各媒体结合自身特色，打造个性化"中央厨房"，融通采、编发、环节，促使传统媒体更加有效地统合新媒体，使新闻信息的交互传播焕发新的活力。

三、主旋律大剧《人民的名义》收视破纪录，反腐倡廉的导向凝聚民心

事件回放：

电视剧《人民的名义》于3月28日在湖南卫视"金鹰独播剧场"播出，该剧以检察官侯亮平的调查行动为叙事主线，讲述了当代检察官维护公平正义和法制统一、查办贪腐案件的故事。这部长达52集的作品，创下了省级卫视近十年来国产剧最高的单集收视率。

点评： 在互联网快速发展、各类传播平台大量吸纳用户的背景下，《人民的名义》能将全民的目光聚焦至电视机前，并形成良好的口碑，实属不易。《人民的名义》一经播出，便引发全民追剧的热潮和全社会的热烈讨论。媒体刷屏《人民的名义》传递主流价值观，剧中台词"当官不为民做主，不如回家卖红薯"迅速走红网络。电视剧和新闻媒体反腐倡廉的舆论导向凝聚民心，为国家反腐工程打造舆论高地。

四、《战狼2》被各大媒体刷屏，媒体报道传递爱国情怀、彰显大国形象

事件回放：

现象级电影《战狼2》于7月27日在中国首映，上映短短24天，票房突破50亿元人民币，电影中的经典台词"犯我中华者，虽远必诛""中华人民共和国公民：当你在海外遭遇危险，不要放弃！请记住，在你身后，有一个强大的祖国！"被各大媒体刷屏。人民日报、中央电视台、新华社多次点赞《战狼2》，给予其高度评价。

点评： 媒体的宣传报道是《战狼2》大受欢迎的重要推手。电影所表达的热烈情感与媒体全方位、多视角的宣传报道和舆论引导相得益彰，传递了浓浓的爱国情怀，点燃了中国观众内心强烈的民族荣誉感和自豪感，在精神层

面满足了人民日益增长的美好生活需要。同时，彰显了中国负责、开放、热爱和平的大国形象，向世界宣示——"中国的发展是世界和平力量的壮大，是传递友谊的正能量"。《战狼2》在国内外的广泛宣传实现了国家政府、社会大众、电影自身和新闻媒体的多赢。

五、《刺死辱母者》报道引发社会反响，权威媒体介入启发社会深度思考

事件回放：

在11名讨债人员长达1小时的对自己及母亲苏银霞的极端凌辱之后，山东聊城22岁的青年于欢拿出一把水果刀乱刺，导致4人受伤，其中一人失血过多死亡。2月17日，山东省聊城市中级法院一审以故意伤害罪判处于欢无期徒刑。3月23日，南方周末发表了《刺死辱母者》一文，经各类传统媒体、新媒体转发传播后，迅速引发社会热议。5月27日，该案二审公开开庭审理。6月23日，山东省高级人民法院认定于欢属防卫过当，构成故意伤害罪，判处于欢有期徒刑5年。

点评： 这是2017年最具社会影响力的报道之一，无论是专业主流媒体还是社会化的媒体都在跟进、关注这一事件。媒体在报道的过程中不仅仅关注事件本身，对事件中涉及的法律、伦理等方面也进行了讨论和评议。3月26日，人民日报发表评论《辱母杀人案：法律如何回应伦理困局》称，回应好人心的诉求，审视案件中的伦理情境、正视法治中的伦理命题，才能"让人民群众在每一个司法案件中都感受到公平正义"。人民日报等权威媒体对该案进行系统梳理，引发社会大众的深度反思，起到了良好的舆论引导作用。

六、深化新闻单位人事管理制度改革,不断增强新闻队伍事业心、归属感与忠诚度

事件回放:

2月6日,中央全面深化改革领导小组第三十二次会议审议通过了《关于深化中央主要新闻单位采编播管岗位人事管理制度改革的试行意见》(下简称《意见》)。会议强调,要深化中央主要新闻单位采编播管岗位人事管理制度改革,统筹配置编制资源,开展人员编制总量管理试点,深化人事薪酬制度改革,完善考核评价和退出机制。各省、自治区、直辖市党委宣传部和有关部门要参照《意见》,结合本地实际,研究制订深化地方主要新闻单位采编播管岗位人事管理制度改革的方案。

点评:在各类传播平台快速发展的当下,专业媒体碰到了许多新情况、新问题,新闻队伍的建设要适应新的形势的变化。对新闻队伍的建设制定《意见》,深化中央主要新闻单位采编播管岗位人事管理制度改革,是加强新闻舆论工作队伍建设的又一举措。它将增强新闻舆论工作队伍的事业心、归属感与忠诚度,为新闻事业长远健康发展提供坚实有力的人才支撑。

七、质疑"算法"引热议,过分依赖或视而不见都有偏颇

事件回放:

7月6日,人民日报发表《新闻莫被算法"绑架"》一文。随后,人民网先后发表了《不能让算法决定内容》《别被算法困在"信息茧房"》《警惕算法走向创新的反面》三篇文章,从内容"看门人"、算法创新等角度对今日头条的算法进行全方位的质疑。今日头条回应称:"正视机器学习技术目前整体发展的不足,勉力改进。"

点评:人民日报及其管辖的人民网连续对今日头条算法的质疑,给过分追捧算法的狂热者打了一针清醒剂,文章提出的一些观点值得深思。各种

观点依然在争论中,其中有一种观点认为,对算法既不能视而不见,也不能过分依赖和追捧。暨南大学新闻与传播学院执行院长支庭荣教授针对大数据和人工智能技术浪潮中今日头条、一点资讯、红板报等基于用户兴趣图谱的"算法型内容生产"(AGC)的崛起,提出了媒体作为信息发布的专业筛选者,算法作为用户、媒体、用户多重连接的大众化筛选者,"内容+"与"算法+""相向而行"的"双+"融合观。认为"千报一面"与"千报千面"的并存是满足用户现实与虚拟需求的一体两翼;专业媒体与智能引擎的相互激发赋予用户以更大的权能去触摸、理解和判断;内容和算法在服务用户中竞争合作创造出"智媒时代"更大的消费者剩余。他的观点是在思考了各种不同意见之后的一种比较平衡的观点。

八、VR、AR、MR各显神通,中国政府积极打造产业创新发展生态圈

事件回放:

VR、AR、MR生态圈正成为全球热门话题之际,中共中央办公厅、国务院办公厅于1月印发了《关于促进移动互联网健康有序发展的意见》,其中谈到"加紧人工智能、虚拟现实、增强现实、微机电系统等新兴移动互联网关键技术布局,尽快实现部分前沿技术、颠覆性技术在全球率先取得突破"。尔后,各部委纷纷出台指引新产业发展的举措。

点评:VR(虚拟现实)、AR(增强现实)、MR(混合现实)产业近年来发展迅速,引发各方人士的高度关注。马化腾说:"未来会有什么产品颠覆微信? VR!"可以预料VR、AR、MR将极大改变社会大众的信息交互模式,减少信息与用户之间的必要媒介和感知理解障碍。中国政府营造良好的生态圈,将推动这一新的技术产业和相关产业的发展。

九、南方报业打造主流网红，强化新型媒体平台影响力

事件回放：

4月，南方报业传媒集团再推25名"主流网红"，加上在这之前启动的"南方名记培育工程"推出的15位南方名记者，该集团集结了40位颜值高、有气质、专业素养强的"主流网红"。他们推出的脱口秀节目《武松来了》的点击量突破了1亿，还推出一批单篇阅读量"100万+"的高质量融媒体作品。广东省委宣传部总结推广了他们的经验。

点评： 说起网红，人们常常将其与作秀、搞笑挂钩。为了正确引导舆论、为网红赋予积极内涵，南方报业率先探索打造"主流网红"，在全国产生强烈反响。网红不是作秀者的"专利"，正因为网络平台上网红良莠不齐，正确的价值观得不到充分的传递，所以打造"主流网红"不是要不要的问题，而是应如何做好并尽快占领这块阵地的问题。有针对性地培育"主流网红"，体现了主流媒体的社会责任感和使命感，对强化新型主流媒体平台的传播力乃至巩固和发展主流舆论阵地，具有重要的现实意义。

十、国家新闻出版广电总局频出新政，旨在落实"内容品质提高年"决策

事件回放：

2017年，国家新闻出版广电总局频出新政：2月，对涉"韩"影视节目进行调控；5月，责令腾讯网视听节目深入整改；6月，印发《关于进一步加强网络视听节目创作播出管理的通知》《网络视听节目内容审核通则》；8月，发布《关于把电视上星综合频道办成讲导向、有文化的传播平台的通知》。

点评： 2017年被国家新闻出版广电总局定为"内容品质提高年"，围绕"价值、文化、品质、创新"着力提高影视作品内容质量。几项新政策的出台，正是围绕内容品质而展开的，旨在营造健康积极向上的影视文化氛围。

新政执行的同时也要考虑影视作品和各类媒体的未来发展趋势，及时调整相关规定，在政策、市场以及观众中取得平衡。

十一、网络安全法正式实施，网络空间治理有法可依

事件回放：

6月1日，《中华人民共和国网络安全法》正式施行，内容包括总则、网络安全支持与促进、网络运行安全、网络信息安全、监测预警与应急处置、法律责任以及附则。其中对国家的责任与义务，有关部门和各级政府职责划分，网络运营者的责任与义务，网络产品和服务提供者的责任与义务等均做出了规定。

点评：互联网的影响已经渗透我们生活的方方面面，近些年"互联网+"的概念也蓬勃兴起，对于国家、社会以及公民个人而言，网络发展亟需国家从法律上给予安全保障。《中华人民共和国网络安全法》是我国第一部全面规范网络空间安全管理问题的基础性法律，是我国网络空间法治建设的重要举措。在此基础上，针对网络空间管理的各方面规定将有法可依，这对于依法治网、化解网络风险具有现实意义。

十二、财新传媒全面收费，探索媒体内容直接变现运营新模式

事件回放：

10月16日，财新传媒发出公告，称其自11月6日起，将启动财经新闻全面收费。除目前的《财新周刊》、财新"数据+"、"Caixin Global"继续收费，财新网的主要新闻内容也将实行收费或分时收费（即48小时内免费，然后转入收费）。同时，财新传媒将通过"四通"产品——"财新通""周刊通""数据通""英文通"来满足不同用户的阅读需求。财新传媒的收费过渡已于10月17开始。购买《财新周刊》数字版（298元/年），可立即成为用户，并在三周后平稳过渡为"财新通"用户（498元/年）。

点评：摸着石头过河，财新传媒探索实践建立新闻付费墙的勇气和改革创新新闻内容运营模式的尝试值得鼓励。一提到新闻付费，人们往往想到美国的华尔街日报和纽约时报，这两家媒体经过对新闻付费墙长时间的艰难探索和改革实践，终于取得了不错的效果。但是，中国的信息传播环境与美国存在相当大的差别，要走的路更长。中国读者习惯于获取免费的信息资讯，也有能力通过各种各样的渠道来免费地获取信息资讯，正如财新掌门人胡舒立所言，"培育一个收费市场是非常难的事"。不管如何，总得有人去试，期待财新能成功。

（范以锦：暨南大学新闻与传播学院院长、教授、博士生导师；聂浩：暨南大学新闻与传播学院硕士研究生。本文原载自《新闻与写作》2017年第12期，经作者授权转载。）

中国新闻业年度观察报告

2017年传媒伦理问题研究报告

《新闻记者》年度传媒伦理研究课题组

新闻业正在经历着结构性变化，与此相应，产生了一系列新的伦理问题。随着原有商业模式遇到困境，创新的营收方式同时也带来新的道德考量，是否有更多报道服务公众，还是被流量绑架；结构性变动给新闻从业者带来的职业危机感、失落感及由此产生的漫不经心；专业媒体主导的"程式化"的新闻叙事向液态化、协作生产和个性化的新闻生产模式转变，对新闻的客观性甚至准确性带来的挑战；新技术环境下新闻生产者从机构媒体扩展到机构自媒体、商业自媒体，如此等等对传媒伦理适用性以及新原则的塑造提出了要求。因此，2017年度围绕传媒伦理的种种问题，引起了受众、业界和学界的广泛关注和争议。

《新闻记者》杂志与上海市新闻道德委员会办公室合作，并邀请相关专家成立课题组，继续探索新闻传播伦理案例数据库的建设，并推出年度传媒伦理问题研究报告，在分析2017年度传媒伦理领域相关管理措施、理论研究、舆情热点的基础上，选出若干项（类）有代表性的传媒伦理问题进行述评。

一、传媒伦理政策、管理、研究的整体情况

综观2017年传媒伦理领域顶层设计、管理规范、理论研究、实践热点等层面的情况，大致体现了如下特点：

第一，传媒伦理实践有了更明确的方向。十九大报告再次强调"培育和践行社会主义核心价值观"，推进职业道德建设，也为传媒伦理实践指明了

发展方向。"意识形态决定文化前进方向和发展道路",必须牢牢掌握意识形态工作领导权。为此,新闻舆论工作者必须树立政治意识、大局意识、核心意识、看齐意识,这也应成为传媒伦理的第一守则。

十九大报告特别指出:"发挥社会主义核心价值观对国民教育、精神文明创建、精神文化产品创作生产传播的引领作用,把社会主义核心价值观融入社会发展各方面,转化为人们的情感认同和行为习惯。"党的新闻舆论工作"事关党的前途命运,事关国家长治久安,事关民族凝聚力和向心力"。传媒人既是社会主义核心价值观的传播者,更是践行者。因此,首先要从提高自身的思想觉悟、道德水准、文明素养做起,做职业道德、职业规范的表率,才能真正起到引领、教育作用。

第二,重点整治自媒体领域低俗化现象。2017年自媒体竞争越发激烈,为了脱颖而出,很多自媒体账号靠炒作明星八卦博眼球,进一步加剧了自媒体的恶俗倾向。为此,监管部门完善或推出一系列互联网信息管理相关规定、政策,并加大执法力度,落实平台管理责任,处理了一批违法违规账号。

正如十九大报告所要求的"营造清朗的网络空间",从年初起监管部门就开始重拳整治网络直播乱象。1月至6月,73家直播平台被依法依规关闭;为了遏制渲染演艺明星绯闻隐私、炒作明星炫富享乐、低俗媚俗之风等问题,"风行工作室官微""全明星探""中国第一狗仔卓伟""名侦探赵五儿""长春国贸""娱乐圈揭秘"等一批违规娱乐大V账号在今日头条、腾讯、新浪微博等网站的账号被关闭;搜狐、网易、凤凰、腾讯、百度、今日头条、一点资讯等网站的相关负责人被北京网信办依法约谈,责令立即对自媒体平台存在的八大乱象进行专项清理整治,大批违规账号被封停或禁止发文。《新华社新闻信息报道中的禁用词和慎用词(2016年7月修订)》在公众号广泛传播,这版新增57条内容,包括新闻媒体和网站应当禁用的38个不文明用语等,对新闻报道中的语言规范起到引领和示范作用。

在政策法规方面,6月1日起《中华人民共和国网络安全法》和《互联网新闻信息服务管理规定》开始施行。前者明确规定网络运营者应当加强对其用户发布的信息的管理，发现法律、行政法规禁止发布或者传输的信息的，应当立即停止传输该信息，采取消除等处置措施，防止信息扩散，保存有关记录，并向有关主管部门报告。9月，北京市网信办依据该法就新浪微博对其用户发布传播"淫秽色情信息、宣扬民族仇恨信息及相关评论信息"未尽到管理义务以及百度贴吧对其用户发布传播"淫秽色情信息、暴力恐怖信息帖文及相关评论信息"未尽到管理义务的违法行为，分别做出行政处罚。

《互联网新闻信息服务管理规定》明确了互联网新闻信息服务的许可、运行、监督检查、法律责任等，并将各类新媒体纳入管理范畴。在此期间，国家网信办连续就论坛社区、跟帖评论、群组、公众账号等发布管理规定，厘定了各类服务提供者的主体责任，明确了国家和地方网信部门的监管权限。另外，6月30日，中国网络视听节目服务协会发布了《网络视听节目内容审核通则》，该通则对网络视听节目内容提出了明确的审核标准。

第三，新媒体技术造成的新的传媒伦理问题备受重视。算法机制、机器人写稿、大数据挖掘、虚拟现实（VR）等技术因素正在改变新闻的生产、传播等诸多环节，它们同时也给传播伦理带来新的挑战。有学者分析了自动化新闻对传媒业的影响，提出媒体首先需要更好地了解受众对算法透明性的要求，以及如何将公开的信息用于公众利益。其次，需要找到披露信息的最好方式，不影响用户体验，特别是那些对这些信息不感兴趣的人。[①]在对动态新闻推送的智能算法的研究中，研究者通过2016年美国大选期间Facebook假新闻事件的分析，发现Facebook通过协同过滤机制，选择性地决定民众看到的资讯内容，形成了过滤泡现象和回音室效应。由于人工智能算法缺乏把关，助推假新闻的泛滥，造成"意见自由市场"的混乱。[②]VR新闻同样面临新闻伦理的拷问，包括感官受到强烈刺激导致受众的非理性情绪蔓延，使得社会过于媒介化；VR的强大效果存在扭曲受众认知和行为的风险；VR在创建另一个世界的同时，这些内容也无意间营造出受众与现实社会的隔离感、冷漠

---

① 许向东、郭萌萌：《智媒时代的新闻生产：自动化新闻的实践与思考》，《国际新闻界》2017年第5期。
② 韩鸿、彭璟：《论智媒时代社交媒体的社会责任——对2016美国大选中Facebook假新闻事件的反思》，《新闻界》2017年第5期。

感和孤独感。①

　　社交媒体中的传播伦理问题也颇受关注，如对"隐私悖论"的相关研究认为，"隐私悖论"现象普遍存在于用户对社交网站的使用之中；自我披露带来的实际益处是造成这一悖论的主因；对这一悖论的应对更多地需要网络用户自觉主动的隐私保护行为。"隐私悖论"现象说明，在网络时代，"个人信息不得非法公开"的被动隐私含义难以成立，信息公开与否已经不能成为判断隐私的标准。②另外，在对社交媒体中的自发式"记者联盟"进行蹲点式观察中，研究者发现以职业和阶层共同体为根基的"记者联盟"虽然提高了新闻生产效率，但却存在伦理风险：如群体中的民粹主义倾向、对"新闻真实"的冲击和对组织伦理的背叛等。③

　　第四，后真相、假新闻问题成为国际国内讨论热点。2016年底"后真相"（post-truth）入选牛津字典年度词。这一年来它与"特朗普"搭配，更是成为新闻传播学研究中的"热词"。所谓"后真相"并不是一切都是假的，而是"横看成岭侧成峰"，看待事物的不同角度产生了不同"事实"。当真相被悬置，事实的重要性就被态度和情感所代替。往往真相还在路上，各种评论、情感营销就汹涌而来。再加上互联网时代的技术特征，多少让那些期待在事实迷雾中拨云见日的人们，产生了更加浓重的无力感，成为李普曼所描述的幻影公众，"每个人作为一个普通人，他无法切实了解正在发生什么、谁做出了这个举动，或者他将被带往何方"。④

　　硬币的另一面是，后真相、假新闻的盛行使得事实核查（fact-checking）迎来历史性时刻。时至今日，事实核查新闻已不再限于媒体自审，而是逐渐扩展为依托互联网等数字技术由多元主体参与的对政治家和公众人物言论的评估报道；借助传统媒体与社交媒体的全平台发布或引用，事实核查新闻可以很快引发受众关注、增加发布平台流量使用户感觉更有政治参与感并刺激

---

① 朱瑞娟：《连接与隔离：虚拟现实新闻叙事的伦理风险》，《新闻界》2017年第4期。
② 李兵、展江：《英语学界社交媒体"隐私悖论"研究》，《新闻与传播研究》2017年第4期。
③ 彭华新：《社交媒体中的自发式"记者联盟"：身份、环境、伦理》，《国际新闻界》2017年第7期。
④ 《后真相时代：当公众重归幻影》，FT中文网，2016年12月28日。https://www.ftchinese.com/story/001070754?page=1。

生成新一轮的新闻参与。①不过在后真相语境中，事实查验存在失灵的危险，展现了从认知简化到情感主导的过程。因为事实性信息会被已经形成了清晰立场的个人以充满偏见的方式进行再加工。正是这种倾向，在人们进行事实准确与否的判断时，带来了由个人立场引发的系统偏差。②

二、2017年传媒伦理典型案例

2017年，传媒伦理实践领域舆情热点频发，既与传统报道模式的不适应有关，也与新生代媒体人对职业规范的忽视有密切联系。本研究梳理了十项（类）相关案例，其中老问题居多，它们之所以在新传播环境下形成讨论的热点，一方面与年轻记者对职业边界的判断不够清晰有关，不能恰当区分作为媒体人公共行为（言论）与个人（行为）言论的界限，以至于他们自以为无伤大雅的玩笑、自拍引发公众情绪的反弹；另一方面，传统媒体时代形成的价值观在新媒体环境下被挑战、被改变，曾经垄断、封闭的新闻生产成为"透明厨房"，也面临新的调整和审视。

通过对相关典型案例的分析发现，2017年的传播伦理事件虽较往年密集，但多数事件很快会得到回应，有解释、有说明、有道歉，因此舆情也很快平息。不过，需要重视的除了采取雷霆手段解决处理之外，更重要的是如何形成长效机制，探索形成规范化、常态化的传播伦理规范认同与自律。

1.报道差错与责任意识
【事件】

四川《内江晚报》1月10日刊登的题为《盖新被穿新衣31户困难居民温暖过冬》的新闻报道引发热议，因为在这篇报道中，出现"哑巴开口说话"的内容。这篇报道在介绍赵全贵接受社区入户走访赠予棉被时写道："'这

---

① 周炜乐、方师师：《从新闻核查到核查新闻——事实核查的美国传统及在欧洲的嬗变》，《新闻记者》2017年第4期。
② 周睿鸣、刘于思：《客观事实已经无效了吗？——"后真相"语境下事实查验的发展、效果与未来》，《新闻记者》2017年第1期。

被子好暖和，晚上盖着一定很舒服！'日前，市中区三八街46号居民赵全贵从社区网格员手中接过被子后满意地说。"据了解，今年62岁的赵全贵是一名哑巴，一直未成家，生活比较困难。面对稿件有误还是新闻造假的质疑，中共内江市委宣传部官方微博1月18日发表"致歉声明"，表示由于记者、编辑责任心缺失，把关不严，导致出现"哑巴说话"细节失实，在读者中造成了不良影响。据澎湃新闻报道，当事媒体解释说，在接受记者采访时，赵全贵的话是他用笔在纸上写的。

2月17日，上海著名越剧表演艺术家范瑞娟逝世的噩耗传出，新浪娱乐转发了上海《新闻晨报》官方微博报道内容，但配图时却错将越剧老艺术家徐玉兰的照片当作范瑞娟。对此《新闻晨报》发文澄清，该报官微所配图片无误，是新浪娱乐转载时自行更换了配图出错。同一事件的报道中，上海电视台《新闻坊》栏目也误用了徐玉兰的一张照片。事后，新浪娱乐和《新闻坊》都在其官方微博上对两位艺术家及其家属致歉。

除了这些事实性错误，一些媒体的文字差错也引发较多关注。比如，7月17日《商洛日报》头版头条标题《抓改革释放红利抓开放拓展空间商洛：以改革开放助推追赶超载》，将"追赶超越"错写为"追赶超载"。6月21日，新华社微信公众号发布了三位编辑署名的短讯《刚刚，沙特王储被废了》。这条消息因编辑在评论区与用户卖萌互动而走红，但很快就被指出存在文字差错，消息中的"废除"应为"废黜"。①新华社微信编辑发现错误后，很快在原新闻下留言："谢谢朋友们指点，压力山大啊。虽然有三个编辑，'废黜'还是弄成了'废除'。我们正在深刻反省。也有朋友问：'为什么一条稿子要写三个编辑，不是人浮于事吗？'其实，我们平时总共就四个编辑，今天三个在值班，每天要发六七组稿件，每组稿件从选稿到编校都要恪守流程、费尽心思。"

---

① 《新华社啊，别光卖萌，三个编辑都没看出这个错吗？》，微信公众号"张丰读书"。

【点评】

传媒业中有两句行话,一句叫"无错不成报",另一句叫"差错无小事"。两句话貌似对立的含义,表达了内容编校的高难度,以及差错后果的放大效应。在这种矛盾式的张力中,编辑工作兢兢业业、战战兢兢。

针对新华社三个小编没看出一个错字的问题,曾经是报纸编辑的张丰感慨:老编辑死了!在同名文章中,张丰写道:

老编辑是属于报纸、杂志和书籍的,也就是属于传统媒体的。印到纸上的东西,可以收回、烧毁,但总会流传,所以老编辑总是格外小心。

属于老编辑的,是一整套流程。我讽刺新华社小编的文章,只花了5分钟时间,但是,报纸要印刷一篇文章,却需要好几个流程。记者的采访、核实、写稿,领导的审稿、返工,到了编辑手里,又是审稿、核实。

老编辑是一种折磨。很多编辑做梦,都会梦到自己所做的版面,哇,有个错误,这下惨了。醒来后,怅然若失。

老编辑也是一种精神。最近连冯小刚都在提工匠精神,其实在我心中,编辑是最有工匠精神的团体。这不是因为编辑更伟大,而是这个职业性质决定的,总是要琢磨,总是精益求精,为了想一个标题,要抽上三支烟。

这是一种职业病。编辑很难像记者或作者那样,为原创性所激动。他为另一种工作所激动:文字是否干净,逻辑是否有瑕疵,节奏是否畅快。①

但是,随着传统媒体的衰落,一批批优秀的记者编辑离职,留下的,也因为影响力式微,缺少了以前的激情和责任感。与此同时,新的传播环境下,新闻业的价值体系正在面临重塑。一方面新媒体发稿量太大,没有时间和精力对每篇文章字句推敲;另一方面,流量才是最重要的,而不是对某篇文章的字斟句酌。事实也是如此,新华社沙特王储被废案例中,10万+的流量以及与网友的欢乐互动带来的价值,远远超过了出现差错所造成的负面影响。

也许,未来的报道中我们会看到更多差错,直到见怪不怪。但那时候,

---

① 《老编辑死了》,微信公众号"张丰读书"。

也许我们会偶尔怀念起当年传统媒体树立的严谨、规范、负责的传统。

2.体育解说员不当言论
【事件】

3月22日，即2018FIFA俄罗斯世界杯亚洲最终预选赛的"中韩大战"前夜，央视在直播韩国队踩场训练时，足球解说员刘嘉远半开玩笑地说："在长沙的球迷应该去韩国队的酒店放放鞭炮，今天晚上就当过年了，一晚上鞭炮别闲着，让他们睡不着。没有炮就把家里的锣啊锅啊都拿着，跑到酒店敲一敲。你们把时间分配好，别一窝蜂地一个点去，一点去一拨，让他们先睡一会，三点做梦呢再去一拨，五点再去一拨，早上再来个广场舞。"此言一出即引发争议。

3月23日，刘嘉远在其实名认证微博（@我是嘉远）中对此作了回应："纯粹电视直播节目外的新媒体端网友互动闲聊，被某些同行演绎成了电视直播煽动并造势，年轻想不到啊，很多圈里好友劝诫今后莫开玩笑，人心难测。更有些严肃的朋友着急了一晚上，生怕韩国队睡不好。天亮了，能想通缘由的朋友自然会对大战前的氛围会心一笑。"

10月14日，腾讯NBA直播勇士VS国王的季前赛，腾讯解说嘉宾马重阳在对球员麦基的天赋进行赞扬时，却开始对麦基母亲的私生活进行"八卦"。对话如下：

主解说：麦基的天赋是真好啊！

马重阳：到现在还不知道是谁的基因。

主解说：应该是他母亲，因为他母亲是打WNBA（美国女子职业篮球赛）的。

马重阳：不是，现在不知道他爸爸的基因啊，他妈妈是打过WNBA的，然后呢，他妈又跟很多NBA球星关系匪浅。

主解说：匪浅？

马重阳：对，就是有一年啊，记得当时是个扣篮大赛，扣篮大赛座上五位评委全是个顶个的扣篮高手、NBA传奇明星，当时麦基的妈妈从台上款款走来，向他们是目送秋波、频频点头，就一看他们之间那种关系，哎哟，真是！因为到现在麦基的基因还不知道，（他爸爸）肯定是一个了不得的人物……

当天下午，新浪微博@贾维尔麦基中文网McGee要求马重阳为自己不负责任的言论澄清和道歉。知名体育博主@王小愚儿在微博上怒斥：就想问你一句，你自己没有母亲吗？10月15日，麦基通过新浪微博回应：This ain't cool!（这一点也不酷）

10月16日凌晨，腾讯体育发表声明向球迷道歉："在昨天的比赛中，某客座赛事解说员在直播中出现的不当言论与腾讯体育所倡导的价值观完全不符。在此，我们对球迷们表示最诚挚的歉意，并且已经结束了与该客座赛事解说员的合作关系。"

【点评】

对于刘嘉远的表态，有网友评论道："哥哥，你是在央视，不是在德云社……你不仅代表你自己，更不仅仅代表央视，而是代表咱们中国媒体从业人员的素质。"的确，这两位解说员的问题都在于：没有弄清楚个人身份与职业身份、个人言论和公共言论的边界。

在直播镜头面前，解说员所代表是其所在媒体的形象；所发表的言论是面向全体公众的。因此，有些行为、有些言论，在个人私下情况里可能问题不大，但是在工作中，就极不妥当，甚至违背职业道德，造成恶劣的社会影响。比如，在媒体中，就不能煽动狭隘的民族主义、不能侵犯他人隐私，更不能无端猜测造谣生事。

刘嘉远将让网友去韩国队入住酒店外放鞭炮解释为"新媒体端网友互动闲聊"，言外之意似乎因为是与网友互动就可以降低对其行为的职业规范要求。但实际上传媒业规范和禁忌并不因为传播载体的变化而变得无关紧要，甚至由于新媒体广泛扩散的便利性，而变得更加重要。

这两个案例都发生在体育赛事直播中。由于体育本身具有游戏性质，解说员为了营造轻松幽默的氛围，彰显个性以吸引受众，有时讲话会比较随意，甚至开一些玩笑。但体育新闻人不仅要有激情还要有理智，要对自己的身份角色有清醒的认识，对体育精神和人文关怀有一份敬畏和警醒。

3.《刺死辱母者》报道及引发的舆情
【事件】

3月23日《南方周末》发布题为《刺死辱母者》的调查报道，讲述了22岁男子于欢在反抗讨债者侵犯中刺死"辱母者"杜志浩而被一审判处无期徒刑的过程，该案发生于2016年4月14日，因暴力催债引发。

文中报道的杀人过程中，辱母行为和警察的离开成为两个关键因素。"杜志浩脱下裤子，用极端手段污辱苏银霞——当着苏银霞儿子于欢的面。"在报警后，"民警进入接待室后说'要账可以，但是不能动手打人'，随即离开。被告人欲离开但被阻止，摸出了一把刀……"①对于事件背景，一方面介绍了双方的债务关系："女企业家苏银霞曾向地产公司老板吴学占借款135万元，月息10%。在支付本息184万和一套价值70万的房产后，仍无法还清欠款。"另一方面点出吴学占系黑恶势力团伙首犯，随后被摧毁，而被害人杜志浩"曾因一起交通肇事案被冠县东古城镇人所熟知"。

于欢已对判决提起上诉。

《南方周末》的报道发出后，经过自媒体和机构媒体的转发，一时成为社会热点，激起了网友的"朴素正义感"。感性、偏激的言论如"如果保护母亲有错，我愿意一错再错""法律不顾人心，人心何不守法""为何法律对待弱者总是如此苛刻"，理性声音则讨论对于于欢的量刑是否过当，警察是否存在失职渎职，以及实体经济困境和民间借贷的合法性等问题。

《刺死辱母者》以平实的叙述将于欢案推到公众视野中，"对此案议题设置功能功不可没"，②但文章在一些引发舆情的关键细节上存在误导。如报道称杜志浩"用极端手段侮辱苏银霞"，极端手段是什么却并未交代，这一模糊用词引发生殖器猜想并在网上流传。澎湃新闻通过梳理判决书和相关

---

① 王瑞锋、李倩：《刺死辱母者》，《南方周末》2017年9月6日，http://www.infzm.com/content/128108。
② 魏永征：《群体智慧还是群体极化——于欢案中的舆论变化及引导》，《新闻记者》2017年第11期。

证人进一步还原了案情：催债人确有褪下裤子的侮辱行为，但并没有"生殖器蹭脸"情节。报道还明确民警离开接待室4分钟后回来，而凶案就在此时发生。①山东高院的二审判决书也支持了澎湃的说法，并明确指出处警民警离开房间是"到院内寻找报警人，并给值班民警徐某打电话通报警情"。②另外，于欢母亲苏银霞也并非仅涉一起高利贷借款，据虎嗅网报道，苏银霞还有另一个身份："山东聊城地区中小企业互保套贷利益链条的活跃一员。"③2017年5月聊城市公安机关破获苏银霞、于家乐涉嫌非法吸收公众存款案，涉案金额2000余万元。④虽然于欢母亲的这些情况与本案无直接关系，但与舆情相关，"有利于人们更加冷静考虑此案涉及的社会问题，并非单纯'杀死辱母者'这样简单的伦理问题"⑤。

【点评】

调查报道被视为新闻业追求事实真相、推动社会进步的标杆。但近年来，在技术、政治、市场等多重压力下，高质量的调查报道越来越成为稀缺品。在这一背景下《南方周末》的《刺死辱母者》一文将辱母和刺死这一伦理和法律矛盾呈现在人们面前，基本事实清晰，且选题具有延展性，引发人们的关注和讨论。最终山东高院二审宣判，于欢犯故意伤害罪，改判为有期徒刑五年。

虽然在操作层面，"辱母者"一文还存在一些可提升的空间，如在触发舆情的关键细节上言词模糊、背景的遗漏和片面性等，这些都或多或少对公众产生了误导。但一个无奈的现实是这种报道方式恰恰反映了新媒体环境下新闻生产的两个特性：一方面，速度已经超过了对完美的追求；另一方面，

---

① 澎湃新闻：《山东"刺死侮母者"案证人讲述民警处警细节：开着执法记录仪》，转引自魏永征：《群体智慧还是群体极化——于欢案中的舆论变化及引导》，《新闻记者》2017年第11期。
② 《于欢故意伤害案二审刑事附带民事判决书》，中国裁判文书网，2017年6月23日，http://wenshu.court.gov.cn/content/content?DocID=604fe188-e24e-4a03-a825-a79b00dc7821&KeyWord=%E4%BA%8E%E6%6%AC%A2。
③ 《母亲苏银霞早已踏上不可逆的深渊》，虎嗅网，2017年3月27日，https://www.huxiu.com/article/187443.html。
④ 《聊城公安破获于欢母亲涉嫌非法吸收公众存款案》，财新网，http://china.caixin.com/2017-05-26/101095383.html。
⑤ 魏永征：《群体智慧还是群体极化——于欢案中的舆论变化及引导》，《新闻记者》2017年第11期。

各传播主体间具有纠错和信息净化功能。《南方周末》的文章刊发后，网友、法律专业人士、司法机关和专业媒体的信息相互印证、补充，①从而一步步逼近真相。

另外，于欢案的相关报道是对一审判决的评论和质疑，与通常我们反对的对尚未审理的案件进行定性定罪的评论即所谓"媒介审判"是不同的。按照普通法国家和地区（如我国香港）的制度，案件一审判决至上诉前允许媒体评论，这是报纸各显神通的好机会。《南方周末》记者是听了被告人律师反映后进入调查的，那也并未违背正常的专业规范。

在网络环境下，舆论监督必须同舆论引导配合进行。本案说明，专业的新闻媒体仍然起到了重要作用。

4.对医学研究的拔高炒作

【事件】

8月9日，《北京日报》在"新知周刊·科技"版头条刊发了题为"艾滋病疫苗真的来了？"的报道，称根据强生公司7月24日宣布的全球首次HIV疫苗人体临床试验结果，"志愿者对HIV疫苗耐受性良好，并且100%产生了对抗HIV的抗体。单次暴露于艾滋病病毒下感染风险减少了94%"。这一"医学上的重大突破"立即在网络上引发各路媒体转发。澎湃新闻当日也以"强生宣布HIV疫苗临床试验结果：志愿者100%产生抗体"转发了这一消息②，但8月10日，澎湃新闻刊发更正文章《艾滋病疫苗真的已经来了？这是一场媒体的误导和公众的误读》，③文章通过采访有关专家和查阅文献后指出，做出"艾滋病疫苗真的要来了"的判断还为时过早。首先，将疫苗"100%产生抗体"解读为能"有效预防"是不够严谨的，因为只要是疫苗，进入人体就产生抗体，有抗体不等于能预防；其次，"单次暴露于艾滋病病毒下感染风险

---

① 详见魏永征：《群体智慧还是群体极化——于欢案中的舆论变化及引导》，《新闻记者》2017年第11期。尤其重要的媒体后续报道包括澎湃新闻：《山东"刺死侮母者"案证人讲述民警处警细节：开着执法记录仪》、财新周刊：《冠县血案的金融江湖》和虎嗅网：《母亲苏银霞早已踏上不可逆的深渊》。

② http://www.thepaper.cn/newsDetail_forward_1756804.

③ http://www.thepaper.cn/newsDetail_forward_1758154.

减少了94%"的数据不是人体临床试验,是4年前猴子身上的试验结果,在人身上的结果还未知。

2017年另一项轰动的"医学奇迹"同样也是场乌龙。11月17日,英国《每日邮报》、英国《每日电讯报》、美国福克斯新闻网、俄罗斯报等多家外媒报道了"世界首例换头术成功"的消息。例如,《每日邮报》以《世界首例换头术在一具遗体上成功实施》为题,报道称意大利神经学家塞尔焦·卡纳韦罗宣布世界第一例"人类头部移植手术"已经在一具遗体上成功实施。①更令中国媒体和受众兴奋的是,所谓"换头术"地点在中国,由哈尔滨医科大学教授任晓平的医学团队完成。因此,国内媒体迅速跟进,"中国教授完成全球首例人类'换头术'耗时18小时"② "意大利神经外科专家宣布'换头术'新进展手术在遗体上完成持续18小时"③等关于"换头术"的新闻见诸各大媒体。

11月21日,处于舆论焦点的任晓平召开新闻发布会,明确表示,所谓"换头术"是媒体过度解读,"是媒体要的一个新闻效应"。他表示,"换头术、头移植都应该是针对活人的。我们做的是尸体,是按科学步骤完成了第一例人体头移植实验模型"。与此同时,澎湃新闻等媒体也援引相关专家的意见提出质疑,认为"不解决脊髓损伤修复的问题",异体头身重建毫无意义。④

【点评】

科学与新闻似乎总是一对矛盾。在科学领域,经过长期探索才可能取得一点点进步,科学话语也具有严谨、复杂、专业的特点;而新闻面向大众,却要求快速、轰动、简明易懂。因此,科学新闻从进入报纸版面开始,就不得不迫于报业竞争压力,与娱乐新闻、体育新闻甚至社会新闻的谋杀抢劫案争夺版面;用好看的科学故事来吸引读者,其后果之一就是今天的科学新闻

---

① http://www.dailymail.co.uk/sciencetech/article-5092769/World-s-human-head-transplant-carried-out.html.
② http://news.sina.com.cn/c/2017-11-19/doc-ifynwnty5357931.shtml.
③ http://news.cctv.com/2017/11/20/VIDE3ltTNcnEBa8lVTVdJUEp171120.shtml.
④ 《"换头术"的世界难题:脊髓损伤修复不解决,则"毫无意义"》,澎湃新闻,http://www.thepaper.cn/newsDetail_forward_1874249。

"大量聚焦夸大的承诺和耸人听闻的议题"。①今天,一些科研工作者、相关机构出于利益驱动等原因,也可能发布掺了水分的科学信息。比如,澎湃网友揭露,艾滋病疫苗的信息就是强生发的公关稿,先在自媒体流传,后来竟被党媒转发,才引起轰动的。中国科学院邹承鲁院士早在2003年就曾指出科学界存在的道德失范现象,包括"抹煞别人成果,自我吹嘘"。他说,其实科学工作从头开始的情况并不多,多数始于前人的基础,不要动不动就是"国际领先""首次发现""填补国内空白"。此外,科学工作者为商业广告做不符实际的宣传等问题也很突出。②因此,媒体的科学报道应少些哗众取宠,多些严谨务实;少宣传"神话",多采访专业人士。很多时候核实并不是最难的,最难的是媒体是否愿意放弃一键转发即可轻松到手的高流量,借此噱头博眼球。

值得赞赏的是澎湃新闻的表现,尽管他们也转发了艾滋病疫苗的报道,但第二天不但发布更正报道,而且在微信新闻标题就表示道歉《对不起,我们打脸了!关于艾滋病疫苗的误读,今天必须说清》,并且在报道最后提出:尊重科学,永怀敬畏!这才是新闻与科学和谐相处的最佳办法。

5.记者站权力寻租问题
【事件】

10月29日,财新网刊发《特稿|一个省报记者站站长的亿元传奇》,报道了《甘肃日报》武威记者站站长马顺龙贪腐案。据报道,马顺龙驻武威记者站达33年之久,2012年到达退休年龄还继续以《甘肃日报》驻武威记者的名义发稿,直到2017年4月被甘肃省纪委带走接受调查。马顺龙被查出资产近亿元,其家中搜出现金1800多万元。有关部门确认马顺龙的主要问题有三:第一,插手武威的人事安排;第二,长期违规开办个人实体公司,其经济活动得到了武威地方主要领导的纵容,其回报就是操纵舆情;第三,大搞有偿新

---

① 陆晔、周睿鸣:《面向公众的科学传播:新技术时代的理念与实践原则》,《新闻记者》2015年第5期。
② 《科学界的七种不道德行为》,《21世纪经济报道》,2003年6月25日。

闻。目前,马顺龙案已由甘肃省纪委移交甘肃省检察院。①据财新记者调查,马顺龙在当地能长期驻站,与记者站生存状况和党报营收模式分不开。20世纪90年代中期,《甘肃日报》即已开始刊登软文,地方政府出面的形象软文大多是专刊整版。所谓软文,即以地方政府或企业的形象宣传的面目刊登在媒体上的文章,它是广告的变种,常常以"地方之窗"等名目现身。这类文章,往往都需要地方政府或部门给媒体支付几万、十几万的"赞助费",业内俗称软文。②"马顺龙一直是软文和广告生产大户,他利用报社的资源为自己谋私利。他肯定也会给报社上交一些,所以报社才会容忍他这么多年。"③

【点评】

财新网的报道指出,在上级要求下,《甘肃日报》等党媒去年已经全部停止刊登软文。但是,由此案暴露的一些媒体利用记者站进行权力寻租的问题,却不容忽视。记者站是报社从事采访、通联等采编业务的派出机构,它不具备法人资格,也就是说不具备经营的权利。但现实情况却恰恰相反,有一些报刊社的记者站成了其"发行站""广告中转站",甚至记者站人员为了经济利益触犯法律锒铛入狱的事近些年也频频发生。④在记者站承担了为媒体营利的任务后,采编分离原则即被打破,使得一些记者站成为媒体或从业者个人权力寻租的重要土壤。这种权力寻租,多发生在对行政系统依附程度较高的媒体中。而媒体组织与行政体系的同构是重要因素。⑤党报与行政系统的关系较紧密,在下级政府部门眼中相对有着更高的权威性和社会认同,更易于将行政权力所赋予的社会资本转换为经济资本。马顺龙正是"娴熟"地运用自己《甘肃日报》记者站站长这一社会资本,不断为报社创收的同

---

① 王和岩:《特稿|一个省报记者站站长的亿元传奇》,财新网2017年10月29日,http://china.caixin.com/2017-10-27/101162247.html。
② 王和岩:《特稿|一个省报记者站站长的亿元传奇》,财新网2017年10月29日,http://china.caixin.com/2017-10-27/101162247.html。
③ 王和岩:《特稿|一个省报记者站站长的亿元传奇》,财新网2017年10月29日,http://china.caixin.com/2017-10-27/101162247.html。
④ 卓宏勇:《为何禁止记者站从事经营活动》,《中国新闻出版报》,2017年8月24日。
⑤ 张志安、陆晔:《记者"权力寻租"中的社会资本转换及其伦理边界》,《国际新闻界》2008年第10期。

时，更使得自己成为"亿万传奇"。为了进一步规范记者站管理，2016年11月12日出台的《新闻单位驻地方机构管理办法（试行）》明确规定，新闻单位应当确保驻地方机构正常开展工作所需经费，不得向驻地方机构及其人员下达经营创收指标、摊派经营任务、收取管理费等。驻地方机构及其人员不得从事广告、出版物发行、开办经营实体等与新闻采编业务无关的活动。

6.江歌案中机构媒体与自媒体的舆论生态
【事件】

2016年11月3日，青岛女留学生江歌在日本租住的公寓门前被杀害。凶手是室友刘鑫的前男友陈世峰，凶案发生前，刘鑫先江歌一步进门，而江歌在门口被杀害。此案于2017年12月11日在日本开庭。2017年11月，这一发生在异国的刑事案件随着遇害者江歌妈妈和涉事人刘鑫的出镜，再次进入人们视野，并逐步演变为一场针对涉事人刘鑫的网络暴力。

11月10日，知名记者、评论员王志安担任制片人和主持的新京报视频人物专访栏目"局面"开始以#东京女留学生遇害案#为题，三天内推送了25条对江歌母亲及刘鑫的专访短视频。王志安在题为《多余的话》的博文中解释制作这期节目的初衷是"努力聚焦一场悲剧后次生伤害形成的过程，探究这背后的成因"。剪辑节目的原则是"避免节目的播出，给本就有着极大不信任的双方，制造额外的伤害"。但现实却"事与愿违"。我们以"江歌"为关键词在"新榜"中进行趋势查询，统计结果显示从2017年11月10日起，有关"江歌案"的话题开始发酵，而当天贡献了此话题第一个十万+的文章来自腾讯旗下的微信公众号"新闻哥"，标题为"为闺蜜挡刀而死的江歌，你妈妈终于当面问了那个人：还有良心吗？"。自此，口诛笔伐刘鑫的数百篇十万+文章相继诞生，如微信公众号"HUGO"的《刘鑫，江歌带血的馄饨，好不好吃？》（11月11日），"咪蒙"的《刘鑫江歌案：法律可以制裁凶手，但谁来制裁人性？》（11月12日），"十点读书会"的《刘鑫，带血的馄饨好吃吗？江歌遇害376天》（11月13日），"国馆"的《江歌遇害案：煽动三十万人联名杀人，江歌妈妈的残忍，才是人间最后的温情》（11月14

日)……在关键事实尚未厘清的情况下,网上轰轰烈烈地掀起了一场对刘鑫的道德审判。

12月20日,日本东京地方法院以故意杀人罪和恐吓罪判处陈世峰有期徒刑20年。

【点评】

出自传统媒体人之手的"局面",秉承了新闻报道的平衡、客观、中立原则,不仅有江歌妈妈的控诉,还有当事另一方刘鑫的充分回应、解释。但当这些信息出现在网上时,舆论并未如预期往更客观的方向发展,而是被某些自媒体渲染的道德批判所鼓动,成为一场对刘鑫不勇敢的集体道德谴责。有分析指出,这些账号(自媒体公众号)背后都是精明人。他们知道,骂刘鑫是一件流量巨大又无比安全和正确的事情(事实确实如此:凡是对这些账号提出质疑的,大多会在评论区被愤怒的民众批评)。网民的感情被一些精明人转化成了注意力经济中的一环。在有些文章中,这种转化是以牺牲事实、鼓吹暴力为代价的,说是人血馒头并不为过。①值得注意的是,"蹭热点",罔顾事实煽动网络情绪以获取高流量,已经成为很多自媒体惯常的操作手法。前述"辱母案"中,众多自媒体评论引用据说是马雅可夫斯基的一句"名言":"当社会把你逼到走投无路的时候,不要忘了,你身后还有一条路,那就是犯罪,这并不可耻。"经查证,马雅可夫斯基并没说过这句"名言"。②而自媒体剥离各种限定条件,将其作为立论依据,只能起到扩大网络暴力的效果。

相较而言,在事实未清楚的前提下,传统媒体的评论可圈可点,大多理性且具有反思精神,如《新京报》的《江歌案:杀气腾腾的咪蒙制造了网络暴力的新高潮》、澎湃新闻的《被围观的刘鑫和江母,被遗忘的陈世峰》、《南方都市报》的《江歌之死:舆论介入宜保持冷静与克制》、《中国新闻周刊》的《当"江歌遇害案"变成"江歌刘鑫案"》,但它们并未能扭转舆

---

① 《从骂"刘鑫"到自媒体的"人血馒头"》,微信公众号"维基百科",2017年11月16日。
② 李天飞:《自媒体,你可以表达正义感,但麻烦你讲点职业道德》,微信公众号"李天飞",2017年3月28日。

论。正如学者方可成所言，传统精英媒体不再牢牢掌握议程的设置和把关权，这一方面让参与和表达变得更加民主，另一方面也让民意、注意力成为被利用、被"变现"的资源，让公共讨论面临着更多的威胁。① 不过，也有不同意见认为，"局面"等媒体对"江歌案"的集中报道非常不妥。此案发生在日本，按照国际准则，由案发所在国审判，属于他国主权范围，中国媒体不应干预。而按照国际司法基本原则，在庭审以前，媒体不宜对案情多加披露和评论，以免造成不正常的舆论氛围，影响司法公正。媒体可以按照审理程序报道案件进程，但不应超越司法调查程序擅自"挖掘"案情细节，否则将有违无罪推定原则和影响证据效力。即使有的报道没有过多涉及被告人陈世峰，但刘鑫是主要受访者之一，她是"江歌案"唯一的在场证人，她有关案情的陈述应该诉诸法庭，在开审以前她不说话合法合理。反之，媒体在庭审前集中追逐她并安排她与被害人母亲对话，使得事件焦点错置，也可能影响案件舆论，不利于庭审。

7.女主播车祸现场微笑自拍
【事件】

11月15日上午，安徽阜阳"滁新高速"突发连环重大交通事故，累计造成18人死亡，75辆车受损。澎湃新闻援引现场网友拍摄的视频显示，事故现场惨烈，车辆燃起大火，并冒起滚滚浓烟；有小轿车夹在两辆货车中间，被完全挤变形；两辆大型客车被烧得只剩车架。

然而，就在这样的车祸现场，安徽阜阳颍上交通音乐广播女主播凌某某在受损车辆前，微笑并比V型手势拍照。凌某某的自拍照片在网络流传后，引发网友批评，认为无论这位女主播是完成报道"庆功"还是与现场粉丝合影都不合时宜，缺乏对生命最基本的尊重。11月16日，@颍上交通音乐广播发布处理决定，表示因凌某某在交通事故现场"行为举止不当，在社会上造成了严重不良影响"，对凌某某予以解聘，频道负责人停职检查，并向公众表

---

① 方可成：《江歌案中的媒体表现："促进沟通，彰显理性"的初衷为何失落？》，微信公众号"新闻实验室"，2017年11月14日。

达歉意。

【点评】

女主播在车祸现场秀"自拍"看似是件小事,但它背后反映的问题是记者在进入灾害现场时应秉持什么样的标准,按照什么样的行为准则行动。

人有殇,不歌于侧。在灾难事故现场,任何一种欢喜都是不恰当的,即便不表现为悲伤,也应举止肃穆,体现对生命起码的尊重。美国德特新闻与伤害研究中心(Dart Center for Journalism & Trauma)是一个旨在提高关于创伤、冲突和悲剧事件的新闻报道的全球性网络,它在《灾难与新闻工作者——更具影响力的报道指南》中要求记者采访灾难事件时,"永远怀着尊严和尊敬对待受害者——正如你想被别人对待的方式一样"。[①]秀自拍已经成为社交媒体时代年轻人的生存方式。新闻记者由于职业的原因,有更多机会接近重大新闻事件现场,但是记者不是路人、不是观众,报道事实、探查真相才是记者的使命,因此,不仅是灾难场合秀自拍不合适,即便采访"两会"、明星等,也不宜自拍炫耀。

8.齐鲁晚报记者公器私用

【事件】

12月5日,@齐鲁晚报今日聊城官方微博发布题为《医疗技术被质疑,护士猛踹老太太》的报道,并附带视频,称12月4日聊城市人民医院儿科一位年轻护士上演"全武行",因不满患者家属对其医技的质疑,对家属进行打骂。监控视频显示,她还脚踹患者家属中一位年过七旬的老太太。《齐鲁晚报》旗下新闻客户端"齐鲁壹点"也以相同口径对这起医疗纠纷进行了更详细的文字报道。[②]这一新闻发布后即引发关注,但不少网友对视频内容提出质疑,认为有明显拼接痕迹。12月6日,聊城市人民医院宣传科的赵科长接受《北京青年报》采访时表示,该报道严重失实。患儿父亲是《齐鲁晚报》地

---

① 转引自陈昌凤:《灾难报道请恪守"最小伤害"原则》,《青年记者》2008年第6期。
② 《聊城市医院:医疗技术被质疑,护士猛踹老太太!》,网易新闻,2017年12月5日,http://news.163.com/17/1205/11/D4SUVHHI00018AOP.html。网易新闻转载了"齐鲁一点网"的报道,原网页内容已无法打开。

方版《今日聊城》的副主编张跃峰。事后，该患儿家属仍继续在病房闹，还称："我们家是记者，你等着瞧，把人叫来有你好受的。"4日上午事件发生后，医院已经组织该护士和护士长向患儿家属道歉，但是张跃峰仍要求开除涉事的护士。院方未答应其要求，5号就出现了这个报道。①12月6日晚，《齐鲁晚报》发声明表示，相关报道没有做到全面客观公正，当事人张跃峰作为新闻从业人员，存在违反新闻纪律、有悖职业操守的问题，经研究对其解聘，对其主管领导予以降级。

【点评】

公器私用，歪曲事实，误导舆论。这位前媒体人的行为让整个媒体行业为之蒙羞。

在发生医患冲突后，患者家属声称"我们家是记者，你等着瞧"。看来，她很清楚媒体权力之重。但是，她恐怕不了解的是：媒体的权力从何而来。如果说媒体通过报道新闻反映并引导舆论是一种权力的话，其来源于为公众的服务，来源于由此获得的公众的信任。因此，《中国新闻工作者职业道德准则》（2009年修订版）指出：（媒体）不得"利用新闻报道发泄私愤"。在处理涉及本媒体（记者）的矛盾、纠纷等冲突问题时，应秉持回避原则，无论是否被冤枉，都不应利用本媒体喊冤叫屈。②另外，在如今的社交媒体时代，人人都有麦克风，一家地方媒体的副主编还不足以垄断真相。因此，尽管《今日聊城》的片面报道先入为主，但很快网上就有了披露真相的网友留言、涉事护士的说明、当事医院的声明等。结果，事件迅速反转，最终丢了工作的是那位以笔为刀的记者。

9.媒体发布极限高空挑战者坠楼视频

【事件】

11月3日，极限高空挑战者吴永宁在一次攀爬中不幸高空坠亡。12月10

---

① 《护士猛踹患者家属？家属为记者发布不实报道已被解聘》，北京青年报 - 北青网，2017年12月7日，http://news.ynet.com/2017/12/07/738790t70.html。

② 《媒体人新闻业务守则释义》，中国政法大学出版社2015年版，第180页。

日，《北京青年报》在其官方微博以《#高空挑战第一人失手坠亡#视频曝光》为题发布了死者坠亡前的最后影像，这段视频记录了吴永宁生命最后的攀爬情景，也包括他的坠落瞬间。

视频发布后，吴永宁女友就在微博上表示，媒体利用吴家人的善良拿到视频，未经同意发出来，要求撤下视频。

很快，《北京青年报》撤下这段视频，并于12月11日在"北青深一度"微信公众号发表对吴永宁家属的致歉信，讲述了视频取得的经过和发布缘由。"北青报"表示，记者在吴永宁家中经其父母同意查阅了吴永宁的手机，并在其中看到了他生命最后的影像。"随后，吴永宁的父亲陪同记者一起对视频进行翻拍，过程中，吴永宁父亲一直在记者身边，未提出反对意见。""北青报"表示，发布这段视频的目的首先是说明真相，因为此前网上已有流传吴永宁坠楼瞬间的短视频，真假难辨，部分为谣传。其次，发布这段视频，是希望提醒极限运动爱好者做好保护措施，远离危险。①

【点评】

毋庸置疑，媒体应该报道这起坠楼事件，这一悲剧可以提醒更多极限运动爱好者充分认识其中的风险，但报道方式却是值得商榷的。正如魏永征所言，不以图像展示尸体等死亡场面，是国际传媒界的通行准则。美国联邦法院曾经多次驳回媒体和记者、作家们根据《信息自由法》要求政府部门提供涉及死者的资料的要求，其中包括肯尼迪总统遇刺的相片、意外爆炸的《挑战者号》黑盒子录音带（录有遇难航天员最后的声音）、克林顿总统办公室法律顾问吞枪自杀的照片，等等，理由都是维护死者的尊严和家属的隐私权益。②不过，在中外摄影界不乏涉及尸体的照片获奖的案例，如2010年夺中国新闻摄影金镜头大奖的《挟尸要价》，③法新社2017年度图片中也有沉船事故发生后海滩上的难民尸体照片，以及伊拉克摩苏尔一具尸体被挂在电线杆上

---

① 《致歉吴永宁家属 | 愿每个人心中不再有痛》，微信公众号"深一度"，2017年12月11日。
② 更多案例参见《魏永征：咏宁坠落视频警示，媒体不应以图像展示死亡》，微信公众号"新闻记者"，2017年12月12日。
③ 陈力丹曾撰文批评此事，见《"挟尸要价"的公开发表和评奖有悖新闻职业道德》，《新闻记者》2010年第10期。

的照片等，这正反映了伦理规范在具体操作中是有弹性的。就是说，有些伦理准则，即使是多数人公认，也可以有例外。具体的伦理标准，人们也可以有不同理解，有时出于特定的利益考量，也可能有所超越。法新社《编辑标准与最优操作手册》中对图片的使用要求是："我们发布图像和视频时必须谨慎。编辑必须考虑下列问题：图像或视频是否会帮助读者理解故事，还是仅仅迎合了病态趣味。它是否在主流媒体可接受的范围内？它是否过于血腥（有残肢断臂、肢解的尸体、行刑处决、死亡的瞬间等画面）？它是否会导致受众或受害者家庭的痛苦？它是否伤害了相关人士的尊严？如果一张照片或一条视频因过于逼真而可能导致某种不适，但基于公众利益仍可发布，应在发表时附带警示。最终的发表决定权在于总编辑。"①法新社评出那些张年度作品时，不会忘记它自己的规定，但是也许权衡各方面的情况，认为肯定这些图片的价值还是有其必要。

中国网络视听节目服务协会发布的《网络视听节目内容审核通则》中，也明确禁止出现"展现过度的惊悚恐怖、生理痛苦、歇斯底里，造成强烈感官、精神刺激并可致人身心不适的画面、台词、音乐及音效等"内容和情节。正如人民日报微博评论《管管"带血的直播"》所批评的，爱玩高空极限挑战的吴永宁坠亡，令人唏嘘和反思。是什么，让这个年轻人以性命为赌注去冒险？蛊惑其冒险的打赏者，推波助澜的直播平台，或许都难辞其咎。此外，极限冒险表演，还具有危险的模仿效应。靠猎奇"聚拢"流量，无节制消费用户，这种带血的直播真该管管了。②

简短的结语

十九大报告指出：推进诚信建设，强化社会责任意识、规则意识、奉献意识。这既是对社会道德文明的总要求，也是职业伦理建设的关键点。对于传媒伦理建设而言，同样需要强化这些方面的意识。另外，由于新闻业的

---

① 《法新社编辑标准与最优操作手册》，《新闻记者》2016年第6期。
② 《人民微评：管管"带血的直播"》，微博账号@人民日报，2017年12月12日。

结构性调整，传媒伦理自身也需要重新审视。有学者将之形象地归结为两大块，其一是老司机遇到了新问题：旧的地图还灵不灵？旧的交规还用不用？在没有交通信号的路段又该如何行驶？其二是原本只通公交车的道路，冒出无数私家车，而开车的是一没驾照二没经验三不懂交规的"吃瓜"群众。① 前者涉及的是传统媒体的伦理规范在数字化传播中的适用，后者则是媒介伦理的社会化问题。这是我们当下讨论媒介伦理时两个绕不开的核心议题。

针对2017年传媒伦理领域的理论探讨和实践热议，我们认为，首先，挖掘事实、探求真相，是新闻媒体的第一准则，也是人们对媒体最基本的伦理期待；其次，真实、公正、准确等传统媒体时代的伦理基本准则在数字化环境下并未过时，甚至因为生产环境的透明、讨论场域的开放，而受到更大关注；最后，随着媒介融合的加速，职业边界的模糊，专业媒体、机构和公众之间更多时候是互相监督、共同协作的关系，共同生产了我们对整个世界的想象，因此有必要共享价值准则。而在新传播环境中，专业媒体在较高层面对这套价值准则的承诺和践行，提供了框架和标杆，这对于"新手"和整个传播环境尤为重要。

（本文执笔：王侠，《新闻记者》杂志编辑。感谢上海市新闻工作者协会、上海市新闻学会、上海市新闻道德委员会对本课题的指导。感谢《新闻记者》杂志顾问魏永征、吕怡然、贾亦凡，上海社科院新闻研究所副研究员白红义，《新闻记者》杂志主编刘鹏等的指导。）

---

① 彭增军：《传统与挑战——网络时代的媒介伦理》，《新闻记者》2017年第3期。

2017年中国数据新闻年度观察

戴玉

2017年,是数据新闻的新闻化和精品化都有所推进的一年,媒体的"数据产品"渐热,数据新闻独立团队陆续成立。数据新闻的发展条件比较苛刻,受到深度报道环境、融媒体可视化发展进程、媒体营收状况、政策环境、数据行业环境、技术发展情况等多方面影响。具体来说,2017年的中国数据新闻有了如下变化。

一、弱化数据类长条图,让"数据+"渗入常规报道

中国媒体行业对数据新闻的认识和理解有个逐渐深入的过程。

2014—2016年,在对新闻的管理加强的情况下,新闻可视化成为非常热门的话题。尤其是一些面临着转型压力的媒体,将新闻可视化视转型的重要途径。当时,国内涌现出一些有影响力的、新闻内容和可视化皆属上乘的数据新闻"爆款",于是很多媒体人又将"数据新闻"理解成"新闻可视化"的代称。在极盛时期,数据新闻之炙手可热,就好像它可以拯救新闻业似的。数字新闻(digital journalism)和数据新闻(data journalism)的概念也一度混淆。

然而,"数据新闻"终究不等于炫酷的"可视化"。数据新闻可以是融媒体报道,但融媒体报道却不一定是数据新闻,融媒体产品完全可以不需要数据来驱动。到了2016转折年,对数据新闻的热度才逐渐回归理性。虽然"数据新闻"仍然在很多场合被当成"融媒体报道"的代名词,但也有越来越多的媒体人,日渐明白两者的区别。

所以在2017年，一向以可视化拉风的数据新闻，逐渐被更拉风的融媒体可视化产品给"撇开"，在涌现出的一些融媒体佳作中难觅身影。媒体整体的可视化风潮并未停滞，但数据新闻的可视化在2017年出现风潮暂歇。具体来说，这直接体现在一些老牌数据新闻栏目出现内容转向甚至停止更新。

新浪网的《图解天下》栏目，自2017年2月23日后，停止更新了4个月，直到6月30日才恢复，随后又在10月再次停更。网易创始于2012年1月的数据新闻栏目《数读》，主页上已经查不到2015—2016年的任何作品，直到2017年10月15日才恢复更新，但已经弱化了"炫图表，弱文字"的思路。过往复杂但新颖的图表设计被选题性突出的图文报道所取代，图表并不复杂但够实用，与文字报道融合。《每日经济新闻》创办的《图数馆》栏目在数据可视化设计方面一直可圈可点，但也在2017年9月停止了相关更新。

风靡一时的数据新闻长条图，好像已经慢慢在收缩阵地。这类"收缩的"数据新闻都有两个共同点，一是都以平面为主，甚至曾有过很高的长条图设计水平，二是可视化要强于内容。其实，与其说数据可视化在弱化，不如说数据新闻越来越务实，从"美化"转向"简化"，新闻性、话题性和深度都相对提高，也越来越趋近于常规图文报道。但显而易见的是，一些门户网站不那么热衷"数据新闻"这个概念了，出产频率也在明显下降。这也许跟门户网站在原创新闻方面遇到的困境也有关系。

不过，凤凰网在2016年做的美国大选的票数实时直播H5，点击量非常可观，是比较有代表性的动态数据报道案例。对于门户网站来说，"数据"与"非数据"的区分不再明显，而是越来越以选题驱动。

实际上，数据新闻热潮有一个传导的过程，从门户网站传导到传统媒体，从北上广传导到其他城市，从业界传导到学界。近两年数据新闻的概念普及已经基本完成，多家媒体都派设专门的人员或部门进行数据新闻尝试。中国的数据新闻逐渐步入"普遍落地"+"专业团队构建"的阶段。

中国媒体开设的数据新闻相关栏目

媒体	栏目名称	开设时间（或首篇发布时间）
搜狐	数字之道	2011.5
网易	数读	2012.1
*新浪	图解天下	2012.6
南方都市报	数读-南都有数	2012.6
*腾讯	数据控	2012.12
腾讯	新闻百科	2013.2
人民网	图解新闻	2013.5
新京报	图个明白	2013.8
财新	数字说	2013.9
新华网	数据新闻	2014.6
*凤凰网	图说新闻	2014.6
界面	数据	2014.11
*光明网	读图解意	2015.1
DT财经	NEXT情报局、地铁一公里	2015
澎湃	美数课	2015.9
第一财经	数据	2016.3
上海观察	图数图说	2016.3
*每经网-每日经济新闻	图数馆	2016.4

*近半年未更新。
截至2018年5月9日

相对于门户网站"尝新—停滞—回归"的变化，传统媒体对数据新闻的态度则比较微妙。在实际操作层面，2017年"数据新闻"与"新闻可视化"的概念虽然逐渐剥离，但部门职能上有时候并没有完全分立。相比于媒体——尤其是传统媒体——对于融媒体综合报道之迫切，纯粹由数据驱动的

数据新闻其实显得小众和次要了些。一些数据新闻部门或从业人员可能同时需要承担融媒体可视化工作，而非专心于数据。

另外，传统媒体又比门户网站更重视数据新闻在内容的深度和独家上的助力，尤其是在传统媒体试图增强自己的原创内容优势之际。

笔者在2016媒体融合发展论坛"数据新闻与可视化"高端对话上发言时，也提出过"数据新闻+"的模式：每家媒体都需要找到能为自己长期提供数据支持的人。如今，越来越多的融媒体报道甚至常规图文报道中出现数据，数据新闻和普通采访、非数据类的视觉内容等也越来越多地结合到一起。数据新闻将逐渐"成为标配"。

受益于数据库和技术的成熟，数据新闻在突发新闻方面也按下了"更快"按钮。2017年8月8日四川九寨沟发生7.0级地震之后，中国地震台网的机器人仅用25秒就写作并发布了地震快讯，包括震中简介、震中天气、热力人口、地震参数图和地形图等。

二、推进内容深度与可视化水平，打造融合产品

除了常规报道之外，数据新闻深度报道的发展也十分耐人寻味。

从本质上说，真正好的数据新闻并不是摆出一堆数据让人不愿意去读，而是"让你感觉不到它是数据新闻"的综合报道。数据新闻是新闻中的"奢侈品"，数据新闻团队是一个工种多、战线长、投入大、培养成本高的群体。这样一个团队，只有做深度报道才能真正发挥价值，提高"性价比"。顶尖的数据新闻也一定是深度报道，一般都会跟数据库相结合。数据库和数据新闻也应是一家媒体的长期规划和攻坚产品。

但问题来了：在当前形势下，传统媒体是否能够走向深度报道？

笔者对此曾经并不感到乐观，并在2016年判断数据新闻在2017年会走向浅层化，浅层化比深度更可行。经过2017年，这个判断并没有问题，因为确实有越来越多的媒体在配备、应用或者购买数据新闻。然而这个判断并不完全，因为很多面临转型压力的传统媒体仍旧在往、或者试图往深度走。这

种压力不仅来自无数自媒体在浅层新闻上的优势以及机器人写稿在技术上的"碾压",更来自新闻业自我提升和传播业全面分工所带来的无可逆转的规律。所以对一些数据新闻从业者来说,可能面临着"参与可视化"与"推进内容策划"的双重使命。

从实际产出来看,2017年数据新闻的综合性更强,融媒体产品化趋势明显。腾讯新闻谷雨实验室和数据工场联合推出的《图解学区房——北京学区的高地丘陵和平原》、上观新闻数据新闻中心的《上海"签约信任度"最高的家庭医生,是怎样炼成的?》都是将数据和调查深入结合的融媒体产品。

【案例:腾讯 谷雨实验室 & 数据工场《图解学区房——北京学区的高地丘陵和平原》】①

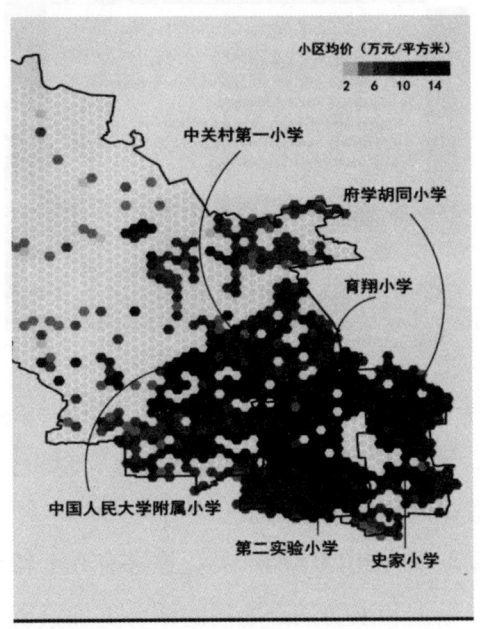

如果再把重点小学的位置标记出来……你能看出什么规律吗?

---

① 出自 http://news.qq.com/zt2017/xqfstory/data.htm。

【案例：上观新闻 数据新闻中心《上海"签约信任度"最高的家庭医生，是怎样炼成的？》】①

后者通过大数据锁定了上海市中心城区在"签约社区就诊率"指标上排名第一的家庭医生，通过对其的跟踪采访进行人物报道，同时结合实地调查的结果挖掘了影响数据表现的多重因素。

总的来说，数据新闻在2017年的产品化推进有几个特点：

第一个特点是，数据和采访调查之间的结合更加紧密了。

中国的数据新闻一直很难突破的是，数据和采访调查之间难以深入结合。由于新闻选题操作时间有限，或者团队缺乏有数据理解能力又有采访能力的记者等原因，数据新闻中的数据分析经常会跟实地采访"脱节"：数据

---

① 出自 http://familydoctor.herdsric.com/familydoctor/f/index.html。

分析对采访的影响并不大，采访对象和采访地点的选择、采访的提问内容、采访需要解决的问题都跟数据分析结果没有直接关系——因为经常性地，数据分析和采访两条线是由不同的人在同时段完成，两条线的相互交流和相互影响不大，或者有的数据报道只有数据分析，没有辅助以采访内容。

笔者认为，从普通记者到数据新闻记者至少有6个从易到难的阶段：

1.0阶段的时候，写简讯和微博，了解各类动态更新的数据讯息，目的是收集和理解指标含义、了解不同数据的来源及其价值、学会描绘和转述数据中的新闻点，等等。2.0阶段，配合不同条线的报道去找数据、配图表，了解各类已有的"沉淀下来的"数据，理解不同领域新闻的报道思路和数据在其中的作用，也可以从数据中发现一些跟报道角度结合的新闻点。3.0阶段，通过数据（主要是编码、抓取、采访所获得的独家数据）支撑起一整篇有足够新闻点的文章，哪怕是对人"零采访"也能通过数据发现别人看不到的真相，主要是积累数据源方面的独家资源，锻炼数据获取能力以及数据推理的逻辑性。4.0阶段，数据和电话采访结合了起来，询问各方对数据的看法和解读，会发现不同人对数据及其反映的现实的理解是不一样的。5.0阶段，外接专业的数据分析团队或者跟可视化团队一起进行融媒体产品的生产，在旧的个人记者基础上，对接技术团队和可视化团队。

而《上海"签约信任度"最高的家庭医生，是怎样炼成的？》这一产品，则是将数据采访和分析、实地调查、融媒体可视化全流程结合起来的6.0阶段。除了数据资料、人的言论以外，加入了记者亲眼所见，记者亲历数据渗透到现实中的过程，甚至由此从现实去反观数据的形成和真正意义。

第二个特点是，内容更"软"、更"新闻"，更加重视读者感受和用户体验。

过往的数据新闻大致有两种，一种是论文式，列出图表、数据或者分析结果，展示从数据中挖掘出的内容；另一种是功能式，通过一些交互设置去展示数据，比如利用小游戏，让用户匹配到不同的数据结果。2017年的数据新闻开始更有故事线和感情线，从数据到人、从人到故事、从故事到融媒体综合表现形式，也更加考虑读者（用户）感受。无论是一些数据新闻从极美回归务实,还是从数据走向故事,这些变化都在帮助数据新闻变得更"像"新闻,更贴近受众或用户。

第三个特点是,数据新闻进入一个跨度更长、所需协调关系更多的新阶段。比如腾讯的《图解学区房——北京学区的高地丘陵和平原》这一产品,就是发布平台和独立的内容团队合作的产品。

这种流程整合从某种程度上反映了技术含量,因为很多时候作品质量并非单个人的能力问题,而是这个项目组能否整合不同工种或者跨部门、跨机构的人进来。如果一个数据新闻作品只有数据分析和可视化,而没有对人的采访,那么就算把可视化做得再炫酷,还是3.0版本,进入不到4.0。

第四个特点是,虽然长条图的风潮暂歇,但总的可视化水平在深化。

2017年的数据新闻可视化,已经慢慢从平面领域的全面铺开,转向融媒体领域的高水平突破。一个不约而同的趋势是可视化在往3D方向走,无论是建筑建模还是立体地球,都沿着3D方向在深化。

【案例:上观新闻 数据新闻中心《浦江45公里岸线百年魅力》】①

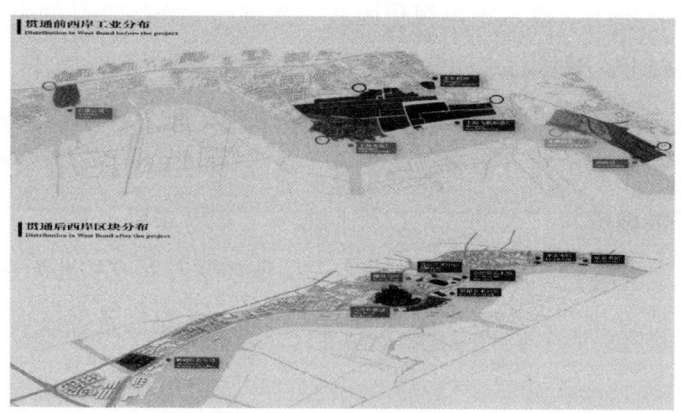

---

① 出自 http://web.shobserver.com/thirdParty/westbund/index.html?ver=2.0。

【案例：财新 数据可视化实验室《移民去远方》】①

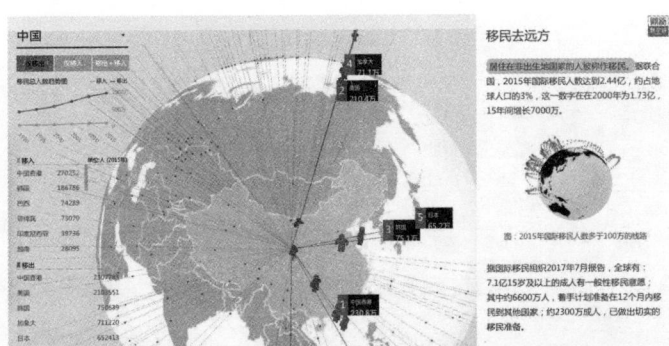

2017年也有一些视频类数据新闻报道在尝试。但总体来说，好的视频类数据新闻的成本非常高，需要考虑的流程和工序也更多，目前国内类似的产品也比较少。

【案例：腾讯新闻 事实派《从政府工作报告，看十年楼市调控》】②

---

① 出自 http://datanews.caixin.com/mobile/yimin/。
② 出自 http://news.qq.com/cross/20170307/U99D82HH.html。

【案例：新华社《无人机航拍：换个姿势看报告》】

哪怕是日常报道，也有可能在文字中穿插着图表、gif、卫星遥感地图、交互地图、交互密度图、大数据视频等多种形式的内容，有着一些产品的元素。

【案例：界面《北京停车位争夺战：3辆车抢1个车位 缺口达371万个》】[1]

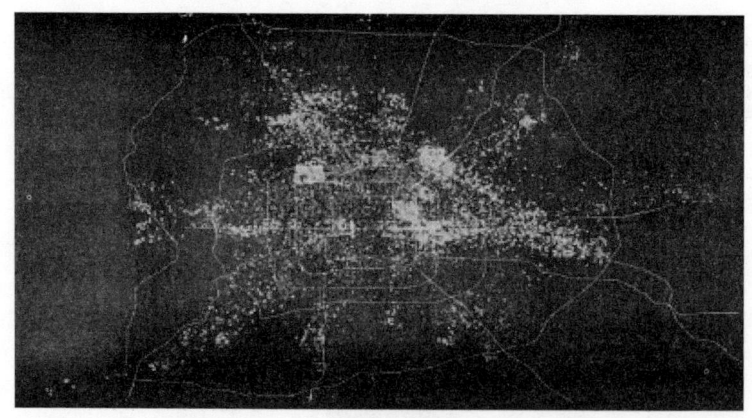

不过总体而言，2017年，一个高精尖的完全融合型的数据新闻产品还是

---

[1] 出自 http://www.jiemian.com/article/1494114.html?_t=t。

未见，起码并没有达到国外一些好的融媒体新闻作品的综合水平。

三、数据环境遇冷，但媒体的"数据产品"渐热

笔者曾按照正常发展逻辑在2016年判断，数据新闻"跨媒体、跨行业、跨国界的协作平台有望产生"，然而，这个发展在2017年却停滞了。

从全球来看，"巴拿马文件"事件，是2016年全球影响最深刻的数据新闻之一，它的背后有来自多个国家媒体的首次跨国协作。数据新闻本身自带比较多的协作属性，第一，数据本身反映的就是大范围的统计结果或全样本情况，单一媒体、单个人、单个国家可能难以全面解读，也难以承担数据报道带来的一些风险。第二，数据新闻需要的工种非常多，业务合作需求很强。第三，团队成本很高，仅由单一媒体来负担会比较辛苦。

国内的数据新闻，也一度接受了比较多的"跨界支持"甚至替代。2016年的时候，还有一些拥有数据的互联网公司在承担部分数据报道的工作，它们将自己的数据以新闻的形式"报道"出去，数据、写稿、制图、推广一应俱全。一些公司本身就吸纳了很多转型的记者，所以做出来的内容越发不像公关宣传稿，而更像"纯新闻"。

这些公司行为主要是因为，当时数据概念非常热门，但一些公司并不知道到底如何用数据创造经济价值，所以通过宣传自己的数据来试探大家的反应；比起企业惯常提供的企业宣传内容，数据结果更客观、更易受到媒体关注；再者，当时的数据开放环境比较宽松，大家并未足够重视数据隐私的保护。

所以，有些数据分析师就承担了部分数据记者的职责。一些写出了"数据新闻爆款"的数据分析师对于数据新闻操作流程、受众特点甚至数据新闻伦理等方面的思考，甚至都可能超过媒体里的数据记者。

但是，这种跨行业的支持在2017年似乎更难见到了。从国际上看，2017年前后，不仅没有出现和"巴拿马文件"事件类似的影响较大的跨国协作报道，反而是大数据使用方面的安全隐患被频频曝出，尤其是Facebook等公司

的数据使用政策遭到质疑。而国内,支付宝2018年初推出的"年度个人账单"所暴露出的数据隐私问题,一度引起轩然大波。

数据开放程度的收紧,加大了数据新闻获取数据的难度,可以发现,风靡过一阵的"大数据新闻"概念在悄然减弱。那么,对数据的利用,是否也随之冷却了呢?恰恰相反。经过早期的摸索期,越来越多的公司开始利用数据推出自己的数据服务、报告或产品,所以与媒体免费合作的积极性也有所降低。

不断出现的数据产品,也吸引了媒体的目光。一些媒体对数据的利用和探索也慢慢从数据新闻领域拓展开去,媒体的数据产品已超越新闻,数据新闻越来越被视为"前台产品"。

这种变化有深刻的背景作支撑。第一,一些媒体的经营状况不如从前。数据新闻的团队比较昂贵,在2016年能明显感觉到一些数据新闻团队面临的压力。而数据产品的前景比较好。第二,中国的数据新闻团队本身一直没有摸索出成熟的支持模式,尤其是早期,主要专注于提高新闻能力。第三,一些媒体在转型中,试图走向智库型媒体的道路,这跟数据的功用相契合。第四,数据新闻发展到一定程度,慢慢地就会进阶到数据库、指数等更上游的产品。

数据新闻要继续深化,数据库和指数都几乎是必然的发展方向,这跟一些媒体希望报道内容深化的努力也比较一致。比如《南方都市报》做得相对早的"南都有数"数据新闻ID,在2016年下半年就停止了更新,转而变成"南都指数",走向了数据新闻的指数化和报告化,推出了一系列排行榜、指数和报告等。

就在2018年2月8日,南都大数据研究院揭牌,其将有三大功能:一是生产基础产品,包括新闻数据库和行业数据两个领域;二是提供公共支撑,包括技术支持、数据分析、传播等;三是统筹数据产品,对报社的数据项目进行发掘、培育、遴选、布局,对有潜力的进行孵化推广。

从某种程度来说,指数和数据库可以解决数据新闻所谓"性价比"的问题。它们的前期投入很大,但后期可以持续产出,总体来说适合数据新闻的深化，解决成本问题。

不同的媒体会有不同的项目和应用数据的方式。比如DT财经的"地铁一公里"项目，同样也产出了《深圳地铁活跃报告》，做成了交互形式。

【案例：DT财经《重新认识地铁上的深圳》】①

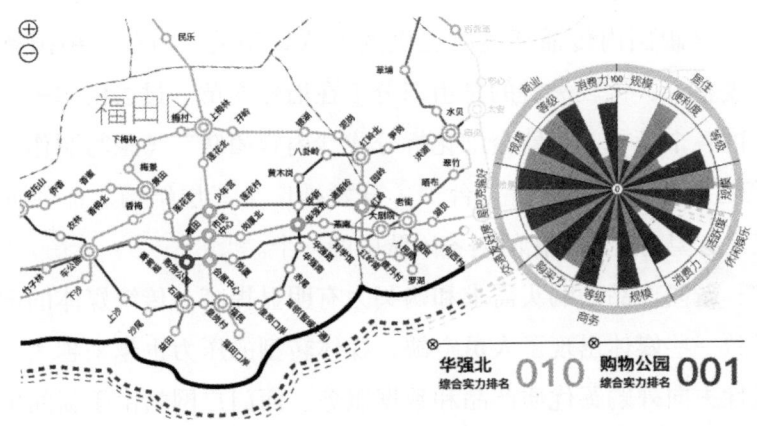

总的来看，数据新闻团队在经济方面的压力在2017—2018年间可能得到一定缓解，主要体现在招人方面已经更加积极。这或许跟下面要介绍的，数据新闻团队组织方式的变化也有关系。

四、数据新闻团队开始独立运营，年轻的新媒体人才加入

笔者在2014年的时候曾判断，媒体会向外购买成熟的数据新闻，但之前推进得并不顺利。因为当时的传统媒体、门户网站都有自己的内容制作人员，即便有约稿的习惯，但微薄的按文字计量的稿费也很难跟数据新闻工作量相匹配。而且当时某些传统媒体担心外稿会抢占本单位记者的工作，他们宁可要求自己的记者来转型做数据新闻，也不向外购买，即便自己的记者对

① 出自 http://metrocity.dtcj.com/shenzhen#/。

数据新闻不太感兴趣。

但之后的几年，情况发生了很大变化，数据新闻仍旧慢慢走向了独立内容团队的道路。2017年，就有两支跟数据新闻相关的团队分别从高校和媒体走出来，成立了公司。未来，数据新闻内容生产团队可能会向各个媒体提供"数据+"服务或者相关新闻产品，类似于通讯社模式。

那么，变化由何而始？

首先，这跟国内传播环境所提供的大背景相关。目前，中国整个传播体系在深度整合，比较关键的是组织分工在悄然变革。过去由"一家媒体全部搞定"的各个环节，可能会细化拆分成"内容团队"（采写制作）、"媒体"（策划把关）、"传播平台"（分发推广）三层结构。而数据新闻团队，仅仅是有望高度专业化的内容团队中的一个。

其次，新闻产品的购买需求和购买力有明显提高。传统媒体的记者剧烈变动，导致一些媒体出现了人员空缺，媒体转型的压力也越来越大，有了更大的可能性去向外购买优质产品和数据服务。而门户网站由于新闻生产资质的问题，向媒体购买新闻产品的意愿也大大加强。

最后，数据新闻的产品化程度加深的结果。数据新闻产品的复杂性不断加大，非融媒体记者已经很难独立做出产品。而各媒体原本分散、独立的数据记者为了进一步自我提高，也在呼唤搭建更完整的团队。

数据新闻人才的流动也是一个风向标。数据新闻行业一直在跟其他行业"争夺"人才。数据方面的人才本来就很稀缺，薪资很高，数据新闻人哪怕没有转向数据行业，也完全可以转向那些为信息收取更高费用的非新闻行业，比如成为数据报告的撰写人员。

近几年，有不少数据新闻人才已经流失：或开始策划融媒体产品，而非专注数据新闻；或转向数据可视化行业，而并非聚焦新闻业；或流向企业去服务于数据产品或数据可视化产品。但同时，也有许多曾在国外或者国内接受融媒体教育、培训的年轻人，有着很好的融媒体产品理解和生产水平，他们开始充实进数据新闻行业。随着数据新闻团队的集结和供稿机制的灵活，一些年轻数据新闻人的成长将享受更好的平台。

（本文作者戴玉，现为解放日报社数据新闻中心数据新闻主编，曾供职于《南风窗》、人民日报中央厨房。实习生林冬雯对此文亦有贡献。

本文收稿于2018年5月9日，改编自笔者发表在腾讯全媒派上的《数据新闻2017：可视化风潮暂歇，内容更深度、产品更融合》和《数据新闻"遇冷"？戴玉："祛魅"之后，中国数据新闻的理性回归》，内容有增减。）

2017年中国新闻摄影年度观察

杜江　马敏慧

根据CTR媒介智讯的数据，2017年报纸广告降幅32.1%，广告资源量下降26.2%。相关数据显示，自2012年以来报纸广告降幅达77%，印量减少49%，读者数减少44%。报业减版、裁员、合并、停刊频仍，据不完全统计，2018年1月1日有《湘潭晚报》等20家以上的报纸停刊或休刊，云南《春城晚报》等降低出版频率，长江日报、重庆日报等报业集团均将旗下报纸实行采编业务合并。

与都市报"断崖式下滑"不同，部分省级党报在行政支持、财政扶持、政务合作推动下，发行数量"稳中有升"，价格有所提升，广告收入稳步增长，其媒介融合走向深入。以广州三大报为例，广州日报报业经营公司印务分公司减少9.48亿个印张（9.20%），印量下滑29.48%；广东羊城晚报经营公司印务中心减少2.02亿个印张，印量下滑25.90%；南方日报经营公司印务分公司印量仅下滑1.86%，创年度广告收入破4亿元的历史新高，同城不同性质的纸媒由此呈现不同面相。①

本文从观看者、观看方式、观看结果等角度切入，考察摄影记者在转型压力下的调适与反应，新闻摄影组织方式的变化，探寻VR、无人机等新媒介技术的最新动态及与新闻摄影接续的可能性。重点关注新闻摄影的视频转向问题，尤其是浙报集团从媒体深度融合核心战略高度组建了"浙视频"，"建制化、制度化、专业化"地投入新闻视频生产，中国新闻摄影学会通过相关研讨认为其"远远走在全国省级党报的前面，在同行中牢牢地确立起了

---

① 《中国报业协会印刷工作委员会关于2017年度全国报纸印刷量调查统计的报告》，http://www.keyin.cn/news/sczc/201804/25-1110583.shtml。

排头兵的地位",在省级党报下一步的战略抉择尤有参考与示范意义。①

一、融合与创新：重大报道中的新闻摄影

[事件1]
建军90周年阅兵报道

在建军90周年的报道中，解放军报社利用全媒体技术实现新旧融合，以纸质版专栏、专版、特刊结合 "两微一端"、微视频、H5等传播形式，形成全方位和多样化的全媒体报道。纪念建军90周年特刊共12期90版，在视觉设计上，采用连版构想，借鉴画卷概念，突破以往条块式的设计风格，强调整体，以达到"军史画卷"的视觉效果。7月31日推出了首张全媒体AR报纸，把网站视频与头版图片链接起来，实现了报、网、端互动，文、图、视同台。此外，解放军报社网络传播中心还制作推出"强军火炬"快闪H5产品《你收到的是1927年8月1日发来的包裹》。②

新华社在7月30日阅兵当天，派出20多位资深摄影记者，在现场共播发实时动态中文快讯20条、现场图片200张，并在现场运用所有具备直播功能的端口对阅兵盛况进行现场直播。新华社全媒报道平台、新华社音视频部联合推出的"红色追寻第二季·强军之路"大型网络直播，总浏览量突破7200万。此次微视频成为中央媒体颇为青睐的新媒体产品形式，新华社推出《今天，我们这样战斗》《大国强军梦》（浏览总量超过1亿）、《致敬英雄》《士兵，突击！》等30余条微视频，并于阅兵当天推出《阅兵燃点集萃大片 让你肾上腺素爆表》微视频。③

值得一提的还有，人民日报客户端推出H5产品《穿越时光，这是我保家卫国的样子》，浏览次数突破10.4亿，创下迄今为止单个H5产品访问量的最

---

① 肖国强、徐斌：《党报视频化的探索与思考——浙报集团"浙视频"成长记》，未刊资料。
② 杜一娜：《解放军报社：主场作战游刃有余》，《中国新闻出版广电报》，2017年8月1日第5版。
③ 曹智、李宣良：《强在联合作战 胜在融合传播——庆祝建军90周年系列报道的回顾与思考》，《中国记者》2017年第10期，第32—34页。

高纪录。

[事件2]

党的"十九大"报道

在中国共产党第十九次全国代表大会期间,共有3068名中外记者采访十九大,近六成为港澳台及外国记者。

党的十九大召开前夕,新华社全媒体报道平台第一工作室精心打造了"1+4"系列政论微视频("1"即《领航》与"四个自信"4集微视频),实现了政论类报道的形式上的突破。开幕当日,又以360度交互场景H5产品《全息全景!身临其境看报告》,构建了全网首个人民大会堂实景3D模型,以实现全景漫游及全息化视听,当日全网点击量达1.1亿次。人民日报推出首部"闪卡"H5动画《燃爆!史上最牛团队这样创业》呈现中国共产党的"创业史",成为"史上首个30亿级互动产品"。微视频《中国的红色梦想》《为新时代打CALL》以及《你的2050是啥样?新时代动感长卷告诉你》等融媒体产品;中国青年报·中青在线融媒工作室推出的《十九大报告里的我》颇具交互性,用户在手机上上传照片、填写相关信息即可阅读十九大报告与自身相关的内容。[①]

中央及地方各主要报刊、电台、电视台、网站开设各类专栏、专刊,传统报道方式与新媒体传播手段协同发力,运用MV、VR、360度全景、短视频、微视频、微纪录片、动漫、H5数据新闻等迸发融合效应,出现了一大批"现象级"融合传播精品。[②]

此外,新华社推出的国家相册系列微纪录片第69集《苦难与重生》,由人像摄影大师、《国家相册》艺术指导郝远征先生为幸存者拍摄,采用"肖像+全家福"的形式进行展示,寓意"若不是八十年以前那场灾难,可能会有

---

① 徐兆荣:《"共享""获得感"喜迎十九大——从新华社部分迎接十九大报道谈起》,《中国记者》2017年第10期,第19—21页。
② 黄小希、崔静、朱基钗:《见证盛会 记录辉煌——党的十九大新闻宣传报道亮点扫描》,http://www.xinhuanet.com/politics/19cpcnc/2017-10/26/c_1121862637.htm。

几十万张这样温暖的全家福"①，在侵华日军南京大屠杀80周年纪念报道中独树一帜。

二、观看者：摄影记者转型与新闻摄影重新组织化

[观看者1]

吴芳与褚永志：从传统媒体到平台UGC图片生产

以BAT等平台重金支持UGC生产为背景，不少摄影记者得以离开传统媒体，转型为自媒体作者，《合肥晚报》摄影记者、头条号"乙图"创作者吴芳开通头条号2年，发表图集近700篇，所拍照片被浏览了3.6亿次，天文数字般的传播数据令他的照片引起极大关注。曾两次获原"荷赛"奖的《浙江日报》摄影记者褚永志也离开纸媒，开始自媒体之路。做自媒体16个月，其企鹅号"照真达俗"发文阅读量3.2亿，粉丝2.3万。褚永志认为，不管做自媒体还是传统媒体，都是大浪淘沙，一开始门槛很低，随着自媒体的游戏规则越来越完善，内容品质将成为检验摄影师水平的最重要因素。

利用互联网传播与公益平台结合的优势，纪实摄影的价值与功用可以快速体现。从2016年9月起吴芳开始尝试纪实摄影与公益结合，在发布作品时加入第三方网络募捐平台链接或二维码，读者由此可直接捐助照片中的主人公。一年多来帮助了40多个困难家庭募捐到1500万元善款，最快的一次，5分钟内就为一位重病的孩子筹满了50万元医药费，这是传统纸媒无法企及的。②

近两年来，吴芳与褚永志签约的腾讯图片开始运营企鹅号及成立腾讯图片影像力自媒体联盟，图片类企鹅号流量过亿账号目前已经达到30个。腾讯图片《中国人的一天》《活着》等栏目已成为纪实摄影重要生产传播渠道，10月18日，腾讯图片《中国人的一天》栏目（自2010年中秋起刊出，"一天一段人生故事"）联合影像力自媒体联盟，向企鹅号作者发起"中国温度"

---

① http://www.xinhuanet.com/video/2017-12/16/c_129767525.htm。
② 《他拍的照片被浏览3.6亿次，还帮40个困难家庭募捐到1500万元》，头条号：头图会，2018年2月1日，https://mp.weixin.qq.com/s/CgRactbLCdXglJ7b-t-vAw。

图片故事征集,邀请摄影师深入全国12.8万个国家级贫困村,共同见证数千万群众走出贫困。

[观看者2]

极光视觉成立

11月16日在北京财新峰会期间,由财新传媒孵化,视觉中国战略支持;由"顶尖报道摄影师+策展人/编辑"构建的视觉原创机构"极光视觉"宣告成立,创始人为王景春、郭现中、陈杰、吴俊松、郑梓煜。"极光"寓意"极致影像,人性之光",旨在支持一流的原创视觉深度报道与纪实摄影项目,于新的媒介环境下恪守"摄影推动社会进步"的朴素远景。让优秀的摄影师可以心无旁骛地专注于有社会、文化、历史价值的深度报道/纪实摄影项目,拍出一批有积淀、有力量、有厚度、有传播度的作品。"极光视觉"五人创作团队,每年就重大选题分工合作,这些选题基于对当下中国社会问题与历史深层征候的深入探寻,同时更多样化的记录与传播。

创始团队中除陈杰出自新京报外,其余4人均源于南方都市报。据悉,"极光视觉"计划于2018年7月1日在上海迎来首个展览,展现这个中国深度报道摄影团队对于长江三峡、金沙江、怒江、澜沧江这四条江河的深度影像考察。

[观看者3]

"狗仔"的黄昏

在西方,"帕帕拉齐"专指专门追逐明星、曝光名人隐私的记者,港台则俗称其"狗仔队",风行工作室则为2006年11月成立的内地第一支专业狗仔队,目标是 "用镜头和报道去还原明星生活的真相",多年来偷拍并曝光多位明星"恋情"与"出轨"。卓伟(笔名)作为"狗仔队长",主张以明星隐私权应让渡于公众知情权,以此作为偷拍行为的合法性依据,他认为"新闻自由就是没有我不能拍的,没有我不能写的,只要是真实的,没有我不能报的"。其初期盈利模式是将照片和视频作为"实锤"卖给CFP及合作媒体并以张计酬，之后通过运营"两微一端"，并借助视频发展风口而获得融资，成为"国内第一个以狗仔为业、以偷拍为业的规模化公司"。此间，其"爆料"激起网络狂欢，导致聚讼纷纭。①

尽管卓伟及其团队常以新闻专业主义的有关理念来诠释自己的工作方式。事实上，西方新闻界严格规范"公众视野"（Public Vision）下的合法拍摄及"越界"（Transpass）等问题②，加上其工作室并不具备新闻媒体资质及相关采访权，其获取照片属"以营利为目的"，其行为已超出新闻摄影的规范，违背法律有关公民肖像权、形象权、隐私权相关规定。

5月3日，风行工作室即经历辞职风波，全体摄影师以"不希望辛苦完成的工作成果变成某个个体博眼球的工具"而集体辞职。根据6月1日实施的《中华人民共和国网络安全法》规定，涉及渲染演艺明星绯闻隐私低俗媚俗之风等问题的风行工作室官微 @全明星探 @中国第一狗仔卓伟 @名侦探赵五儿 @狗仔大圣 @Live全明星直播等19个账号被关闭。

尽管如此，2018年1月3日，该团队还是以新注册的"娱姬小妖"等账号爆料某明星的"夜宿"出轨风波。一个月后，这些账号也依据国家网信办《微博客信息服务管理规定》被永久关闭，③这支活跃了12年的"狗仔队"暂停"爆料"。

[观看者4]

90后战地摄影师："在缅甸前线，战争离我那么近"

自2016年12月开始，生于1992年刚从大学毕业的赵明，进入缅北战场，断断续续拍摄了近一年的时间。其记录始于对中缅边境云南省临沧市南伞镇的难民小学的拍摄，但出于对战地记者的憧憬，随后进入缅北战区的核心地带拉咱地区（缅甸克钦邦第二特区佤邦），用镜头记录缅甸果敢民主同盟军

---

① 赵涵漠：《狗仔队长》，《人物》2013年3月号。
② 越界（Trqnspass），指摄影记者在摁动相机快门进行拍摄时，他所站的位置不处于公共场所，或者尽管身处公共场所，但使用了不得当的拍摄方法。如未经允许进入私人场所进行拍摄或"隐性拍摄"。
③ 《国家网信办等六部委联合整治炒作明星绯闻隐私和娱乐八卦》，http://www.xinhuanet.com/2018-02/02/c_1122360119.htm。

(MNDAA)、克钦独立军(KIA)阵地、战区医院、难民营及戒毒所等。赵明说,"我不是什么战地记者,我根本没见过真正的战场",其初衷是"想把战争的情况传递出去,让全世界知道这里有一场战争。也许就会有点什么不同呢"。最终发现,"我什么也改变不了,最多只能保证自己活着"。[①]

"成为战地记者"是许多年轻人拿起相机从事新闻摄影的初衷与终极梦想,2010年5月18日,泰国曼谷叮当(Din Daeng)区的红衫军与政府军冲突现场,年轻的南都记者钟锐钧偶遇战地摄影师詹姆斯·纳切威(James Nachtwey),而正是以后者为主角的纪录片《战地摄影师》将其引向新闻摄影之路。2010年到2011年间,正值都市媒体兴盛的年代,像钟锐钧这样年轻的记者得以参加泰国冲突、日本地震、利比亚战争等重大国际新闻采访。[②]

4月30日,在阿富汗首都喀布尔发生一场连环自杀式爆炸案,这场连环爆炸案共造成25人遇害,其中包括法新社摄影记者沙阿·马雷等9名记者,这枚致命炸弹由一名伪装成摄影记者的自杀式袭击者引爆。沙阿·马雷22年的摄影记者生涯,1.8万幅战地摄影,如一位记者在他的葬礼上说道:"今天所有灰飞烟灭的都是有工作的男人和女人,他们是满怀梦想的一代——被自杀式袭击炸成碎片的一代。"[③]

三、传统媒体的视频转向

据《2017年度中国短视频市场研究报告》显示,2017年我国短视频市场规模达到57.3亿元,同比增长183.9%,业内预计2020年短视频市场规模有望突破300亿元。与此同时,国家网信办加强对视频类平台的《信息网络传播视听节目许可证》监管,加大对网络直播和短视频的监督管理,相关平台封禁大量涉未成年人主播账号近5000个,删除相关短视频约30万条。4月10日,今

---

① 张艳东:《90后战地摄影师:在缅甸前线,战争离我那么近》,新京报·拍者,2017年12月1日,https://mp.weixin.qq.com/s/_o2Rw06Nhyb8rsQt0M-NDA。
② 钟锐钧:《别和我谈新闻理想,我是个自私的人》,大众摄影,2017年11月7日,http://www.pop-photo.com.cn/content/popphoto/home/column-news/topic/BDSYS-20171107.html。
③ 杨小宇:《战地摄影记者之死:这是个焦虑的时代》,https://www.sohu.com/a/230454168_611438。

日头条下的内容平台"内涵段子"被国家广电要求永久封禁,随后快手、抖音、西瓜视频等短视频平台被要求严肃整改。由此可见,传统媒体在新闻资讯特质视频方面正面临战略机遇期。

11月16日,因没取得《信息网络传播视听节目许可证》而发展受限的资讯短视频平台梨视频取得战略性突破,在首轮公开融资中获得人民网旗下基金独投1.67亿元融资。由此开启的"中国短视频赋能计划",先后与深圳晶报、江西晨报、重庆日报、陕西华商报社、广东现代快报、山东济南时报、山东商报等达成战略合作协议。截至目前,梨视频组建了全球最大的遍布525个国际主要城市的拍客队伍,梨视频拍客蓄水池300万人("饿了么"旗下300万外卖小哥已整体入驻梨视频拍客平台),其中核心拍客近30000名,内容生产能力每日超过1000条,全网日播放量达5亿次。①4月16日,由腾讯领投,百度等跟投完成了6.17亿元人民币A轮融资,显示出资本市场对新闻资讯特质视频内容的强烈青睐。

此外,由新京报和腾讯新闻合作推出的移动端新闻视频——"我们视频"与2017年1月1日正式上线视频影像部的主打产品"浙视频"最有代表意义。

[我们视频]

"我们视频"是新京报和腾讯新闻合作推出的移动端新闻视频的报道,产品包括直播、短视频和长片,倡导用视频形式覆盖新闻热点和重要现场,设立了包括《世面》《局面》《紧急呼叫》等多个子栏目,从创办至今20个月的时间,累计发布短视频13000多条,直播超过1000场,全网流量超过200亿,全网直播观看人次超过2亿。

"我们视频"从组建之初10人小团队发展到正式员工68人,并计划再招聘82名记者编辑岗位,包括直播出镜拍摄、卧底暗访调查、网络热点拿料、视频编辑制作、新媒体运营等,使团队规模达到150人。2018年4月,更以播

---

① 曹建民:《你让"梨"我回"报"》,http://readmeok.com/2018-3/30_68816.html。

放量9亿,秒拍流量13.7亿,全网流量近23亿,在微博"媒体视频机构"和腾讯视频"自媒体新知榜"居榜首,目前发布能力为日均60条。①

[浙报集团"视频影像部"与"浙视频"]

浙报集团在以浙江日报、浙江在线和浙江新闻客户端(曾三度蝉联SND新媒体设计奖)"三端融合"的进程中,提出了"新闻视频化,视频专业化"的战略口号,由原浙报集团图片中心(获荷赛奖2次、华赛奖8次)与原浙江在线视频新闻部、图片新闻部合并组建为浙江日报、浙江在线全媒体视频影像部。

新成立的视频影像部主任徐斌认为,以浙江日报为例,省级党报视觉部门经历了"Web1.0/摄影(美术)部(20世纪80年代)—Web2.0/图片中心(21世纪)—Web3.0视频影像部(2017年—)"的迭代演化。新成立的视频影像部有60多人,承担新闻照片、专业短视频与直播等原创视频新闻的生产,除为浙江日报、钱江晚报供应新闻图片外,同时运维浙江在线(PC端)和浙江新闻客户端(移动端)的"视频"与"图片"频道,其主打产品为"浙视频",以"简单粗暴、有趣有料"为口号,短视频时长1分钟左右,同期声,大字幕、关键词,简单硬朗快节奏适合手机观看。

能否用新媒体手段为主题报道服务,是检验党报媒体融合成败的关键因素,"十九大"期间,"浙视频"推出专题姊妹片《一句话,让山水美如诗》《一艘船,为中国开天地》成为主题报道的视频爆款。前者以习近平同志"两山"理念为逻辑起点,以视频和国画相印叠化,展示如诗如画的浙江山水,3日内全网总播放量达到1526万;后者以视频与3D油画相结合讲述红船故事,阐述红船精神,一天内全网传播总量达到1390万。

作为一个脱胎于党报的新媒体产品,"浙视频"强调新闻化与现场感,对于突发事件,要接报后10分钟内人马整装出发,在抗击钱塘江流域性大洪水、蓝色钱江大火事件、杭州灯彩街爆燃事件,"浙视频"均做到第一时间

---

① 许佳、邵倩:《单月流量近23亿 "我们视频"又双叒叕霸榜了》,百家号:新京报传媒研究院(xjbcmyj),2018年5月26日。

赶赴现场视频直播，为观众带回了现场权威信息。此外，"浙视频"沿袭党报舆论监督报道的功能，以视频部微信公众号"辣焦视频"，每天推出一条舆论监督报道。

自2017年1月1日的"试水"至2018年3月底，"浙视频"共生产视频新闻5150条，其中全网播放量10W+稿件2070条，20W+稿件1192条，50W+稿件588条，100W+稿件369条，1000W+稿件35条，总播放量17.2亿；共开展移动视频直播442场，总播放量3.2亿，两者相加总播放量为20.4亿。

四、视觉机器：无人机，VR，媒体大脑

[VR虚拟现实]

2017年10月，因为VR市场的发展"慢过预期"，诺基亚公司宣布停产昂贵的VR相机OZO，这也意味着相当一段时间内此类单视场360度视频拍摄技术陷于沉寂，而向高制作的交互体验转化。

HMD方面则进展非凡，部分人员出自诺基亚的芬兰公司Varjo开发一款视场角为100度的VR/XR头显，屏幕像素达7000万，新头显融合该公司专利的人眼分辨率（human-eye resolution）技术和索喜（Socionext）的"Milbeaut®"图像处理技术，被称为"人眼级分辨率"的"仿生学显示屏"，这款头显将会模仿人类视觉的一般工作原理并获得相当体验。

VR作品方面，美国公共电视台（PBS）前线（FRONTLINE）节目组和标志公司（Emblematic Group，由"VR教母"的Nonny de la Peña创办）出品VR新闻作品《监禁之后》（*After Solitary*），该片历时三年拍摄了曾在缅因州监狱长期被单独监禁的犯人肯尼·摩尔（Kenny Moore）的生活，利用最新的摄影测量和三维扫描技术，通过拍摄实际监狱的上千张照片并将其合成全景图像，将观众置身于真实的监狱空间。这部作品拓展了沉浸式报道的界限，同时探索了VR技术对新闻业带来的变革，获得了2017年西南偏南电影节最佳空间VR体验奖、世界VR论坛的最高奖等，并在第八届北京国际电影节VR单元与中国观众见面。

[无人机]

2017年上半年,新华网先后启用24台无人机导航直播车,其全天候、多地形、全媒体无人机新闻直播报道能力基本覆盖全国。无人驾驶航空器驾驶员合格证数量从2014年的214人,增长到2017年的14152人,年均增长率超200%。截至3月22日,无人驾驶航空器实名登记数已增至18万架以上,民用无人驾驶航空器驾驶员合格证总数超2.4万个。①

2017年无人机的"黑飞"扰航事件频发,5月份达到月发19次的峰值,326个航班受到影响(其中101班返航备降),仅5月9日中午一小时内,重庆机场受无人机活动干扰12架次航班备降外场。②在此背景下,中国新闻摄影学会面向各团体会员单位和全体个人会员发起了关于加强无人机新闻摄影行为自律的倡议,以强化无人机新闻摄影的合理运用与规范。次日,新华网无人机培训学院四川分院与联合单位发布类似倡议,抵制"黑飞"。

国家与地方针对无人机安全管理的相关条例也不断出台。如广东省公安厅发布《关于加强无人机等"低慢小"航空器安全管理的通告》(2017年7月1日),国务院、中央军委空中交通管制委员会办公室组织起草《无人驾驶航空器飞行管理暂行条例(征求意见稿)》(2018年1月29日,这是我国出台的首部国家级无人机飞行管理专项法规征求意见稿)。

随着中国民航局等部门实施加强了无人驾驶航空器扰航事件的专项整治工作的实施,目前全国主要机场发生的无人驾驶航空器扰航事件逐月减少,由多发变为偶发。③

["媒体大脑"]

12月26日,新华社在成都举行的第五届中国新兴媒体产业融合上发布中

---

① 《中国 AOPA 举行 2018 年首次新闻发布会》,http://www.aopa.org.cn/news/show-18432.html。
② 《造成 5 月份航班正常率下降的主要因素》,http://www.caacnews.com.cn/special/3616/3622/201706/t20170613_1216446.html。
③ 民航局:无人机实名登记已超 18 万架,未来拟制定适航管理标准体,http://www.cnasfc.org/newsinfo.php?id=1315。

国第一个媒体人工智能平台——"媒体大脑",并发布了首条MGC(机器生产内容)视频新闻《媒体大脑来了!》。MGC新闻,即运用人工智能技术,由机器智能生产的新闻。其生产过程是首先通过摄像头、传感器、无人机等方式获取新的视频、数据信息,然后经由图像识别、视频识别等技术让机器进行内容理解和新闻价值判断。依托于大数据的"媒体大脑"会将新理解的内容与已有数据进行关联,对语义进行检索和重排,以智能生产新闻稿件。当天发布的这条时长2分08秒的视频由"媒体大脑"中的"2410(智能媒体生产平台)"系统制作,计算耗时只有10.3秒。①

"媒体大脑",提供基于云计算、物联网、大数据、人工智能(AI)等技术,聚合2410(智能媒体生产平台)、新闻分发、采蜜(语音转文字)、版权监测、人脸核查、用户画像、智能会话、语音合成八大功能,覆盖报道线索、策划、采访、生产、分发、反馈等全新闻链路。"媒体大脑"由新华网与阿里巴巴合资成立的新华智云科技有限公司自主研发,也是国内第一个媒体AI项目。国内各媒体机构均可在认证后使用"媒体大脑"的各项功能和产品。2018两会期间,"媒体大脑"投入实战,用15秒时间从5亿网页中梳理出两会舆情热词,并生产发布了全球首条关于两会内容的MGC(机器生产内容)视频新闻——《2018两会MGC舆情热点》。②

五、观看结果:荷赛及其他,新闻摄影评选

年过花甲世界新闻摄影大赛(WPP),玩出先公布提名后在颁奖典礼上宣布获奖者的新花样,今年的比赛取消了日常生活类,增设环境类,所谓的"创意纪实摄影"新赛事则未见踪影。如本届荷赛评委会主席Magdalena Herrera所说,年轻摄影师运用多种媒介手段,视频呈现档案,虚拟现实浸入交互,这些都指向我们面临的一个挑战——摄影在与其他媒介共事的同时,

---

① 《新华社发布国内首条MGC视频新闻,媒体大脑来了!》,新华社客户端,2017年12月26日,http://www.xinhuanet.com/2017-12/26/c_1122170364.htm。
② 《新华社"媒体大脑"两会上岗,15秒生产首条两会视频新闻》,http://www.xinhuanet.com/politics/2018lh/2018-03/02/c_1122480318.htm。

如何能保留其地位和独有的力量①。

本届比赛中国摄影师表现持续低迷，仅有山东摄影师李怀峰的《土窑》（Earth Kiln）获得人物类单幅奖三等奖，外国摄影师拍摄的中国题材则有《吃在中国》（当代热点类组照二等奖），数字叙事长片一等奖《山里的留离》，这是外国人所拍摄的留守儿童题材再次在"荷赛"该类别获奖，尽管中国新闻摄影人一度参与此项目的设置，但已随都市报媒体衰落而失去最初的竞争力。自由摄影师王翱（原楚天都市报摄影记者）拍摄的《最远回家路》获第75届POYi新闻图片专题类三等奖，可谓中国新闻摄影人在年度国际赛事中的最好表现。这组稿子首发于腾讯纪实摄影栏目《中国人的一天》，题为《4746公里8次换乘 春运最远回家路》②。

在国内最具影响力的2017人民摄影"金镜头" 新闻摄影作品评选中，设立的四个年度奖项及七大类46个奖项有4个空缺（9%），新华社、中国新闻社两大摄影部及中央、省（市）级党报拿到近60%的奖项，非摄影记者（19%）的获奖比例超过了都市报（17%）媒体，并拿到了分量极重的年度图片专题奖项，由此可见市场化媒体的衰落。此外，突发性重大灾难的照片比例也偏少，对照2018年2月2日国家减灾委办公室公布2017年全国十大自然灾害事件，仅有两例出现在获奖作品中。③

六、图片市场：南方视觉成立

2018年4月17日，由南方报业传媒集团和视觉中国集团共同投资成立的"南方视觉"（全称广东南方视觉文化传媒有限公司）宣布起航，拥有1000

---

① 《荷赛评审主席：摄影如何保留其独立的地位》，中青在线·守候微光，2018年1月29日，http://news.cyol.com/content/2018-01/29/content_16910738.htm。
② 王翱：《中国人的一天：4746公里8次换乘 春运最远回家路》，https://news.qq.com/a/20170123/017385.htm#p=7。
③ 民政部网站，2018年2月2日国家减灾委办公室公布2017年全国十大自然灾害事件。分别是四川茂县"6·24"特大山体滑坡灾害、6月下旬至7月初长江中下游5省暴雨洪涝灾害、6月下旬至7月初西南及广西等地严重洪涝灾害、山西及内蒙古春夏旱灾、7月中旬吉林永吉暴雨洪涝灾害、7月下旬陕西暴雨洪涝灾害、8月8日四川九寨沟7.0级地震、1713号台风"天鸽"、贵州纳雍县"8·28"山体崩塌灾害（17人死亡，18人失联）、10月上旬皖豫鄂陕等地秋汛。

多万张图片的"南方视觉影像库"（测试版）同时宣告上线。"南方视觉"注册资本为1000万人民币。南方日报早在2001年就建立了全国省级党报第一家图片库，积累上千万张图片资源，奠定了"南方视觉"内容基础，而视觉中国则基于云计算、大数据等平台技术的超大型影像库搜索及存储技术予以新公司支持。①

2018年4月25日，视觉中国与百度联合发布《2017中国版权图片行业观察》，称中国广告、媒体、互联网等行业规模的增长将反向助推版权图片市场扩容，以视觉素材市场规模约为全球广告市场规模的2.7%比例预估，2018年版权图片行业市场规模将达207亿。②目前自媒体图片需求满足有两种模式，一种是平台内容扶持模式，另一种是自媒体购图模式。自媒体愈加庞大的粉丝数量带来多元化的变现能力，为版权图片付费奠定了基础。无论是平台还是作者本身，都在向使用版权图片倾斜。而区块链技术与版权图片有天然的结合之处，基于区块链技术生成的原创图片DNA可服务于版权认证、版权追踪和盗版维权。目前，百度图腾区块链原创图片服务平台已正式上线，向原创图片内容生产者和图片机构提供版权登记、品牌曝光、流量引入、版权监控与维权服务。

结语：党报新闻摄影视频化

去年适逢蒋齐生同志百年诞辰，他在延安时期即悉心研读马列主义、毛泽东著作，以唯物主义的深厚积累为他后来创建中国新闻摄影理论夯实了理论基础。

他强调，要树立新闻摄影的主体性原则，要使新闻摄影真正成为新闻战线"一个兵种"，成为报纸、通讯社腾飞的"一翼"。浙报集团"影像视频部"的组建及"浙视频"的问世，对作为传统媒体主流的党报有"重树旗

---

① 《图片平台"南方视觉"上线》，http://www.gd.xinhuanet.com/newscenter/2018-04/17/c_1122697005.htm。

② 《视觉中国与百度图腾联合发布"2017中国版权图片行业观察"》，http://www.visualchina.com/news-detail.php?y=2018&id=1990。

帜，重建兵种，重归一翼"的借鉴与示范作用。

新闻摄影的视频转向是个老话题，摄影记者拍摄视频已有时日，也曾给以"决定性瞬间"为工作目标的摄影记者带来困扰。"影像视频部"与"浙视频"等新型新闻摄影生产机构的重组，并不意味否定新闻摄影的"瞬间形象性"与"图文结合的传播方式"，而是引入活动影像、先进可视化技术以丰富传统新闻摄影的内涵与延伸其产品线。

在传统媒体转型与媒介融合的过程中，视觉化是核心工作，而维持视觉部门的建制、保障新闻摄影（包括新闻视频）的组织化生产是核心目标。唯有如此，才能在新媒介技术与传播环境下保证新闻摄影"现场纪实"的工作方式、延续"关心人类"的价值理念，进而承担新闻摄影队伍的社会责任与历史责任——不能给历史留下空白。

（本文作者分别为中山大学传播与设计学院副教授、高级记者，2014级影像传播专业学生。）

2017年中国新闻评论年度观察

陈 敏　张志安　黄 睿

【摘要】

本文从新闻评论的传播主体、传播内容、传播效果三个方面，通过案例梳理和数据分析，勾勒2017年中国新闻评论（尤其是网络评论）的发展图景。网络评论传播主体方面，可分为三类：专业类、机构类、自媒体类；传播内容方面，本文盘点了过去一年的热点新闻事件，并从议题选择、立场表达、话语特征等维度，对三类传播主体的发布内容及表达风格进行了比较；网络评论传播效果方面，通过对传播主体的活跃程度进行评估，本文发现以央媒为代表的专业类主体具有较强的传播力。未来中国网络新闻评论的发展，需要留意商业化、娱乐化、IP化等趋势。

盘点2017年中国新闻评论的发展，特别是在移动互联网时代影响力日趋增强的网络新闻评论的发展态势，首先需要对网络评论的主体进行划分和类型分析，从之前年度盘点聚焦媒体评论部的框架中跳脱出来，关注更为广阔的网络舆论场，然后结合2017年发生的热点新闻事件，剖析不同评论主体的言论表达特征、活跃程度以及未来发展趋势。

一、网络新闻评论的传播主体

依据传播主体的专业程度、团队规模、发表评论的可持续性、对评论议题的价值判断及立场导向等标准，本文将网络评论传播主体划分为三大类：专业类、机构类、自媒体类。

1. 专业类传播主体

专业类传播主体指那些专业程度较高、有一定的团队规模、持续性就社会公共事务发表评论的主体，以转型后的传统媒体、门户网站为代表。专业类传播主体依托原有媒体的公信力、影响力，以及长期合作的专家、学者资源，关注社会重要议题，服务公共利益，注重评论策划、专题制作，在移动互联网时代的网络评论中起到重要的舆论引导功能。

人民网、光明网、新华网、凤凰网、澎湃新闻网等新闻网站，以及传统媒体机构的微博、微信公众号等，都属于专业类传播主体。专业类网络评论传播主体往往承载着公众两方面的期待，一方面是重大公共事件中"发声"的期待，每逢大事要发声，且能够为公众提供相对稳定的周期性评论产品；另一方面是言论表达的专业性、公共性的期待，体现在评论的深度、温度、专业程度，以及理性、法治、改革的基本立场上，部分自媒体那种煽情、民粹化表达一旦发生在专业类传播主体身上，往往格外遭到公众诟病，不能被接受。总的来说，专业类传播主体的评论生产有相对专业的质量保证，比较完善的运作机制，从审稿到校对层层把关，体现出专业主义的自我期许。

2. 机构类传播主体

机构类传播主体指那些代表党政部门、企事业单位、社会组织等在网络上发言的评论主体，它们大都没有专门从事新闻生产的资质和经历，但依托本机构在现实生活中的官方身份或社会地位，往往甫一出现，就可以获得相当数量的粉丝或用户，在网络舆论场引起关注。机构类传播主体的关注、评论对象往往和自身利益、所在行业密切相关，有一定的行业性、专业性，但有时其言论也会"跨界"，涉及一般的公共事务，其评论表达讲究传播策略，注重与用户直接互动，通过公共表达建构自身形象，以更好地服务于本部门利益。

中青网、中国网等组织机构的网站，以及政务部门、党团社群的微博、微信公众号等，都属于机构类传播主体。2017年，"互联网+政务"和政务信息公开工作继续推进，国务院办公厅多次发文要求各级党政机关做好在政府网站发布政务信息、积极运用移动新媒体发布政务信息，用好管好政务新媒体。据统计，截至2017年12月31日，经过微博平台认证的政务微博达到173569个，较2016年底增加9047个。其中，政务机构官方微博134827个，公务人员微博38742个。此外，截至2017年10月初，中国政府网、最高检、公安部等65000家各级党政机构进驻头条号，平均每周发文7万篇①。

3.自媒体类传播主体

自媒体类传播主体指那些以普通网民为主、以有影响力的大V为代表的评论主体，他们的规模庞大，专业程度总体较低，在网络空间的发言也相对随意，除了小部分知名自媒体外，大多数自媒体类传播主体缺少持续性、周期性言论生产的动力。那些有影响力的自媒体往往以一个或几个有知名度的、谙熟网络传播的人物为核心，形成"小而美"的运营团队，比如冰川思想库、秦朔朋友圈等，在互联网中扮演意见领袖的角色。自媒体类传播主体更关注用户或粉丝的反馈，也更有内容变现的盈利冲动，所以在评论的选题和表达上，都更趋于迎合受众口味。从涉足领域到表达形式，自媒体类传播主体的多元化趋势都很明显，且初步出现IP化的趋势。

（1）阿里发布"大鱼号"，鼓励自媒体内容生产

2017年3月，阿里文娱发布"大鱼号"，将原UC订阅号、优酷自频道账号统一升级为大鱼号，内容创作者只需一点接入"大鱼号"，即可畅享阿里文娱生态的多点分发渠道，获得多产品多平台的流量支持。同时，阿里还升级了"大鱼计划"，提供了20亿元现金进行平台补贴，鼓励自媒体在各个细分垂直领域生产原创文章和短视频作品②。

（2）腾讯投入"企鹅号"，吸引自媒体扎根

2017年11月，腾讯宣布将投入100亿元到企鹅号战略中，打通流量平台，

---

① 张志安、李霭莹：《2017年中国新闻业年度发展报告》，《新闻界》2018年第1期，第4—12页。
② 田香凝、叶铁桥：《独家丨2017年传媒界十大事件》，微信公众号"青年记者"，2018-01-12。

提高分成规模，吸引更多自媒体扎根腾讯内容生态圈。通过IP培育、专项投资等方式打通产业全链条，以实现商业价值最大化。此外，今日头条、百度等平台都有意加大资金投入内容建设，与自媒体内容生产者进行利润分成，以此网罗人才、刺激生产①。

总的来说，自媒体类传播主体发展迅猛。据腾讯旗下企鹅智库发布的《2017微信用户&生态研究报告》，截至2016年12月，新兴公众号平台数量达到1000万个，受内容创业浪潮影响，有大量新公众号创业者涌入，但长尾效应日趋明显，仅1.8%的公众号能构成百万级别的影响力，粉丝数不过万的活跃公众号占比为76.1%。

二、网络新闻评论的传播内容

参考"新榜"依据2017年微信公众号发布的721万篇原创文章标题的词频统计而整理出的每月网络热点，本文将过去一年的热门时政新闻、社会事件（排除了娱乐及体育话题）列举如下②：

1月	特朗普上任，撸起袖子加油干，奥巴马告别演讲，小程序上线
2月	萨德事件，顺丰上市，奥斯卡颁奖，宁泽涛开除，中国诗词大会
3月	辱母事件，两会，取消漫游费，楼市新政，3·15晚会，朴槿惠下台
4月	雄安新区，天舟一号，国产航母，关闭iOS赞赏，世界读书日
5月	AlphaGo，一带一路，比特币，贾跃亭辞任，范雨素，勒索病毒
6月	北大女硕士失踪，"人大低保户"伍继红，娱乐账号被封停，高考
7月	香港回归20周年，章莹颖案，贾跃亭资金困局，租售同权
8月	九寨沟地震，海底捞事件，建军90周年阅兵，李文星之死
9月	程序员苏享茂，金砖国家峰会，iPhone X
10月	江歌案，十九大，拉斯维加斯枪击案，趣店股价暴跌

---

① 田香凝、叶铁桥：《独家 | 2017年传媒界十大事件》，微信公众号"青年记者"，2018年1月12日。
② Newrank：《2017年中国微信500强年报 | 新榜出品》，微信公众号"新榜服务"，2018年1月15日。

续表

11月	携程亲子园，红黄蓝事件，特朗普访华
12月	乌镇互联网大会，余光中去世，C919试飞成功

显然，不同的网络评论传播主体会侧重选择不同的评论议题，进而形成自己的风格特征。本文拟从议题选择、立场表达、话语调适等维度，进一步分析三类传播主体在传播内容和风格上的差异。

1.评论议题的选择

对于评论议题的选择，专业类传播主体更为重视社会生活中的重大议题，能够结合现阶段宣传报道的主要任务、重要思想，发起评论策划，制作评论专题，持续性地发表评论文章，将有价值的评论议题凸显出来，吸引网友关注。2017年的重大评论议题，如党的十九大、建军90周年阅兵、金砖国家峰会、两会、乌镇互联网大会、五四运动96周年纪念、香港回归20周年纪念等事件，各主要媒体都能做到前期策划、专题推送，并动员所掌握的专家学者资源提供专业权威的意见，形成重要的网络评论议题，引发关注和讨论。

机构类传播主体一般来说主要关注与机构利益相关的行业话题，并不肩负重大事件或宣传报道的评论任务，但中央或全国一级的机构类网络评论传播主体，如中青网、中国网、@共青团中央、@公安部打四黑除四害等，往往也会像专业类传播主体一样，主动参与到重大议题的评论中来。随着大量政务微博、微信的扩张发展，形成传播矩阵，显示出机构类传播主体垂直化、精细化、纵深化的发展趋势，当这些传播主体被动员起来，同样可以产生巨大的传播能量。

而自媒体类传播主体的评论议题选择往往更为社会化、大众化，基于用户偏好，受网民影响较大，话题讨论的低门槛、广泛参与性比较突出。在过去的2017年，辱母事件、章莹颖案、江歌案、红黄蓝事件等网络评论议题中，都有自媒体的广泛参与。自媒体类传播主体的自发性、自主性较强，受热点事件影响波动大，其引爆舆论往往具有巨大的不确定性。不过一个值得

警惕的现象是,部分评论议题过于聚焦对底层普通公民个体的批判甚至人身攻击,有形成网络暴力、舆论审判之嫌。

2.评论立场的表达

在"众声喧哗"的时代,网络评论主体丰富且多元,不同主体间评论立场的表达与竞争,不仅是在比拼时效、速度、平台、形式,更是在进行一种价值观的比拼,是看问题的角度、深度与专业性的比拼。

在这一方面,专业类网络评论传播主体往往对自身有较高的期许,强调自己代表媒体机构发声,更注重权威性和价值引领,期待提出的观点能够一针见血、入木三分。诸如社评、评论员文章等传统媒体评论的规格,在移动互联网时代仍有沿续和传承,这是专业类传播主体对自身评论立场专业性有所期许的一种体现。面对易受情绪、民粹影响的网络舆论场,专业类传播主体尤其需要坚守恒定的价值观,保持自身特色定位、坚持自身态度取向,避免一味顺从民间舆论,变亲和为迎合。

机构类传播主体,特别是政务微博、微信等,在网民眼中往往代表官方立场、机构声音,需要谨慎发言,注重自身社会形象的构建和机构利益的维护。比如法院系统的微博、微信,就不适合在一些具体的司法案件中以新闻评论的形式介入舆论场,而应以法律判决书作为最好的定分止争的说理文本,进而在舆论场中保持一定的克制,维护司法独立。

相比较而言,自媒体的评论立场就更加丰富和多元,能够最大程度彰显个人立场。不过,部分自媒体出于迎合网民情绪、赚取流量的目的,屡做惊人之语,缺乏相对稳定的价值观,也会导致网民的反感。

越来越多的机构类传播主体和部分自媒体的专业性近年来也有所提升,他们有时就某个比较熟悉的领域发表意见,整合多方资料进行写作,其专业性表现甚至不逊于专业媒体,也能在舆论场中扮演意见领袖角色。但整体上,自媒体的评论表现是良莠不齐的。

3.评论话语的调适

过去这几年，无论是专业类传播主体，还是机构类传播主体，在进行网络评论的表达时，一个非常明显的趋势就是对于网络流行语的接纳和使用，以使自身表达更加贴近网友，更具亲和力和感染力。

对于专业类传播主体而言，观点表述的严谨、规范，讲究论证逻辑，是评论表达的应有之义；机构类传播主体往往也顾及机构形象，注重立场的表达和论证的严谨性。同时，二者也都慢慢开始从以文字为主的评论表达形式，开始向灵活采用文字、图片、漫画、音频、视频、直播、投票等多种形式并存的表达形式过渡。研究表明，机构类传播主体，特别是政务微博、微信，这几年注重从宣传话语向沟通说服话语的转变，适应网络舆论场表达，建构了一种吸纳专业主义、煽情主义等不同范式元素的"杂糅化"形态，反映出重构传播体系、进行角色调适的努力[①]。

至于自媒体传播主体，其评论话语表达往往不拘一格，观点鲜明，使用大量网络流行语、表情包等，趣味性、可读性较强，诉诸情绪较多，以强烈的个性化特征吸引大量网民阅读并传播。

三、网络新闻评论的传播效果

鉴于网络评论的传播效果和传播主体密切相关，往往传播主体越活跃，其评论在范围广度和影响力等方面越能够产生强大的效果，所以本文拟通过评估传播主体的活跃程度，来衡量其传播效果。其中，专业类网络评论传播主体的活跃程度评估主要依据中央网信办《网络传播》杂志排定的、于2017年每月发布的"中国新闻网站传播力总榜"，同时参考"新榜"发布的《2017年中国微信500强年报》；机构类网络评论传播主体的活跃程度评估主要依据人民网舆情监测室制作的"2017年年度政务微博影响力排行榜"。

---

① 龙强、李艳红：《从宣传到霸权：社交媒体时代"新党媒"的传播模式》，《国际新闻界》2017年第2期。

1.专业类网络评论传播主体活跃程度分析

由中央网信办《网络传播》杂志排定的"中国新闻网站传播力总榜",评估范围涵盖了中央主要新闻网站、全国行业新闻网站、省级网站、中央新闻网站地方频道等,本文主要评估这些网站在PC端、移动端、微信、微博等不同平台的表现。

表1汇总了2017年全年12个月份的中国新闻网站传播力总榜榜单。从表1可以看出,榜单前四强基本被人民网、新华网、中国网、央视网占据;十个上榜网站中,中央主要新闻网站的表现抢眼,强于省级网站,而省级网站表现好于全国行业新闻网站。

表1 2017年中国新闻网站传播力总榜月度榜单

	第1名	第2名	第3名	第4名	第5名	第6名	第7名	第8名	第9名	第10名
1月	人民网	新华网	中国网	央视网	东方网	央广网	中国新闻网	大众网	华龙网	中国经济网
2月	人民网	新华网	中国网	央视网	央广网	大众网	中国新闻网	华龙网	红网	中国搜索
3月	人民网	新华网	中国网	央视网	东方网	央广网	中国新闻网	大众网	环球网	华龙网
4月	人民网	新华网	中国网	央视网	环球网	东方网	中国新闻网	央广网	大众网	中国搜索
5月	人民网	新华网	中国网	央视网	中国新闻网	东方网	央广网	大众网	华龙网	中国搜索
6月	人民网	新华网	中国网	央视网	中国新闻网	东方网	环球网	中国搜索	央广网	大众网
7月	人民网	中国网	新华网	央视网	中国新闻网	东方网	央广网	环球网	中国江西网	大众网
8月	人民网	新华网	央视网	中国新闻网	中国网	东方网	澎湃新闻网	红网	华龙网	浙江在线
9月	人民网	中国网	新华网	中国新闻网	央视网	东方网	华龙网	央广网	澎湃新闻网	红网

续表

	第1名	第2名	第3名	第4名	第5名	第6名	第7名	第8名	第9名	第10名
10月	人民网	新华网	中国新闻网	东方网	央视网	中国网	华龙网	央广网	红网	澎湃新闻网
11月	人民网	新华网	东方网	中国新闻网	华龙网	红网	央视网	大众网	浙江在线	澎湃新闻网
12月	人民网	新华网	中国网	中国新闻网	东方网	华龙网	央视网	红网	澎湃新闻网	大众网

微信公众号方面，同样是由几大央媒领衔传播力榜单。据"新榜"发布的《2017年中国微信500强年报》，"人民日报""央视新闻""新华社"分获2017年度500强榜单的冠亚季军，其中"人民日报"全年共推送了2522次，平均每天推送6.9次，其凭借5.8亿的总阅读与5003万次点赞，排名阅读数与点赞数的第一[①]。

2.机构类网络评论传播主体活跃程度分析

人民日报发布的"2017年年度政务微博影响力排行榜"，由人民网舆情监测室制作，微博提供数据支持，评价对象包括全国所有通过微博认证的机构官方微博，评价体系包括四个维度：传播力、服务力、互动力和认同度，数据统计周期为2016年12月1日至2017年11月30日[②]。

鉴于"2017年年度政务微博影响力排行榜"涉及中央机构、安监、财政、残联、城管等56个不同领域的分榜，本文择要关注过去一年中与重大公共事件相关、网民较为关注的中央机构、法院、检察院、教育等领域的全国十强政务微博榜单。

---

① Newrank：《2017年中国微信500强年报 | 新榜出品》，微信公众号"新榜服务"，2018年1月15日。
② 《2017年年度人民日报·政务指数微博影响力报告》，人民网舆情监测室，2018年1月22日。

表2 全国十大中央机构微博前十名榜单①

排名	微博	认证信息	传播力	服务力	互动力	认同度	总分
1	公安部打四黑除四害	公安部治安管理局暨打四黑除四害专项行动办公室官方微博	94.87	95.68	90.42	87.55	92.97
2	共青团中央	共青团中央官方微博	97.47	88.43	89.50	90.74	92.60
3	中国长安网	中国长安网官方微博	82.61	95.55	86.45	76.95	85.78
4	中国消防	公安部消防局官方微博	86.16	83.87	86.38	81.92	85.34
5	中国地震台网速报	国家地震台网官方微博	88.01	65.54	89.77	87.27	83.97
6	中国反邪教	中国反邪教官方微博	85.57	84.96	83.85	75.46	83.92
7	公安部交通安全微发布	公安部交通管理局官方微博	86.07	74.21	86.73	66.02	81.89
8	中国气象局	中国气象局官方微博	76.60	86.90	83.19	73.46	80.32
9	中国政府网	国务院办公厅中国政府网运行中心	82.71	56.97	94.24	74.62	80.21
10	最高人民检察院	最高人民检察院微博	77.20	58.79	94.35	80.70	79.02

从表2中可以看出，@公安部打四黑除四害、@共青团中央等机构微博在传播力、服务力、互动力和认同度等方面都表现不错，得到网民认可，能够起到较好的舆论引导作用。

此外，在全国十大法院微博排行榜中，@山东高法 位居第一，这与其在备受关注的"于欢案"中践行司法公开，用135条微博直播庭审过程密切相关；在全国十大检察院微博排行榜中，@最高人民检察院 位居第一，体现了网民对于全面深化司法改革的关注；在全国十大教育微博排行榜中，@郑州市教育局 位列第一，这与其发布防范"蓝鲸死亡游戏"预警通知、关心青少年暑期安全相关，而教育部中国大学生在线官方微博@中国大学生在线 和教育部新闻办公室官方微博@微言教育 分列第2和第7名，则因为其在高校间组织了#网络诗词大会#活动，引发广泛参与和好评。

从上述榜单中可以看出，首先，机构类网络评论传播主体所属的机构层级越高，影响力越广，中央机构类微博在这一方面有天然的优势；其次，积极参与热点事件、回应网民关切的政务微博传播力、互动力越强，越容易得到网民的认可。

---

① 人民网舆情监测室：《2017年年度人民日报·政务指数微博影响力报告》，2018年1月22日。

不过，值得注意的是，虽然各类榜单在评价不同类型网络传播主体的活跃程度时给出了很有价值的参考，但仍需注意榜单的应用范围，原因在于：其一，现在越来越多的传播主体是跨平台发言的，评估其活跃度和影响力可能需要综合多家平台的数据进行分析；其二，需要将传播力与有效影响受众态度的能力进行区分，促使传播主体更注重内容品质的提升而非流量数据；其三，需要注意传播主体间的可比性问题，比如，不同行政领域的政务类微博、微信，往往因其与受众生活发生关联的紧密程度不同，或是所覆盖地区的发达程度不同，而天然导致其发布内容在受众那里得到的关注不同……这些问题，都是在评估网络评论传播主体的活跃度时需要注意的。

应当承认，移动社交媒体时代，不同类型网络评论传播主体都非常注重受众反馈、加强与受众互动。一个突出的表现就是2017年11月腾讯《大家》的"开放编辑部计划"，每个月选取五支写作团队分别负责周一到周五的"大家之选"，再以阅读量来决定写作团队的去留。对此，有批评者尖锐指出，"十万+"这根指挥棒将导致文章的写作采用题目标签化、议题生活化、大量使用第一人称等策略，文章更在意的是"能否激起读者的反应，让读者情绪饱胀地参与到对各种标签和事件的讨论中来"，而非读者的赞同或反对，进而导致"媚众"的写作。这一现象的有害之处在于，它妨碍了真正的对话，"无论作者还是读者，谈论的都是自己，最终看到的也只是自己"[①]。

诚如批评者所言，网络评论传播主体与受众之间不仅存在吸引、互动的关系，还有很重要的相互启蒙和教育关系，对于专业类和机构类传播主体而言，尤其如此。如今很多网络评论传播主体害怕"掉粉"，担心受众流失，因此在观点表达时不得不考虑受众的接受程度，不敢"冒犯"受众，当这种情绪累积到一定程度，就容易形成对民粹的迎合。因此，网络评论传播主体尤其需要警醒，敢于秉持专业判断，在评论表达中倡导理性、启蒙精神。

---

① 戈麦吁、腾讯《大家》开放编辑部计划："十万+"写作策略及其背后，微信公众号"文化研究集刊"，2018-02-27。

四、结语

对于未来网络评论传播主体在发展中可能面临的挑战,本文认为,需要留意商业化、娱乐化、IP化、资本卷入等方面。

1.网络评论中的商业化、娱乐化趋势

在新媒体环境下,碎片化阅读、个性化阅读、依赖算法推荐等传播阅读趋势,对内容产业构成了很大的影响,对网络新闻评论也形成很大的挑战,人们可能会更偏爱阅读一些短平快和轻松的内容,而不是严肃的时事和社会现象评论。特别是伴随网络评论传播主体的多元化发展趋势,评论议题选择及表达的商业化、娱乐化趋势有所增强,相应地可能导致关涉公共利益的重要议题有所弱化,很难引发长时间、高质量的讨论,舆论场中更多充斥着商业营销类、群体亚文化类、明星娱乐类等话题。

有研究聚焦于活跃在社交媒体的各种意见群体,发现公知型意见领袖、知识型意见领袖及娱乐型网红是三大活跃的意见群体。其中,知识型意见领袖是指以资讯分享为主,具有一定的知名度、认同度的意见群体,主要集中在百度知道、知乎、在行、分答等问答社区。娱乐型网红指以满足网民娱乐诉求为主要目的从事传播活动,获得大量关注而走红的人,他们游走于微博、微信、直播网站等社交媒体上。近年来,兴起于问答社区的知识型意见领袖,以及在越来越多的公共事件中以意见领袖面目出场的娱乐型网红开始发挥更大的影响力,进一步加剧网络空间娱乐化、商业化趋势,影响着媒介生态和社会舆论,特别是某些网红对公众的审美观、消费观、生活方式等方面也起到示范效应,具有类似意见领袖的传播影响力①。

当然,从另一方面来讲,网络评论中商业化、娱乐化趋势的加强,也说明舆论场细分程度加深,议题多样性大大增强,相对轻松软性的垂直话题

---

① 曹洵、张志安:《社交媒体意见群体的特征、变化和影响力研究》,《新闻界》2017年第7期,第24—30页。

领域，比如科技、娱乐、汽车等，都能够更准确地直达受众，引起相关群体的关注和讨论。但是，关涉社会公共生活的评论议题存活时间较短，高质量的、真正影响现实公共生活的讨论较少，这一现象仍需引起重视。一些热门话题讨论时间不长、容易被取代，促使公众不停追逐新的热点，停留于碎片化、浅层化的思考，而非进行深度思考。

另外值得注意的是，与传统大众传播自上而下的传播模式不同，互联网的发展促进了各方意见表达，多方意见在舆论场上的交锋容易引导公众不断变换立场，也容易形成对立和矛盾，特别是意见领袖去群落化，呈现散点传播状态，社会共识的形成可能面临更多挑战。

2.评论主体的IP化与资本卷入

在信息爆炸的环境下，公众对优质内容的需求是非常强烈的，如何筛选出有价值的内容和观点，并将其打包推送给目标用户，是值得探索的盈利方向。对于网络评论而言，用户为观点付费的意愿在逐渐增强，而且移动支付越发便捷，一定程度上也有助于吸引更多有价值的言论、有专业背景的言论主体进入舆论场，提升网络言论质量。一点资讯、天天快报等资讯分发平台，知乎Live和分答等问答社区都制定了对创作者的鼓励机制。资本进入使得内容变现不再可望而不可即，包括观点在内的内容创作机构有获得融资的机会。未来，资本力量、营销手段对网络评论的影响值得关注。不过，网络时代，评论受众的黏性较低，关注或取消都是非常容易的事情，如何吸引而不过分迎合用户、拒绝"标题党"，是个难题，网络评论传播主体与用户之间的关系将更加微妙。

另外，自媒体的IP化，甚至传统媒体、门户网站的评论部转型后的IP化趋势越来越明显。比如，凤凰网评论部微信公众号"凤凰评论家"在2017年11月8日记者节当天宣布正式更名为"风声评论"，认为"如今是一个IP化的时代，那些有着明确IP标识的自媒体公众号更能为用户所熟知……移动互联时代，微信公众号、微博和门户之间的内容存在着非常大的差异，简单地移植门户内容已经不足以促进'凤凰评论家'公众号的更进一步发展"，因此要在"凤凰评论家"基础上,打造一个全新的新媒体评论IP①。移动客户端促使更多的用户参与到内容的生产和传播当中来,助推了网络平台高度人格化的趋势。因此,有独到专业和特色的人格化IP,以及由此形成的知识付费热潮,会成为未来发展的重要传播趋势。

(陈敏,中山大学传播与设计学院讲师;张志安,中山大学传播与设计学院院长、教授;黄睿,中山大学传播与设计学院2018级研究生。本文受到中山大学2017年度中央高校基本科研业务费专项资金(项目批准号:17wkpy06)的资助。)

---

① 《致"凤凰评论家"的读者朋友》,微信公众号"风声评论",2017-11-08。

2017年中国性别新闻年度观察：性别平等体制建设的角度

欧阳黔　林源　白玫佳黛

【摘要】

　　本文从促进性别平等的体制改革和意识觉醒的方面，梳理2017年度性别新闻的特点。作者以《中国妇女报》评选的2017年性别平等十大新闻事件和学者评出的2017年十大性与性别事件为主，通过扎根理论的研究路径，运用NVivo软件，对慧科搜索数据库搜索到的相关报纸新闻进行分析。研究结论是：在这些事件的报道和评论中，有相当一部分报纸不仅报道了新闻事实，而且提供了专业的解释和体制改革、促进意识觉醒的建议。一些报道反映出了记者和编辑的性别意识支持父权，对于女性主义的理解流于字面意思，或将性别问题搁置，用阶层和其他的问题的视角来取代性别视角的报道和讨论。对本年度性别新闻的研究发现，McRobbie所描述的复杂的后女性主义的性别意识割裂的状况也反映在这些新闻报道之中。

【关键词】

　　性别　新闻　扎根理论　NVivo　制度性歧视

一、引言

　　时至今日，妇女解放运动和相关理论在全球不同的地方萌芽、发展和互相影响，经历了三次浪潮。在我国，妇女解放运动被（作为社会主义革命的附属运动）视为一项已经完成的革命①。在性别领域，不管是在我国还是在全球大多数国家里，包括一些专业人士在内的许多民众的性别意识都处于非常割裂的状态，呈现着Angela McRobbie所说的后女性主义（post-feminist）的状况：一些人认为女性主义所倡导的性别平等的意识已经是常识，从而对一些人依然持有保守的性别观念而感到惊讶；而另一些人则认为性别已经足够平等，女性如果继续抗争则是在争取特权。这种割裂也深刻地反映在我国网络舆论空间中对"直男癌"和"田园女权"贴标签的污名化行动之中。同时，继2003年中山大学的艾晓明教授执导中文版《阴道之道》引起学生间性别意识觉醒的扩散之后，从2012年开始，在我国大陆涌现出了一批女权行动派。这些"女权行动派"社会活动家在网络上和现实中发起草根的和以非营利组织为集结点的各种倡导性别平等的推广运动和抗议活动，大大扩展了性别平等意识在部分青年和学生群体中的影响力：在2015年《反家暴法》出台前，和2016年要求提升女性对男性厕所面积比的《城市公共厕所设计标准》②出台前，这些女权行动派就开展了大量的此类倡导活动。针对性别新闻的年度报告是一项早就应该开始的研究，2017年重大性别事件的爆发则提供了将其纳入年度新闻报告体系的契机。

新闻作为构建拟态环境的媒介内容，影响人们认识和理解世界的方式。媒介所再现（represent）的情况总是跟真实世界有所差异，新闻媒体也不例外。而且，与明显是虚构的娱乐内容相比，新闻被认为是更加真实的的媒介内容，对受众的认知影响更大③。我国的新闻行业虽然一直处于商业利益和政府权力的张力中，新闻（特别是印刷媒体的专业新闻）承载着很多的希望：在规范性新闻理论中，新闻使得公民能够做出知情的决定（informed decision），从而是民主建设中的一个重要环节。它被期待成为公共智识

---

① 戴锦华：《涉渡之舟：新时期中国女性写作与女性文化》，北京大学出版社2007年版；李小江：《女性乌托邦：中国女性/性别研究二十讲》，社会科学文献出出版社2016年版。

② 并没有实际证据证明女权行动派的倡导行动推动了这些制度层面的变化，但她们所做的倡导行动在时间线上早于这些制度层面新法规的推出，同时，她们常主动接触人大代表，鼓励人大代表做出促进性别平等的提案。——作者注

③ Oliver, M. B. Race and Crime in the Media: Research from a Media Effects Perspective. In Angharad N. Valdivia ed., A Companion to Media Studies, 421-436; Blackwell Publishing: MA, USA, Oxford, UK and Victoria, Australia, 2016, p.422.

（public intelligence）的表现，反映人们在受到足够教育，并有足够的闲暇时间的情况下能够表现出的认识和讨论的程度①。新闻不仅报道"人咬狗"类的特异事件。随着新闻记者和学者通过不断探索，提出了"非暴力新闻"（non-violence journalism）、"和平新闻"（peace journalism）②等报道建设性的、促进社会和平、进步的新闻报道模式。

在后女性主义时代，争取性别平等的一个关键点就在于是否认为体制上的进一步进步是必须的。McRobbie等人指出，后女性主义和资本主义的新自由主义产生了交叉：强调个人的努力和责任，而不再对体制性的歧视进行批判，要求其改变③。对性与性别事件的报道对社会中性别平等的建设尤为重要。而如何去争取社会在性别问题上变得更加平等，就新闻领域而言，报道中对于改进体制的认识和建议，是十分重要的。这也是本年度性别新闻研究报告的关注重点。

在新闻与性别再现（representation）的研究领域，许多研究关注的是与男性相比，女性是如何得到再现的。如Jia, Lansdall-Welfare, Sudhahar, Carter和Cristianini的研究表明，在网络新闻中，相比男性，女性更多的是作为被观看的对象而被再现的，很少作为信源或权威而被引用④。与这一类研究有所不同，本年度性别新闻研究报告是从改善性别平等状况的问题出发，梳理当下我国大陆地区印刷新闻媒体对代表性事件的报道和讨论。

---

① Nerone, J., The Media and Public Life: A History, Cambridge, UK, MA, USA: Polity Press, 2015, p.1.
② Christians, C. G., Glasser, T. L., McQuail, D., Nordenstreng, K., & White, R. A. (2009). Normative Theories of the Media: Journalism in Democratic Societies. Urbana: University of Illinois Press., pp.35-49.
③ McRobbie, A., "Post Feminism and Popular Culture," Feminist Media Studies, Vol. 4, No. 3, 2004, pp. 255-264.
④ Charkrabarty, D., Provincializing Europe: Postcolonial Thought and Historical Difference, Princeton and Oxford: Princeton University Press, 2000.

二、研究方法

本文使用扎根理论进行跨案例的研究①。扎根理论是一种自下而上从第一手研究资料出发,将资料拆分成碎片之后,通过比较和同类合并,提炼出更加抽象的概念,从而建立理论的质化研究方法。"扎根理论方法并不强调资料收集技术的细节;它的分析过程的每一步都朝向概念的形成、完善和相互联系。"②"(它)提供了一套灵活的策略,而不是僵化的规定"来从第一手资料出发,提炼理论。

在样本选择上,本文以2017年《中国妇女报》(后称《妇女报》)评选的年度性别平等十大新闻事件③,以及由方刚副教授发起的我国性与性别领域的学者评出的第十届(2017)年度十大性与性别事件④为基础,并补充搜索了新浪微博中意见领袖(如一个有点理想的记者、耿直的VX、李银河等在新浪微博上激发大规模讨论的性别事件中,持各方面立场的意见领袖)在2017年讨论的相关热点话题,对全年的性别报道进行初步筛选。《妇女报》是全国唯一专注于妇女问题的党媒,而方刚所邀请的评委和他本人一样都是国内性与性别研究领域的专家和知名学者,他们总结的年度性别报道具有典型性。同时,我们补充进了微博的相关热点话题,因为这些争议性事件在互联网上有较高的关注度与讨论度。我们初步筛选出来的新闻事件是这些事件的合集,从而使得样本兼具多样性、代表性和广泛性。

---

① 思路参考施卓敏、叶加威、张珊:《品牌黑粉为何而执着——基于扎根理论探索研究》,《品牌研究》2017年第3期;靳代平、王新新、姚鹏:《品牌粉丝因何而狂热?——基于内部人视角的扎根研究》,《管理世界》2016年第9期。
② 查马兹、凯西(2007):《扎根理论:客观主义与建构主义的方法》。诺曼•K.邓津、伊冯娜•S.林肯(主编),风笑天等译:《定性研究(第2卷):策略与艺术》(544—574页),重庆大学出版社。
③ 《2017年度性别平等十大新闻事件揭晓》,《工人日报》2018年01月22日02版
④ 搜狐网:《第十届(2017)年度十大性与性别事件评点公告》,https://www.sohu.com/a/213087386_663434。

表1 性别新闻样本材料来源及其事件名称

《中国妇女报》年度性别平等十大新闻事件	第十届（2017）年度十大性与性别事件
成都双流区人民法院发出针对同居暴力的人身保护令	是否放开代孕引争议
国务院办公厅印发《生育保险和职工基本医疗保险合并实施试点方案》，让更多职业妇女享受生育保险待遇	小学生性教育教材惹风波
国务院妇儿工委办实施"中小学性别平等教育项目"，让性别平等理念扎根青少年心田	西安中学"整治"学生"非正常交往"
山东明确提出土地权证和登记簿上要有妇女的名字	武汉高校恐同标语事件
"女德"言论频现，引发公众批判	热播剧《人民的名义》涉嫌歧视女性
北京地铁八条线路现反性骚扰拉手，呼吁公众"不做沉默羔羊、不做冷漠看客"	"女德班"为何禁而不绝
《妇女报》发布性别歧视类禁用词，网友点赞媒体素养	为艾滋感染者单独设考场
"妇女权益保护"成天津九万领导干部"必考题"	程序员苏享茂被"骗婚"自杀
厕所革命"新三年行动计划"推出，倡导建设第三卫生间、开设女性专用厕所	红黄蓝幼儿园"性侵"事件
全国人大常委会法工委审查并推动解决婚姻法司法解释"第24条"中存在的问题	性侵未成年人信息被公布引争议

然后在慧科的数据库中搜索报刊新闻，并搜索剔除之前所列的那些事件中没有报刊新闻报道的事件，最后确定了所选取的22个新闻报道事件，如表2所示。

表2 性别新闻样本事件及各事件的报道篇数

序号	事件名称	报道篇数
1	成都双流区人民法院发出针对同居暴力的人身保护令	1
2	生育保险和职工基本医疗保险合并实施试点方案	294
3	小学性教育读本引争议	5
4	中小学性别平等教育项目	2
5	《房思琪的初恋乐园》作者林奕含自杀	91
6	山东明确提出土地权证和登记簿上要有妇女的名字	2
7	"女德"言论频现,引发公众批判	85
8	北京电影学院阿廖沙性侵事件	18
9	广深地铁开设"女性专用车厢"	93
10	《妇女报》发布性别歧视类禁用词	11
11	南京南站公开猥亵女童事件	189
12	绥德产妇坠楼事件	177
13	北京地铁八条线路现反性骚扰拉手	1
14	无锡26岁女子遭家暴被虐打致死	3
15	女职工"隐孕"入职	103
16	"妇女权益保护"成天津九万领导干部"必考题"	1
17	冯钢涉嫌侮辱女性相关言论引发讨论	9
18	北航陈小武被告性骚扰事件	164
19	电影《嘉年华》上映	282
20	温儒敏认为高考改革后语文难度提升,恐对女生不利	7
21	《2017年世界性别差距报告》发布	19
22	厕所革命"新三年行动计划"推出	42

两位编码者首先对每个事件划定不同的关键词,在"慧科搜索数据库"中搜索下载相关新闻报道,并对其进行查重与合并,统一了编码的原材料。接着,两位编码者运用NVivo质化研究软件进行双盲编码。考虑到编码者个人、数据选取范围不同以及参考点多少等因素可能影响其对节点的编码,在完成双盲编码后,两位编码者通过交流讨论,将编码的节点进行合并、修正,形成初级节点,并以这些节点为基础进行主轴编码,讨论并提取了16个

主要的相关概念。提取概念的指导原则是，这些新闻报道的性别角度是怎样的，选取了什么样的角度来进行报道，展现的社会背景和提出改进的建议是什么。

通过扎根理论提炼概念和进行理论建构有一个陷阱：通过将第一手材料碎片化后进行重组，可能会导致研究者失去对原"碎片"所在情境的认识，从而影响理论的适用程度[①]。但是在本文的研究中不存在这一问题，因为NVivo允许我们回溯节点所在的原文全文，来了解这些语句在原文中的意思。一些使用扎根理论来从访谈记录中提取理论的研究则可能遇到这样的问题。因为访谈本身也无法告知研究者关于被访者的生活经历的所有相关脉络。

表3 开放式编码、主轴编码的过程（部分）示例

部分原始资料	节点	概念
但是，由于他自身在性别方面没有足够的敏感，导致在具体的表述和措辞中流露出对女性学术能力的贬低和质疑。也正是因为这些表述引发了众多网友的质疑与抨击。	冯钢的问题在于对于性别的敏感度低	归罪于个体
……	……	……
有关部门也应完善劳动法律制度，对用工单位选用女生给予适当的政策支持，使女生在就业环境中不吃亏，使用人单位在合适的岗位乐于聘用女生。只有法律法规的完善，才能使这样的"职场碰瓷"现象没有发生的可能。真正使单位、职工成为一家人，和谐共赢。	减少"隐孕"需要完善相关法律法规	从案例看体制建设
……	……	……

---

① 查马兹、凯西（2007）：《扎根理论：客观主义与建构主义的方法》；诺曼·K·邓津、伊冯娜·S·林肯（主编），风笑天等译：《定性研究（第2卷）：策略与艺术》（544—574页），重庆大学出版社。

续表

部分原始资料	节点	概念
尽管法律保护女性的劳动就业权,但女性就业时遭遇的阻力却依然存在,尤其是育龄妇女,其面临的就业形势更为严峻。据全国妇联最新调查,当前基于生育的就业性别歧视仍普遍存在。54.7%以上的妇女在求职面试中被问及与结婚、生育有关的问题。	基于生育的就业歧视普遍存在	强调妇女作为弱势群体遇到的问题
……	……	……
合计	327个节点	16个概念

三、从案例出发,促进体制进步

有关这些事件的新闻报道中,有一些报道提出的建议不是针对体制改革而提出的,而是呼吁改善社会风气、人民素质(quality,或civility)等,或者建议开展新一轮的宣传运动(campaign)。这些对于非体制建设方面的提议,并不能在结构上产生根本性的变化。提议改进社会风气和人民素质的建议会将可以通过人力促进体制变革和结构性变化的问题,转成对人民群众行为和特点的指责。这可能创造一种Charkrabarty①指出的斯图亚特·密尔(Stuart Mill)的论断所构建的一种"想象出来的、历史的等候室"(an imaginary waiting room of history)(8页)。这本质上是在指责某些民众(在 *Charkrabarty* 一书中,这些民众是被殖民者、非欧洲人和有色人种)因其自身原因,所以不应该被赋予某些权利,而应该等待其通过某一资质标准,才能被赋予权利和参与利益分配。但在这一体系中,并没有计划如何提高这些人的相关资质。现有的权力系统,不仅排斥"没有资格"的(unqualified)人群,而且倾向于将他们没有资格的原因归结于个人自身,从而不会有合理的

---

① Charkrabarty, D., *Provincializing Europe: Postcolonial Thought and Historical Difference*, Princeton and Oxford: Princeton University Press, 2000.

计划使更多的人资质达标，以普及某些权利。而动员新一轮宣传运动，则是将问题导向了不断维护现行的系统（maintenance）的行为，无助于在体制和结构层面促进性别平等。

对于社会风气方面的建议有：从校园性骚扰事件谈到促进师德师风和党风建设的问题，如谈到"破除这个局面，需要教师注重修身立德，控制私欲"①等。将问题归结于人的素养不够高的情况有：在冯钢被指责对女学生的学术评价中展现出来性别歧视的事件中，把问题归结于事件当事人的媒介素养（media literacy）不够高②。对于新的宣传运动的建议有：呼吁名人参与到保护儿童免受性侵害的宣传中去③。非体制方面的建议，不应该成为新闻报道中所提建议的主流。

实际上，许多的报道中确实从案例出发提出了进行体制改革来促进性别平等的建议。这些建议有时出现在新闻报道中，有时出现在社论和时评文章里。涉及体制建设的报道主要是从两个方面来进行报道的。一是针对正面事件，表扬有关性别平等的体制建设上的进步：比如《妇女报》独家报道并将其选入自己的年度十大性别平等事件榜单的"成都双流区人民法院发出针对同居暴力的人身保护令""北京地铁八条线路现反性骚扰拉手""'妇女权益保护'成天津九万领导干部'必考题'"这三个事件的报道。许多此类的报道与"宣传"模式下的报道有类似之处。这些报道常常跟爱国主义情绪或者热爱家乡的情绪联系在一起，同时，也常常只谈自身进步，不谈差距和进一步改进的目标。

有时报纸也会对争议性事件做这样的报道。这取决于报刊编辑和记者自己的性别意识认识到了何种程度。比如，《江西日报》对涉及"女德"讲师参与江西抚州的文化活动的报道推崇其传播传统文化的方面，而直接回避了其中的性别问题④。对于广州地铁开设上下班高峰期女性车厢的事件的报道

---

① 《对高校性骚扰要形成制度威慑力》，《大江晚报》，2018年01月16日第A02版。
② 《大学教师需提高媒体素养》，《中国教育报》，2017年12月18日第05版。
③ 刘鹏：《保护儿童打击猥亵需要"伊能静们"的参与》，《太行日报》，2017年08月22日第4版。
④ 何建江、王金平：《抚州传统文化促进会 "圈粉"无数》，《江西日报》，2017年3月10日第C02版。

中,也有许多报道并没有认识到性别隔离在性别平等问题上的重大影响：限制女性的活动空间,并把女性受到性骚扰的原因转而归因于女性的行为。于是这些报道中将这一举措进行了单方面的赞扬。这些报道不仅不能促进体制改革,还有失于客观、多信源的报道原则,也暴露了记者和编辑在认识和性别意识上的问题。

第二种体制方面的建议主要是针对负面案例和争议性事件,指出其所暴露出来的体制上存在的缺陷,并对改进方向提出建议。这些建议有的来自新闻报道中援引专家意见的部分,有的来自报纸发表的评论文章①。呼吁制度建设的报道有：从南京儿童猥亵案暴露出的问题出发,建议建立收养回访机制②；从性骚扰的个案出发,建议对性骚扰进行专门立法③,和呼吁建立和完善反性骚扰机制④；从女性求职中出现的某些"隐孕入职"现象,呼吁普及个人诚信档案⑤,呼吁完善社会保障机制从而减少企业负担⑥,以及呼吁产假制度惠及男性,来避免求职市场性别歧视的发生⑦。这些是从无到有,呼吁建立新制度的建议。还有一些报道指出了现有的法律法规中的问题。这些问题常

---

① 未来进一步的研究可以区分报纸评论和新闻报道。但是,从读者的角度出发,专家意见和报纸评论所含的建议,或许对于读者对这一事件的思考来说,并没有本质区别。——作者注

② 郭元鹏：《确保收养儿童安全应建立"收养跟踪"机制》,《大众日报（数字报）》,2017年8月10日第4版；《"隐孕"者恶意应聘,弱势的是企业》,《华商报》,2017年9月11日第A3版。

③ 《面对性骚扰,如何自我保护》,《今晚报》,2018年03月09日06版；
　　任然：《让"陈小武事件"成防性骚扰标志性案例》,《新京报》,2018年01月16日A02版；《象牙塔里的"沉默羔羊"决定实名举报北航教授陈小武性骚扰前,她沉默了十二年》,《云南信息报》,2018年1月15日A06版。

④ 朱宁宁：《细化用人单位防治职场性骚扰规定》,法制日报（电子报）,2018年2月06日
　　唐孜孜：《半月内连爆两起高校性骚扰,沉默的大多数如何说"不"》,《南方都市报（全国版）》,2018年1月14日A08、A09版；
　　胡印斌：《惩治校园性骚扰 高校必须有担当》,《右江日报》,2018年1月18日A07版；《建立长效预防机制 防治高校性骚扰》,《中国妇女报（数字报）》,2018年1月17日B01版,等等。

⑤ 周维朕、刘佳：《规避"隐孕"骗假：应将个人诚信档案全面引入职场》,《中国经济导报（数字报）》,2017年11月3日第B02版；
　　《"隐孕"者恶意应聘,弱势的是企业》,《华商报》,2017年9月11日第A3版。

⑥ 高扬：《"隐孕入职"背后的双向困境》,《检察日报》,2017年9月27日第5版；
　　李秀荣：《消除"隐孕入职"当从就业歧视入手》,《西宁晚报》,2017年9月14日第B06版社；
　　杨楠：《为何要"隐孕"？性别歧视存！》,《大连日报（数字报）》,2017年9月13日第3版；
　　莫兰：《指责女性"隐孕"？短视且不公！》,《中国妇女报（数字报）》,2017年9月12日A03版；
　　《生育保障的缺陷 助推了"隐孕入职"》,《齐鲁晚报（数字报）》,2017年9月11日第A02版；
　　《"隐孕"入职须厘清法律边界》,《潍坊晚报》,2017年9月11日第2版。

⑦ 高扬：《"隐孕入职"背后的双向困境》,《检察日报》,2017年9月27日第5版。

常是法律法规欠缺解释，或者过于理想化，难以实施，比如：对于校园性骚扰的规定没有落到实处①，性骚扰缺乏明确定义且法律责任轻②；保护女员工权益的的法律法规没有将企业负担和市场规律考虑在内③。有一些报道指出了现有政策和法规在实施过程中遇到的其他问题，比如：因生育成本而在招聘时歧视女性的问题；在陕西绥德产妇跳楼案例中，报道谈及许多医生不将无痛分娩作为首选告知产妇④。

此外，还有一些报道提出了具体的制度建议，例如：从林奕含被性侵和自杀事件出发，建议将司法机构定期普法的巡讲活动制度化⑤，和将性教育和防性侵教育制度化⑥；在儿童被性侵的事件中，将保护被害者的隐私形成制度⑦，重视受害儿童的心理创伤修复问题⑧，和推动社会观念的变化，转到以受害人为中心的思维方式上去⑨。

可以看出，许多报纸对涉及性与性别问题的热点事件的报道，通过采访专家、联系其他案例和补充背景知识，都从具体的案例出发提出了体制上改

---

① 胡印斌：《惩治校园性骚扰 高校必须有担当》，《右江日报》，2018年01年18日A07版；
《建立长效预防机制 防治高校性骚扰》，《中国妇女报（数字报）》，2018年01月17日B01版。
② 赵瑜、祝浩杰：《七大专家详解性骚扰十三问》，《成都商报（数字报）》，2018年01月03日04版；
《通过"陈小武事件"，谈谈有关性侵的法律话题》，《常州晚报》2018年01月27日A07版；
温才妃：《对高校性骚扰说"No"》，《中国科学报》，2018年01月23日05版。
③ 但也有部分报道援引专业人士的评论，认为反歧视法律已经完善，而现存的主要问题是执行力度不够（高扬：《"隐孕入职"背后的双向困境》，《检察日报》，2017年9月27日第5版）。
《隐孕入职》，《泉州晚报》，2017年09月15日04版；
刘鹏：《对"隐孕入职"要批判更要反思》，《北京晨报》，2017年09月11日A23版。
④ 赵世彩：《顺产还是剖宫？我能自己签字吗》，《都市女报》，2017年9月7日第A03版。
⑤ 郭剑烽：《专业"法智"为中小学生身心健康护航》，《新民晚报》，2017年5月19日第31版。
⑥ 但是，许多关于林奕含自杀事件的报道却未能将这一事件和小学性教育教材被家长投诉的事件联系起来，讨论性教育和反性侵的关系。
《孩子的性教育再羞于开口就晚了》，《绍兴晚报》，2017年05月19日13版；
《远离性侵：别让无知伤害孩子》，《检察日报》，2017年09月01日05版，等等。
⑦ 《听刑辩律师讲讲，猥亵儿童者该当何罪？》，《常州晚报》，2017年08月19日A06版；
王琳：《曝光猥亵案的能与不能》，《深圳特区报》，2017年08月16日A02版；
陈颖婷：《南京涉嫌猥亵女童男子已被控制》，《上海法治报（数字报）》，2017年08月15日A05版。
⑧ 《"越是看不见的罪恶，伤害越大"》，《彭城晚报》，2017年08月24日A01,A03版；
范献丰：《性侵：尊严之殇》，《新民晚报社区版家庭周刊》，2017年06月14日P02版；
李珍、刘雪婷：《性侵之殇！孩子亟》，《半岛都市报（数字报）》，2017年09月17日；
张田勘：《林奕含自杀本可避免》，《中国科学报》，2017年06月23日07版，等等。
⑨ 任然：《让被性侵女童远离"二次伤害"》，《中国妇女报（数字报）》，2017年12月13日第B01版。

革的宏观或者微观的建议。这种取向,使得新闻不仅是报道特异事件的报信者,更是公民参与社会意识塑造和体制改革的公共信息资源的来源。

四、去性别地讨论性别事件

媒体的去性别(degendered)讨论是指对于性别事件的报道不聚焦于性别问题本身,而探讨事件的其他方面。议程设置理论认为,大众传媒对事务和意见的强调程度与受众的重视程度成正比,性别问题在媒体报道中得不到正视,隐藏在其他问题中被顺带解决,这实际上消解了事件背后性别与权力结构、社会制度的矛盾,且媒体的沉默与回避进一步缩减了官方在性别问题上的解释空间,使性别议题更难被带入主流意见气候中。

部分媒体会把与文化和娱乐相关的性别事件的报道进行娱乐化的处理。如在电影《嘉年华》上映事件中,大多数报道将电影上映当作娱乐新闻,而忽略电影所揭露和批判的社会现状[1]。又如在厕所革命"新三年行动计划"推出的报道中,绝大多数的报道将其与旅游建设相联系[2],而并没有谈及男女厕面积和设施数量比例问题所反映的性别问题:女性如厕资源看似得到了公平对待,但实际上供小于求,女厕外常常排起长队。此类报道分散了性别事件的讨论焦点,实质上消解了性别话题的严肃讨论。

再有则是对性别事件的报道避重就轻,没有谈及本质的、结构上的问题。在绥德产妇坠楼事件中,报道关注于事件的细枝末节,例如夫妻关系与婆媳关系的论述,呼吁网民提高自身素质,理性发言,更有甚者在报道中直接加入妇产医院的广告[3],而少有对女性医疗自主权的讨论。

在对高考改革的相关报道中提到:"高考语文是选拔学生的一种科目方

---

[1] 李淇:《文淇:立志做演员 不想当明星》,《北京晚报(数字报)》,2017年12月21日第26版;《耿乐今年收获四部"口碑作"》,《千山晚报》,2017年12月8日第A04版;《国产新片频蹭IP,影迷两极打分发泄不满?》,《沈阳晚报(数字报)》,2017年12月6日第12版。

[2] 苗丽:《〈全区旅游厕所建设管理新三年行动计划(2018—2020)〉出台 未来3年 广西将建2000座旅游厕所》,《当代生活报》,2017年12月19日第14版。

[3] 颜静:《孕产妇容易产生抑郁情绪? 分娩到底有多疼? 无痛分娩对胎儿健康是否产生影响……》,《台州商报》,2017年9月11日第7版。

式,男女都是平等的,现在我们应更多关注贫困地区教育资源的不均衡发展的问题,而不是强调性别上的差异。"[1]报道对事件中所暴露的性别问题避而不谈,转而分析阶层和资源分配上的不平等。但作为性别事件本身,女性和性别的问题需要专门的讨论。性别问题可以和其他问题同时存在,有交叉性(intersectionality)。但它不应该总是作为其他问题的附属被提及,也不应该被置换成与性别无关的话题进行讨论。当事件中存在两个或多个交叉范畴时,谈论其他问题并不能让性别问题得到真正的解决,而更有可能导致性别问题的讨论被搁置和边缘化。

五、新闻报道中存在的性别歧视

本研究发现,在对性别事件进行报道时,相当一部分新闻存在性别歧视。由于记者或者编辑自身的性别意识的差别,新闻报道中表现出来的性别歧视的明显程度也有所不同,部分报道存在十分明显的性别歧视,而另一些的性别歧视则较为隐晦。后一种歧视"尽管不存在非性别歧视的语言学专业术语,却在社会互动中以一种刻板印象式的、带有偏见的方式来使用语言,并通过社会实践和社会制度的建构,(再)生产出贬损和弱化女孩和妇女的看法"。[2]这实质上反映了我国媒体报道中存在一些问题:性别意识不足、性别敏感度较低,对于歧视以及性别问题的认识没能跟上推进性别平等的学者和运动者在三次妇女解放运动中已经论证过的观点等。纸媒作为面向公众的、有一定影响力的大众媒体,这种带有性别偏见的内容的传播阻碍了社会性别平等意识的发展,甚至报道中对于女性带有偏见的再现会加深社会以及女性自身对女性的刻板印象。此外,部分工作者对女性主义的理解有偏差,将男性与女性的权益对立起来,这种观点的传播会造成公众对女性争取权益的行动产生误解,不利于进一步推进性别平等的进程。

---

[1] 《"女生只能考什么"的偏见从何而来?北大教授"高考语文改革对女生不利"言论引争议》,《中国妇女报(数字报)》,2017 年 11 月 16 日第 A03 版。
[2] 图恩·梵·迪克:《话语研究:多学科导论》,重庆大学出版社 2015 年版,第 194 页。

明显的歧视主要体现在三个方面。一是强调女性生理特质的区别，认为女性的生理特质决定了她们更适合家庭①，女性遭遇的就业歧视是生理特点决定的②。二是以加害者或歧视者的视角来解释事件的发展。在温儒敏认为高考改革后语文对女生不利事件中，一些报道就从温的角度来解释："因为在温儒敏看来，女孩子中学喜欢读小清新、小文艺、小立志，喜欢词很美的文章……可她们马上读大学了，就要开始更多地考虑思辨，面对很复杂的逻辑"③；此外，在南京南站猥亵儿童事件中，有报道认为考虑到中国传统的育儿文化，长辈过于亲昵的动作不宜草率定罪④；或是将性骚扰归罪于女性⑤。类似观点在冯钢事件以及绥德产妇坠楼事件中也有体现。三是对女权的污名化，将"从来不做家务"与"要求上交工资"归为女权思想⑥，实质上是对女权的误解与污名化。

不太明显的性别歧视则包括：认为女性是弱势群体，其权益的获取需要男性让渡自身的权利（即rights，而不是放弃自己作为男性所获得的特权，即privilege），从而将两个性别对立起来，如"男性愿意通过让渡一部分'理应'属于自己的利益，使自己的女性同胞获得更多被尊重的感觉，这有什么不合理呢？"⑦；以及认为女性已经获得了特权，比如认为电影《嘉年华》获奖与女性评审数量多有关⑧。这些言论将女性争取平等与男性对立起来，使得两性之间的矛盾被扩大，但实际上是新闻工作者对争取性别平等的女性主义

---

① 潘璐：《兴盛"女德班"，你会不会去上？》，《武汉晨报》，2017年12月11日第08版。
② 牛角：《"隐孕"让用人企业更有理由拒绝女员工》，《新文化报》，2017年09月11日第A02版。
③ 堵力：《颠覆？渐变？温儒敏剧透高考语文改革方向》，《中国青年报》，2017年11月13日第11版。
④ 杨一帆：《三问南京南站候车室猥亵女童案 专家表示：猥亵儿童罪并不因"养兄妹"而免除或减轻处罚》，《中国妇女报》，2017年08月16日第A03版。
⑤ 耿兴敏《北京地铁八条线路现反性骚扰拉手 北京市妇联呼吁：不做沉默羔羊 不做冷漠看客》，《中国妇女报》，2017年08月04日第A02版。
⑥ 潘璐：《兴盛"女德班"，你会不会去上？》，《武汉晨报》，2017年12月11日第08版。
⑦ 常江：《我们争论女性车厢时，我们在争什么》，《新京报》，2017年07月07日第A04版。
⑧ 《中国女导演文晏"一枝独秀"》，《新安晚报》，2017年08月30日第A15版，报道特意提到《嘉年华》获奖的这一届电影节的评委中有五位女性，从而"女性力量"可能获得重视。这暗示了该电影可能因为女性评委的性别视角而获得优待，但却没有提及其他的电影节中男性评委占多数，甚至只有男性评委的情况，会导致评审标准倾向于男性视角。因此，这一报道角度实际上是把男性的视角和男性占多数的情况看作是默认的标准，而认为只有女性占多数的时候，这个事件才是性别化的（gendered）。——作者注。

行动和举措的理解存在偏差。

此外，报道中也存在对争取性别平等的作品进行批评，以及否定弱势群体的倾向性政策，认为这样是对其他群体的歧视，但这些内容多是出于平衡报道的需要，或是对舆论观点的客观描述。这同样反映了当前社会中性别歧视仍普遍存在。

六、医学、法律和社会学的科普回答了读者可能提出的问题

整体来看，性别新闻中关于医学、法律、社会学的科普和解释主要有两个方面。一方面，报道对专业知识的呈现带有一定性别视角，能够引导公众关注性别问题及其背后的社会、制度因素，其中与社会学及社会工作的相关知识的性别意识更明显。**此外**，也可以看出一些实用性建议是为了解决具体问题而提出的。另一方面，部分报道有通过援引专家的解释来平息舆论的倾向，回避了对事件背后的**社会制度层面的因素以及对性别不平等的现象的讨论**，不利于大众对事件有**更深层次的认知**和思考。

在报道中，部分的专业性科普能够促进相关问题的解决。在"绥德产妇坠楼事件"中，一些媒体对分娩方式（尤其是无痛分娩）进行了科普介绍："无痛分娩……到达胎儿的剂量微乎其微，其作用几乎可以忽略不计。"①一些报道提到，产妇心理、情感支持对产妇的生产疼痛有较大的影响②。这些报道的科普内容注意到了女性作为生育主体，有减轻自身疼痛的需求，也希望知道相关的麻醉措施的益处和可能的负面影响。此外，一些报道从性侵、性骚扰相关事件出发，延伸到关注受害人的心理创伤，并对此提出了相关建议③。与医学、法学的相关解释相比，社会学方面的专业科普则更明显的带有

---

① 董佳妮：《陕西榆林一产妇坠楼后，顺产和剖宫产如何选择？有没有无痛生产方式？引起热议 生孩子这些事，你真的了解吗》，《都市时报》，2017年09月26日第A16版。
② 颜静：《孕产妇容易产生抑郁情绪？分娩到底有多疼？无痛分娩对胎儿健康是否产生影响……》，《台州商报》，2017年9月11日第7版。
③ 范献丰：《性侵：尊严之殇》，《新民晚报社区版家庭周刊》，2017年06月14日第02版；
唐映红：《女作家自杀，少女时代"性侵阴影"有多深？》，《新京报》，2017年05月08日第A04版。

性别倾向，对性别问题也更加关注。对于林奕含事件，部分媒体提到，传统社会对女性强加的羞耻观对性侵受害者会造成二次伤害①，并且在报道中提到不平等的结构助长了性侵事件的发生且阻碍了性侵事件的曝光②。这类内容一方面能够说明性侵、性骚扰问题的普遍程度，另一方面也从专业角度对事件背后涉及性别的社会结构因素进行了深入思考。这些对专业知识的科普及解释引导社会关注、思考性别问题，并对这些问题提出了一些实用性建议，能够更好地促进问题的解决，推动性别平等的进步。

但其中部分关于专业知识的解释的内容含有平息舆论的倾向：在"绥德产妇坠楼事件"中，相关报道对分娩方式的争论给出了专家的解释，即分娩方式需要听从医生建议而不是仅听患者意见③。这一报道从"科学"和"正确"的角度，看似提供了专家意见，实际上否认了女性减轻身体痛苦的需求是一种正当的需求，不认为这一问题是合理合法的问题。而减轻女性在医疗过程中不必要的痛苦，是医疗事业日趋人道（human）的大势所趋④。同时，这个解释也避开了对家属、产妇、医院的矛盾以及相关医疗制度是否不完善的讨论。在"隐孕入职"事件中，一些报道对于隐孕的专业分析仅停留在隐孕不违法，如"从劳动者的角度讲……如果就任该工作岗位与女性是否怀孕没有直接的关系，即使女性应聘者隐婚或隐孕，都不构成违法"。⑤对事件的讨论浮于表面，没有深入探讨事件发生的社会原因。同时，这方面的科普表现出对女性切身相关的问题的忽视，和试图用专家意见来压制某些问题的倾向。它们虽然通过专家的权威话语对事件的争议点进行解释，但实质上这些解释避开了事件的关键点，其目的不在促进问题的解决或者制度进步，而在于平息舆论。

---

① 大路：《文学是不是一场巨大的诡辩》，《城市早8点》，2017年05月18日第06版。
② 《女作家自杀事件发酵 台妇团吁警惕"权势性侵"》，《汕头特区晚报》，2017年05月12日第03版。
③ 《陕西产妇坠楼事件调查》，《亳州晚报》，2017年09月08日第09版。
④ 事实上，学者们记录了医疗行业曾经有过、现在也依然存在的性别歧视。其中一点就是，医生常常认为女性表达疼痛是因为她们忍受疼痛的能力太差，而不对其进行仔细检查和治疗，导致女性常常在患病的症状十分严重的时候才得到救治。承认女性主体对于疼痛的感受和对于自身身体状况的判断，是医疗行业去性别歧视的重要一步。——作者注。
⑤ 董柳：《"隐孕闪辞"算职场"碰瓷"吗？》，《羊城晚报》，2017年09月13日第A03G版。

七、对性别事件关注不足，性别意识有待提高

编码者对所选取新闻报道中每个报社的出现次数以及报道的长度、来源进行了统计，刊登报道及被引用的篇数排名如下：

1.《新京报》　　　　85篇
2.《妇女报》　　　　43篇
3.《北京青年报》　　36篇
4.《人民日报》　　　33篇

排名靠前的几家报社的报道都是原创报道，而且报道质量很高，对事件有较为深入的分析与见解。从中可以发现，《人民日报》作为党与政府的喉舌，《中国妇女报》作为性别领域的专门报纸，《新京报》和《北京青年报》作为市场化的专业报纸，在国内性别新闻的报道中并未缺位，而是对事件全面、详尽地进行报道，引导人们关注性别话题，积极促进性别平等政策的落实。

但综合其余报社的数据，仍能看出媒体在报道性别事件时存在一定的不足。其具体表现在媒体报道的内容整体缺乏原创性，大多采用与主流媒体相同的表述。在统计过程中，编码者发现部分报社的报道大量引用新华社稿件，将内容原封不动或只稍作改动便进行报道，抑或是对几家主流报刊的意见进行整合刊登，更有甚者则出现洗稿现象[1]，从而使报道的内容、观点雷同，失去了对新闻报道采写、多角度解读。

此外，媒体对于性别事件缺乏足够的关注。在所选取的22个性别事件中，报道篇数在20篇以上的事件仅10个。媒体更多关注争议性事件。部分事件是通过网络讨论的发酵进而进入公众视野。而对"成都双流区人民法院发出针对同居暴力的人身保护令""中小学性别平等教育项目"等对推动性别

---

[1] "洗稿"一词来自新闻界，最初指新闻传媒（特别是新闻网站）通过一系列手段对稿件多次编辑或发表在不同渠道，以掩盖其真实来源，避免著作权审查。（《网络信息资源著作权侵权风险分析 微信公众平台自媒体洗稿事件为例》张文德）

平等有重要意义的事件，更是仅有《妇女报》进行了相关报道，且较多新闻报道对性别事件仅作简单的说明与信息传达，并未分析事件背后的深远影响。可见性别事件整体的曝光程度较低，媒体未从促进性别平等的建设性目的出发，对其给予关注。

值得一提的是，这些性别事件并不是孤立存在的，通过分析报道内容，能透视背后的社会问题。在对南京猥亵事件、林奕含自杀事件以及电影嘉年华上映的相关报道中，就有多篇文章指出，所曝光的儿童性侵事件只是冰山一角①，所反映出的是更大范围内的性别不平等状况。我们的视角不能局限于案件和受害人本身，而需要关注更多人的类似遭遇，改善性别不平等的现状。

文化同样是不可忽视的影响性别平等的要素之一，例如在林奕含自杀事件相关报道中所体现出的传统文化相对保守的性观念对性教育的普及与认知的阻碍："在根深蒂固的传统观念中，中国人对于谈'性'讳莫如深，更谈不上要'赤裸裸'地跟孩子谈这个话题。"②同时文化中存在对受害女性污名化的现象，更是对其造成了二次伤害："这段声讨'冷嘲热讽的旁观者'的话本身，却恰恰是对受害者的冷嘲热讽和责难……把骚扰者未受处罚的责任推给了受害者。"③

而在媒体的报道上，部分媒体介绍了事件发生的社会因素，但这种新闻背景的介绍容易导致"存在即合理"的判断，如女职工隐孕入职事件中，将对女性的职场歧视作为一种市场选择："无论我们承认与否，这就是企业的逻辑，或者说这就是市场的逻辑。甚至说，不是企业歧视女性，而是消费者歧视女性……就可以说对落选的事物造成了歧视。"④抑或是将其归因于女性

---

① 李记：《让未成年人远离"熟人伤害"》，《新安晚报（数字报）》，2017年8月17日；《刑拘三人，熄灭恋童网站才走出第一步》，《城报（杭州）》，2017年8月21日；顾星欣、李源、任松筠：《当好护花使者，还需做些什么》，《新华日报》，2017年8月17日。
② 陈萍：《性教育这一课 必须补上》，《南方日报（全国版）（数字报）》，2017年7月5日第AII04版。
③ 莫兰：《指责女性"隐孕"？短视且不公！》，《中国妇女报（数字报）》，2017年9月12日第A03版。
④ 牛角：《"隐孕"让用人企业更有理由拒绝女员工》，《新文化报》，2017年09月11日第A02版。

的生理因素："考虑生理因素，男性在体力上是优于女性的，男性相对更能承受高强度长时间的工作，这样的工作投入时间大，经济收益也大。而女性则相对不那么能熬夜加班，在工作上投入的绝对时间是少于男性的。"①但这种歧视并不是固有的、应然的，可以通过制度的调整与观念的进步来平衡与改善。类似报道容易使媒体失去是非观，而陷入轮回式的历史观。

对于新闻从业者来说，实际上面对着这样一个矛盾性的问题：如何遵守新闻专业主义的客观原则，纳入多信源信息，同时，不让报道本身流于对特异性事件的关注，而是抱持着促进社会进步的初衷，通过提供更全面、真实的信息，援引针对读者关心的、具有社会价值的问题的专家解释，来促进性别平等的制度建设。以上这一部分的报道，展现的其实是在具体操作中，针对这一问题，记者和编辑们选择的容易操作的、但是在性别问题上存在负面影响的解决办法。

八、总结和展望

本文从规范性新闻理论中所叙的新闻报道对社会体制进步的促进作用出发，梳理了2017年度我国大陆纸质媒体对主要的性与性别事件的新闻报道以及部分评论。通过研究发现，不管是在新闻报道还是在报纸的评论文章中都提供了一些从微观的、具体的政策建议，到宏观的、系统性的对于体制改革的建议。从地方纸媒，到在全国范围内具有影响力的、专业的党报和都市报，都存在这样的建设性报道。同时，对于性别事件，除了部分专门关注性别的报纸外，报业并没有普遍关注这一类别的新闻。争议性事件的报道显著多于对其他不那么戏剧性的事件的报道。报道表现出的记者和编辑的性别意识水平存在较大的差异。

可以看出，在新闻业内部的从业人员的性别意识形态，也展出了后女性主义时代的分化状态。同时，对于性别事件的报道，也促使我们重新思考新

---

① 张晶晶：《男女平等要等多久？》，《中国科学报》，2017年12月1日第8版。

闻在社会中发挥的作用，以及新闻专业主义的客观性等要求在实际操作中的运用问题。

  本研究在使用扎根理论的过程中，规避了一般情况下扎根理论对材料进行碎片化会带来的问题。但是在未来的研究中，可以进一步区分新闻报道和评论文章之间表达的性别意识倾向性之间的区别，并将研究对象扩大至网络新闻。

（作者林源是中山大学传播与设计学院2016级本科生，欧阳黔是中山大学传播与设计学院2016级本科生，白玫佳黛博士是中山大学传播与设计学院公共传播系讲师。本文获得了中山大学传播与设计学院副研究员曹小杰博士在NVivo软件资源上的支持。本文分析中所使用的NVivo 11，获得了来自"全英专业骨干课程群培育项目"的资金支持。）

2017年中国公益新闻与公益媒体年度观察

周如南 冯敏仪

2017年是《中华人民共和国慈善法》正式实施后的开篇年，这一年，中国慈善公益事业持续迈上新台阶并呈现出新的时代特点。这一年，党的十九大报告指出，要打造共建共治共享的社会治理格局，加强社会治理制度建设，完善党委领导、政府负责、社会协同、公众参与、法治保障的社会治理体制，提高社会治理社会化、法治化、智能化、专业化水平。报告还多处涉及慈善事业、志愿服务等内容，在协商民主、社区治理、环境治理等方面将"社会组织"纳入其中。政府对公益事业的大力支持促使公益事业稳步前进。在法制规范方面，2017年3月15日，十二届全国人大五次会议表决通过了《中华人民共和国民法总则》，《民法总则》将法人分为营利性和非营利性，这意味着社会组织法人治理结构进一步得到健全。[①]《志愿服务条例》于12月1日起实施，有利于保障志愿者、志愿服务组织、志愿服务对象的合法权益，鼓励和规范志愿服务事业。另外，在市场经济和新媒体环境的相互作用之下，公益领域涌现新现象新趋势。第一，社会企业与公益市场化理念争论再兴。如中国人民大学中国公益创新研究院院长康晓光撰檄文《驳"永光"谬论》和摩拜单车入围"中国社会企业奖"评选，都引发了公益市场化的行业大讨论。第二，大量政府和市场资源持续跨界进入公益领域。伴随着政府职能转移和政府购买服务在我国尤其是东部发达地区的兴起和制度化，政社协同的共治模式在社会服务和公益慈善领域初步形成。同时，在结构性转型的风险社会之中，越来越多具有社会责任感的企业和公民个体日益认识

---

① 王姝：《民法总则草案初审，法人拟按营利性、非营利性划分》，[EB/OL].http://news.sohu.com/20160627/n456456108.shtml,2016–06–27/2018–05–26.

到公益慈善事业的重要性并积极投入和行动。在扶贫领域，大量企业纷纷结合"精准扶贫"的国家战略进行公益布局，例如阿里巴巴在12月1日宣布投入100亿成立阿里巴巴脱贫基金。第三，公益传播迈进新水平呈现新模式，而风险与机遇同行。优秀的公益产品通过互联网得到病毒式的传播，如"小朋友画廊"事件通过微信朋友圈转发在极短时间内迅速完成筹款目标1500万元。第三届"腾讯99公益日"传播与筹款效果创新高。在9月7日到9日期间，腾讯公益平台共动员1268万人次捐出8.299亿元善款，帮助6466个公益项目顺利推行。① 与此同时，网络募捐也引发大量争议。如12月发生的"同一天生日"事件涉嫌数据造假，隐私披露等问题，让人们对网络募捐陷入沉思。政府的重视与支持、互联网技术的介入、社会公益意识的崛起正塑造着一个全新的公益新格局。本文通过对2017年公益传播发展历程的梳理，试图展现2017年公益传播的发展图景，分析当前移动互联网发展以及政策与社会环境对公益传播产生的深刻影响与发展方向。

一、"两光之争"引发"公益市场化"议题再浮现

2017年中国公益界兴起一场大辩论。首先是希望工程创始人、南都公益基金会理事长徐永光集多年公益实践和观点之大成出版《公益向右，商业向左》一书，然后是与之相交二十余年的中国人民大学中国公益创新研究院院长康晓光教授书檄文一篇《驳"永光"谬论：评徐永光〈公益向右，商业向左〉》，竟引行业侧目关注。曾经引起热议的"公益市场化"议题再次被提起。此议题重大，其走向值得公益界持续关注。

徐的观点可以划入新自由主义，康是新儒家代表，二人主要激辩人性本善/恶、利己/利他及由此衍生的关于社会问题解决和公益慈善走向的思考，这种观点的碰撞对于思想的启发是有意义的。但是，讨论还应嵌入到具体的历史和社会维度中进行，抽象化概念之争或标签化碎片化讨论对我们理解问题

---

① 公益时报.腾讯汇报99公益日"战况" 1268万人次捐款8.299亿元，加配捐超13亿元[EB/OL].http://www.gongyishibao.com/html/yaowen/12462.html,2017-09-12/2018-05-26.

本身并无裨益。如何在恪守社会公平正义价值底线的基础上，让公益在当前转型中国发挥它应有的社会功能，值得我们把讨论推向更加深入。

从历史视角看，中国公益今天确实走到了十字路口。如果以1978年以来伴随着经济体制从"计划"向"市场"转型过程中的"社会重建"为线索，现代公益经历了90年代自然之友等民间公益组织的兴起、1995北京世妇会举办、2008汶川地震民间公益协作救援、2016《慈善法》出台等标志性事件，公益事业也逐渐从官办慈善、计划慈善转向民间公益、人人公益。但是，公益走到今日，其路径仍然充满困境乃至迷茫。简单而言，其面临的主要问题有三：一是官办公益增强自身非营利性以及相对独立性和资源性问题；二是草根公益如何处理与政府、市场、境外资助合作方关系，取得更强合法性的同时增强其专业性可持续性的问题；三是国际公益如何在全球化和中国新治理语境下参与中国社会发展，增强合法性降低敏感性的问题等。"市场化"似乎在实践中成为解决上述难题的各相关方利益最大公约数和安全共识底线。

然而，"市场化"是否是"公益"的唯一正确出路？或者换句话说，我们在谈"公益市场化"的时候在谈什么？或者再换一种问法，"公益"和"商业"究竟应该是一种怎样的关系？

所以公益和商业具有本质差异，主要是运作逻辑差异和属性差异。在这一共识前提下，我们发现当前讨论焦点在于"公益"（第三部门）和"市场"（第二部门）如果要"跨界"，其边界应在哪里。从公益端来说，公益作为基于对弱势群体的关怀和社会需求的满足而产生的专业领域，现代公益已绝不等同于简单慈善或者捐钱。公益事业从内而外可以简单划分为"慈善"—"公益"—"社会创新"三个圈层，也就是从"授人以鱼"到"授人以渔"到"渔场生态系统化改造"。当到了社会创新层面的时候，事实上，公益已经开始需要融合商业思维和可持续模式探索，而社会企业是探索其中之一，被认为主要可以解决传统公益组织不能自我造血和可持续发展的问题。社会企业和普通企业的差别在于是否以社会问题解决为其第一使命，其次才考虑股东分红等利润分配问题。当前社会企业在欧美包括东南亚一些国家得到了大量的实践并已经成为一种社会创新趋势。在这个背景下，中国公益界也开始讨论社会企业、B型企业、社会影响力投资等概念。

从企业端来看，在现代企业发展过程中，社会责任（CSR）概念不断被提出。虽然有一种极端观点认为，企业成功本身就是一种社会责任，比如解决了就业与纳税等。但是我们不得不看到，由于逐利是企业的主逻辑，当前社会环境的污染、资源的浪费、财富差距的扩大等社会问题也和法治不足的社会治理背景下强势市场化扩张不无关系。越来越多的声音认为企业在完成商业运营之外，还应承担更多的社会责任。从内而外可以包括对员工福利的保障、与企业周边社区关系的和谐、能源节约、社会友好价值共创等。当企业社会责任推到最外层，我们会发现和公益端逻辑发展出的社会企业已经接近。

当然，以上也只是基于概念和逻辑的推演，讨论仍然要植入历史和社会维度理解。即使在欧美国家，社会企业也并非只有单一解读和实践。当前某些人推崇的"公益市场化"思维更多舶来自美式理解的强调"市场化手段"的线性光谱图，而非英式强调"社会化目标"非线性模块图或其他脉络。它们各自的理解有其具体历史脉络和政治意识形态根基，"中国式"社会企业如果要落地，还是要回到中国语境本身来讨论。

中国语境是什么？"公益市场化"为何在这时不断被提出？更宏大的角度来看，这是中国整体政治经济社会结构转型和改革道路走到了十字路口的一个极佳隐喻。极端的公益市场化声音属于新自由主义阵营，简单说就是市场至上。应该说，在当前中国公益行业发展不完善、政府主导性过强的现实面前，"公益市场化"提法有其积极意义，比如对公益行政化、垄断化的冲击。但是我们仍要高度警惕公益泛市场化和过度市场化，这是因为公益行业的特殊性。公益领域本身是"公益+自愿"的动员逻辑，与商业"私益+自愿"逻辑有本质差异，这无关人性自私或利他的动机讨论，而是社会后果倒推的必要。公益作为公共领域，有社会公平正义底线守护功能，如果这里只有市场逻辑和丛林法则，"效率""专业""规模化"成为其主流，公平正义和人的尊严作为社会底线可能会被洞穿，所以我们必须保护社会本身，或者等待社会的自我保护。波兰尼在《大转型》一书中曾清晰论述市场与社会关系,在历史上,从来都是市场嵌于社会之中,一旦市场逻辑漫越,甚至成为社会逻辑,将带来可怕后果。清楚认知社会逻辑和商业逻辑的本质区别和边界之后,会发现与其说"公益市场化",也许"公益社会化"的提法更为贴切。

二、全民参与,公益社会化不再遥远

随着公益支付门槛的降低,公益产品的不断创新,公民和企业公益意识的提高,社会公众的公益参与度不断升温。在2017年,第30届中山慈善万人行、一元购画、阿里95公益周、腾讯99公益日等活动在社会掀起了公益的热潮,民众参与度爆炸性增长提高,社会捐助和志愿者服务也一路走高,公益社会化似乎不再那么遥远。

(一)"小朋友画廊"刷爆朋友圈

"小朋友画廊"H5是腾讯公益、深圳市爱佑未来慈善基金会和WABC无障碍艺途公益机构联合出品的线上线下互动公益项目,"小朋友画廊"摆脱了以往传统单一的捐赠模式,积极与捐赠者产生互动并进行回馈,该项目在30分钟内吸引参与人次破百万,半天内项目成功筹款1500万,参与人数多达580万,成为2017年年度公益爆款。

1.儿童公益元素触动人心,强烈的代入感故事叙述

不同于空洞或苦情的公益口号,儿童故事特有的亲切性、正向性和传播性,故事可读性强,读者接受度也较高,使其成为抢占人心的有效工具。小朋友画廊的受众是自闭症儿童,"精智障碍"+"小朋友画廊"议题本身较容易引起公众共鸣和情绪的产生,小朋友画廊通过讲述自闭症儿童拥有绘画天赋,用艺术与世界沟通的故事唤起受众的爱心,让受众身同感受,更愿意参与这场公益行动。

2.全媒体产品形态推动公益病毒式传播

"小朋友画廊"里的每一幅画背后点开语音,都能听到一位"小朋友"自述的创作故事。只要捐助1块钱,这幅画就能下载作为捐赠人的手机桌面,还能听到来自创作者"小朋友"的感谢录音,捐赠的回馈简单而清晰,大大丰富受众的产品体验。除了产品本身形、声、色俱全,产品捐赠和转发门槛较低,公众扫码捐赠生成页面转发朋友圈一气呵成,而且是个性化专属署名页面,满足受众晒爱心的需求,让公众在朋友圈塑造积极的公益形象,对公众而言,参与门槛低、成本小而自我成就感高,有利于公众调动传播积极性,实现"小朋友画廊"的病毒式传播。

3.平台背书塑造公益事件公信力

根据霍夫兰的说服理论,信源可信度越高,传播效果越大。腾讯公益背靠互联网巨头腾讯,拥有较多的经济资源与技术资源,腾讯公益的公信力背书和推送在"小朋友画廊"公益社会化传播中功不可没。然而,此次活动缺乏对背后公益组织的介绍,策划方WABC与接受善款方爱佑未来相关信息并未详细披露,容易导致用户对公益捐赠平台的误解。项目发起方、资金代管方和平台方都需要注意防范互联网公益爆款可能带来的传播风险,及时做好信息和财务的公众披露。

4.半开放性的微信朋友圈成为众声喧哗的狂欢广场

当"小朋友画廊"筹款在朋友圈瞬间成为爆款,趋于群体压力,或者为了实现与目标群体的议程融合,不少网民加入"小朋友画廊"参与大军。另外,有关阴谋论的质疑、基于专业性的反热点行为思考,如《知乎专栏——我反对所有将自闭症儿童的一切浪漫化理解的行为》和基于相关性的"蹭热点",如NGO2.0和CM公益传播即时快评、《小朋友画廊刷屏背后》等深度旧文重发,媒体和个人的踊跃表达和持续发声,形成累积效应,让事件和话题持续升温中。

(二)99公益日刷新捐赠纪录

"99公益日"是由腾讯公益联合数百家公益组织、知名企业、明星名人、顶级创意传播机构共同发起的一年一度全民公益活动。"99+1,让爱满分"是2017年的99公益日的标语，号召全民共同参与公益，一起释放爱和温暖。2017年9月7日到9日，腾讯公益平台获得8.299亿元善款，帮助6466个公益项目顺利推行。相比去年同期的677万人次捐赠，2017年的网友捐款金额达到去年的2.72倍，参与人次达到去年的1.87倍。①

1.通过"公益+多元跨界"，实现场景化捐赠

2017年，小红书、回收宝、映客、微拍堂、富途证券、悦动圈、快手等腾讯生态企业，加入公益元素，让公益融入受众点点滴滴的生活，实现随时随地做公益，全民做公益。以往打开了微信捐步界面，网民每天走满10000步就可以获得企业支持由企业捐款，2017年9月7号至9号，门槛从10000步变成1000步，仅需1000步就可以把每天的出行变成善行。在手Q短视频拍摄界面，运用全新视觉识别技术，民众通过举手比心也能做公益，演员刘亦菲作为宣传大使，呼吁粉丝参与QQ比心接力，每1人成功接力，腾讯公益将向爱佑童心项目捐出1元善款。网民参加QQ音乐跑步大赛，把步调与和弦变成爱心，通过每跑一公里，帮助到山区的贫困妈妈。游戏玩家也可以通过玩王者荣耀和英雄联盟来保护传统文化赢装备。用户、明星、K歌网红等登录全民K歌参与翻唱活动，大赛打赏收入扣除成本后将捐助给"爱的分贝"聋儿救助项目，助力公益，帮助听障儿童。理财通用户只要在理财通买入任意产品1000元，理财通将联合腾讯基金会以用户自己的名义为贫困地区儿童送午餐。网民每次使用手机充值，都能收集并捐赠"回声能量"助力公益，让孩子与父母多一分钟通话。公益跟随企业提供的服务渗透生活的每一个角落，企业金钱捐赠的时代已经过去，如今的公益模式走向全民互动、多场景切入的新格局，在未来几年，动动指头就能参与公益活动的互联网指尖公益将进一步驱动社会化公益发展。

2.开办99公益日市集，开创新的互动体验模式

2017年的99公益日推出了新的互动体验模式——99公益日·市集，在北京、深圳、上海、成都、杭州五地，推出极具艺术感、科技感、互动感的公

---

① 公益时报.腾讯汇报99公益日"战况" 1268万人次捐款8.299亿元，加配捐超13亿元[EB/OL].http://www.gongyishibao.com/html/yaowen/12462.html,2017-09-12/2018-05-26.

益市集,联合优质公益伙伴案例进行展示和互动。① 现场有黑暗盒子,受众在黑暗的空间里接受引导员给出的动作指导,完成一系列互动游戏,让更多人了解到视障人士的日常生活。在"渐冻人眼控"展区,有一款"霍金同款"的黑科技轮椅,该"黑科技"通过软件记录瞳孔位移了解渐冻人的想法。体验者只要坐上去"动动眼珠",机器就能按照大脑指令,完成相应的命令动作。在成都的市集出现了会"医术"的小马驹,患有脑瘫和自闭症的儿童可以通过系统的马术康复治疗课程在认知、社会交往等领域得到有效的治疗。99公益日市集让更多的民众参与进来,使得他们走进公益现场,感受不同群体的困境,通过自己的小行动加入爱心的团队,让公益在趣味性较强的游戏中实现有效传播。体验式公益轻松地拉近了公益与生活的距离,告别了以往沉重的公益表达模式,使得受助者的需求表达不再遥远。

(三)阿里巴巴发起"95公益周"

2017年9月5日,阿里巴巴集团向社会发出"人人3小时,公益亿起来"的倡议,并携手多家国内知名公益机构、知名企业共同开启首届"95公益周"。淘宝卖家只要进入卖家中心,点击出售中的宝贝,然后选择需要参加公益宝贝计划的宝贝,即可点击设置公益宝贝,参与95公益周。在2017年,阿里巴巴平台和蚂蚁金服平台共推动社会公众47亿人次参与公益,累计3亿多名用户、178万名卖家,捐赠笔数达到43.9亿笔。直接产生捐款的卖家达到177.24万,实现捐款额1.82亿元,近180万卖家、2.8亿买家参与该计划,捐助超过10次的"剁手党"就有1.3亿,公益宝贝计划能够将商业行为转化为公益行动,让公益融入生活,产生巨大的公益效益。中国妇女发展基金会母亲健康快车、母亲邮包、母亲创业循环金、母亲微笑行动、校园安全饮水等多个特色优质项目也都参与了2017年的95公益周行动,打开手机淘宝,搜索"海清公益行动"的接头暗号就有惊喜彩蛋。走路、购物、转发都可以为公益献出一份力。在活动反馈上,95公益周主页上线之后,用户为公益做的每一点

---

① 中华儿慈会.让爱满分"99公益日·市集"揭晓2017"99公益日"总配捐额破6亿[EB/OL]. http://news.ifeng.com/a/20170904/51862610_0.shtml,2017-09-04/2018-05-26.

努力,通通可以打卡记录,生成自己的专属公益界面,有利于提升用户在公益参与上的成就感。在公益活动上,阿里可以充分发挥自身的用户和技术资源等优势,在公益项目中充当连接资源的平台角色,比如阿里通过农村淘宝进入农村,连接当地公益网络,提高当地赈灾项目的效率。另外,阿里安全、阿里健康、菜鸟、蚂蚁金服、UC等阿里体系内能驱动公益发展的相关业务线通过"企业+公益"的模式,进一步扩大公益的影响力。

三、传统媒体仍然是公益传播的主力军,新媒体+公益传播大放异彩

资源丰富的传统媒体依然挑着公益的大旗,举办大型公益盛典,通过媒体平台汇集资源,鼓励社会更好地参与公益。2018年5月31日,2017年度媒体社会责任报告正式对外发布,2017年1月1日至12月31日,新华公益在线募捐服务平台筹款总额6146442.61元,在线筹款项目186个,参与捐赠者96571人次。项目捐赠额度和上线前历史数据累加总计完成捐赠62309590.82元,参与捐赠575466人次[1];2017年底,公益时报社主办了一系列公益年会,发布《彩票行业观察报告》等报告,颁发"2017年度中国公益企业""2017中国彩票优秀传播案例"等奖项;南都公益基金会则提出2017年至2019年新的公益战略"建设公益生态系统,促进跨界合作创新",更加重视突出规模化社会创新;中央人民广播电台华夏之声《公益华夏》,携手喜马拉雅FM发布《公益资讯》《公益访谈》《公益故事》等公益专辑,用温暖的声音传播公益故事;天津滨海广播电视台通过荔枝FM直播间,举办"点亮蓝灯大型公益活动",呼吁人们更加关注自闭症儿童。在社会化公益网络平台方面,新浪微公益持续通过联动政府机构、公益机构、名人明星、企业、媒体和网友,共同打造了公益生态圈子,还颁布了2017年度"十大最具影响力公益蓝V""十大最具公益影响力话题""十大最具公益影响力项目"等多个公益奖项。在

---

[1] 2017年度新华网社会责任报告[R]. 北京:新华网,2018:

视频社交媒体方面,短视频助力公益病毒式传播。秒拍在"给TA一个家"流浪动物冬季关爱行动中,与贾乃亮等明星合作,通过短视频的形式,呼吁受众利用废弃纸箱为流浪猫狗构建一个温暖的家;在今年世界自闭症日,抖音短视频App联合壹基金推出"我的蓝色行动",李连杰在抖音上发起公益挑战,向自闭症儿童举出"你好,很高兴认识你"的手写纸牌,收获网友大片好评。在信息爆炸的时代,海量信息包围着用户,而用户时间有限,无法一一掌握,碎片化的信息更符合用户的获取需求。短视频的输出形、声、色俱全,能够满足用户快速掌握资讯的需求并获得良好的阅读体验,从而使得公益信息传递效果更突出。与此同时,短视频的"假公益"也引人深思,在2017年9月,两快手主播"假慈善 伪公益"一审宣判获刑,快手直播四川大凉山伪公益事件落下帷幕,但"假公益"视频直播依然是公益在短视频传播中的隐患,还需相关媒体部门对公益视频加强审核和监管。除了短视频的可视化公益传播,媒体通过声音也可以传递关爱。在2017年的全球性节能活动"地球一小时"中,荔枝FM倡议"为地球关灯一小时,听听身边的声音",热心公益的荔枝主播在无灯的夜晚用声音连接起无数热爱环保的心。新的一年里,传统媒体依然是公益有力的支持,而随着新媒体慢慢改变着公益的传播形式,为公益号召灌输源源不断的动力,新媒体时代下的公益传播值得进一步期待。

四、企业社会创新为公益事业注入活力,精准扶贫成为年度公益风口

不少大型企业的社会责任意识在逐步加强。以往CSR部门停留于捐钱捐物的阶段来进行公益活动以塑造企业良好的社会形象,但随着公益理念的不断深化和公益形式的探索和创新,企业走向战略公益发展道路,充分发挥企业优势,基于产品调性去设计制订公益方案,不断平衡企业的商业效益和社会效益。腾讯、阿里等大流量平台通过其自身的互联网生态圈把消费场景转变为公益场景,例如上述的99公益日和阿里95公益周。此外,京东发挥自身

的物流优势，打造"物爱相连，连结爱心"——京东物资平台，将公益物资第一时间送到需要的人手里；苏宁通过投放共享快递盒，使用循环可回收的物料充当快递载体，减少了资源浪费，引领绿色物流的发展。企业的公益活动甚至影响到产品输出。例如欧莱雅中国动员全生产链和消费链参与到环保的行动之中，不仅发起"爱满空瓶""绿色包裹行动""绿色消费教育"等项目，还追求产品100%使用可持续原料，使得产品往可循环利用方向发展；唯品会依据电商的优势打造唯爱工坊电商服务平台，为非遗公益产品提供设计、包装、仓库、市场等一系列产销活动，将非遗公益产品推送到公众面前。随着企业公益影响力建设观念的深入，公益将在企业的重视与支持下连接更多的社会资源焕发新的活力。另外，企业在公益项目传播中能够很好地使用一定的传播手段增强公益事件的影响力。第一，发挥意见领袖的作用，鼓励公众参与活动。明星凭借其大量的粉丝资源在新媒体时代成为引领潮流中不可忽视的意见领袖，选取意见领袖的时候考虑明星的形象定位与活动的契合点，有利于企业更好地实现多级传播，扩大企业公益号召力。例如星河湾在"梦想星力量星河湾梦想守护计划"中邀请梦想家李云迪引导汶川孩子实现自己的梦想，在微博上，李云迪对此次活动的转发数有7150个，收获了15904个点赞；活跃于公益活动并且形象健康的刘昊然在欧莱雅的环保宣传活动中，"刘昊然约你一起爱满空瓶"在微博上获得534万的阅读量和高达两万的讨论量。第二，挖掘新媒体传播。在新媒体时代，企业传播充分应用新技术多渠道传播以实现传播效果最大化。例如，玫琳凯在女性素养的传播中借势大热电视剧《欢乐颂2》，利用自媒体和主流传统媒体进行报道，在各个网站大力推广公益视频。

拉斯韦尔在1948年发表的《传播在社会中的结构与功能》中提到传播具有环境监视功能。人们不断通过传播更好地适应变化中的社会环境，玫琳凯通过多种渠道试图塑造女性素养的宣传环境，容易引起女性的关注与其行动的改变。

2017年的十九大报告提到，"坚持大扶贫格局，注重扶贫同扶志、扶智相结合"。不少企业响应政策，在精准扶贫上投入大量的公益资源，项目通过发掘地方特色产业制造就业机会、提供技能培训机会、给予青少年教育支援等形式支援地区经济发展。例如碧桂园集团、农业银行广东省分行、中国银行广东省分行、工商银行广东省分行、奥园集团、广物汽贸、完美（中国）有限公司均启动相关精准扶贫项目，在政策鼓励下，更多的企业将会加入精准扶贫的大军。公益扶贫项目在企业的支持下有望建立地区经济发展的长效机制，使贫困地区真正走向脱贫致富的道路。值得注意的是，精准扶贫的过程中，企业要不忘初心，不能一味依靠巨额资金的投入直接提高贫困落后地区的生活水平，扶贫项目不能忽略地方特色而落入同质化的困局。

五、"互联网+慈善"时代，网络募捐机遇与风险并存

随着互联网的进一步普及和公众慈善意识的逐步提高，我们走进了"互联网+慈善"时代，网络募捐作为适应互联网时代的公益筹款产物，让受众通过互联网进行捐助，能够在最短时间迅速筹集资金帮助到有需要的群体。"小朋友画廊""99公益日"等网红级公益网络募捐刷爆朋友圈，在极短时间内迅速达到筹款目标。2017年全年，通过12家互联网募捐平台完成的捐赠次数超过62亿次（62.4946031亿），相当于全民全年人均完成4.5次捐赠。腾讯公益网络捐赠平台在2017年全年共有19021个项目在平台获得筹款，共筹集善款16.25亿元人民币，捐赠人次达到6310万;其中新上线项目16847个，筹集善款9.04亿元人民币，捐赠人次达到3031万。而阿里巴巴旗下蚂蚁金服公益平台和淘宝公益平台全年募款总额高达4.87亿及2.98亿元。[①]网络募捐平台在近年来遍地开花，在推动公益事业发展的同时，由于质量参差不齐，监管不严等原因，网络募捐平台滋生了一系列问题，这些问题主要表现在虚假信息泛滥，诈骗现象突出，信息缺乏透明公开等方面。

---

① 公益时报.12家互联网募捐平台2017年筹款总额超25亿[EB/OL].http://www.xinhuanet.com/gongyi/2018-03/01/c_129820120.htm,2018–03–01/2018–05–26.

（一）"同一天生日"事件引发网络募捐热议

1. 虚假信息泛滥，受助者隐私披露

2017年平安夜，"同一天生日"爱心活动揭开序幕，"一元助TA改变命运"，用户输入自己的生日，可寻找和自己生日相同的贫困学生，为其捐赠一元钱。"同一天生日"本来是一个创意十足的公益活动，引发了不少网友大献爱心，但后来却引起极大的争议。首先，不少网友贴出的照片显示，同一个受助的贫困学生，却用着不同的名字在不同的生日界面中出现，"同一天生日"公益活动被网友指责虚假信息泛滥，欺骗消费者感情，打着公益的旗号骗取金钱。其次，根据发起机构深圳市爱佑未来慈善基金会的说法，"同一天生日"所得善款将全部用于云南省镇雄县2452名贫困孩子一年的生活补助。除H5展示信息的366名孩子外，还将随机匹配2086名孩子。"同一天生日"用366名孩子的信息和肖像来为2452名孩子募款，该筹款活动在信息交换中误导了受众，也引发大量质疑的声音。最后，"同一天生日"H5活动页面披露了孩子的出生日期和肖像，涉嫌侵犯未成年人隐私权。《中华人民共和国未成年人保护法》第三条规定，国家根据未成年人身心发展特点给予特殊、优先保护，保障未成年人的合法权益不受侵犯。信息和肖像的曝光将孩子个人信息放置于公共空间，贫困的标签也许会留在互联网的页面上伴随着孩子的一生，孩子的成长可能会收到异样目光的关注，让小孩陷入自卑的泥潭，将他们放置于身心会受到侵害的风险之中。

2. 呼吁诚实守信，守护受助者利益

公益组织应真实而有边界地公开受助者信息与需求，如实回应公众，公信力一旦损害，将影响受众对社会慈善事业的信任，影响公益慈善事业健康发展。面对项目信息混乱的问题，尽管"同一天生日"负责人回应质疑，表示内测泄露被迫提前上线，所以存在信息混乱问题。不少网友对于"活动上线匆忙所以存在BUG"的解释不以为然。当下公益众筹选择哪个平台哪种形式并不特别重要，重要的是如何获得公众信任，拒绝商业的诱惑，遵循公益机构的原则与初心。另外，信息公开透明不能以牺牲个人隐私权为代价，在敏感的议题上，公益组织不能一味追求故事性和透明度最大化而公布个人隐私，损害受助者利益。尽管"同一天生日"的孩子部分隐私信息在孩子监护人同意下得到保留，使得项目看似更具真实性，但公益的皮囊并不能掩盖受助者信息被披露的风险，受助者的隐私在社交平台下依然有迹可循。信息的透明公开更应该表现在受众反馈、财务披露上，从而保障受助者的长期利益和提供项目反馈，不断打造公益组织的公信力，让捐赠者更放心参与公益项目。

（二）网络募捐任重而道远

1.法律与规范的护航

针对网络募捐的乱象，2017年8月1日起，《慈善组织互联网公开募捐信息平台基本技术规范》《慈善组织互联网公开募捐信息平台基本管理规范》两项行业标准正式施行。[1]两项行业标准明确规定，在平台上进行募捐的主体应是获得公开募捐资格的慈善组织，其他组织、个人包括平台本身没有公开募捐资格。平台不应为不具有公开募捐资格的组织、个人提供公开募捐信息发布服务。公开募捐信息不应与商业筹款、网络互助、个人求助等其他信息混杂。[2]个人为解决自己或者家庭困难，提出发布求助信息时，平台应有序引导个人与具有公开募捐资格的慈善组织对接，并加强审查甄别、设置救助上限、强化信息公开和使用反馈，做好风险防范提示和责任追溯。新规明确了在网络开展募捐的主体资格，将个人求助行为与网络募捐区分开来，并强调募捐平台在公益慈善募捐上的责任。

2.慈善监管与法规建设依然存在空白

我国目前依然处于社会发展的转型时期，尚未建立起与社会主义市场经济相适应的诚信理念；在社会组织运作方面，公益众筹、社会影响力投资、社会企业等新的慈善运作领域，相关法律法规还没出现相应规范。例如在个人求助行为的具体规制方面，《慈善法》等相关法律法规没有进行详细的规

---

[1] 柯湘：《互联网公益众筹：现状、挑战及应对——基于《慈善法》背景下的分析》，《贵州财经大学学报》2017年第6期，第53—60页。

[2] 王哲：《当慈善遇到互联网》，《中国报道》2017年第9期，第74—75页。

定。在生活中，由于社会救助体系不到位，面对天灾人祸的时候，需要他人援助的民众利用微信、微博等网络社交平台发布个人求助信息，个人在网络上发布求助信息有助于发挥公益捐助的长尾效应，帮助个体渡过难关。但其中，一些公益机构和个人出于经济利益，钻法律的漏洞，甚至出现诈骗等损害公益事业的行为，求助信息的发布还需通过法律法规进一步加强引导和规范。另外，当前，在我国网络募捐监管中，诚信监管体系与惩戒体系尚未成熟，监管主体分散而且公益利益相关者关系复杂，监管落实比较困难。网络社交平台应该在源头上对公益筹款人加强核实发布的公益信息，除此之外，还应该监管公益善款的去向，保障募捐款项的合理使用。为了进一步提高监管效率，可以引进第三方评估机制，对网络公益进行监管，对利益相关方形成制约。

结语

随着经济发展，公益慈善不再局限于扶贫救弱，而是向更多元跨领域纵深发展，未来公益也开始迈向科技、经济、健康、社会企业化模式等新领域。公益市场化一方面存在积极意义，另一方面也要警惕泛市场化和过度市场化，带来突破公平正义的社会底线的恶果。在互联网迅猛发展的背景下，更多体验化、创新的公益产品如雨后春笋一一冒出。公益参与达到前所未有的巨大规模，民众通过指尖公益就可以捐献自己的爱心，小额捐款充分发挥长尾效应，聚沙成塔，积水成河，点滴的善举汇聚成温暖而有力的力量让社会更加美好。企业在公益传播的道路上不断发掘自身优势，把公益项目与核心业务相连接，以战略公益思维激发出新的公益传播火花和经济效益。网络募捐是机遇，也是挑战。深入了解网络募捐现存的问题，有利于我们更好地采取相应措施来预防犯罪和防范道德风险，[1]提升网络募捐公信力。公益机构只有不忘初心，方得始终；而政府要加强监管，莫让募捐的平台成了商家圈

---

[1] 周晓晶：《网络募捐的规范若干问题研究》，《法制博览》2017年第2期，第65、64页。

钱的口袋。回顾2017年中国社会公益事业取得的瞩目成就，我们要牢记昔日的光荣与不足，踏实地展望未来。在公民意识逐年提高、经济科技政治迅速发展的碰撞下，我们期待2018年中国公益事业的更进一步。

（作者周如南为中山大学传播与设计学院副教授，冯敏仪为中山大学传播与设计学院2018级研究生。）

第四辑
中国新闻业年度观察报告 2018

年度调查

新媒体环境下中国调查记者行业生态变化报告

张志安 曹艳辉

【摘要】

本研究是针对中国调查记者行业的第二次全国性普查,与六年前进行的首次调查结果进行比较后,本文发现:调查记者行业面临严重的人才流失趋势,传统媒体调查记者从业人数下降幅度高达58%;调查记者行业依然由男性主导,且年龄结构偏向年轻化,教育程度和收入水平相对更高,从业经历也更加丰富;调查记者高度集中在7家传统媒体和2家新媒体机构,41%的调查记者工作地在北京,曾经籍贯最集中的"调查湘军"现象呈衰落之势;他们在择业动机、角色认知方面与首次调研结果高度相似,但职业认同感显著下降、工作自主空间有所收缩、职业忠诚度更加充满不确定性。值得一提的是,他们自我报告的职业满意度并未出现显著下降,主要原因是新入行的调查记者和新媒体机构的调查记者的工作满意度相对更高。

【关键词】

调查记者 职业意识 生态变化

一、研究缘起

通常,调查记者被视为新闻从业者队伍中追求事实真相、推动社会进步的标杆。在西方国家,调查记者被认为是"媒体对国家的重要贡献者,是西方现代民主的基石"[①];在撒哈拉以南的非洲国家,调查记者被视为"社会变

---

① 郑素侠:《从"良心的守护者"到"被监控者":新媒体时代美国调查记者的生存困境》,《编辑之友》2017年第2期。

革的推动者",通过调查报道影响公共政策、政府行为、公共讨论等[①];在中国,调查记者同样享有很高的社会声望,被誉为"社会转型的守望者""最优秀的记者","比一般记者拥有更高的职业追求和更强的专业意识"[②]。

近年来,在技术、政治、市场等多重压力下,中国新闻业的生态环境正在发生重构和变革,调查报道行业比过去面临更大的生存困境。一是微博微信等社交媒体的崛起,削弱了传统新闻业的文化权威,用户生产内容(UGC)、公民新闻、网络监督的活跃意味着传统媒体不再是事实真相的唯一提供者和舆论监督的主力践行者,由此导致组织化的调查报道和传统媒体雇佣的调查记者面临着社会影响力衰落的严峻考验;二是伴随舆论环境的变化和新时期宣传报道力度的增强,媒体主管部门及各级政府为了维护社会稳定、塑造社会认同,对敏感性社会问题的报道加强了行政控制,网络管理部门针对商业网站的深度报道重申了其不具备原创新闻采访权的规定,由此,客观上限制了调查报道的供应量;三是越来越多的传统媒体陷入发行下降、盈利亏损、人才流失等生存困境,不少市场化都市报裁减甚至撤销了深度报道部,且普遍压缩了用于调查报道的采访成本,"优秀媒体人的加速离职转型引发了一些学者对新闻专业主义衰落的担忧"[③]。

与此同时,传统媒体的融合转型也为调查记者开辟了新的传播平台和职业空间,一些有影响力的传统媒体依旧重视和坚守调查报道。比如,2014年7月,澎湃新闻一上线就推出系列深度调查报道;2017年2月,《成都商报》旗下的"红星新闻"发布年薪20万招聘调查记者的广告;2017年4月,《新京报》宣布"将至少增加2000万元投入,寻找最优秀的新闻人"。立足新媒体环境和新新闻生态,调查记者行业的总体特征、职业意识和生存状态发生了哪些变化?本文试图运用2016—2017年开展的中国调查记者第二次全国调查数据,与2010-2011年实施的全国纸媒调查记者首次总体普查进行比较,分析

---

① Lublinski, J., Spurk, C., Fleury, J., Labassi,O., Mbarga,G., Nicolas,M.L., &Rizk,T.A.*Triggering change–How investigative journalists in Sub-Saharan Africa contribute to solving problems in society*,Journalism ,Vol.17,No.8,2015.pp.1074-1094.
② 张志安:《深度报道从业者的职业意识特征研究》,《现代传播》2008年第5期。
③ 任孟山:《媒体人加速离职与新闻专业主义隐忧》,《青年记者》2015年第4期。

和探讨调查记者行业生态的最新变化特征。

职业意识是考察调查记者生存状态的重要维度，一些学者采用实证方法对此问题进行了研究。白红义以1995—2010年为时间区间，研究了当代中国调查记者的职业意识特征及其变化轨迹，其研究发现：20世纪90年代入行的调查记者更重视"倡导者"的职业角色，21世纪后入行的新一代调查记者更强调"中立者"角色。[①]2010—2011年，张志安和沈菲对中国调查记者进行首次全国性问卷调查，发表了一系列论文，其研究发现："调查记者具有相似的价值观和职业意识，强调媒体的监督、启蒙作用；择业动机更具价值理性，不轻易受名利诱惑；不愿意被行政权力和商业利益制约，更加具有自主性；但生存状态并不理想，收入不高、职业忠诚度普遍较低。"[②]童静蓉等2009年发表的论文指出：新世纪以来关于调查报道生存困境的悲观论述过于简单和片面，有两个重要因素将促进中国调查性报道的持续发展，一是调查报道曾是许多报纸获得经济发展的重要工具，已经被整合到新闻媒体的组织架构中；二是调查报道的发展建构了中国新闻从业者的专业主义意识形态，一些市场化报纸和自我认同度高的记者对调查报道具有很强的忠诚度。[③]

近年来，受新媒体的结构性影响，新闻业的生态环境发生了显著变化，关于新闻业转型中的职业危机话语弥漫全球，调查报道因部门裁减和队伍萎缩而深受影响。现有文献中，分析中国调查记者行业生态变化的成果相对较少，主要集中于美国调查记者群体。2010—2015年间，王海燕访问了22名女性调查记者，试图从社会刻板印象理论出发解读女性调查记者所面临的文化性障碍。[④]2016年，她在英文著作《中国调查报道的转型——从记者到活动家》中分析了新时代的调查记者如何扩展新闻边界和能力，该书指出，调查记者不仅是专业记者，还是社会活动家。[⑤]郑素侠认为，"新媒体时代美国调

[①] 白红义：《从倡导到中立：当代中国调查记者的职业角色变迁》，《新闻记者》2012年第2期。
[②] 张志安、沈菲：《中国调查记者行业生态报告》，《现代传播》2011年第10期。
[③] Tong,J., & Sparks,C. *Investigative Journalism in China Today*. Journalism Studies,Vol.10,No.3,2009. pp.337-352.
[④] 王海燕：《女性调查报道记者的性别迷思——社会刻板印象建构的视角》，《新闻大学》2016年第4期。
[⑤] Wang,H.Y.*The Transformation of Investigative Journalism in China : From Journalists to Activists*. Maryland: Lexington.2016.p.1.

查记者陷入生存困境乃至生存危机……如何超越生存困境，实现角色期待，是美国调查性报道行业和全球新闻界共同面对的议题"。①Gerry Lanosga等人对861名调查记者（主要是美国调查记者）的研究结论则相对乐观，他们发现：尽管调查对象反映了当下的一些悲观话语，但仍自称拥有较高的自主性和工作满意度，所获得的调查报道资源没有减少甚至更多，流向非营利新闻机构的调查记者对职业现状的评价更积极。②

二、研究设计

本文将调查记者定义为主要从事调查性报道的记者，报道题材以社会、时政、财经等领域的负面题材为主，多关乎公共权力滥用，有被遮蔽的真相要记者进行突破调查。2010年9月—2011年3月，张志安和沈菲通过媒体负责人、不同区域有威望的调查记者及调查记者经常使用的QQ群三种方式，建立了首个全国纸媒调查记者全样本名单数据库。本研究在此基础上，立足当下媒体生态变化，重新增补和确认全国调查记者的新名单，具体步骤包括：首先，根据原来核实的媒体库名单，邀请74家传统媒体的现任负责人核实调查记者名单和联系方式，之后与记者本人联系进行确认核实；其次，根据原来名单库中调查记者的职业流动状况，补充了11家传统媒体机构，同样经过由媒体负责人和记者本人双重核实后确认名单；最后，新增一批近年来出现且从事调查性报道的新媒体机构，包括澎湃新闻、界面新闻、封面新闻、上游新闻、红星新闻、北京时间，以及新浪、搜狐、网易、腾讯、凤凰网五大新闻门户网站。

本次研究的数据收集时间为2016年11月—2017年4月，共回收有效问卷163份，问卷总体回收率高达93.1%。六年前的第一次调查，确定的调查记者样本有334位，最后成功回收了259位调查记者的问卷，而目前调查记者的规

---

① 郑素侠：《从"良心的守护者"到"被监控者"：新媒体时代美国调查记者的生存困境》，《编辑之友》2017 年第 2 期。

② Lanosga,G., & Houston,B. Spotlight: *Journalists assess investigative reporting and its status in society*, Journalism Practice.2016.Published online.

模已大大缩减。经确认，传统媒体中仅有130名调查记者，分布在55家传统媒体机构，其中122名调查记者填写并返回问卷，问卷回收率高达93.8%；新增11家新媒体机构中，共有43名主要从事调查报道的记者，其中有39名接受了本次调查，问卷回收率为90.7%；另外，还有2名资深调查记者主要依托自媒体发布调查报道线索或报道，他俩自我定位为"独立调查记者"，也接受了我们的问卷调查。纵向比较可发现，本次研究核定的调查记者共175名，比六年前减少了159名；本次研究共回收问卷163份，比六年前减少了96份。

三、研究发现

（一）总体特征

1.从业人数显著下降，平均年龄34.8岁，仍以男性为主

与首次调研结果相比，传统媒体调查记者从业人数减少幅度高达57.5%，新媒体机构新增调查记者数量比较有限，整个调查报道行业面临人才流失和队伍萎缩的严峻考验。首次调研的74家传统媒体机构中，有30家媒体已经没有主要从事一线调查报道的记者。而且，调查记者的职业流动和代际更替频繁，本次研究的样本中有47.9%的调查对象属于2011—2017年间新入行的调查记者。

与首次调查结果相似的是，调查记者行业仍然以男性为主，女性调查记者仅占18.4%；不过，在新入行调查记者中，女性调查记者比例有了显著提升，占25.6%，这意味着更多年轻女性加入了这个行业。这个群体的年龄结构非常年轻，平均年龄34.8岁，50岁以上的调查记者仅有4人；女性调查记者相对更加年轻，平均年龄仅32.3岁。如果按照代际来划分的话，"80后"已成为调查报道行业的主力军，占比58.9%；其次是"70后""90后"，分别占比23.4%、12.7%；此外，还有极少数的"50后""60后"。

表1 调查记者的总体特征比较

	2016—2017年调研	2010—2011年调研
总体规模		
传统媒体	130	306
新媒体机构	43	—
独立调查记者	2	—
样本规模		
传统媒体	122	259
新媒体机构	39	—
独立调查记者	2	—
入行时间		
新入行	78（47.9%）	—
2011年以前入行	85（52.1%）	—
性别		
男	133（81.6%）	217（83.7%）
女	30（18.4%）	42（16.3%）
平均年龄	34.8	32.7
平均从事新闻工作时长	9.9	8.0
平均从事调查报道时长	6.5	4.8

2.教育程度有所提高，平均从事新闻工作近十年

与首次调研结果相比，当前调查记者的教育程度有所提高，绝大部分是本科及以上学历，获得研究生学历的比例（20.9%）也显著高于首次调研结果（14.7%）；调查记者接受教育的专业背景更多来自新闻传播学，占比47.2%，其次是语言文学、历史、哲学等人文社会科学；调查记者从业经历相对更加丰富，平均从事新闻工作9.9年，平均从事调查报道的时间为6.5年，而首次调研时这两个数据分别为8年、4.8年。

表2　调查记者的教育程度比较

教育程度	2016—2017年调研		2010—2011年调研	
高中及以下	3	1.8%	3	1.2%
大专	6	3.7%	21	8.1%
本科	120	73.6%	195	75.3%
研究生（含博士）	34	20.9%	38	14.7%
缺失	0	0	2	0.7%
总计	163	100.0%	259	100%

表3 调查记者的专业背景比较

专业背景	2016—2017年调研		2010—2011年调研	
新闻与大众传播类	77	47.2%	101	39.0%
语言与人文哲社类	49	30.1%	88	34.0%
经济与经管类	16	9.8%	30	11.6%
法学类	11	6.7%	17	6.6%
理科工程类	5	3.1%	11	4.2%
其他学科	3	1.8%	8	3.1%
缺失	2	1.2%	4	1.5%
合计	163	100%	259	100

3.任职机构分布呈现高度集中化趋势，工作地点以北京为主

从调查记者人数来看，拥有调查记者最多的媒体主要是澎湃新闻、财新传媒、《新京报》、界面新闻、《北京青年报》、《南方周末》、《南方都市报》、《大河报》、《中国青年报》，这九家媒体汇聚了当前约40%的调查记者。这些媒体总部主要分布在北京、上海、广州、郑州。

纵向比较发现，《瞭望东方周刊》《财经国家周刊》《南都周刊》等原来拥有较多调查记者的新闻杂志，如今已基本没有主要从事调查报道的记者；《南方周末》《南方都市报》《大河报》等以调查性报道著称的市场化媒体，拥有的调查记者数量虽然还处于国内第一梯队，但相比六年前已有大幅下降；比较而言，上海报业集团旗下的新媒体机构比较重视调查报道，澎湃新闻、界面新闻拥有的调查记者数量名列前茅。

从工作城市看，调查记者主要集中在北京（41%）、广州（8%）、武汉（6.1%）、郑州（4.9%）、上海（4.9%）、重庆（4.9%）等城市。相比首次调研，在北京工作的调查记者比例提高了11%。从聘任方式来看，84.7%的调查记者属于长期聘用的公司编制，拥有事业编制的调查记者比例仅占12.3%，另有个别短期聘用及"独立调查记者"，与六年前的调研结果没有显著差异。

4.湖南籍调查记者所占比例下降，山东籍调查记者崭露头角

首次调研发现了调查记者的"湖南帮"现象，即湖南（14%）、河南（13%）籍的调查记者最多，研究者将此现象归因为经济欠发达、抗争文化和负面新闻多发三个因素。①从本次调查看，现有调查记者群体的籍贯分布中，来自河南（13.5%）、湖北（12.9%）、湖南（10.4%）三个省的数量最多，一个显著变化是湖南籍调查记者的比例有所下降，如果再统计新入行调查记者的籍贯，这一趋势就更为明显——新入行的调查记者中，湖南籍占比下降至7.7%，位居河南（12.8%）、山东（11.5%）之后。

与"调查湘军"有所衰落的趋势相比，山东籍的年轻调查记者数量有了显著提升。例如，2016年率先报道"山东疫苗案"的澎湃新闻记者刁凡超、2017年率先报道"刺死辱母案"的《南方周末》记者王瑞峰均是山东籍记者，也均以山东负面新闻作为报道题材。这也说明，调查记者在家乡拥有较广的社会关系网，更有利于获知当地报道线索和挖掘重大新闻题材。

（二）职业意识

1.择业动机

本研究通过询问"下列因素对你选择做调查记者有多大影响"来测量调查记者的择业动机。共包括10个选项，采用十点量表（1=影响非常小，10=影响非常大）。研究发现，两次调研的得分排序完全一致，调查记者的择业动机具有高度稳定性：最吸引调查记者入行的因素是"揭露社会问题、维护

---

① 张志安、沈菲：《中国调查记者行业生态报告》，《现代传播》2011年第10期。

公平正义"（M=8.02）、"表达百姓呼声"（M=7.33）、"传播新思想、启迪民心"（M=7.06），可见推动社会公平正义的价值理念对调查记者最具有感召力；最不认同的择业理由是"收入较高"（M=3.15）、"有机会成名"（M=3.61）这类功利性动机。

与首次调研结果有所不同的是，当前调查记者群体对"兴趣类"的择业动机更为重视，"喜欢写作""喜欢接触各界人士""喜欢冒险、刺激的生活"方面的得分显著提升。另外，"新闻工作受人尊敬""学了新闻相关的专业"方面的得分也有显著提升。说明，除道义和责任因素外，职业本身的特点也更多影响着这个群体的择业。

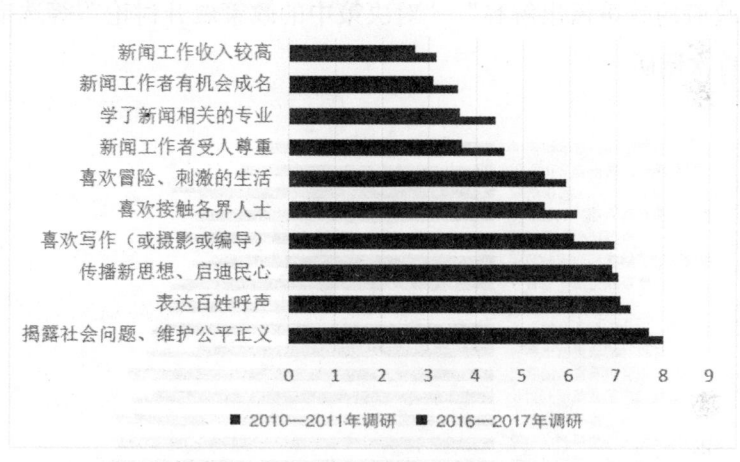

图1　调查记者的择业动机比较

2.角色认知

新闻从业者"对新闻媒体社会功能的认知"直接影响其新闻实践，研究者常常用此测量他们的角色认知。本量表包括18个选项，同样采用十点量表（1=非常不重要，10=非常重要）。调研结果显示，调查记者最为重视的社会功能是"报道可靠信息以阻止流言的散播"（M=7.79）、"对复杂的问题提供分析与解释"（M=7.79）、"依据事实报道新近发生的事件"（M=7.57）、"帮助人民实行舆论监督"（M=7.53）、"推动社会改革"

（M=7.21）；最不重视的功能是"为民众提供娱乐和休闲"（M=4.70）、"提高群众的知识与文化水平"（M=5.12）、"舆论引导"（M=5.80）、"报道最大多数群众感兴趣的新闻"（M=5.88）。

可见，调查记者一如既往地重视"调查与解释""舆论监督"功能，即看重"记录者"和"倡导者"的角色，相对不重视新闻媒体的"娱乐和宣传"功能。与首次调查相比，当前调查记者群体更为重视"报道可靠信息以阻止流言的散播"，其在所有选项中排名第一；而在首次调研中，该选项的平均得分排名第六（M=7.29）。此外，当前调查记者也更重视新闻媒体在"政策解释"与"政治参与"方面的功能，如"帮助人民了解党和政府的政策""对政府的政策做出解释""对决策中的政策展开讨论"等选项的得分显著高于首次调研。

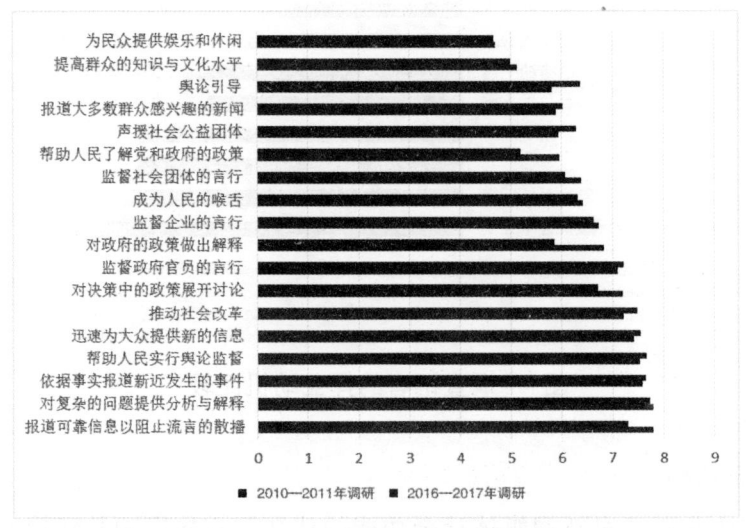

图2　调查记者对新闻媒体社会功能重要性的认知比较

3.职业认同

社会心理学研究发现，归属于某一个群体会获得一种社会认同，因为他所获得的群体资格会赋予其某种情感和价值意义，而社会认同很大程度来自内群体和相关外群体的比较。①调查记者这一职业群体，在多大程度上其自我认同感会优于一般记者？本研究通过3个选项来进行测量，同样采用十点量表（1=非常不认同，10=非常认同）。调研结果显示，调查记者群体普遍认为调查记者比一般条线记者"综合素质更高"（M=6.74）、"对社会更重要"（M=6.66）、"更受人尊敬"（M=5.71）。不过，与首次调研结果相比，调查记者的职业认同感明显降低，"比一般条线记者综合素质更高""比一般条线记者更受人尊敬"两项的平均得分显著下降。

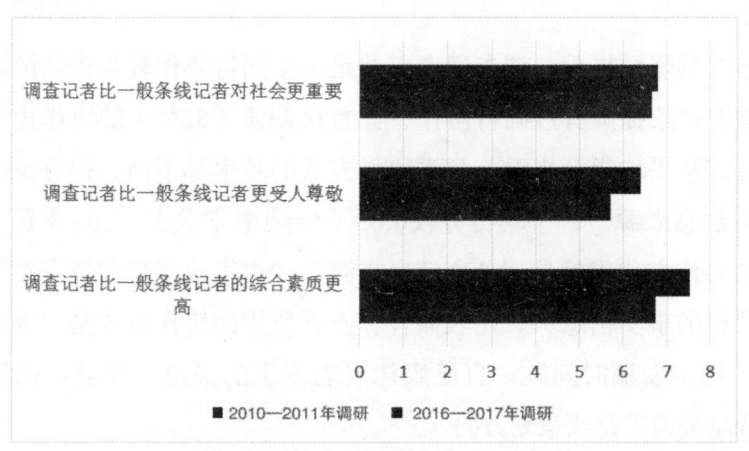

图3 调查记者的社会认同感比较

4.理想媒体

本研究列出国内外22家有影响力的媒体，让调查对象运用十点量表对每家媒体进行评分，得分越高，表示该媒体距离调查记者理想中的媒体越近。调研结果显示，排名前五的理想媒体是《纽约时报》（M=8.11）、《华盛顿邮报》（M=7.69）、*Newsweek*（M=7.43）、BBC（M=7.39）和财新传媒（M=7.38）。可见，调查记者对西方专业媒体的评价要普遍高于国内媒体，《纽约时报》在两次调研中都被评为最接近理想的媒体，且平均得分有了显著提升。

---

① ［澳］迈克尔.A·豪格、［英］多米尼克·阿布拉姆斯：《社会认同过程》，高明华译，中国人民大学出版社2011年版，第4页。

在调查记者们看来，国内最接近理想媒体的是：财新传媒（M=7.38）、《新京报》（M=7.24）、《南方周末》（M=6.92）、《南方都市报》（M=6.68）、澎湃新闻（M=6.68）。这一排名体现了调查记者群体对财新传媒、《新京报》在媒体融合转型中坚守深度调查报道的认可，也折射出"南方系"在调查记者圈内口碑的衰减。值得一提的是，澎湃新闻这家新兴媒体自上线以来在时政领域的调查报道表现突出，得到了调查记者们的高度认可，和《南方周末》《南方都市报》的得分不相上下。

5.同行协作

从本次调研结果看，调查记者仍然是一个同行协作较为密切的群体，有84%的调查对象提及有过同行协作，比首次调研（88%）的协作比例略有下降。不过，从平均得分来看，各类协作方式的频率都不高，得分最高的一项是"分享消息来源"，平均得分仅6.03（1=频率非常少，10=非常频繁）。最常见的协作方式仍然是"分享消息来源""提供或接受背景资料""分享采访中获得的事实信息"。比较而言，不常使用的协作方式是"为制造声势和影响，约定发稿时间""自己媒体发表不了的报道，投稿给同行媒体发表""分享报道思路或策划方向"。

与首次调研相比，当前调查记者在"分享事实信息""分享报道思路""请同行媒体跟踪报道事件"方面的协作频率有所提升。独立样本T检验结果表明，新入行调查记者与资深调查记者、新媒体机构调查记者与传统媒体调查记者在各类协作方式上的频率并无显著差异。但进一步访谈发现，近年来资深调查记者的业内协作情况明显减少，一方面是因为在圈内相熟的调查记者纷纷离职转型，有信任和情感基础的同伴迅速减少；另一方面是出于对独家信源的保护而更加偏向独立进行采访调查。

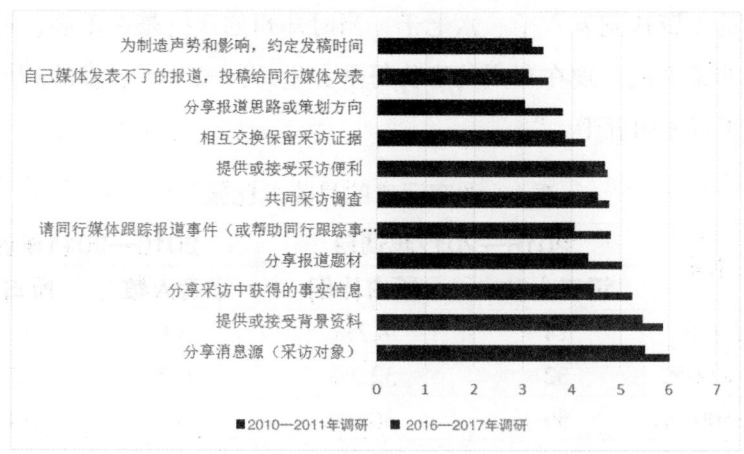

图4　调查记者同行协作方式与频率比较

（三）生存状态

1.收入水平

当前调查记者群体的月收入水平集中在5000—15000元，占比68.9%。与首次调研相比，调查记者的月收入水平有了显著提升，约60%的调查对象月收入在10000元以上，而首次调研只有17.5%的调查记者在此区间。月收入过万的调查记者中，约37%的月收入在10001—15000元，约17%的月收入在15001—20000元，还有个别调查记者的月收入在20000元以上。

调查记者月收入水平提升主要有两方面原因：一则，距离首次调研已过去六年时间，随着经济增长和通货膨胀，各行各业的薪酬都有了普遍提升；二则，本次调查增加了新媒体机构的调查记者，约82%的新媒体机构的调查记者月收入在10000元以上，有12.8%的调查记者月收入超过20000元，而传统媒体仅有50%的调查记者月收入过万。据了解，商业网站和新兴平台为吸引高水平调查记者，的确开出了比传统媒体更高的薪资待遇。

与群体收入普遍提升相对的是，调查记者之间的收入差距更加明显，8.7%的调查记者月收入在5000元以下，约32%的调查记者月收入在5000—10000，低收入调查记者主要就职于非沿海地区的传统媒体。如河南《大河报》的一位调查记者所言："调查记者的收入有明显的下滑，2000年的时候，记者的工资达到五六千、六七千，当时郑州的房价是一千多，可想当时的收入是非常高的；现在郑州的房价每平方米1万—2万了、多的3万—4万，现在人均工资才四五千。"

表4　调查记者的月收入比较

月收入水平	2016—2017年调研		2010—2011年调研	
	记者人数	所占比例	记者人数	所占比例
5000元以下	14	8.7%	39	15.2%
5000—10000元	52	32.3%	173	67.3%
10001—15000元	59	36.6%	38	14.8%
15001—20000元	28	17.4%	7	2.7%
20000元以上	8	4.9%		

2. 职业满意度

调研结果显示，当前调查记者的工作满意度整体一般（M=6.47），与六年前（M=6.62）相比并未出现显著下降。调查记者对"同事关系""工作时间弹性""工作中的自主程度""学习新知识的机会""主管领导的能力""工作的社会影响"等非物质性回报相对更加满意；最不满意的同样是"晋升机会""福利待遇""报酬收入"等物质性回报。与调查预期不大一致的是，当前调查记者对"主管领导的能力""工作的社会影响力""工作时间弹性""提拔升职机会""福利待遇"的满意度要显著高于首次调研。

为什么调查记者的职业满意度没有显著下降，某些维度上还有显著提升？独立样本T检验结果显示，新入行调查记者的工作满意度整体上要显著高于2011年前入行的资深调查记者，主要体现在对"同事关系""主管领导能力""学习新知识机会""薪酬福利晋升"方面相对更加满意；新媒体机构调查记者的工作满意度整体上也要显著高于传统媒体调查记者，主要体现在"主管领导的能力""工作中的自主创新""报酬收入"方面的满意度相对更高。由此可见，新入行的调查记者和新媒体机构调查记者提升了这个群体的职业满意度，这或许跟新入行者的职业期待不会过高、对比调查报道黄金时期的心理落差没那么大、新媒体机构调查记者的收入待遇及组织文化相对更加理想等因素有关。

表5 调查记者的工作满意度比较

工作满意度	2016—2017年调研		2010—2011年调研		两次调研结果比较
	均值	标准差	均值	标准差	P值
同事关系	7.51	1.74	7.25	1.77	0.062
工作时间弹性	7.37	1.86	6.96	2.33	0.006★★
工作中的自主程度	7.08	1.66	6.98	1.86	0.445
学习新知识的机会	6.99	1.97	6.70	2.08	0.065
主管领导的能力	6.78	2.11	5.8	2.46	0.000★★★
工作的社会影响	6.72	1.64	6.30	1.83	0.001★★★
工作的成就感	6.60	1.69	6.38	1.96	0.092
工作中的自主创新机会	6.59	1.67	6.57	1.96	0.885
报酬收入	4.98	1.98	4.70	1.96	0.071
福利待遇	4.76	1.92	4.43	2.03	0.029★
提拔或升职称的机会	4.51	2.03	4.09	2.13	0.010★
综合上述方面，你对自己目前的工作有多满意	6.47	1.35	6.62	4.83	0.155

3.工作自主性

从调查记者的总体评价来看（M=6.24，1=非常低，10=非常高），他们在工作中获得的自主程度并不高，新入行调查记者与资深调查记者对工作自主性的评价并没有显著差异。与首次调研结果相比，来自政府部门的行政控制、主管领导方面的组织控制有了显著提升，对调查记者的工作自主性有所削弱。独立样本T检验结果显示，传统媒体调查记者比新媒体机构的调查记者更会考虑经营部门打招呼的稿子（M传统媒体=4.51，M新媒体机构=3.41，t=2.089，p<0.05），这可能与传统媒体所面临的经营压力有关。

表6　调查记者的工作自主性比较

工作自主程度	2016—2017年调研		2010—2011年调研		两次调研结果比较
	均值	标准差	均值	标准差	P值
想法和领导不一致时，会尽量按自己的判断去处理	6.17	2.145	6.53	2.312	0.034★
经营部门打招呼的稿子，会尽量考虑到他们的要求	4.24	2.889	3.92	2.720	0.160
政府部门打招呼的稿子，会尽量考虑到他们的要求	4.42	2.841	3.90	2.588	0.021★
综上，工作中获得的自主程度	6.24	1.711	6.44	1.678	0.144

4.职业忠诚度

本次研究通过询问"未来还准备从事多少年的调查报道"来测量调查记者的职业忠诚度。统计发现，约有44%的调查记者表示未来5年内（0年，1—5年）不会再从事调查报道，这与六年前的调研结果没有非常大的差别，即"有限忠诚者"所占比例变化不大；表示5年后还会坚持做调查报道的仅有19.6%，明显低于六年前的24%，意味着"中、高度忠诚者"比例明显下降；未来不确定会从事多久的调查记者比例高达36.8%，显著高于首次调研，可见对未来职业生涯的不确定性在当前调查记者中表现得更为明显。此外，进一步卡方检验表明，传统媒体和新媒体机构调查记者的职业忠诚度没有显著差异，新入行和资深调查记者的职业忠诚度也没有显著差异。

表7　调查记者的职业忠诚度比较

还准备从事多少年调查记者？	2016—2017		2010—2011	
0年	4	2.5%	11	4.2%
1—5年	67	41.1%	110	42%
6—10年	18	11.0%	34	13.1%
11—30年	5	3.1%	11	4.2%

续表

还准备从事多少年调查记者？	2016—2017		2010—2011	
一直做	9	5.5%	17	6.6%
不确定	60	36.8%	75	29%

四、结语与探讨

本研究为新媒体环境下调查记者行业生态变化研究提供了宝贵的实证数据和初步的研究结论。从总体特征来看，调查记者行业人才流失状况比较严重，与六年前相比，传统媒体调查记者从业人数不足首次调研的一半，澎湃新闻、界面新闻等新媒体机构则为调查记者开辟了新的职业空间。当前调查记者群体主要集中在澎湃新闻、财新传媒、《新京报》、界面新闻等九家媒体机构，有41%的调查记者在北京工作。与首次调研结果相似的是，调查记者行业依然由男性主导、年龄结构整体偏年轻，但接受过新闻传播学科专业化教育的比例更高，调查记者的新闻从业经历也更加丰富。从籍贯上看，"调查湘军"呈规模减小之势，来自山东的新入行调查记者比例有了显著提升。

尽管新闻业态受新媒体影响发生了显著变化，但调查记者在择业动机、角色认知方面具有较高的稳定性，最吸引他们入行的因素依然是"监督和启蒙"，而且始终非常重视新闻媒体在"调查与解释""舆论监督"方面的社会功能。略有不同的是，针对媒体功能的社会认知评价中，当前的调查记者群体最重视"报道可靠信息以阻止流言的散播"，其在所有选项中排名第一，这可能与新媒体环境下谣言更加容易广泛传播的现象有关，为此，调查记者更加重视事实核查、真相传播的力量和意义。

令人欣慰的是，当前调查记者自我报告的工作满意度并未出现显著下降，在某些维度中反而有所提升，分析表明新入行调查记者、新媒体机构调查记者的工作满意度明显更高。此外，调查记者的职业认同感显著下降，对国内媒体作为"理想媒体"的评价总体不高，来自组织外行政控制和组织内主管领导方面的压力降低了调查记者的工作自主性。值得隐忧的是，当前调查记者的职业忠诚度普遍较低且呈现出高度的不确定性，高达36.8%的调查记者不确定未来还会从事多久的调查报道，有43.6%的调查记者明确表示五年内不再从事调查报道。

综上所述，如何保持调查记者的从业规模和提供充分的报道空间，怎样重塑调查记者的职业认同感、不断提升调查记者的工作满意度和忠诚度，是中国调查报道行业可持续发展的关键因素。

（作者分别为中山大学传播与设计学院教授、中山大学互联网与治理研究中心主任；中山大学传播与设计学院2014级公共传播专业博士研究生。
*本文系教育部哲学社科研究重大课题攻关项目"大数据时代国家意识形态安全风险与防范体系构建研究"（编号16JZD006）的系列成果。）

新媒体从业者的媒介赋权认知及其影响因素探究

——一项针对成渝两地新媒体从业者的调查研究

张伟伟　郭小安

【摘要】

本研究通过对重庆和成都的15家新媒体机构的462名从业者的问卷调查发现，年龄、媒介依赖和政治效能感（包括内在效能感和外在效能感）对新媒体从业人员的媒介赋权认知具有显著预测力。相较而言，新媒体从业者的内在心理因素政治效能感比外在因素媒介依赖对他们的媒介认知水平预测力更强。

【关键词】

新媒体从业者　媒介赋权认知　媒介依赖　政治效能感

近年来，中国大陆新媒体公共事件频繁爆发。许多学者观察到，在这些事件的动员过程中，新媒体扮演了重要的角色。

整体来看，目前学界关于中国大陆媒介赋权的研究，虽然成果丰富，但研究对象主要集中于社会弱势群体及普通公民，缺乏对新媒体从业者的关注。毫无疑问，新媒体从业者是媒介赋权过程中的一个重要参与主体，他们的行为往往对公民媒介赋权的过程和结果发挥重要影响。那么，在中国大陆，当"媒介赋权"频繁发生，而逐渐成为一种共识性的社会认知时，置身其中的媒体从业者，他们的媒介赋权认知情况如何？他们的媒介赋权认知受哪些因素的影响？对上述问题的关心，成为本研究的出发点。

本研究通过对我国西部两座新媒体产业较为发达的城市——成都和重庆的新媒体从业者进行问卷调查，探究影响我国新媒体从业者媒介赋权认知的影响因素，从而对赋权理论进行丰富和补充。

一、文献回顾

（一）"媒介赋权"与"媒介赋权认知"：概念缘起与研究现状

在理论层面，"媒介赋权"的概念源于赋权理论。赋权理论最早由弗莱雷于1960年在第三世界推广的"批判的教育学"中提出，随后被广泛运用到社会学、政治学、心理学、传播学等领域，成为一种影响力颇广的理论。[①]从社会学意义上来看，赋权意味着增强或维护社会底层或弱势群体的合法权利，从而促进社会平等和社会和谐。[②]从政治学意义上来看，赋权被理解为增强个人或集体的政治力量，使个人、团体或社会有权力和能力采取行动，以改变现状的过程。[③]从心理学上来说，赋权是"赋能"或是一种"自我效能"，它源于个体对自主的内在需求，在这个意义上，赋能就是提升强烈的个人效能意识。[④]从传播学视角出发，赋权则被认为本质上是一种信息交流、参与传播的过程，因此赋权与传播有着天然、密不可分的关系。[⑤]

在具体的社会情境中，学者观察到，在我国，"媒介赋权"已经成为一种发生性的事实，它的频率、深度、形式均在不断变化发展中。在宏观层面，郑永年提出，互联网给政府和社会都增加了权力。互联网促进政府更加开放、透明和负责任，并为互联网创造了一种政府和社会的回归关系。[⑥]郭小安提出了网络民主的概念，并认为媒介赋权在中国式政治生态下，体现为公

[①] 师曾志、胡泳：《新媒介赋权及意义互联网的兴起》，社会科学文献出版社2014年版。
[②] 范斌：《弱势群体的增权及其模式选择》，《学术研究》2014年第6期。
[③] Boehm,A.& Boehm, E.（2003）.Community theatre as a means of empowerment in social work: A case study of women's community theatre. *Journal of Social Work*, 2003（3）:283-300,
[④] Zimmerman, M.A.（1995）.Psychological empowerment: Issues and illustrations. *American Journal of Community Psychology*, 23（5）:581-599.
[⑤] Rogers, E.M.,& Singhal, A.（2003）.Empowerment and communication: Lessons Learned From Organizing for Social Change. *Communication Yearbook*, 27（5）: 67-85.
[⑥] 郑泳年著、邱道隆译：《技术赋权：中国的互联网、国家与社会》，东方出版社2013年版。

众话语权、知情权、参与权和监督权的提高。①在微观层面,不少学者把媒介赋权与具体社会议题结合起来,如丁未关于稀有血型群体利用互联网进行赋权的研究、陈韵博关于民间劳工组织使用微博进行维权的研究等。②王俊、古俊生认为媒介赋权的重要突破口是社区媒介,它可以保障民众的媒介接近权、传播民主化以及培育公民意识等价值理念。③陈楚洁从公民媒体的视角考察了媒体赋权,认为公民媒体赋权是一个参与式传播过程,公民行动的意识与能力借此得到了解放、培育、集结与持续,有助于达成社区行动和资源动员,且在社会层面上构建另类公共空间。④

认知行为理论认为,个体的认知和行为之间相互作用。⑤随着媒介赋权事件的不断发生,学者观察到公民的媒介赋权认知水平也在不断提升。⑥学者亦发现个体经验(如心理、技能、知识、生存等)影响着他们的赋权认知和行为。⑦不过,目前学界对于公民媒介赋权的考察,主要集中在弱势群体和特殊人群(如农民工、大学生),对作为技术和信息精英的新媒体从业人员关注极少。⑧事实上,在当代新媒介环境下,新媒体从业者在公共信息的生产、流通、把关、过滤等环节中承担着重要的角色,直接影响着普通公民的媒介实践行为能否在话语、文化、社会资本甚至生存等领域得到赋权。基于此,本研究对我国新媒体从业者的媒介赋权认知提出如下问题。

问题一:新媒体从业者的年龄、性别、教育水平和收入对他们的媒介赋权认知有怎样的影响?

---

① 郭小安:《网络民主的可能及限度》,中国社会科学出版社2011年版。
② 丁未:《新媒体赋权:理论建构与个案分析——以中国稀有血型群体网络自组织为例》,《开放时代》,2011年第1期,第124—145页;陈韵博:《劳工NGO的微博赋权分析:以深圳"小小草"遭遇逼迁事件为例》,《国际新闻界》,2014年第11期,第51—64页。
③ 王俊、古俊生:《参与、赋权与连接性行动:社区媒介的中国语境和理念意涵》,《国际新闻界》,2014年第3期,第92—108页。
④ 陈楚洁:《公民媒体的构建与使用:传播赋权与公民行动——以台湾PeoPo公民新闻平台为例》,《公共管理学报》,2010年第4期,第111—121页。
⑤ 郑建军:《青年群体政策参与认知、态度与行为关系研究》,《青年研究》,2014年第6期,第20—28页。
⑥ 胡衬春:《我国转型期公众"自我赋权"现象与媒体责任》,《中国出版》,2012年第16期,第58—60页。
⑦ 师曾志、胡泳:《新媒介赋权及意义互联网的兴起》,社会科学文献出版社2014年版。
⑧ 黄月琴:《"弱者"与新媒介赋权研究—基于关系维度的述评》,《新闻记者》,2005年第7期,第28—35页。

(二)影响媒介赋权认知的外部因素:媒介依赖

媒介赋权是媒介技术与赋权行动的一种联结。在赋权过程中,媒介的意义在于为赋权提供实践工具,使得赋权通过传播机制而获得实现。因此,媒介毫无疑问是影响个体赋权的一项重要外部因素。

媒介系统依赖理论认为,社会环境中存在着许多的冲突和变动,个体面临着各种不确定性。在这样的情况下,个体需要去搜求信息以把握对社会发展状况的正确认识。由于媒介是一个提供丰富信息的专业系统,因此个体需要依赖媒介来获取信息,以满足和实现自身的需求及目标。该理论进一步指出,社会环境中存在的变动和冲突越多,个体面临的不确定性也越多,其对媒介系统依赖的程度也将越高。①媒介系统依赖理论被提出后,媒介依赖成为传播学实证研究中的一个重要的预测变量。不少研究发现,媒介依赖对媒介信任具有显著预测力。这些研究指出,当个人对媒介的依赖程度增加时,他们会选择有用的媒介信息,赋予这些信息较高的注意力,并对这些信息及传递这些信息的媒介产生较高的情感。②

从媒介依赖理论出发,媒介赋权可以看作是个体利用媒介所提供的信息资源来提升个人政治、经济或文化等方面的能力,从而达到改善自我现状目的的过程。相较于媒介依赖程度较低的个体,那些对媒介依赖程度较高的个体更容易通过媒介观察到其他个体的媒介赋权行为,他们更容易获得与赋权相关的媒介信息资源,从而形成他们的媒介赋权认知。同时,媒介依赖能够促使他们对媒介产生较高的信任水平,也有利于促进他们媒介赋权认知水平的不断提升。基于上述分析,本研究认为媒介依赖对新媒体从业者的媒介赋权认知具有预测力,提出以下假设。

假设一:新媒体从业者的媒介依赖程度越高,他们的媒介赋权认知水平越高。

---

① 鲍尔-洛基奇、郑朱泳撰,王斌编译:《从"媒介系统依赖"到"传播机体"——"媒介系统依赖论"发展回顾及新概念》,《国际新闻界》,2004年第2期,第9—12页。
② 罗文辉等:《媒介依赖与媒介使用对选举新闻可信度的影响:五种媒介的比较》,《新闻学研究》,2003年第74期,第19—46页。

(三)影响媒介赋权认知的内在因素:政治效能感

除了外部因素之外,过往研究发现,个体内在心理状态对赋权也产生重要影响。学者Ozer和Bandura指出,赋权并不是法律赠予的,而需要个人通过自我努力来实现,在这个过程中,个体效能感发挥着重要作用。①Rogers亦指出,赋权可以理解为个体进行自我控制、自我帮助从而得到自我实现的过程,在这个过程中,个体的主观能动性至关紧要。②在我国,基于政治转型尚未完成的现实,以杨国斌、郑永年、周永明等为代表的一批学者指出,赋权是一项政治行动,它包含着反抗性和建设性的双重含义。③赋权的价值取向在于引导个体、家庭和社区采取积极乐观的态度,参与决策并通过行动来改变自己的不利处境,提高自己的能力和权力,从而使整个社会的权力结构更加公正。④

根据上述文献的观点,我们可以认为在个体层面上,媒介赋权的实现依赖个体内部心理因素(如效能感)的激发和推动,在我国目前的社会政治生态下,个体的政治效能感将对其媒介赋权认知水平产生深刻影响。从定义来看,政治效能感是个人对自我参与和响应政治能力的主观认知,它包括内在效能感和外在效能感两个维度。内在政治效能感是指个人对于自身理解所处的政治系统、发生的政治事件和自身对政治决策施加影响的能力的认知和信念。外部政治效能感是指个人对所处的政治体系的公正、效率等方面的认知,包括政府公平程度、是否对公民具有责任感,以及政府绩效等。⑤政治效能感作为个体的一种内心体验和主观感受,它反映了个体在观念层面上对政治参与能力的感知,影响着个体是否开展政治参与行为。在国外,不少学

---

① Ozer,M.E.& Bandura,A.(1990).Mechanisms governing empowerment effects: A self-efficacy analysis. *Journal of personality and social psychology*. 58(3):472-486.
② Rogers, E.(2003). Empowerment and communication: Lessons learnt from organizing for social change. *Communication Yearbook*(27):69-82.
③ 黄月琴:《"弱者"与新媒介赋权研究——基于关系维度的述评》,《新闻记者》,2005年第7期,第28—35页。
④ 范斌:《弱势群体的增权及其模式选择》,《学术研究》2014年第6期。
⑤ Sullivan J.L & Riedel, E.(2001), *Efficacy: Political in international encyclopedia of the social and behavior science*. New York: Elsevier Science Ltd.

者的研究发现政治效能感对媒介使用和政治参与具有正向调节作用。例如Gibson等人发现具有较高的政治效能感的群体往往在接触媒介时具有很强的政治使用倾向（political use of media），他们会利用媒介寻找政治信息、利用媒介拓展人际关系、增强社会资本，最终促使自身投入到众多政治活动中。[①]在我国，由于媒介赋权很大程度上表现为一项政治参与行为，我们可以认为政治效能感会促使个体利用媒介去获取赋权相关信息，在此过程中，他们会收获有关媒介赋权的知识和技能，从而提升自我的媒介赋权认知水平。基于上述讨论，本研究提出以下研究假设和问题：

假设二：新媒体从业者的政治效能感越高，他们的媒介赋权认知水平越高。

问题二：外部因素媒介依赖和内在因素政治效能感，谁对新媒体从业人员的媒介赋权认知水平预测力更强？

二、研究方法

（一）抽样方法

本研究主要采用问卷调查的方式获取数据。问卷调查的对象为成、渝（成都及重庆）两地新媒体从业者，问卷发放时间为2016年12月。从所有制来看，目前重庆和成都两地的新媒体从业者主要服务于三类机构：国有新媒体公司、混合所有制新媒体公司，以及民营新媒体公司。基于此，本研究从上述三类机构中分别选取代表性的新媒体公司，对它们的从业者进行问卷调查。具体而言，本研究采用全样本调查的方式，分别向华龙网、大渝网、天涯重庆社区、重庆微品数字传播有限公司、华西都市网、大成网、四川新闻网、成都全搜索等15家网络媒体机构全体从业者发放问卷800份，最终回收问卷462份，回收率为57.8%。

[①] Gibson et.al.（2005）. Online participation in the UK: Testing a "contextualized" model of Internet effects. *The British Journal of Politics and International Relations*. 7（4）：561-583.

（二）研究变量

1.人口学变量

本研究采用的人口学变量有性别、年龄、教育水平和收入。性别分为男、女两类。年龄分为四类：1.25岁以下，2.26—35岁，3.36—45岁，4.46岁以上。教育程度分为四类：1.大专及以下，2.本科，3.硕士，4.博士。收入分为五类：1.年收入5万以下，2.年收入5万—10万，3.年收入11万—30万，4.年收入31万—50万，5.年收入50万以上。

2.媒介依赖

测量媒介依赖的方法，是分别询问受访者，他们对报纸、广播、电视、网络的依赖程度，由受访者从（1）完全不依赖；（2）不太依赖；（3）普通；（4）有点依赖；（5）相当依赖，五个选项里勾选一个。

3.政治效能感

参考过往研究[①]，本研究对政治效能感的测量最终包括以下7个题项：（1）我对政治和公共事务很有兴趣；（2）我非常关心本地政府的各项政策；（3）我对目前需要政府政策来解决的问题有比较清晰的了解；（4）我认为政府的公共服务值得肯定；（5）我认为政府提供的信息值得信任；（6）我认为公民能够便捷地从政府那里获取信息；（7）我认为政府部门对公众舆论的反应是积极有效的。受访者从下列五个选项中，选择一个填答，这五个选项分别为：（1）非常不赞同；（2）不大赞同；（3）一般；（4）比较赞同；（5）非常赞同。这组变量经"主成分因素分析"（principal component analysis），区分为负载明晰的两个因子（表1），分别代表外在效能感和内在效能感。其中，"外在效能感"由"我认为政府的公共服务值得肯定""我认为政府提供的信息值得信任""我认为公民能够便捷地从政府那里获取信息""我认为政府部门对公众舆论的反应是积极有效的"组成，Cronbach's alpha均值为0.90。"内在效能感"由"我对政治和公共事务很有兴趣"、"我非常关心本地政府的各项政策""我对目前需要政府政策来解

[①] 郭小安、张伟伟：《新媒体从业人员的政治效能感与政治参与意愿：——一项针对成、渝两地新媒体从业者的调查研究》，《新闻大学》，2016年第4期，第96—103页。

决的问题有比较清晰的了解"组成，Cronbach's alpha均值为0.81。

表1 测量政治效能感题项的主成分因素分析

题项	外在效能感	内在效能感
"我认为政府的公共服务值得肯定"	0.84	−0.26
"我认为政府提供的信息值得信任"	0.84	−0.33
"我认为公民能够便捷地从政府那里获取信息"	0.81	−0.38
"我认为政府部门对公众舆论的反应是积极有效的"	0.79	−0.34
"我对政治和公共事务很有兴趣"	0.52	0.67
"我非常关心本地政府的各项政策"	0.58	0.65
"我对目前需要政府政策来解决的问题有比较清晰的了解"	0.56	0.62
爱根值（Eigenvalues）	3.60	1.68
可解释变异量	51.36%	23.96%
全部可解释变异量	75.32%	
Cronbach's alpha	0.90	0.81

4.媒介赋权认知

本研究的因变量是媒介赋权认知。参考过往研究对媒介赋权的讨论[①]，本研究使用"媒介可以帮助表达自己的观点"和"媒介可以帮助维护自己的权益"两个题项对成渝网络新闻从业者的媒介赋权认知进行测量。经过"主成分因素分析"（principal component analysis）及Cronbach's alpha两种鉴定方法的检验，结果显示上述两个题项呈现为一个因素（表2），Cronbach's alpha均值为0.80，表明测量的为一个面向的概念。因此，研究者把受访者在这两个题项的得分相加然后除以二，计算得到受访者的媒介赋权认知水平。受访者的平均得分越高，表示他们的媒介赋权认知水平越高。

---

① 郑欣、衣旭峰：《风险适应与媒介赋权：新生代农民工学习充电研究》，《西南民族大学学报：人文社会科学版》，2014年第5期，第134—139页。

表2 测量媒介赋权认知题项的主成分因素分析

题项	测量值
"媒介可以帮助表达自己的观点"	0.91
"媒介可以帮助维护自己的权益"	0.91
爱根值（Eigenvalues）	1.65
可解释变异量	82.51%
全部可解释变异量	82.51%
Cronbach's alpha	0.80

三、研究结果

本研究通过阶层回归的分析方法，检视了人口学变量、媒介依赖和政治效能感对新媒介从业者媒介赋权认知的独立影响。在回归分析中，第一阶层输入年龄、性别、教育程度、收入四个人口学变量，第二阶层输入报纸依赖、广播依赖、电视依赖以及网络依赖四个媒介依赖变量，最后一个阶层输入内在政治效能感和外在政治效能感两个政治效能感变量。表3呈现回归分析的结果。

本研究的第一个研究问题探究人口学变量对新媒体从业者媒介赋权认知的影响，表三结果显示人口学变量对新媒体从业者的媒介赋权认知预测力有限，仅年龄对媒介赋权认知有反向显著预测力（Beta=-.157，P<.01），即新媒体从业者的年龄越大，他们的媒介赋权认知水平越低。本研究的假设一预测新媒体从业者的媒介依赖与他们的媒介赋权认知正相关。表3结果显示，假设一得到部分证实。在报纸依赖、广播依赖、电视依赖和网络依赖四种媒介依赖中，网络依赖对新媒体从业者的媒介赋权认知具有显著正向预测力（Beta=.150，P<.01），说明新媒体从业者的网络依赖越强，他们的媒介认知水平则越高。本研究的假设二预测新媒体从业者的政治效能感和他们的媒介赋权认知正相关。表3结果显示，假设二得到全部证实。根据表3结果，内在政治效能感对新媒体从业者的媒介赋权认知具有显著正向预测力

（Beta=.121，P<.05），外在政治效能感对新媒体从业者的媒介赋权认知也具有显著正向预测力（Beta=.195，P<.001），说明新媒体从业者的政治效能感越高，他们的媒介赋权认知水平也越高。本研究的第二个研究问题比较外部因素媒介依赖和内在因素政治效能感对新媒体从业者媒介赋权认知的预测力。表三的结果显示，内在因素政治效能感（增加的 R2=5.4）比媒介依赖（增加的 R2=4.7）对媒介赋权认知的预测力强。其中，外在政治效能感是所有变量中最有力的预测变量（Beta=.195，P<.001）。

表3　人口学变量、媒介依赖和政治效能感对媒介赋权认知的阶层回归分析

自变量\因变量	媒介赋权认知
第一阶层（人口学变量）	
年龄	−.157★★
性别	.041
教育程度	−.057
年收入	−.012
R2（%）	2.2
第二阶层（媒介依赖）	
报纸依赖	−.058
广播依赖	.076
电视依赖	.034
网络依赖	.150★★
增加的 R2（%）	4.7
第二阶层（政治效能感）	
内在政治效能感	.121★
外在政治效能感	.195★★★
增加的 R2（%）	5.4
修正的 R2（%）总和	10.1

四、结论与讨论

综上所述，本文通过对成渝两地的十五家机构的新媒体从业人员进行了

问卷调查，探究了影响新媒体从业人员的媒介赋权认知的外部和内在因素。结果显示，人口学变量对新媒体从业人员媒介赋权认知的影响有限。年龄是唯一能够显著反向预测新媒体从业人员媒介赋权认知的人口学变量。年龄越大，新媒体从业者的媒介赋权认知越低，对于这一状况或许可以这样理解：相比与年轻的新媒从业者，年长的新媒体从业者可能处于较高的职位水平（如经营管理层）和拥有较高的社会资本，他们有更多的渠道和途径来进行自我赋权，因此他们通过媒介赋权的机会较少，由此造成他们的媒介赋权认知水平不高。未来研究可以就此展开进一步探讨，比较新媒介从业者群体内部的媒介赋权认知和行动的差异，以及影响这些差异的因素。

从外部因素来看，本研究结果显示媒介依赖是预测新媒体从业者媒介赋权认知的重要变量。不过，在报纸依赖、广播依赖、电视依赖和网络依赖四种媒介依赖中，仅网络依赖具有显著正向预测力。这一结果与学界的观察相吻合。过往研究指出，以手机和互联网为代表的新媒介技术的发展和扩散，为我国公民赋权行动提供了重要实践场域，新媒体赋权是我国公民目前最重要的媒介赋权形式。[①]在这样的现实情境下，新媒体从业者对网络依赖的程度越深，他们就越容易通过网络观察和学习到媒介赋权的相关知识和技能，他们的媒介赋权认知水平因此得以提升。

在内部因素中，本研究发现新媒介从业者的政治效能感对他们的媒介赋权认知水平具有显著的预测力。同时，相比与人口学变量、媒介依赖以及内在政治效能感，外在政治效能感对媒介赋权认知水平预测力最强。内在效能感体现了新媒体从业者对自我影响政府能力的感知，外在政治效能感体现了新媒体从业者对所处政治制度和政治体系的感知。内在政治效能感越高，表明新媒体从业者越相信自我行为能够影响政治决策，在这种心理状态的激发下，新媒体从业者越容易主动地去参与到媒介赋权的行动中，并在行动中不断培育他们的媒介赋权认知。

外在政治效能感越高，反映新媒体从业者越认可政府的执政行为，越相

---

① 丁未：《新媒体与赋权：一种实践性的社会研究》，《国际新闻界》，2009年第10期，第76—81页。

信政府能够回应公民的诉求,这种心理状态会促使新媒体从业者积极通过媒介向政府表达他们的赋权要求,在这个过程中他们的媒介赋权认知水平也不断得到提升。外在政治效能感的预测力最强,说明了新媒体从业者的媒介赋权认知最受政治民主化程度的影响。

随着科技的不断进步与扩散,新媒体在当代公民的日常生活中扮演着越来越重要的角色,新媒体逐渐成为公民用来实践和实现赋权的一个重要途径,新媒体从业者的重要性由此不断凸显。媒介赋权认知不仅是新媒体从业者自我赋权行动的前提,也影响着公民进行新媒体赋权的过程和结果,因此对新媒体从业者媒介赋权认知影响因素的探讨,不仅在理论上填补了赋权理论对技术精英人群的研究空白,也具有一定的现实意义。本研究的结果提示我们,想要提升新媒体从业人员的媒介赋权认知,从而促使他们更多地参与到自我赋权,以及帮助公民进行新媒体赋权的行动中来,最有效的手段是加强民主制度建设,加强政治回应性,改善政治信任,以此来提高外部效能感,进而正向影响媒介赋权认知。

由于时间和精力上的限制,本文的实证调查仅在成都和重庆两地进行,未来的研究可以进一步在全国范围内进行调研,以检验本研究的发现和结论的有效性。同时,对于新媒体从业者的媒介赋权认知影响因素探究,外在因素和内部因素除了媒介依赖和政治效能感之外,还可能有其他变量发挥作用,未来研究可以就此进行深入探讨。

(作者张伟伟为南京师范大学新闻与传播学院副教授,郭小安为重庆大学新闻学院研究员。本文原载《现代传播》2017年第2期,由作者授权本书登载。)

中国数据新闻发展报告——基于从业者的调查

徐笛　欧杨洲

【摘要】

通过对北京、上海、广州三地的数据新闻从业者进行的首次问卷调查和深度访谈,并结合行动研究,本文介绍了中国数据新闻从业者的基本构成、工作状况、从业情况以及价值认知,并进一步分析了当下数据新闻面临的一些困境。调查发现:数据新闻从业者以女性居多,年龄集中在30岁(含)以下,研究生学历占多数,超过半数的从业者修读过新闻传播类专业;媒体内数据部门与其他部门的跨部门合作存在一定困难,同时数据新闻生产较为依赖既定机构和官方提供的数据;从业者普遍认同新闻价值判断是最为重要的能力,但也强调获取编程等技术类技能力的重要性,而原本作为记者核心技能的采访能力却被降格以求;在从业者看来,数据新闻在发展的首要掣肘因素是难以获取数据;从业者对数据新闻发展的忧虑来源于经济作用力的压制,从业者无法实现理想型的新闻操作,在寻求实现数据新闻经济价值的路径;发挥数据新闻从业者的能力,加强媒体内部的部门合作,利用数据新闻场域内的技术优势可成为数据新闻走出困境的思路。

【关键词】

数据新闻从业者　工作状况　价值认知　制约因素

一、引言

如果将2009年英国《卫报》开设"数据博客"作为数据新闻的引爆点，时至今日，数据新闻已完成从创新型报道样式到常规生产项目的进化，目前中国至少有30家媒体机构组建了数据新闻团队。然而与几年前的热切论调不同，从2017年开始，从业者发出"数据新闻遇冷"的感慨，数据新闻在中国似乎遇到了第一个发展拐点，"曾经的热度不在"。数据新闻在中国经历了怎样的发展历程，又遇到了何种困境，其发展出路在哪里，又是谁在生产数据新闻，他们为什么进入数据新闻场域，对数据新闻有何种认知，这些正是本文要回答的问题。

作者对北京、上海、广州的数据新闻从业者进行了首次实证性调查，结合深度访谈与行动研究所获得的经验性材料，本文勾画了数据新闻从业者的典型形象，并进一步分析了数据新闻所面临的困境，文末提出了一些解困思路。

二、研究方法

调查之前，首先明确数据新闻的所指。数据新闻诞生之初，数据被等同于数字，由此在狭义上，数据新闻是"在数字中挖掘故事，并利用数字来讲故事的新闻报道"。[①]随着实践的持续展开，数据的内涵得到扩充，图像、声音、颜色、类型、地理位置信息、关系等都被视作数据，用来生产新闻。业界倾向于对数据新闻作模糊化的界定，在访谈中，我们发现虽然从业者对数据新闻的界定各异，但对其构成要素存在一些共识：一是数据新闻基于可被结构化的信息，无论这种信息是数字抑或文本；二是对信息的可视化呈现；三是具备新闻价值。本研究从广义的角度理解数据，并依据生产流程将数据

---

① Howard, B. A. The art and science of data-driven journalism [R]. Tow Center for Digital Journalism, Columbia Journalism School, 2014: 20.

新闻简单界定为通过挖掘和分析数据发现新闻点,以可视化的方式讲述新闻故事的报道样式。据此,数据新闻从业者包括数据采集人员、数据分析师、可视化工程师、设计人员以及新闻故事统合人员。

本调查参考每十年一次的美国全国记者调查问卷①以及我国研究者对网络新闻从业者的调查问卷,②在这些调查基础上结合数据新闻的发展特征和研究主题,确定了调查的主要内容:基本构成、工作内容以及价值认知等。

作者选择在北京、上海、广州三地展开调查,一是因为这三地的媒体一直是国内新闻业创新的开拓者,它们的实践会被当作范例来效仿;二是出于时间、费用等实际因素的考量。接着,作者参考了2015年中国数据新闻发展报告,③列出了三地媒体机构中常设的数据新闻栏目,共12个,其中11个栏目接受了调研请求,我们将这些栏目生产内容的从业者作为调查对象,这些从业者既是国内数据新闻的先行者也是领跑者。我们调查隶属于常设数据新闻栏目的从业者,而不包括在报道中偶尔使用数据或进行可视化呈现的从业者。二者在工作流程、技能要求和价值理念上有诸多不同,前者更加投入,并在日常工作中进行常规性数据新闻实践,更契合本研究的目的。

调查实施时间为2016年9月21日至12月1日,符合研究目的的从业者总数并不多,我们采用小总体大样本的策略,主要以面对面填答电子问卷的方式完成了调查,调查对象总体为68人,共回收有效问卷53份。虽然样本数量有限,但问卷填答质量较高,具备一定的代表性,亦可弥补我们对于这个群体的认知缺失。作为第一次数据新闻从业者调查,本次调查具有较强探索意义和现实意义。

访谈与调查基本同时进行,作者对11个数据新闻栏目的负责人进行了面对面访谈。对调查与访谈中反复被提及的4位从业者进行了追访,共计15人接受了访谈。访谈采用半结构化问题,问题主要围绕数据新闻部门的构成、发

---

① Willnat, L., & Weaver, D. H. The American Journalist in the Digital Age: Key Findings[R/OL]. http://news.indiana.edu/releases/iu/2014/05/2013-american-journalist-key-findings.pdf.
② 参见陶建杰、张志安:《网络新闻从业者的基本职业状况——上海地区调查报告之一》,《新闻记者》2013,(12):44–50;周葆华、查建琨:《网络新闻从业者生存状况调查报告》,《新闻爱好者》2017,(3):17-23.
③ 王琼:《2015中国数据新闻发展报告》,2016数据与传媒论坛,2016年7月27日。

展历史、内部地位以及前景预期等。

本研究同时采取行动研究（action research）的策略。行动研究是一种较为持续的研究，研究与实践活动并行，其目的是通过学术研究解决从业者在职业工作中遇到的切实问题。行动研究尤为适合应用于新媒体领域，新媒体的创新和变革是持续的过程，而且过程与结果不可预测，行动研究的展开也是实践发展推进的过程。有研究者提出，行动研究还可被视作是一种研究文化，所有项目相关方都参与其中，共同进行知识生产与反思。研究者不是专家，而是参与者之一，帮助项目成员一起"掌握"实践的情况并制定有效的问题解决方案。[①]下面我们逐项报告研究发现。

三、研究发现

（一）数据新闻从业者的基本构成

1.人口统计学特征

从业者以女性居多（占66.04%），年龄多在25岁以下（占39.62%），且受过良好的教育，研究生学历占多数（占52.83%），同时超过半数（56.60%）的从业者修读过新闻传播学科（表1）。

表1 数据新闻从业者的基本构成（占比最高的类目已加粗）

性别		年龄			
男	女	25岁及以下	26—30岁	31—35岁	36岁以上
33.96%	66.04%	39.62%	37.74%	13.21%	9.43%
教育水平			专业背景 （接受过某个专业教育的人数占总受访者的比例）		
大专	大学本科	研究生	新闻传播类	除新闻传播以外的人文社科类	计算机、信息类	除计算机以外的理工类
1.89%	45.28%	52.83%	56.60%	45.28%	15.09%	13.21%

与本次调查时间相近，有研究者对世界范围内43个国家的181名数据新闻

---

① Appelgren, E. & Nygren, G. Data journalism in Sweden: introducing new methods and genres of journalism into "old" organizations[J]. Digital Journalism, 2014, 2（3）：396.

从业者进行了调查。对比两个调查的结果可发现较多相似之处，比如数据新闻从业者大多受过良好的教育，无论是中国还是世界范围内，超过半数的从业者具有研究生学历。此外，数据新闻从业者大都有新闻与传播学科教育背景。两个调查最关键的区别在于从业者的性别比例。全球调查表明，数据新闻从业者主要是男性，占比为57.5%；而在中国数据新闻从业者中，近66%为女性（表2）。

表2　中国和全球数据新闻从业者人口统计学指标对比

人口统计学指标		中国（%）	全球（%）
性别	女	66	42.5
	男	34	57.5
教育水平	本科学历	98	96
	研究生学历	52.8	56
专业	新闻传播相关	56.5	62
	计算机科学或信息科学相关	15.1	无

2.收入情况

从收入来看，多数受访者税前月收入在8001—12000元，占30.19%，每月税前总收入在16001元以上的受访者占15.09%，另有26.42%的受访者不愿透露个人收入。实地访谈中，大多数数据新闻从业者对薪酬较为满意（图1）。

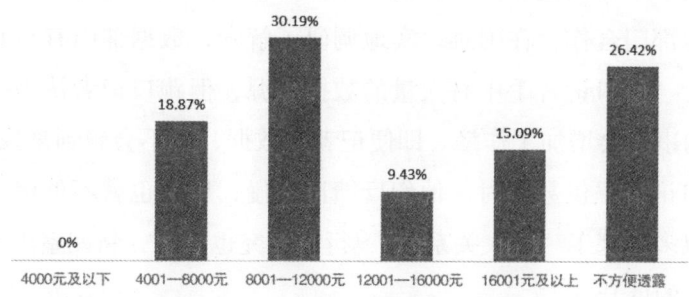

图1　数据新闻从业者收入情况

（二）数据新闻的实践内容

1. 选题来源

调查继续追问了数据新闻中选题来源和数据来源的问题，受访者被要求为不同选题方式的出现频次打分，分值从1到10，1为从来没有，10为非常频繁。调查结果如表3所示：

表3　数据新闻的选题来源

	均值	方差	最小值	最大值
部门成员自报的选题（不包括重大和突发事件）	8.16	2.10	2	10
可预知的重大事件（如G20、奥运会、两会等）	7.96	2.33	2	10
数据公开发布	6.84	2.26	2	10
突发新闻事件（如天津爆炸等）	6.80	2.76	1	10
与其他媒体或机构合作	5.84	2.36	1	10
同机构内部其他部门提供	5.70	2.33	1	10
其他	1	0	1	1

"部门成员自报的选题"得分最高，为8.16分，意味着从业者有较大的发挥空间和自主程度。调查中，由同机构内部其他部门提供的选题排在末位，甚至低于来自其他媒体和机构合作的选题，这在一定程度上反映出数据部门与其他部门合作存在困难。实地调研了解到，数据部门有与其他部门合作的意愿，"跑口记者手中有大量的数据资源，但跑口记者认为提供数据不是自己分内事，会增加工作量。即便记者有数据，也不会想到来找你"；①而"需要跑口记者提供数据时，他们反馈比较慢，后来也就不催促了"，如果有合作，也多是基于"个人关系"。②行动研究也发现，新闻室内部结构影响了内部合作的展开。

实际上，类似问题还发生在美国与挪威的新闻室内。在美国一些新闻

---

① 从业者，面对面访谈，2016年10月26日，北京。
② 团队负责人，面对面访谈，2016年10月26日，北京。

机构内，数据部门编辑经常要为项目做游说，以说服其他记者加入；另有从业者如独行侠般，从头至尾独立生产数据新闻，也会有从业者感到孤立与疏离。①在挪威，数据部门与其他部门的合作也十分少见，只有维基解密泄密案这样的大事才能推倒部门间的屏障。这也表明新闻机构内部"条块化"的组织架构影响了这项创新实践的展开。

访谈中一位负责人提出，部门之间的合作困难不仅因为条块化的结构分割，也有个人意识的原因，与记者本人"对新媒体是不是有足够敏感有关系"；即使"有一个机制来做不同部门之间的交流"，但如果按照文字记者的思路，"明天发稿今天才跟你说，这对于做融合报道的周期来说是来不及的"。②

2.数据来源

本次调查要求受访者勾选数据的主要来源，同样是按出现频次打分，1为从来没有，10为非常频繁。结果显示，来自大学、科研机构的数据使用频次最高，平均分为6.36。紧接其后的是党政机关发布的数据，得分均值为6.24（表4）。

表4　数据新闻的数据来源

	均值	方差	最小值	最大值
大学、科研机构发布	6.36	2.07	2	10
党政机关发布	6.24	2.72	1	10
数据公司	6.00	2.19	2	10
综合其他新闻报道	5.98	2.50	1	10
除数据公司以外的企业	5.18	2.46	1	10
信息公开申请	3.86	2.90	1	10

新闻源是新闻社会学研究的核心议题。传统媒体时代，受截稿时间及跑

---

① Fink, K., & Anderson, C. W. Data journalism in the United States: Beyond the "usual suspects" [J]. *Journalism Studies*, 2014, 16（4）:467-481.
② 团队负责人，面对面访谈，2016年10月26日，北京。

口制度的影响，新闻生产较为依赖官方或既定机构作为新闻源。有研究者认为将数据作为新闻来源，扩大了新闻源光谱，可去除新闻生产对"口"的依赖，也由此消解了社会精英的话语权。①如果从场域视角来理解，即政治场域能够对新闻场域施加较大影响。本次调查结果显示，数据新闻中的数据仍主要来源于政府、大学等官方或既定机构。

此外，在数据新闻生产中，媒体也经常使用来自数据公司和其他企业（比如滴滴、淘宝等）的数据，其得分均值分别为6.0和5.18，都超过了中值。这类数据的优势在于"根据过往发现数据是可靠的""节约时间成本""基本上都是免费的"，且公司"从品牌营销的角度"很愿意提供数据。②但有时从企业获取数据需要谈判，需要详细解释数据类型和用途，比较耗时，"双方可能都要妥协，找到能够合作的中间点"。

值得注意的是，这类第三方数据通常并非原始数据，而是经过了脱敏或初步编辑的数据。很多情况下，第三方机构并不会提供数据编辑说明，而且数据获取过程也是隐蔽的，记者编辑无从核查数据真伪。数据中还可能暗含特定议程，或会潜移默化地影响从业者对新闻点的选取。③一位从业者在访谈中坦言："一些大数据公司提供的数据，只能说是详细地标注数据来源。因为数据量太大了，这些数据也是通过各种算法算出来的。我相信我首先拿不到原始数据，其次我也没办法把这么大量的数据找记者来核实。"④

调查和访谈分析显示，数据新闻生产仍然受到数据来源的限制，而数据也仍然较多来自官方、科研机构等。数据新闻中也频繁使用第三方数据，即来自公司、企业等的数据。如从业者所言，这些数据难以核查。而数据获取权掌握在官方、公司、企业等手中，数据新闻生产的自主性也受到一定制约。

---

① 曾庆香、侯雪琪：《数据新闻：社会精英话语权的消解》，《探索与争鸣》2015年第3期，第83—86页。
② 团队负责人，面对面访谈，2016年10月26日，北京。
③ 从业者，行动研究，2017年11月11日，上海。
④ 从业者，面对面访谈，2016年10月26日，北京。

（三）数据新闻从业者的价值认知

1.择业因素

调查也关注了从业者的择业因素，受访者可在9个选项中多选。为了实现更有针对性的测量，在设计选项时，研究者特别关注了数据新闻与传统新闻相比的特殊之处，比如需要学习新知识，经常与新工具或新技术打交道等。而传统新闻和数据新闻兼具的一些特点，比如工作时间灵活等并未放在选项中。结果显示，对从业者而言，数据新闻的较大魅力在于其所提供的学习新知识的机会，近70%的受访者勾选此项，有58.49%的受访者因为喜欢新鲜事物而选择了数据新闻。数据新闻所提供的"做新鲜事"的机会，也正是创新心态的来源，在这个意义上，数据新闻实践也有利于孕育新闻室内部的创新文化。另有33.96%的从业者认同进入数据新闻领域可施展其技术才能。而因为薪酬优厚或因为数据新闻十分火爆而进入该领域的从业者各占3.77%（图2）。

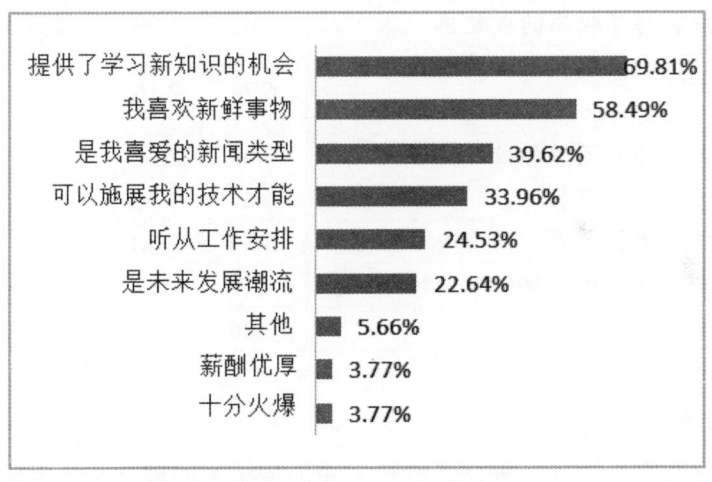

图2 数据新闻从业者的择业因素

2.工作满意度

调查中对工作满意度的测量使用了10级量表，1为非常反对，10为非常赞同。总体而言，受访者较为满意目前的工作状态，其得分均值为7.09，高于中值。有16.98%的受访者为自己的工作状态打了满分，64.15%的受访者打分在7

分以上,对工作状态打分在5分以下的仅占22.64%。

具体到工作中的不同方面,受访者最为满意的是与同事的合作关系,其评价得分均值为8.17分,最低分也有5分(表5)。访谈中数位从业者都提到,数据新闻部门的"小环境很好";①两位团队负责人不约而同用"内部创业"来形容自己的团队,其中一位提到,"一起工作很愉快,大家心往一处使"。②

表5 数据新闻从业者的工作满意度

	均值	方差	最小值	最大值
我与同事合作顺畅	8.17	1.64	5	10
我在工作中自主程度较高	8.11	1.83	2	10
我在工作中经常有机会学习到新知识	7.72	2.34	1	10
我的主管领导工作有方	7.51	2.5	1	10
我满意目前工作的发展前景	7.15	2.28	1	10
我满意目前的工作状态	7.09	2.27	1	10
我在工作中获得了较高的成就感	7.02	1.98	1	10
我参与制作的数据新闻作品有较高的社会影响	6.74	2.16	2	10
我满意目前工作时间的弹性	6.64	2.62	1	10
我满意目前的工作时长	6.64	2.35	1	10
我满意目前的考核方式	6.59	2.48	1	10
我满意目前工作机构提供的职业培训机会	6.3	2.61	1	10
我满意目前的工作待遇	6.26	2.58	1	10

3.制作要求

在调查价值认知时,研究者特别关注了传统新闻理念与技术驱动之间的张力。数据新闻兴盛于"技术驱动的新闻业创新"③的背景下,其实践操作存在一定的技术门槛,数据新闻生产需要了解或掌握一定的编程技能,也由此重新定义了新闻生产者的技能要求,那么从业者如何评判传统新闻生产技能

---

① 团队负责人,面对面访谈,2016年9月23日,上海。
② 团队负责人,面对面访谈,2016年12月1日,北京。
③ 白红义:《从技术创新到新闻创新:重塑新闻业的探索性框架》,《南京社会科学》2016年第10期,第104—112页。

（如采写编评、新闻判断）与技术要求（比如编程）孰轻孰重？借由这项实践，越来越多的程序员开始进入新闻生产场域，他们的加入将如何影响记者的文化权威？一位资深数据新闻从业者曾撰文提到"程序员获新闻奖，你怎么看？",[1]便涉及如何处置记者的文化权威所面临的挑战。本次调查通过制作要求与能力评级等问题管窥这种张力。

问卷中列出了数据新闻的一些制作要求，并通过10级量表请受访者评分，1为非常反对，10为非常赞同。受访者认为制作数据新闻最重要的是新闻敏感和价值判断，其得分均值为8.74，有近半数（26名）受访者为此条表述打了10分，其最低评分也有5分，可见受访者高度认同这一表述。与之相对应，受访者最不认同掌握编程技能比新闻判断更为重要（均值3.15，低于中值）。

即便如此，受访者也倾向于认为最好能熟练运用一门编程语言（均值5.91，高于中值）以及最好做可视化呈现（均值7.6，高于中值），可视化也对从业者的设计和编程能力也有一定要求（表6）。此外，受访者基本认同制作数据新闻需要知晓有关新闻报道的法律法规、信息公开的法规政策以及宣传要求。

表6 数据新闻制作要求

	均值	方差	最小值	最大值
最重要的是新闻敏感和价值判断	8.74	1.57	5	10
最好做可视化呈现	7.6	2.26	2	10
必须要了解有关新闻报道的法规政策（比如著作权法等）	7.38	2.59	1	10
必须要了解有关信息公开的法规政策	7.25	2.43	1	10
必须要了解有关新闻报道的宣传要求	6.3	2.94	1	10
从业者应该至少熟练运用一门编程语言	5.91	2.82	1	10
文字部分越少越好	3.83	2.46	1	9
掌握编程技能比新闻判断更为重要	3.15	2.35	1	10

---

[1] 黄志敏：《程序员获新闻奖，你怎么看？——解读财新网可视化数据新闻》，《中国记者》2015年第1期，第89—90页。

4.能力评级

受访者被要求为制作数据新闻所需的各项能力的重要程度打分,分值从1到10,1为最不重要,10为非常重要。结果显示,评分均值最高的是良好的新闻判断,接下来是团队合作、统计分析与写作能力,熟练使用计算机软件、设计能力、采访与编程能力位列其后,编程能力排在末位(图3)。

传统的新闻记者的核心能力——采访——却被降格,其评分均值在倒数第二位,仅位列编程能力之上。一位从业者称,"做数据新闻并不像传统新闻那样需要很多采访,更多的是编辑工作"。[1]这种技能结构的转变有着较为深刻的意涵,它从一个侧面反映出新闻在认识论上的变化。第一个层面涉及新闻生产客体的变迁。如前文所述,美国学者安德森[2]曾以历史唯物主义的视角审视新闻业的历史发展,他认为采访是美国新闻业的发明,其兴起于19世纪中叶,兴盛于美国内战时期。采访出现后,新闻生产的客体由此前书写的文件变成了口头的陈述。而在数据新闻中,新闻生产的客体变成了可被电子化的数据。第二个层面的变化,即什么是新闻认可的合法的事实也在发生改变。在传统媒体时代,由采访获得的口头材料经过了策略性的加工,被记者视作事实用来再现现实。而在数据新闻生产中,口头材料的合法性地位开始动摇。正如一位从业者所宣称的,"数据比什么人说了什么更加客观",[3]其潜台词即数据比口头材料更具合法性,更符合当下从业者对新闻事实的想象,可以更合法地再现现实。客体的变迁与观念的变革互为因果,并共同重构了新闻生产的技能结构,引发了采访技能的降格。

---

[1] 团队负责人,面对面访谈,2016年9月23日,上海。
[2] Anderson, C. W. Between the unique and the pattern[J]. *Digital Journalism*, 2015, 3(3):349-363.
[3] 团队负责人,行动研究,线下研讨会,2017年11月11日,上海。

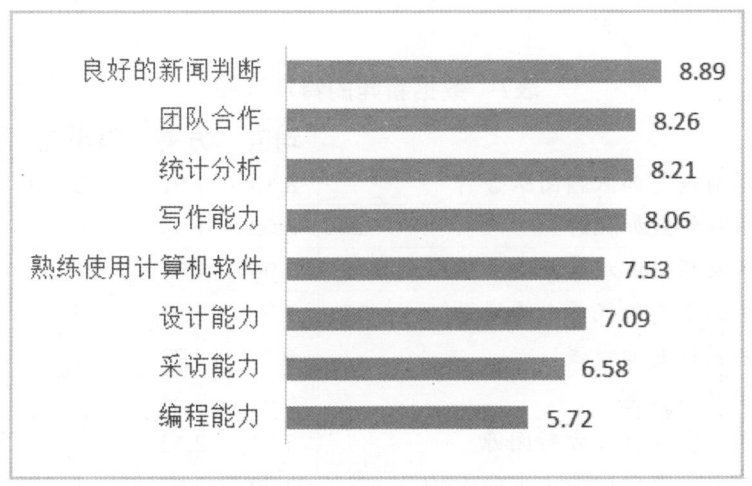

图3　数据新闻所需的各项能力评级

5.数据新闻的特点

对比传统新闻，数据新闻具有哪些独特之处呢？调查仍采用10级量表考察从业者对数据新闻特点的认知，1为最不赞同，10为非常赞同。结果显示，得分（均值）最高的是数据新闻更加依赖团队合作，这也可以解释在能力评级中，团队合作紧随新闻判断之后，是从业者认为较为重要的能力。数据新闻因可视化元素而更加吸引受众也有较高的认可程度，其得分均值达到了7.96分。从业者对数据新闻生产更加耗费资源也有较为一致的认知，耗时、耗费人力资源与费钱这几项的得分均值都超过了中值（表7）。

数据新闻更少受到宣传要求和截稿压力的影响则认可度较低，其得分未达到中值。访谈发现，每个媒体的新闻生产周期各不相同。在一家传统媒体，"领导要求一天生产一篇，上午确定选题，下午找数据、制图，实际上生产时间非常紧张"。①几家规模稍大的数据新闻团队都采用类似的生产模式，即分为日常新闻和大项目。"日常新闻通常一到两天完成，一天时间采集数据和分析，留一天时间给设计。而如果是大项目则依据项目本身需要，

---

① 从业者，面对面访谈，2016年10月26日，北京。

从一周到几个月不等。"①

表7 数据新闻的特点认知

	均值	方差	最小值	最大值
数据新闻制作更加依赖团队合作	8.13	1.91	2	10
数据新闻制作更加耗时	8.02	1.99	2	10
数据新闻因可视化元素而更加吸引受众	7.96	1.84	1	10
数据新闻制作更加耗费人力资源	7.96	1.93	3	10
数据新闻制作更加费钱	6.79	2.73	1	10
数据新闻更加客观	6.66	2.54	1	10
数据新闻更少依赖官方新闻源	5.11	2.52	1	10
数据新闻更少受到宣传要求的影响	4.72	2.67	1	10
数据新闻更少受到截稿压力的影响	4.26	2.9	1	10

6.数据新闻本土化的制肘因素

数据新闻作为舶来品,进入中国后必然要经历本土化调适,问卷也调查了数据新闻在中国情境中所面临的掣肘因素。结果显示(表8),受访者最为认同的是难以获取数据会制约数据新闻发展(均值8.26),同时受访者也认为目前数据的发布形式"不亲民","全都是文档,需要一个一个摘出来,发布的表述也不一样";②从业者倾向于认为数据新闻有利于促进政府和企业的信息公开,并可以更好地实施监督;也有从业者认为还未达到推进数据公开的阶段,因为中国的数据新闻发展相对贫瘠,"随便做个选题都是一条新闻","只有到充分竞争"才会推进更深的数据公开。③

从业者也倾向于认为数据新闻有利于促进媒体间合作。访谈中也发现,在一定程度上,数据新闻似乎能超越激烈的媒体竞争。两位同城的栏目负责人都认为对方给自己很多工作思路上的启发,"本来就是很小的圈子,大家又都是年轻人,相互帮忙很多"。④对加拿大数据新闻从业者的研究也有相似

---

① 团队负责人,面对面访谈,2016年10月26日,北京。
② 从业者,面对面访谈,2016年10月26日,北京。
③ 从业者,面对面访谈,2016年10月27日,北京。
④ 团队负责人,面对面访谈,2016年9月21日,上海。

发现，不同媒体的从业者间可以相互提供支持和帮助。

同时，人才匮乏和制作经费匮乏制约数据新闻发展也有较高认同度。"缺人"是受访者普遍认可的制约因素，"要找到既懂技术又懂新闻的人太难了"；①最缺的是前端开发人才，因为媒体相对于金融和IT领域"没有职业发展前景，完全是两个行业，薪酬也没法比"，所以比较难找到优秀人才。②也有负责人认为首要的阻碍因素是"缺钱"，因为"好看的数据新闻都属于高成本的一次性投入阶段，可持续性很低，如果一直循环下去，很快就很多团队做不下去了"。③

表8 数据新闻在中国情境中的发展

	均值	方差	最小值	最大值
难以获取数据制约数据新闻发展	8.26	1.95	4	10
数据新闻的发展有利于促进政府信息公开	7	2.81	1	10
数据新闻的发展有利于促进企业信息公开	6.96	2.68	1	10
数据新闻有利于媒体更好地监督权力机构	6.79	2.68	1	10
数据新闻有利于媒体更好地监督企业行为	6.72	2.48	1	10
数据新闻有利于促进媒体间合作	6.55	2.74	1	10
缺乏制作经费制约数据新闻发展	6.47	2.51	1	10
人才匮乏制约数据新闻发展	6.17	2.62	1	10
数据新闻代表着新闻业未来发展方向	5.64	2.71	1	10
数据新闻可能会侵犯个人隐私	4.55	2.58	1	10

四、数据新闻发展现状

透过行动研究，我们考察了从业者对数据新闻发展现状的评价。调查中显示，从业者对数据新闻的发展前景抱有积极乐观的态度，但现实中他们表达出一些忧虑，这些忧虑不约而同地围绕数据新闻场域内的两股作用力：新

---

① 从业者，面对面访谈，2016年12月1日，北京。
② 团队负责人，面对面访谈，2016年9月23日，北京。
③ 团队负责人，面对面访谈，2016年9月21日，上海。

闻逻辑和经济逻辑。从业者的忧虑折射出两股作用力之间的角力。一位团队负责人分享了她的困惑。

> 很纠结的就是还能不能做严肃的长篇报道。中国读者的阅读习惯有目共睹，碎片化的、漫画化的、表情包化，数据新闻刚好又比较严谨。我们经常发现我们用了很多心思做的很长的一个报道，大家看不下去，就算看别的媒体也会快速地翻，先看交互的部分，其他写的文字都没有仔细看。我们虽然不停说，不要炫技，但最后都在炫技，就因为它是最抓眼球的，用户吃这一套。我们记者很困惑，我们做了很多工作，结果读者看的只是酷炫的那部分，记者就觉得我存在毫无价值，现实就是如此。移动端呈现手段有限，没办法养好一个长篇故事，让大家总是做很肤浅很炫酷的东西，记者觉得这不是我的理想，但是实现理想的东西，大家又看不下去，这个东西很两难。①

基于布尔迪厄的场域理论框架，我们可以将中国数据新闻实践活动视作一个正在生成中的场域，在场域内，借由行动者的陈述，可以看到经济力量与新闻力量之间的较量，长篇的、深度的报道是记者的追求，它体现了新闻逻辑的作用力，即新闻本身的价值，追求深度、调查等，而这些"实现理想的东西"却没有受众基础。受众追逐的是吸引眼球的，炫酷的可视化。一味地满足受众的追求，服从于经济力量，不是记者的理想。

从业者期待强化新闻逻辑的部分，但受到流量考核的限制其腾挪的空间较为受限。所有的受访者都提到了流量是重要的考核标准，一位从业者提到，他们即将启动机器人考核。

> 考核我们主要是两条，一是数量达标，二是流量达标。期数

---

① 团队负责人，行动研究，2017年11月11日，上海。

做够了,就看流量是不是够。当然也会考虑质量,比如做的过程中有没有创新,有没有顺畅的团队合作,等等。但未来我们公司就要启动机器人打分了,机器知道你的流量怎么样,知道你被推送的情况。①

从业者坦陈,机器考核肯定会带来更大的压力:

机器考核肯定要更重视流量,多做热点吧。我现在感觉就是,我们做的东西太窄了。可以做一些有意思的,或者做一些可能需要更长的时间成本的东西。但是实施起来有点难。比如说有意思的东西,可能用户不感兴趣。用户不感兴趣,就不会点击,就影响流量。因为你没有流量的话,可以说你做的没有意义。然后时间成本长的东西的话就会背负一个期待,因为你花了很长的工期就可能会占用别人的资源。如果做出来的效果不太好的话,就会影响你下一次能不能继续做,就有点恶性循环。如果无法摆脱流量的约束的话,很多有想象力的东西就没办法尝试。②

流量考核是经济逻辑作用于新闻业最直接的体现。使用机器人考核意味着考核更依赖各种数据,最为重要的莫过于流量数据,它也意味着经济力量更强大的渗透。有从业者希望用新闻逻辑来反制于经济逻辑,而现实中,越是具有新闻属性的作品越被用来服务于经济利益。

我们刚刚实施了全面收费策略,包括数据新闻也是要挣钱,我们的领导常说,这么好的内容要能够赚钱。未来我们也想,我们这么多的数据,这么好的内容,尽量寻找一种变现路径。③

---

① 从业者,面对面访谈,2016 年 10 月 26 日,北京。
② 从业者,面对面访谈,2016 年 10 月 26 日,北京。
③ 团队负责人,行动研究,2017 年 11 月 11 日,上海。

与之类似，有从业者反思，"媒体为什么养我们，数据新闻很费钱，而我们又不能带来很好的流量回报，那我们的价值在哪里"？①

从业者对数据新闻发展的忧虑，一方面在于受到场域内经济力量的压制，无法实现其理想型的新闻操作；另一方面则在于如何挖掘并实现数据新闻的经济价值。忧虑的根源即在于场域内经济力量与新闻力量之间的角力，而经济力量似占据更为主导的地位。

五、小结

本章通过对北京、上海、广州三地数据新闻从业者的问卷调查、深度访谈、行动研究，并结合比较分析，系统地描述并分析了从业者的基本构成、工作状况、从业情况以及价值认知。调查主要发现：

1. 数据新闻从业者呈现年轻化、高学历的特点，以女性居多

调查显示女性从业者占到了2/3强，11个受调查栏目中，有6个栏目的负责人为女性。受访者平均年龄27.96岁，30岁（含）以下的从业者占到了77.36%。超过半数受访者拥有研究生学历。修读过新闻传播专业的从业者有56.60%，另有15.09%接受过计算机、信息类学科教育。从业者的月均收入普遍超过了4000元，大多数从业者月收入在8001~12000元之间。

2. 数据较多来自机构消息源

数据新闻的选题较多来自部门成员自报的选题或可预知的重大事件。数据则较多来自机构消息源，如大学、科研机构以及政府机构，来自企业和数据公司的数据也占有一定比重，而通过信息公开申请获取数据并不常见。同时，数据新闻部门与其他部门的跨部门合作存在一定困难。

---

① 团队负责人，行动研究，2017年11月11日，上海。

3.从业者工作满意度普遍较高

受访者普遍较为满意目前的工作状态，工作状态的得分均值为7.09，高于中值。具体到工作中的不同方面，受访者最为满意的是与同事合作顺畅，其评分均值为8.17分，最低打分也有5分。

4.新闻价值判断高于编程等技术要求

在价值认知方面，受访者认为制作数据新闻最重要的是新闻敏感和价值判断，其得分均值为8.74，但受访者也认为最好能熟练运用一门编程语言，其得分均值为5.91分，高于中值。对于制作数据新闻所需的各项能力，得分最高的是良好的新闻判断，其次是团队合作，编程能力排在末位。同时，缺乏数据最为制约数据新闻在中国大陆的发展，也有团队负责人在访谈中表示，缺乏经费投入制约数据新闻发展。

研究发现，从业者对数据新闻发展所表达的忧虑主要源自经济作用力的压制，无论是作品质量评价、员工考核还是从业者对发展现状的评价都紧密围绕流量展开，流量是经济作用力最为直接的体现。数据新闻在经历了几年飞速发展后，热度有所下降，它也需要证明自身的经济价值，"寻找一种变现路径"。当然这并不是数据新闻场域独有的特征。布尔迪厄曾提出，新闻业是弱自主场域，经济力量是新闻业场域内的主导力量。但经济价值不应是考量数据新闻的唯一维度。调查结果显示，数据新闻场域内聚集了一批高学历、技能出众，又具备创新精神的从业者，对人才流失较为严重的新闻业来说，这批人才是较为可贵的财富。如何进一步挖掘发挥这些人才的能量更是媒体需要思考的。调查也揭示，媒体内部的部门架构影响了合作的展开，"推到新闻室内部的墙"，利用数据新闻场域内的技术优势，将其更有效地服务于整个新闻室，或会成为数据新闻走出困境的出路之一。

（本文作者徐笛为复旦大学新闻学院讲师，欧杨洲为复旦大学新闻学院本科生。）

新媒体环境下新闻学子专业学习状况及效果评价调查报告

陶建杰　宋姝颖

【摘要】

通过对上海地区八所高校新闻传播类专业本科生的问卷调查，试图从专业报考情况、专业课程评价及满意度、媒体实践及满意度、专业承诺四个方面，呈现新媒体时代新闻学子专业学习状况与效果评价。研究发现：新闻学子以"自身兴趣"为主要报考动机背后，存在着志愿选择的盲目性和应景性，亟需进行科学的报考指导；新闻学子对校内课堂教育的总体满意度不高，其中对课程设置、从业促进的满意度最低；新闻学子的媒体实习呈现低龄化、短期化、多元化特点，媒体实习满意度显著高于校内课堂教育；新闻学子的专业承诺水平总体偏低，尤其是继续承诺和理想承诺。基于实证调查和上述发现，从专业填报、招生培养过程、教学保证等方面，提出了若干提升新闻学子学习效果的策略。

【关键词】

新闻学子　学习状况　学习效果评价　新闻教育

2016年2月，习近平总书记在党的新闻舆论工作座谈会上强调："媒体竞争关键是人才竞争，媒体优势核心是人才优势。要加快培养造就一支政治坚定、业务精湛、作风优良、党和人民放心的新闻舆论工作队伍。"[①]与此同

---

① 杜尚泽：《习近平在党的新闻舆论工作座谈会上强调：坚持正确方向创新方法手段 提高新闻舆论传播力引导力》，《人民日报》2016年2月20日第1版。

时，当下新闻传播教育（以下简称"新闻教育"）办学规模不断扩大。截至2015年，国内开设新闻传播类专业的高校有681所，专业分布点1244个，在校本科生高达23万人。①伴随着新闻教育事业迅猛发展，互联网时代媒体更迭的日新月异，媒介融合、新媒体思维、公民新闻、数据新闻……时代发展对新闻人才提出了更高要求，而新闻教育似乎总是跟不上时代步伐，相对新闻业亦步亦趋②，导致新闻人才培养面临诸多问题。从师资力量看，当前新闻专业的学生数量不断膨胀，但教师数量却远远不够，许多课程无法找到合适的教师；从课程设置看，在新旧媒体不断融合背景下，传统媒体纷纷转型，但许多新闻院系却跟不上这一变化，课程设置没有做出相应的调整，教学内容多与时代脱节；从操作技能看，新闻院校普遍存在实践教学滞后，教学设备老化等问题……问题与压力之下，当代新闻传播类专业大学生（以下简称新闻学子）的专业学习状况如何？他们还会热爱自己的专业并保持浓厚的学习兴趣吗？对于当下的新闻教育，新闻学子又是如何评价的？基于上述问题，本文以上海地区为例，采用问卷调查的方式进行实证研究，试图清晰呈现新媒体时代新闻学子的学习状况与效果评价，以期为今后新闻教育的改革发展提供借鉴。

一、数据来源及样本特征

作为中国新闻传播教育的重镇，上海地区目前至少有16所高校在本科教育中设立了新闻传播类专业。③依据所在高校的不同特点，大致可以分为三类：以复旦大学、上海大学、华东师范大学等为代表的传统综合性大学；以上海外国语大学、华东政法大学、上海体育学院等为代表的传统专业性大

---

① 蔡雯：《新闻教育亟待探索的主要问题》，《国际新闻界，2017，39（3）：6-18.
② 陈俊妮、陈俊峰：《职业行为体系与教育体系：关于新闻教育的十个核心问题》，《国际新闻界》，2011年第8期，第13—24页。
③ 这里的新闻传播类专业指教育部2012年本科专业目录下的新闻学、广播电视学、传播学、广告学、网络与新媒体等专业。这些高校是：复旦大学、上海交通大学、同济大学、华东师范大学、上海财经大学、上海外国语大学、上海大学、华东政法大学、上海对外经贸大学、上海理工大学、华东理工大学、上海政法学院、上海体育学院、上海外国语大学贤达学院、上海建桥学院、上海杉达学院。数据来源：各高校招生办官网。

学；以上海交通大学、东华大学、上海理工大学等为代表的传统理工类大学。我们将此三类高校分别简称为"综合性大学""专业性大学"和"理工类大学"。

这三类不同高校的新闻传播专业，在本科人才培养方面形成了各自风格。大致来看，"综合性"大学的新闻传播专业，办学历史相对悠久，注重学生多元知识融合，鼓励学生在通识教育的基础上再进入专业学习。"专业性大学"依托其高校主流学科特色，多采用主流学科方向的"1+1新闻传播人才培养模式"，如上外的国际新闻方向，上体的体育新闻方向，华政的法制新闻方向。"理工类大学"的新闻传播类学科多为新办，与技术结合相对较多。

兼顾这三类学校，2016年11—12月，课题组通过专业课堂为主并结合大四学生寝室发放的方式，对上海地区三种类型8所大学（综合性大学：上海大学、华东师范大学、复旦大学；理工类大学：上海理工大学、东华大学；专业性大学：上海外国语学院、华东政法大学、上海对外经贸大学）的新闻传播类专业（新闻学、广告学、广播电视学等）1693名大学生进行问卷调查，共回收有效问卷1430份，有效率84.5%，有效样本基本特征见表1。

表1 样本特征

变量	变量具体划分	样本量（N）	百分比
学校类型	综合性大学	561	39.23%
	专业性大学	453	31.68%
	理工类大学	416	29.09%
专业	新闻类（新闻学、广播电视学）	640	44.76%
	传播类（传播学、广告学）	437	30.56%
	其他传媒类（网络与新媒体、新闻传播大类等）	353	24.69%
性别	男	262	18.32%
	女	1168	81.68%

续表

变量	变量具体划分	样本量（N）	百分比
年级	大一	348	24.34%
	大二	339	23.71%
	大三	444	31.05%
	大四	299	20.91%
原籍	城市	1021	71.70%
	县城及以下	403	28.30%
家庭影响	有家人/近亲属在传媒业工作	177	12.39%
	没有家人/近亲属在传媒业工作	1252	87.61%

二、专业报考情况

1.专业决定时间

总体上，"填写大学志愿时"和"进入大学后"决定专业选择的学生，各占40%左右；在高中阶段就决定的人占12.66%，初中及以前的则更少。具体到不同类型高校，此次调查的综合性大学，因为实行大一不分专业的"大类招生"制度，有近六成的学生，是在大一结束后才决定具体专业。从学生的专业决定时间看，绝大部分人并没有提前的充分谋划，更多是船到桥头的紧迫性选择。

表2 专业决定时间

	初中及以前	高中	填写大学志愿时	进入大学后	其他
综合性	2.50%	11.41%	26.38%	58.47%	1.25%
专业性	2.65%	11.70%	48.34%	27.37%	9.93%
理工类	1.68%	15.38%	49.76%	27.88%	5.29%
全体样本	2.31%	12.66%	40.14%	39.72%	5.17%

2.入学前对专业的了解程度

从调查结果看,专业性大学的学生入学前对新闻传播专业了解程度最差,37.92%的学生竟然是"一无所知"。此外,无论是哪类大学的学生,入学前对专业"比较了解"和"非常了解"的比例加起来,最多也就是10%左右。这说明目前的专业填报指导还非常不到位。总体上,绝大多数同学入学前对专业仅处于"有些了解"(64.98%)或者"一无所知"(26.86%)的水平。

表3 入学前对专业的了解程度

	一无所知	有些了解	比较了解	非常了解
综合性	19.35%	69.18%	10.75%	0.72%
专业性	37.92%	56.98%	4.21%	0.89%
理工类	24.94%	68.04%	6.54%	0.48%
全体样本	26.86%	64.98%	7.45%	0.70%

3.选择本专业的原因

兴趣是学习最主要的动力,55.44%的受访者因为"自身兴趣"而选择新闻传播专业,这个比例并不算高。有24.84%的受访者是被"调剂"的,尤其是专业性大学的学生,调剂比例高达44.67%。这也很大程度上解释了为什么专业性大学的学生,37.92%的人入学前对新闻传播专业一无所知。此外,实行"大类招生"的综合性大学,学生因自身兴趣选择专业的比例,远远高于其他两类学校。这充分说明,大类招生制度对于学生专业选择的理性、自主性有很大帮助。仅有4.21%的学生看好"就业前景"而选择新闻传播专业。这个数据后面,至少可以解读两层含义:第一,绝大部分新闻学子对专业就业前景评价悲观;第二,绝大部分新闻学子在入学之初,还是"理想主义者"。

表4 选择本专业的原因

	自身兴趣	家长/老师建议	就业前景好	调剂	其他
综合性	69.88%	11.41%	5.53%	8.02%	5.17%
专业性	37.11%	6.22%	2.89%	44.67%	9.11%
理工类	55.80%	8.45%	3.86%	26.09%	5.80%
全体样本	55.44%	8.91%	4.21%	24.84%	6.60%

三、专业课程评价及满意度

1.对专业课程的评价

本研究用五个指标测量新闻学子对新媒体时代专业课程的评价：专业课程设置能适应新媒体发展的趋势；专业课程老师了解新媒体发展的最新情况；专业课程学习增加了我的新媒体方面知识；专业课程学习能使我掌握新媒体的应用技能；专业课程学习能增加我对传媒业的从业意愿，分别简称为"课程设置""师资水平""知识覆盖""技能提升""从业促进"，用五点里克特量表，请受访者从"完全不赞同"到"完全赞同"打分，各项得分见表5。

从全体样本来看，五项均值都超过中值3，说明学生总体上对目前专业课程各方面的评价较为正面。其中，"老师了解新媒体发展情况"（3.44）一项得分最高，紧接着是"课程学习增加新媒体知识"（3.42），表明新闻学子在新媒体时代对师资水平和知识覆盖两个方面相对较满意；课程对技能提升帮助（3.13）、课程增加从业意愿（3.08）和课程设置（3.06）三个方面得分相对较低。

表5 新闻学子的专业课程及总体满意度评价均值及比较

	总体满意度	课程设置	师资水平	知识结构	技能培养	从业促进
全体样本	3.06	3.06	3.44	3.42	3.13	3.08
综合性大学	3.11	3.08	3.34	3.37	3.07	3.05
专业性大学	2.91	2.85	3.45	3.29	2.94	2.84
理工类大学	3.17	3.25	3.56	3.61	3.43	3.37
F检验	***	***	**	***	***	***
男生	3.06	3.07	3.52	3.47	3.16	3.07
女生	3.06	3.06	3.42	3.41	3.12	3.08
T检验	ns	ns	ns	ns	ns	ns
高中及以前	3.17	3.23	3.53	3.50	3.17	3.25
填写大学志愿时	3.03	3.04	3.46	3.45	3.18	3.08
进入大学后	3.06	3.03	3.39	3.36	3.08	3.01
F检验	ns	*	ns	ns	ns	*
调剂	2.91	2.93	3.45	3.37	3.01	2.82
非调剂	3.15	3.13	3.44	3.45	3.20	3.21
T检验	***	**	ns	ns	**	***
低年级	3.16	3.18	3.61	3.53	3.22	3.23
高年级	2.97	2.95	3.28	3.32	3.04	2.93
T检验	***	***	***	***	***	***
有校园媒体经历	3.11	3.11	3.50	3.48	3.19	3.04
无校园媒体经历	3.02	3.02	3.39	3.36	3.08	3.10
T检验	*	ns	*	*	ns	ns
有社会媒体经历	3.08	3.12	3.52	3.46	3.15	3.11
无社会媒体经历	3.03	2.95	3.30	3.35	3.11	3.02
T检验	ns	**	***	*	ns	ns

续表

	总体满意度	课程设置	师资水平	知识结构	技能培养	从业促进
有自媒体经历	3.13	3.16	3.57	3.54	3.24	3.17
无自媒体经历	2.97	2.91	3.25	3.24	2.98	2.94
T检验	***	***	***	***	***	***
有亲属从事媒体行	3.11	3.02	3.44	3.43	3.14	3.07
无亲属从事媒体行	3.06	3.07	3.44	3.42	3.13	3.08
T检验	ns	ns	ns	ns	ns	ns

注：***$p<0.001$,**$p<0.01$,*$p<0.05$,ns为不显著。

进一步比较不同类型新闻学子对专业课程的评价差异见表5。可以发现：（1）不同学校类型的新闻学子上述指标均有显著差异。总体上，专业性大学的新闻学子，对课程设置、知识覆盖、技能提升等方面，评价均最低。理工类大学的新闻学子，对上述方面的评价普遍较高。（2）越早决定读本专业的学生，对课程设置和从业促进的评价越高。（3）调剂进入该专业的学生，对课程设置、技能培养、从业促进等方面的评价显著低于非调剂生。（4）高年级对上述指标的评价显著要低。（5）有校园媒体经历、社会媒体经历的学生，对师资水平、知识结构的评价显著要高；此外，有社会媒体经历的学生，对课程设置的评价也较高；有运营个人微信公众号的学生，对目前新闻教育上述五方面的评价，均高于没有相关经历的学生。（6）无论是男生还是女生，或者无论是否有近亲属在传媒业工作，学生对新闻传播专业课程的评价，均没有显著差异。

2.对新闻教育的总体满意度

通过五点量表，测量了新闻学子对目前新闻教育的总体满意度，均值为3.06。这意味着，新闻学子的满意度仅达一般水平，并不令人乐观。进一步比较不同群体的新闻学子后发现，低年级、非调剂生、有校园媒体经历、有自媒体经历的学生，对新闻教育的总体满意度显著高于其他学生。另外，专业性大学的学生，对新闻教育满意度，显著低于其他两类新闻学子。具体见表5。

3.专业课程的能力锻炼

较之于具体的业务能力，新闻学子认为专业课程学习中，得到锻炼最多的能力是"分析问题/批判性思维"（33.08%）和"认知社会"（22.35%）。认为"传统新闻业务""新媒体业务"能力得到锻炼最多的分别占14.79%和20.88%。具体到三种不同高校类型的新闻学子，总体情况差不多，仅有理工类高校的学生，把"新媒体业务"和"分析问题/批判性思维"并列第一。调查表明，新闻学子认为目前专业课程学习中，得到锻炼最多的基本都是那些相对宏观抽象的能力而非具体的新闻业务能力。此外，理工类高校在专业课程教育中，与时代结合相对紧密，更偏向于训练学生实操性的新媒体技能。

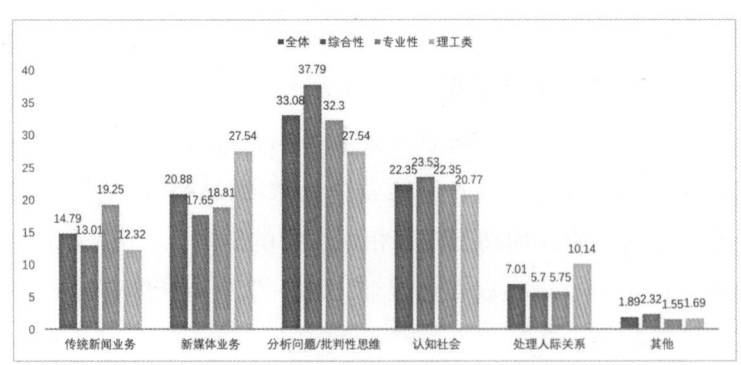

图1 专业课程的能力锻炼

四、媒体实践及满意度

1.媒体实践经历

分析新闻学子的实践经历发现，超过半数的学生有校园媒体经历（52.73%），有社会媒体实习经历和自媒体运营（个人微信公众号）经历的学生，大致在四成左右，其中有自媒体运营经历的人相对最少。从参与时长来看，新闻学子参与三类媒体的经历均集中在半年以下。略有不同的是，参与校园媒体一年以上的同学多于半年至一年的同学，而在另外两类媒体中，情况正好相反。可见，新闻学子的媒体实践，呈现"短期化"特点。

表6 媒体实践经历

	无	半年以下	半年至一年	一年以上
校园媒体	47.27%	20.42%	15.52%	16.78%
社会媒体	59.94%	27.17%	9.24%	3.64%
个人微信公号	63.99%	22.17%	8.88%	4.97%

2.首次社会媒体实习时间

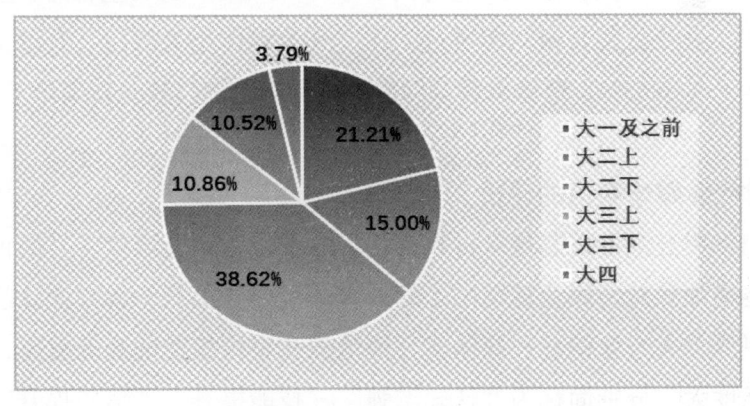

图2 首次实习时间

在1429位回答者中，仅有580人有社会媒体实习经历，占40.59%。针对这580人进一步调查后发现，超过半数的学生把大二作为首次社会媒体实习的时间，尤其是大二下（38.62%）。大一及以前和大三开始实习的同学比例相当，均在10%左右。极少数同学（3.79%）在大四的时候才开始实习。

3.社会媒体实习部门

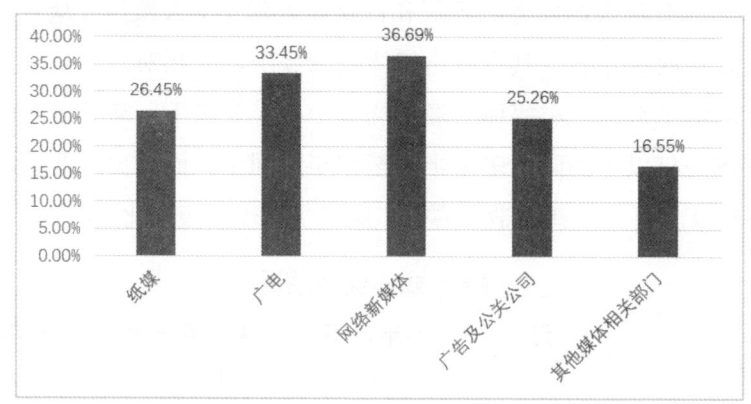

图3　社会媒体实习部门

进一步对学生实习部门进行统计发现，在"网络新媒体"实习过的学生最多，占36.69%；其次是"广电部门"（33.45%），26%左右的学生在"纸媒"或"广告及公关公司"实习过，在"其他媒体相关部门"有过实习经历的新闻学子占16.55%。整体来看，网络媒体和广电部门较受新闻学子青睐。

4.对社会媒体实习的评价

我们采用五个指标测量有过相关经历的学生对社会媒体实习的评价：媒体实习能增加我对传媒业现状的了解；媒体实习能提升个人专业技能；媒体实习能提升个人专业信心；媒体实习能增强我对传媒业的从业意愿；媒体实习工作强度大。分别简称为"认知增强""技能提升""信心提升""从业促进""工作强度"，请受访者在"完全不赞同"到"完全赞同"的五点里克特量表上打分。

结果如表7所示，从全体样本来看，五项均值都超过中值，说明学生总体上对社会媒体实习的评价较为正面。其中"媒体实习能增加我对传媒业现状的了解"一项得分高达4.01分，"媒体实习能提升个人专业技能"一项的得分也达到了3.81，说明新闻学子对实习的认知增强和技能提升作用比较满意。大家也比较认同"媒体实习工作强度大"（3.64），对实习能提升专业信心（3.35）和增加从业意愿（3.06）的评价较低。

表7　新闻学子对社会媒体实习评价及总体满意度均值比较

	总体满意度	认知增强	技能提升	信心提升	从业促进	工作强度
全体样本	3.35	4.01	3.81	3.35	3.06	3.64
实习半年以下	3.28	3.93	3.71	3.27	2.98	3.52
实习半年至一年	3.45	4.03	3.83	3.38	3.10	3.76
实习一年以上	3.73	4.65	4.46	3.98	3.71	4.15
F检验	***	***	***	***	***	***
大一及以前	3.31	4.06	3.91	3.50	3.18	3.71
大二上	3.32	3.95	3.80	3.41	3.07	3.55
大二下	3.29	3.95	3.68	3.21	2.94	3.56
大三上	3.49	4.06	3.81	3.35	3.24	3.73
大三下	3.52	4.13	3.98	3.50	3.17	3.85
大四	3.43	4.25	4.05	3.40	2.90	3.80
F检验	ns	ns	ns	ns	ns	ns
男	3.39	3.84	3.74	3.28	2.87	3.61
女	3.34	4.04	3.82	3.37	3.10	3.65
T检验	ns	ns	ns	ns	ns	ns
有亲属从事媒体行	3.28	3.90	3.57	3.32	3.00	3.51

续表

	总体满意度	认知增强	技能提升	信心提升	从业促进	工作强度
无亲属从事媒体行	3.36	4.02	3.85	3.36	3.07	3.66
T检验	ns	ns	★	ns	ns	ns

注：***p＜0.001,**p＜0.01,*p＜0.05,ns为不显著。

进一步比较不同类型新闻学子对社会媒体实习的评价差异后发现：（1）实习时间越长的学生，对社会媒体实习的五个指标评价越高。（2）首次实习时间不同的学生，对五项指标评价没有显著差异。（3）男女生的评价也没有显著差异。（4）有亲属在传媒行业的新闻学子对社会媒体实习技能提升方面的评价显著低于其他学生。

5.社会媒体实习总体满意度

如表7所示，同样采用五点量表，测量新闻学子对社会媒体实习的满意度，均值为3.35，为一般水平。进一步比较不同类型的学生发现：（1）实习时间越长的学生，对社会媒体实习总体满意度显著越高；（2）无论是否有近亲属在传媒业工作、无论男女生、无论首次实习时间是什么时候，学生对社会媒体实习的总体满意度均无显著差异。

6.社会媒体实习的能力锻炼

通过社会媒体实习，新闻学子认为自己得到最多锻炼的能力集中在"认知社会"（28.78%）、"新媒体新闻业务"（26.85%）、"处理人际关系"（24.18%）三种方面，认为"分析问题或批判性思维能力"得到最多锻炼的同学仅占10.09%。

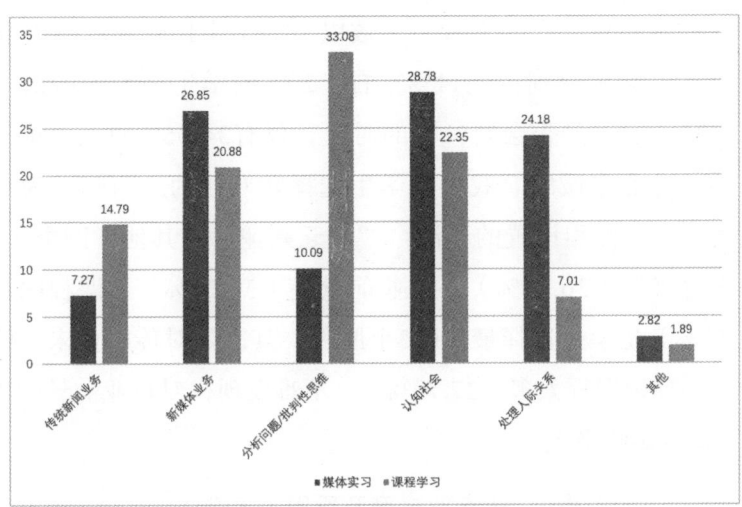

图4 在社会媒体实习和课程学习中,你分别认为自己的哪一种能力得到了最多锻炼

比较"在专业课程学习中得到最多锻炼的能力",我们发现,媒体实习与课程学习对学生的作用截然不同——课程学习主要锻炼学生的批判思维等抽象能力,而媒体实习则主要锻炼学生的新媒体业务、处理人际关系等应用技能,同时对学生认知社会也有较好的帮助。因此,课程学习重点在于提升学生的"道",媒体实习重点在于提升"术",两者互相结合、相得益彰。

五、专业承诺

1.专业喜欢程度

表8 对专业的喜欢程度

	很不喜欢	不太喜欢	无所谓	比较喜欢	很喜欢
综合性	1.25%	7.84%	13.19%	63.10%	14.62%
专业性	4.42%	19.47%	26.77%	43.81%	5.53%
理工类	1.20%	6.97%	19.71%	60.58%	11.54%
全体样本	2.24%	11.27%	19.38%	56.26%	10.85%

从对本专业的喜欢程度来看，半数以上的学生比较喜欢本专业，不太喜欢和很喜欢的学生分别占比11%左右，20%的学生表示无所谓。当问及"如果可以转专业，是否会转？"的时候，仅有34.65%的人表示不会转专业，有较强的专业忠诚度。我们将学生选择转专业的原因归纳为"对行业前景的担忧""对课程设置的不满""缺乏兴趣""其他"四类（表9），其中缺乏学习兴趣（36.16%）、就业前景差（36.05%）、课程内容与实际脱节（34.12%）是学生选择最多的3个原因，其次是对传媒业未来没有信心（29.18%）、理论课程太多（27.79%）。不难发现，对行业前景的担忧对学生的专业忠诚度影响最大。

表9 转专业态度及原因（多选）

转专业的态度及原因		人数	个案百分比（%）
我不会转专业		493	34.65%
对课程设置的不满	课程内容与实际脱节	318	34.12%
	理论课程太多	259	27.79%
缺乏兴趣	缺乏学习兴趣	337	36.16%
对行业前景的担忧	就业前景差	336	36.05%
	对传媒业未来没有信心	272	29.18%
其他	其他	99	10.62%

2.专业承诺现状

专业承诺是指大学生认同所学专业并愿意付出相应努力的积极态度和行为[①]，具体包含情感承诺、继续承诺、理想承诺、规范承诺四个维度。情感承诺主要反映新闻学子对所学专业的情感、愿望；理想承诺反映新闻学子认为所学专业能发挥自己的特长，有利于实现自己的理想和抱负；继续承诺反映新闻学子出于自身素质、能力、就业机会以及与该专业相对应的工资、待遇等经济因素而愿意留在该专业学习；规范承诺指新闻学子认同所学专业是出于义务和责任的考虑。

---

① 连榕、杨丽娴、吴兰花：《大学生的专业承诺、学习倦怠的关系与量表编制》，《心理学报》2005，37（5）：632-636.

我们借鉴了"连榕版"量表并适当精简来测量大学生的专业承诺，共计16题，精简版量表的α系数分别为0.81、0.80、0.74、0.78、0.92，具有较高的信度。

专业承诺得分计算方式是，取下属各项求均值（五点量表）。从表10可见，新闻学子专业承诺水平不容乐观。理想承诺（2.98）、继续承诺（2.83）低于中值3，情感承诺（3.38）、规范承诺（3.34）略高于中值，总承诺得分仅为3.13。

不同类型新闻学子的专业承诺，女生（3.15）略高于男生（3.07），但仅在情感承诺方面有显著差别。低年级学生（3.21）显著高于高年级学生（3.06），且无论在总承诺还是四个维度上，这种差异均具有显著性。原籍县城及以下的新闻学子（3.03），专业承诺普遍低于来自城市的学生（3.17），显著差异体现在情感承诺、理想承诺、继续承诺和总承诺方面。调剂到新闻传播类专业的学生（2.73），在专业承诺的各方面都显著低于非调剂学生（3.27）。有家庭影响的学生（3.27），其专业承诺显著高于其他学生（3.11）。专业性大学新闻学子，无论是专业承诺总体水平（2.83）还是四维度的得分均最低，综合性（3.27）与理工类（3.28）的情况差不多。其中，理工类大学新闻学子，规范承诺和总承诺高于综合性大学。

表10　新闻学子的专业承诺及比较

变量		情感承诺	理想承诺	继续承诺	规范承诺	总承诺	组间比较
性别	男	3.27	2.95	2.77	3.29	3.07	1*
	女	3.40	2.99	2.85	3.35	3.15	
年级	低年级	3.47	3.04	2.89	3.46	3.21	1***,2*,3*
	高年级	3.29	2.93	2.79	3.23	3.06	4***,5***
生源地	县城及以下	3.28	2.84	2.71	3.30	3.03	1**,2***,
	城市	3.41	3.04	2.88	3.35	3.17	3**,5**
志愿	自主选择	3.51	3.14	3.00	3.43	3.27	1—5***
	调剂	2.98	2.52	2.34	3.07	2.73	

续表

变量		情感承诺	理想承诺	继续承诺	规范承诺	总承诺	组间比较
家庭影响	有	3.49	3.12	3.01	3.48	3.27	1★,2★,3★★, 4★,5★★
	无	3.36	2.96	2.81	3.32	3.11	
学校类型	综合性	3.54	3.12	3.00	3.42	3.27	1—5★★★
	专业性	3.05	2.71	2.48	3.06	2.83	
	理工类	3.50	3.09	2.99	3.53	3.28	
全体		3.38	2.98	2.83	3.34	3.13	——

注：组间比较中，1—5分别代表情感承诺、理想承诺、继续承诺、规范承诺、总承诺，只列出了有显著差异的项目。* $p < 0.05$，** $p < 0.01$，*** $p < 0.001$

六、结论与讨论

通过实证研究，本文分析了新媒体环境下新闻学子的专业学习状况及对学习效果（包括校内课堂教学和校外媒体实践）的评价。研究的主要结论如下：

1. 以"自身兴趣"为主要报考动机背后，存在着志愿选择的盲目性和应景性，亟需进行科学的报考指导

报考的盲目性和应景性体现为：高达92%左右的学生，在入学前对专业情况竟然是"一无所知"或者"有些了解"；在高中及以前就决定专业意愿的学生，仅占15%左右。按理说，在互联网时代，通过网络获取各种信息并不困难，那为什么还是有如此多的学生，依然存在对专业的"无知"呢？我们认为可能原因有多方面：其一，多年来，中国教育在培养学生学习自主性和创造性方面，有所欠缺。学生长期以来养成了跟随老师的"被动学习"模式，独立思考能力不足。进入高三后，面对高强度、高压力的学习，没有更多时间精力、更没有意识去主动对自己未来的学习有前瞻性的规划，一心只想"把分数搞上去"。其二，作为能对高中生志愿填报产生较大影响的"意见领袖"——高中老师们，随着中国高等教育的快速发展，对目前大学各专业的真实情况和最新状况也不太了解，再加上目前对教师的评价也主要是"分数"，使他们也没有太多精力，或者能力上给予学生有效的专业填报指导。其三，家长对大学专业的相关情况更不了解，大部分家长只根据往年的录取分数，建议子女报考相关学校和专业，行为简单粗暴。其四，网络上的冗余信息太多，有效信息获取成本过高，降低了高中生在有限时间内获取高质量信息的可能性。

因此，除了网上资料外，有越来越多的高校采用"进高中课堂"进行宣讲、答疑、面对面互动交流的方式，也有不少高校逐步尝试"大类招生改革"，使学生掌握了相对全面的信息后再决定具体专业，都不失为好的做法。另外，在有条件的地区和学校，可以面向全体学生和家长，开设"高校志愿填报指导"类的兴趣课或者讲座，把大学专业科学报考指导以课程的形式确立，对避免今后学生志愿选择的随意性、盲目性，都极有帮助。

2.新媒体时代，新闻学子对校内课堂教育的总体满意度不高，其中对课程设置、从业促进的满意度最低

尽管新闻学子对校内课堂教育各指标的评价均超过3，偏向于较为积极，但得分都在3.5以下，仅处于刚过"及格"水平。来自新闻学子的评价清晰显示，他们对当下新闻教育的"怨言颇多"是全方位的，既有课程设置本身，也有师资配备；既有知识的传授，也有技能的提升。如果说课程、师资、知识、技能等都是新闻教育过程的话，从业促进则是新闻教育的最终目标，也是评估能否完成党中央提出的"培养造就一支政治坚定、业务精湛、作风优良、党和人民放心的新闻舆论工作队伍"任务的重要指标。如果对学生传媒业的从业意愿没有显著促进，专业教育的意义和价值就大打折扣。为什么学生对人才培养过程中的师资水平、知识覆盖、技能提升评价尚可的情况下，亦然无法在从业选择时"忠实"于自己的专业呢？根据职业心理学的观点，职业价值观主要包括发展因素、保健因素、声望因素三方面①。新媒体时代的媒体人工作压力大、与其他行业相比工资待遇偏低、传统媒体岗位不断萎缩、从业者个人社会地位大不如从前、职业成长性和个人发展空间有限……这些残酷的现实,对新闻学子职业价值观的形成,无一不具有消极作用,不断"消解"着新闻教育的功效。再加上学生对新闻教育本身的满意度不高,两者叠加,更加拉低了对传媒业的从业意愿。

3.新闻学子的媒体实习呈现低龄化、短期化、多元化特点,社会媒体实习满意度显著高于校内课堂教育满意度

有社会媒体实习经历的学生中,高达75%的人,在大三之前就开始实习。我们认为,这一情况背后至少反映了两个问题:首先,一定程度上佐证了学生对当下校内课堂教育的不满意。正是因为对校内教育的不满意,学生才希望较早地通过社会媒体实习增强自身专业能力。本次调研中,新闻学子认为目前专业课程学习中,得到锻炼最多的是相对宏观抽象的"批判思维/认知社会"能力而非具体的新闻业务技能;而媒体实习则主要锻炼学生的新媒体业务、处理人际关系等应用技能,同时对学生认知社会也有较好的帮助。其次,反映了当下学生对就业的"群体性焦虑"——访谈中,很多学生表达了同样的想法:不管是主动还是被动,每一个学生都不由自主地被"就业焦虑"裹挟着,生怕自己实习开始太晚,实习经历不够丰富,而影响将来在就业市场的竞争力。所以,早开始总比晚开始好,多几个实习岗位总比少几个岗位好。在这样的实习心态下,必然呈现出岗位"短期化""多元化"的状况——浅尝辄止,每个单位/岗位多则半年,少则一两个月;而且在传统媒体、网络新媒体、公关广告公司、其他媒体相关机构/部门间不断变换。

从短期看,低龄化、短期化、多元化的媒体实习经历,带来了学生实践技能的迅速增长,弥补了校内新闻教育的不足;对各类媒体岗位的接触与了解,也使得学生的简历变得"好看而丰富"。但从长期看,这种做法危机四

---

① 凌文辁,方俐洛,白利刚:《我国大学生的职业价值观研究》,《心理学报》,1999,31(3):342-348.

伏：在越来越多高校采用"大类招生改革"的背景下，才上完一年专业课就去社会媒体实习，学生缺乏相应的理论积累、思维方式、逻辑思考能力培养与训练，只注重操作技能的长进。这对学生的长期职业发展是极为不利的。因此，作为学校，有必要对学生的社会媒体实习进行统一的规划和安排，同时不断调整课堂教学内容，增加"在全真的环境下做校园媒体"的机会，使学生在扎实的理论知识和优秀的实践技能两方面均有较大收获。

4.新闻学子的专业承诺水平总体偏低，尤其是继续承诺和理想承诺

专业承诺的总体水平仅为3.13，其中继续承诺（2.83）和理想承诺（2.98）尚未达到中值3，表明新闻学子在这两方面是消极的。继续承诺是指学生出于自身素质、能力、就业机会、未来薪资待遇等原因而留在现专业，此项得分较低的原因比较复杂：从供给侧看，目前国内新闻传播专业严重饱和，毕业生人数供过于求，学生所掌握的知识技能落后于新媒体时代的社会用人需求；从需求侧看，向新媒体、融合媒体转型过程中的传统媒体面临较大的经济、技术、运营管理等压力，内部人员纷纷下岗转型，大大抑制了对应届毕业生的接纳，也进一步提高了用人标准。双重作用下，即使是少数学习成绩优异且怀有新闻理想的大学生，毕业后也很难找到称心如意的工作。就算找到内容相对满意的媒体工作，如今传媒业的收入，也很难让他们在高房价、高物价的大城市立足。理想承诺反映了新闻学子认为所学专业能发挥自己的特长，有利于实现自己的理想和抱负。严峻的现实状况却是，媒体报道空间相对收紧，舆论监督类深度报道更是举步维艰，新媒体岗位多为编辑类的简单重复劳动。一批满怀理想的新闻学子，经过媒体实践，很快会发现理想与现实的差距，失望感、挫败感油然而生。

由此可见，新闻学子原本不错的专业情感和社会责任感，与严峻的就业形势、不高的工资待遇、较大的工作强度、严格的新闻报道纪律等方面形成反差，造成了新闻学子理想承诺、继续承诺低，进而拉低了专业承诺的总体水平。

提升新闻学子的专业承诺，未来可以至少从以下方面努力：专业填报方

面，通过各种传播渠道，加强专业选择的科学指导，让学生在进入专业前充分了解专业情况、专业与个人兴趣的匹配度，降低盲目性。招生方面，适当压缩招生规模，尽量挑选自主填报的考生进入专业学习。培养过程中，允许学生根据自己的兴趣特长转专业；通过鼓励和引导，加强对学生的专业教育和职业教育，采用大数据等信息，让学生了解专业的发展前景、毕业生的就业形势及社会上相关职业的发展状况，提升专业学习自信，增强学习自我效能感。教学保障方面，改善软硬件、提高师资水平，使教学内容和形式充分适应新媒体时代的特点，其中作为教学活动组织者、管理者、协调者的师资配备是重中之重，必须找到熟悉新媒体发展规律和运用技能的高水平师资充实课堂教学。专业结构方面，对"1+1复合型人才培养""融合媒体人才培养""宽口径通识人才培养"等现有探索模式进行审慎、实事求是地评估，通过顶层设计、资源配置和保障、效果评价等进行"过程质量管理"，随时调整。

（作者简介：陶建杰，中山大学传播与设计学院教授；宋姝颖，中山大学传播与设计学院硕士研究生。本文为上海市教学科学研究一般项目"大数据时代基于供给侧改革视角的新闻传播人才培养模式创新研究"（C17079）的阶段性成果。）

2017年电视新闻节目收视回顾

娜布琪

2017年，诸多"大日子""大场面"引人关注："一带一路"国际合作高峰论坛成功举行，金砖国家领导人完成第九次会晤，庆祝中国人民解放军建军90周年朱日和大阅兵隆重举行，香港也迎来回归20周年，还有中共十九大顺利召开。这些重大新闻事件引发全球关注，而伴随着这些重大事件的发生，电视新闻节目的收视也充满了变化和亮点。本文根据CSM媒介研究2017年在全国120个城市的收视调查数据，对全国新闻节目的播出与收视情况做简要回顾与分析，解读新闻节目的收视特征，探究观众对于新闻节目的收视习惯与偏好。

一、新闻节目整体收播状况

1.观众人均收看电视时长比2016年减少13分钟，新闻节目收看时长减少1分钟

自2011年以来，只有2012年观众人均收看电视的时长高于2011年，之后逐年递减，2017年人均收看电视139分钟，比2016年减少了13分钟，同比下降比例达到8.55%，是近年来下降幅度最大的一年。受到收视大环境影响，新闻类节目的收视也有所下降，2017年人均收视18分钟，比2016年少了1分钟。（图1）

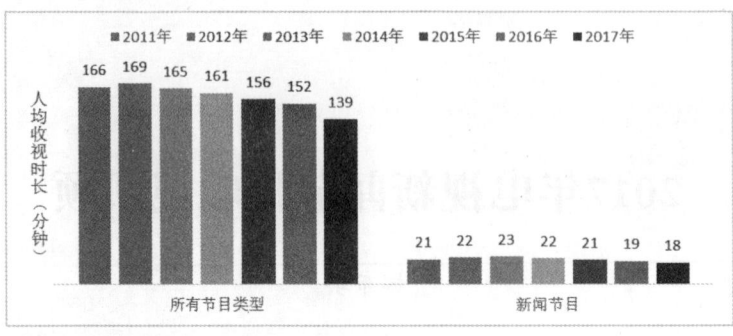

资料来源：CSM媒介研究

图1 2011—2017年所有节目及新闻节目人均收视时长（历年所有调查城市）

2.新闻节目的资源使用效率小幅提升

从资源利用效率来看，2017年新闻节目的播出比重略有减少，但收视比重有所提升，资源使用效率是达到自2012年以来的最高值。经过连续5年的下滑，2017年新闻节目的资源利用效率终于维持住了2016年的提升趋势，且高于2016年的增幅。

与其他节目类型比较，新闻类节目的播出比重少于电视剧和生活服务类节目，而获得的收视比重仅次于电视剧，但由于电视剧类节目的播出时长远远超过新闻类节目，因此新闻类节目明显高于电视剧类节目资源利用效率（表1—2）。

表1 2011—2017年新闻节目的收播比重及资源使用效率（历年所有调查城市）

年份	播出比重%	收视比重%	资源使用效率%
2011年	10	13.1	31.5
2012年	10.7	14	30.8
2013年	11.3	14.8	30.7
2014年	10.9	14.2	30.3
2015年	11	14.1	28.5
2016年	10.7	13.8	29.
2017年	10.6	13.9	31.1

资料来源：CSM媒介研究

表2 2015—2017年主要节目类型收播比重（历年所有调查城市）

节目类型	2015年		2016年		2017年	
	播出比重%	收视比重%	播出比重%	收视比重%	播出比重%	收视比重%
电视剧	26.2	30	27.1	29.6	26.7	30.9
新闻/时事	11	14.1	10.7	13.8	10.6	13.9
综艺	5.9	13	6.1	13.7	5.9	12
生活服务	17.1	8.2	15.3	7.6	14.5	7.2

3.多数城市晚间新闻节目收视比重上升

观察新闻节目在35个中心城市①晚间17:00—24:00的收播情况，新闻节目的整体播出量比较稳定，绝大部分城市都保持在14%—16%之间，其中深圳、海口和哈尔滨晚间新闻节目播出比重超过16%。从收视比重来看，8个城市新闻节目的收视比重都达到20%以上，其中杭州、西安、合肥和长沙地区的比重超过了23%。超过15%的城市数量更是达到了30个，足以说明新闻节目在晚间收视中的重要性。与2016年相比，20个城市的收视比重都有不同程度的提升，其中北京和郑州地区提升幅度超过了10%，其次是厦门和沈阳地区，提升幅度也达到了9%以上（图2）。

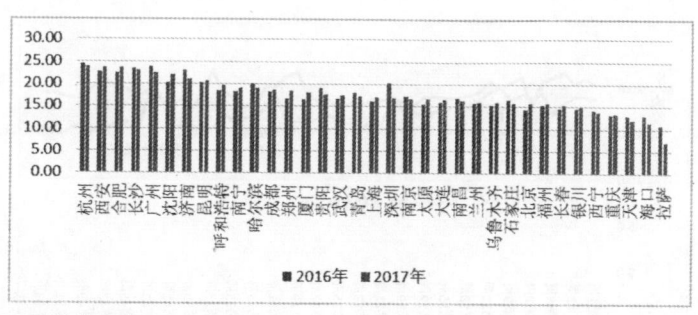

资料来源：CSM媒介研究

图2　2016—2017年各城市晚间新闻节目的收视比重（17:00—24:00）

---

①　包含省会城市、直辖市以及计划单列市。

4.新闻节目全年收视呈现下滑趋势，重大事件期间收视表现突出

从2017年新闻节目全年收视走势来看，整体呈现出高开低走的趋势，年初的平均人均收视时长都维持在19分钟左右，但两会之后开始逐渐下滑，年底的最后几周只有15分钟左右。与2016年相比，全年大部分时期收视都略逊一筹，只有4周的数值略高于2016年，其中3周为"十九大"等特殊事件带来的收视量，年初的第7周则是因为2016年春节期间新闻节目收视量常态下跌导致的。

新闻节目的播出和收视受重大新闻事件的影响较为突出，2017年主要的4次收视凸起分别对应了4件比较重要的新闻大事：3月3号"两会"召开，第10周的收视时长上升到20.1分钟，是全年最高值；5月14日，第一届"一带一路"国际合作高峰论坛在北京举行，受到社会各界广泛关注；7月30日，庆祝中国人民解放军建军90周年阅兵，当天人均收视时长高达31分钟，比前一周提升了2.9分钟，有力带动了所在的第31周收视；10月18日—24日，"党的十九大"召开，两周平均收视分钟数都超过了19分钟，18日开幕以及25日中国共产党第十九届中央委员会第一次全体会议召开当天的人均收视时长均达到32分钟，成为全年新闻节目收视水平最高的两天。

与以往一样，观众在春节期间对于新闻节目的关注较少，期间人均收视时长明显下降（图3）。

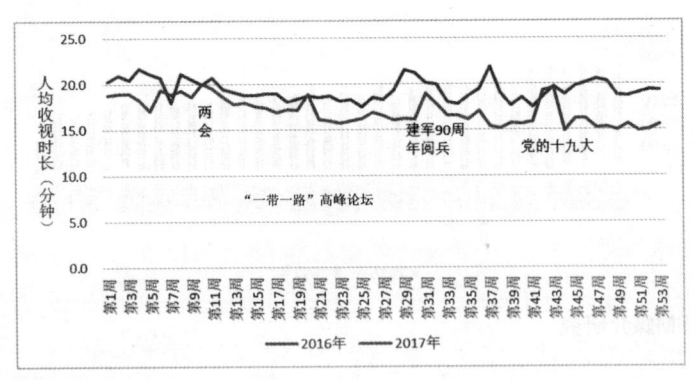

资料来源：CSM媒介研究

图3　2016与2017全年新闻节目人均日收视时长分周走势（所有调查城市）

5.新闻节目集中在晚间18:00—22:00时段,峰值收视低于去年同时段

从分钟走势来看,新闻节目最主要的收视时段集中在晚间18:00—22:00时段,该时段的收视总量达到10.14分钟,占到了全天收视总量的59%,全天收视最高峰为中央一套"新闻联播"开播时段,19:00的人均收视分钟数达到了2.93,低于2016年的3.45。除晚间收视黄金段外,中午12:00左右以及早晨6:00也有两处收视高峰。和2016年相比,早间新闻节目的收视高峰有所提前,07:00—08:00时段收视略有下降,中午的收视总量变化不大,晚间18:30地方新闻播出时段的收视明显下滑,低于2016年(图4)

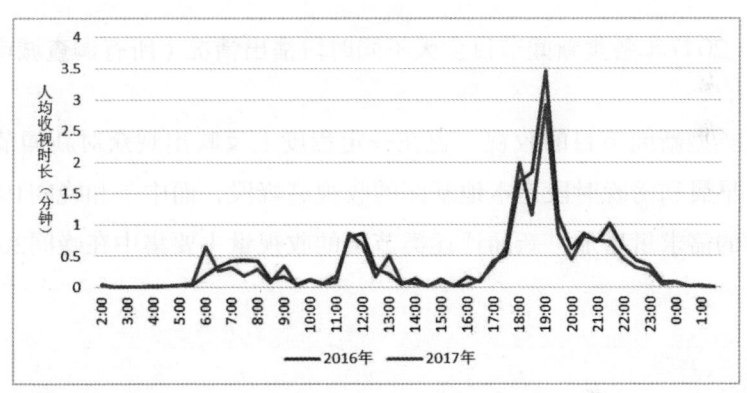

资料来源:CSM媒介研究

图4 2016—2017年新闻节目全天不同时段收视情况(所有调查城市)

新闻节目依据播出的主要内容又可分为综合新闻、新闻评述以及新闻/时事其他类节目,从播出情况来看,以《新闻联播》为代表的综合新闻播出量最大,集中在早、中、晚以及22:00以后的后晚间黄金段时间,尤其以19:00播出量为最多,其次是早晨06:00—07:00时段。新闻/时事其他类节目以民生新闻、各类新闻会议为主,主要播出时段与综合新闻相似,但白天的播出量要明显高于综合新闻,尤其是中午前后的时段,傍晚17:00—18:30时段是地方新闻全天播出量最为集中的时段。新闻评述类的节目播出量最少,均匀分布在一天中的各个时段,相对均衡(图5)。

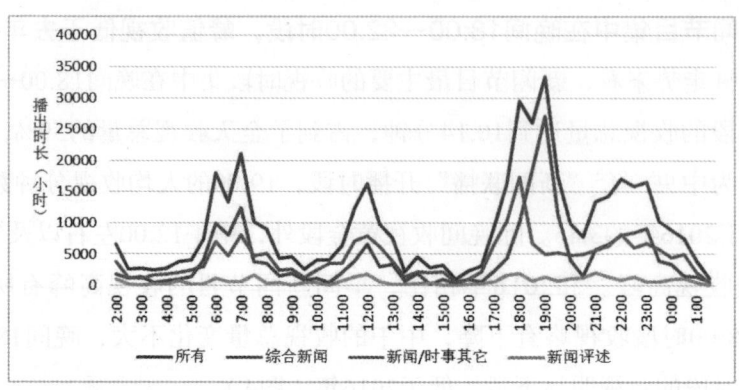

资料来源：CSM媒介研究

图5 2017年各类新闻节目全天不同时段播出情况（所有调查城市）

不同类型新闻节目的收视，也在一定程度上反映出观众对新闻节目的需求特征。早晨和傍晚时段是本地新闻的收视高峰段，而中午和晚间19:00左右综合新闻的需求量增加，新闻评述类节目的收视量主要集中在晚间20:00之后（图6）。

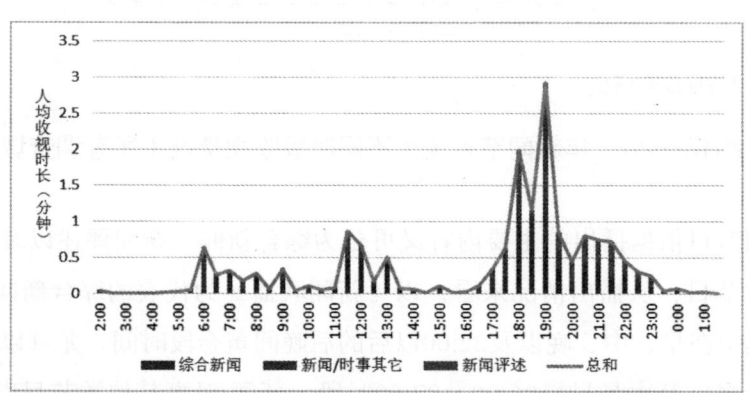

资料来源：CSM媒介研究

图6 2017年各类新闻节目全天不同时段收视情况（所有调查城市）

6.综合新闻收播占比过半，新闻评述节目收视比重提升

从不同类型新闻节目的播出情况看，综合新闻的播出比重在2017年首次超过一半，达到51.2%；新闻评述类播出比重逐年减少，在2017年的比重只有6.9%；新闻/时事其他类的节目在2017年播出比重也比2016年减少了5.2个百分点。

从收视情况看，综合新闻维持了多年来的收视比重，仍然拥有过半的比例，但和去年相比略有下降；新闻评述类节目以6.9%的播出量获得了22.8%的收视比重，资源使用效率明显高于其他两类新闻节目；新闻/时事其他节目的收视比重低于前两年，有所下滑（图7）。

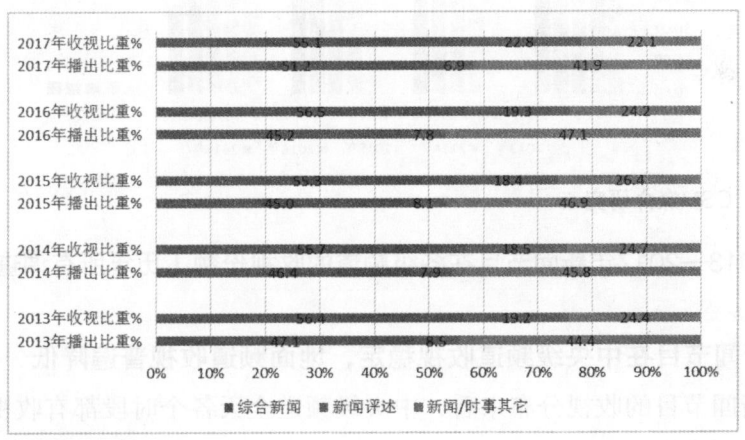

资料来源：CSM媒介研究

图7　2013—2017年各类型新闻节目播出及收视比重（所有调查城市）

二、新闻节目市场竞争格局

1.中央级频道收视份额居首，连续两年提升

2017年全国电视新闻节目收视市场中，中央级频道依然占有重要位置，连续5年收视份额都达到三分之一以上，2015年以来收视份额持续上涨，2017

年的收视份额达到44.4%，比2016年高出3.7个百分点。2017年新闻节目在省级上星频道的收视份额与前一年基本持平，占有16.21%的份额。2017年新闻节目在地面频道出现明显的下滑态势，不论是省级地面频道还是市级频道，收视份额都低于2016年。

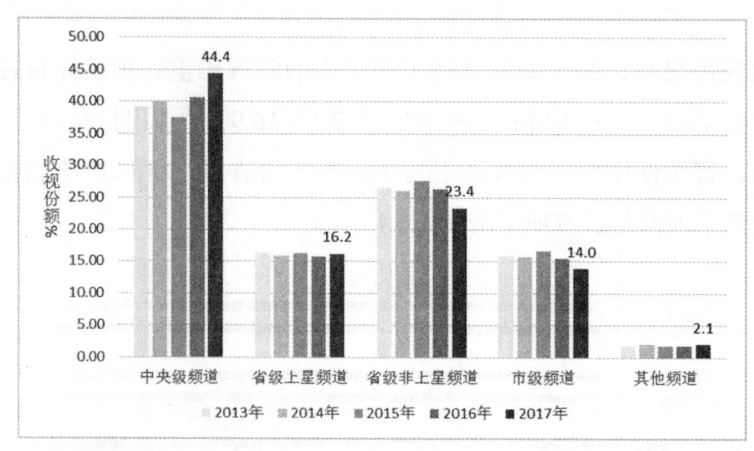

资料来源：CSM媒介研究

图8　2013—2017年新闻节目在各级频道的收视份额（历年所有调查城市）

2.新闻节目在中央级频道收视稳定，地面频道收视普遍降低

就新闻节目的收视分布来看，中央级频道全天各个时段都有收视，主要集中在晚间，中午和早晨也都有一定量的分布。地面频道新闻节目的收视则主要集中在晚间，白天的新闻节目收视量较少。中央级频道晚间收视最高峰出现在19:00《新闻联播》播出时段，而地面频道的最高峰出现在在18:00，提前了一个小时，集中于各省市地面综合新闻播出时段。

和2016年相比，中央级频道组的收视峰值保持稳定，在6:00、8:00、11:00、18:00等几个时段还略有提升；地面频道2017年全天各个时段的收视都出现不同程度的下滑，尤其是晚间下降幅度较大（图9—10）。

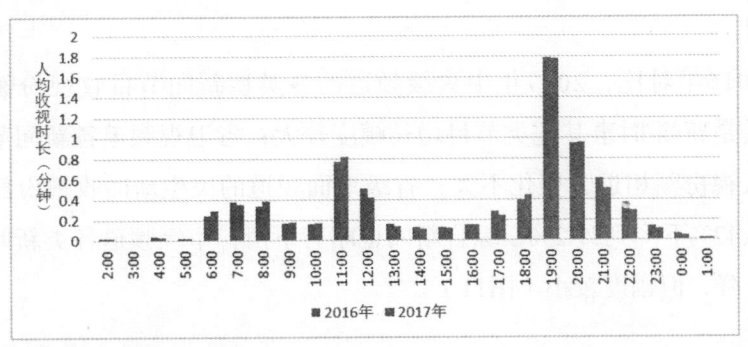

资料来源：CSM媒介研究

图9　中央级频道新闻类节目时段收视（所有调查城市）

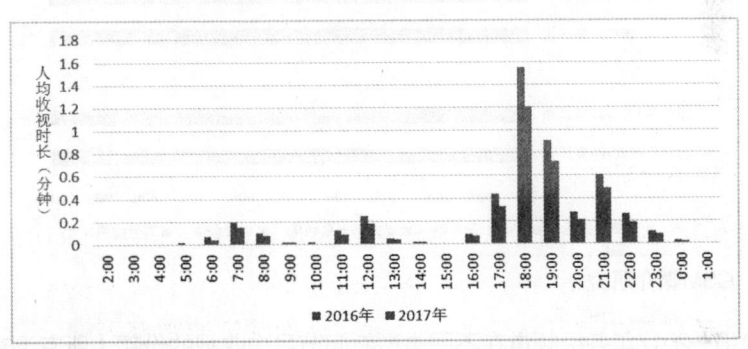

资料来源：CSM媒介研究

图10　省市级地面频道新闻类节目时段收视（所有调查城市）

3.中央级频道的新闻评述类节目较受欢迎，地面频道民生新闻占优势

中央级频道在综合新闻，尤其是新闻评述类节目上的优势显著，作为中央级别的频道，其是重大新闻的首发平台，专业、权威、可信度高，每当有大事件发生的时候，观众的首选还是中央台的新闻转播，其新闻评述类节目也因其分析和观点多来自知名专家，具有一定的专业性和权威性而受到观众的青睐，获得新闻评述类节目近三分之二的收视份额（收视份额63.2%）。地面频道主打民生类新闻，贴近百姓生活，以民生新闻为主的"新闻/时事其他"的收视分布中，省级地面频道和市级频道合力获得62.6%的份额，具有一定的优势。

和2016年对比，2017年中央级频道的各类型新闻节目收视份额都有增长，尤其是新闻/时事其他类节目增长幅度较大；省卫视频道各新闻节目类型两年的收视份额相近，变化不大；省级地面频道的民生新闻收视份额有明显下滑，从42%下降到37.2%，综合新闻也略有下滑；市级频道各类新闻节目都有小幅下降，但幅度较小（图11）。

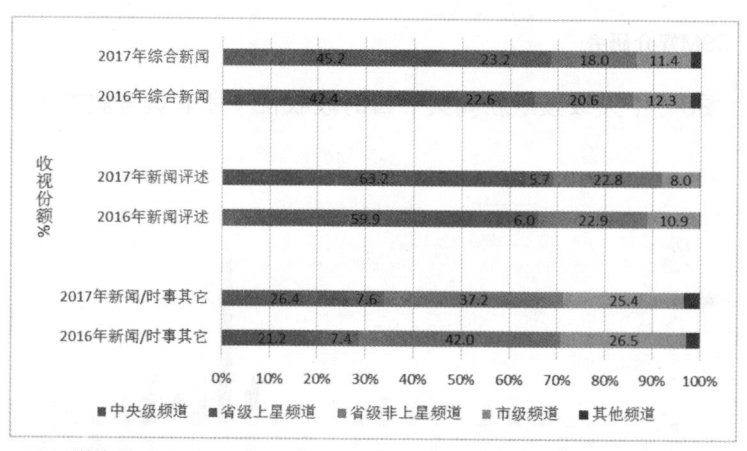

资料来源：CSM媒介研究

图11　2016—2017年各级频道在不同类型新闻节目中收视的份额（所有调查城市）

三、新闻节目观众特征

新闻节目的观众中男性居多，近两年比例都在54%以上，性别特征较为稳定，变化较小。45岁以上年龄段的观众占到近70%的比例，占比高于2016年，尤其是55岁以上的观众，自2012年以来都保持稳步增长，而35—44岁的年轻群体却逐年下滑，2017年15—34岁青少年的比例有明显下降。从受教育程度的角度看，初高中学历观众占主体，但大学及以上高教育程度的观众比例呈现出上升的趋势，虽然2017年这一趋势有所放缓，但还是可以看出高学历观众对新闻节目的关注程度在增加（图12）。

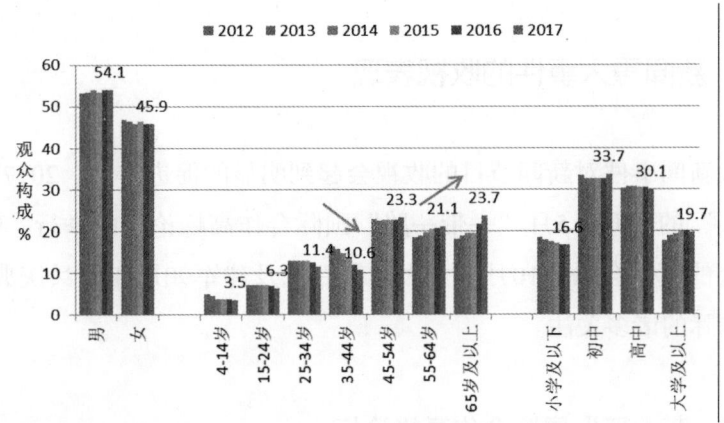

资料来源：CSM媒介研究

图12　2012—2017年新闻类节目观众构成（所有调查城市）

针对不同类型的新闻节目来讲，观众的喜好也存在一定的差异，男性观众更加偏爱"综合新闻"和"新闻评述"两类节目，而女性观众则更多地收看以民生新闻为主的"新闻/时事其他"类节目；55岁以上观众在"综合新闻"节目中所占的比例高于其他两类节目，25—34岁的年轻观众更倾向于收看"新闻评述"；高中以上教育程度观众更多收看"综合新闻"（图13）。

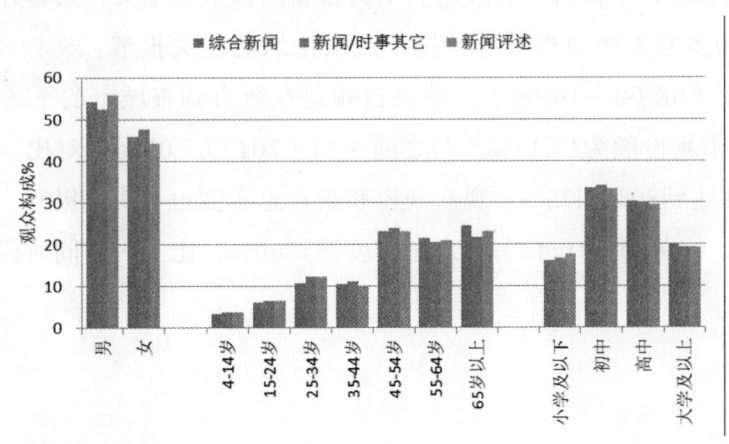

资料来源：CSM媒介研究

图13　2017年各类型新闻节目观众构成（所有调查城市）

四、新闻重大事件的收视表现

重大新闻事件对新闻节目的收视会起到明显的促进作用。2017年，3月全国"两会"的召开，5月"一带一路"国际合作高峰论坛的举行，9月金砖国家领导人的厦门会晤、10月十九大顺利召开及建军90周年阅兵庆典，都受到国内和国际的诸多关注。

1."一带一路"国际合作高峰论坛

5月14日—15日，"一带一路"国际合作高峰论坛在北京成功举行，这是"一带一路"框架下最高规格的国际会议，也是新中国成立以来由中国首倡、中国主办的层级最高、规模最大的多边外交活动，受到多方关注。这次论坛报道，央视着力打造新媒体产品，央视新闻移动网以48小时不间断的连续直播，对论坛进行全方位立体式的报道。央视网以"同奏合作共赢新乐章"为主题，开设丝路聚焦、丝路视频、丝路观察、丝路解码等板块，生动讲述"一带一路"倡仪发展历程和互利合作成果。

在电视端，中央台综合频道、中央台新闻频道和中央台四套并机直播，同时有30多家省级卫视共同转播了此次论坛的相关报道。5月14日论坛开幕式时段（08:00—10:09），中央台频道在所有调查城市的平均收视率为1.35%，市场份额为18.17%，与之前一周（2017.05.07周）对比，收视上升幅度分别达到80%和75%，观众规模和观众忠实度也有明显提升。当天新闻联播时段（19:00—19:45）观众忠实度达到60%，比上一周同时段高出10%（图14）。

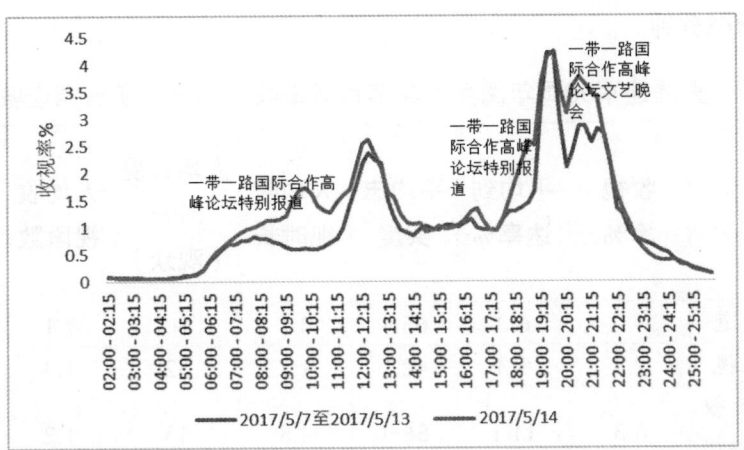

资料来源：CSM媒介研究

图14　2017年5月14日"一带一路"开幕日中央台频道收视走势（所有调查城市）①

2.建军90周年阅兵庆典

2017年是中国人民解放军建军90周年，也是八一南昌起义90周年。2017年7月30日上午9时，在朱日和训练基地举行庆祝中国人民解放军建军90周年阅兵。这是中国人民解放军首次以庆祝建军节为主题的盛大阅兵，是野战化、实战化的沙场点兵，是人民军队整体性、革命性变革后的全新亮相。7月30日上午，中央台一套、中央台七套和中央台新闻频道于8:57到10:14并机直播了该项活动，同时，还有33家上星频道以及北京电视台新闻频道对该项活动进行了转播。

从整体收视表现来看，全国约有11.1%的观众收看了"阅兵"直播节目；中央电视台是中国重要的新闻舆论机构，收看阅兵直播的观众中，有55%的观众选择了央视频道收看，而且有高达65.4%的观众全程收看了央视的阅兵节目，平均每人观看时长达到50分钟，换台率仅为1.1次（表3）。北京电视台新闻频道作为唯一一家参与转播此次阅兵的地面频道，在北京地区受到更多的关注，收看北京新闻频道转播的阅兵仪式的观众有88.6%观看全程没有换台，

---

① 此处中央台频道收视走势为直播"一带一路"的中央一套、四套和新闻频道的并机收视率走势。

人均收看68分钟。

表3① 直播建军90周年阅兵庆典节目频道收视情况（所有调查城市）

频道	收视率%	平均到达率%	平均忠实度	人均收视时长	人均收视时长（观众）	人均收视段数	平均每段收视时长
央视频道	4.0	6.2	65.4	3.1	50	1.1	46.4
省级卫视	2.2	5.3	42.1	1.7	32	1.3	24.6
直播阅兵仪式所有频道	6.3	11.1	56.4	4.8	43	1.2	35.3

数据来源：CSM媒介研究

从观看阅兵庆典的观众构成情况来看，与对比周相比，阅兵时段男性观众占比更高；25—55岁年龄段的观众比例增多，高中和大学以上学历观众收看比例显著升高，各类观众新闻类节目收视量更加均衡（图15）。

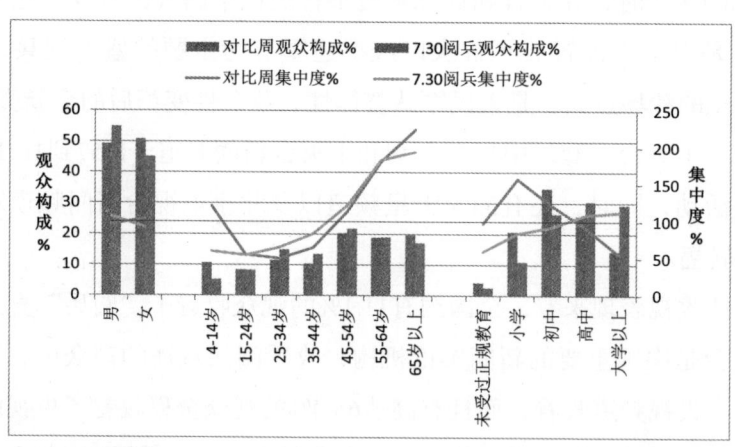

资料来源：CSM媒介研究

图15 建军90周年阅兵庆典时段观众特征（所有调查城市）②

---

① 表中央视频道和省级上星频道只包含8:57—10:14时段播出阅兵节目的央视和省级上星频道。
② 对比周为阅兵前一周（0723周）8:57到10:14时段

3.党的十九大开幕

中国共产党第十九次全国代表大会于2017年10月18日上午9点在北京人民大会堂开幕，在随后的一周多，中国进入"十九大时间"，北京成为全球舆论的强磁场，也成为全球媒体的竞技场，受到普遍关注，国内多家企事业单位和公司甚至组织员工集体收看，通过电视、网络、手机客户端等多种渠道，第一时间收听收看大会盛况，学习领会会议精神。

"十九大"播出期间，中央电视台全程现场直播，全国各省级电视台也都同时进行转播，至25日"十九大"结束，仅开闭幕式和中外记者招待会这3个时段就有累计8600万观众收看。从2017年10月分天收视走势可以看出，在"十九大"期间，收视最为突出的就是开幕式、闭幕式和中外记者见面会，在开幕式当天，观众人均收视时长达到32.1分钟，比头一天增加了14.2分钟，增长幅度为79%，闭幕式观众的关注度再度提升，25日上午，党的十九届中央委员会第一次全体会议新选出的中央政治局常委与采访十九大的中外记者见面，观众收视再一次达到峰值（图16）。

开幕式时段的市场占有率高达71.2%，全国观众中有19.46%的人收看了开幕式，25日中外记者见面会，有37.1%的观众全程收看了节目，该时段平均收视率达到5.29%（表4）。

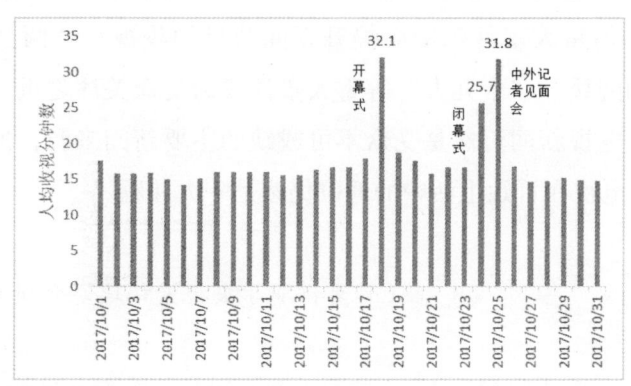

资料来源：CSM媒介研究

图16 "十九大"期间分天收视走势（所有调查城市）

表4 "十九大"开闭幕式及记者见面会收视情况（所有调查城市）[①]

时间段	收视率%	市场份额%	平均到达率%	平均忠实度	人均收视时长	人均收视时长（观众）
开幕式 07:00-12:50	5.14	71.02	19.46	26.4	18	92.5
闭幕式 08:50-14:16	4.84	67.91	17.31	28	15.8	91.2
中外记者见面会 10:00-12:40	5.29	68.51	14.24	37.1	8.5	59.4

资料来源：CSM媒介研究

结语

2017年，全国电视市场整体收视时间仍然在持续下跌，电视新闻节目在大环境影响下也有小幅下滑，但节目的资源使用效率却有一定的上浮，多数中心城市晚间新闻节目收视比重提升。综合新闻占新闻节目收视的主体，新闻评述节目的播出比重略有下降，但收视比重却有所上升，中央级频道的新闻评述类节目比较受观众欢迎。全年来看，新闻类节目的收视呈现高开低走的趋势，但重大事件仍旧会提升新闻节目的收视，"两会""一带一路""朱日和阅兵""十九大"等重大事件成为受众关注之重。在新媒体的各式冲击下，电视新闻仍然是受众不可或缺的主要新闻来源，挑战即机遇，如何捍卫传统电视在百姓生活中的地位仍然是一大课题。

（作者供职于央视索福瑞媒介研究有限公司）

---

① 所选频道为中央级频道和省级卫视频道组。

第五辑
中国新闻业年度观察报告 2018

研究述评

2017年全球新闻业研究趋势：剧变时代的追问和坚持

方可成　贾宸琰

【摘要】

在尚未找到出路的商业模式危机和日益严苛的全球政治环境下，2017年的全球新闻业面临重重困难，但也有非常多的尝试和探索。新闻业研究也瞄准了不少新语境下的新问题，本文重点分析2017年新闻业研究的几个重要方面：自动化新闻（automated journalism）和算法（algorithm）、假新闻（fake news）和事实核查（fact-checking），以及民粹主义和议程设置等处于新闻研究和政治传播研究交叉领域的话题。虽然算法技术和数字平台更新迭代，但新闻专业主义、新闻业公信力和权威性、新闻生产过程中的影响因素等经典问题依然是讨论的焦点。

【关键词】

自动化新闻　算法　假新闻　民粹主义　记者安全　媒体公信力　新闻权威性

2017年是全球新闻业的艰难一年。一方面，自若干年前开始的商业模式危机未见缓解，除《纽约时报》《卫报》、ProPublica等欧美顶尖媒体获得了来自读者的大规模慷慨解囊之外，全球媒体都未能探索出真正可持续和可复制的新商业模式，而以广告为核心的旧商业模式仍然在持续崩溃中——在美国，Google和Facebook瓜分了数字广告市场总额的三分之二，留下所有的媒体和其他中小平台瓜分剩下的残羹冷炙。另一方面，美国正式进入了特朗普时代，他上台之后依然持续对新闻业进行猛烈攻击，中欧东欧部分国家陷入"非自由民主制"（illiberal democracy），民粹主义和政治强人在世界范围内

崛起,这些政治上的新变化让全球新闻业的生存状况更加艰难。

不过,2017年的全球新闻业虽然艰难,但绝非死气沉沉。人工智能等技术的进步给新闻业带来许多变化,有的激动人心,有的令人忧心;商业模式层面,虽然尚未有结果,但也有着持续的探索;以事实核查(fact-checking)为代表的打击假新闻的努力也在业界普及开来。虽然困难重重,虽然环境严酷,但新闻业并没有丧失探索和追问的热情。新闻研究学界也是一样——尽管学术发表的步伐往往慢于现实世界变化的速度,但我们依然可以看到新闻业的几大重要趋势都在学界研究中得到了反映。

在本文中,我们将从算法与自动化新闻、假新闻与事实核查、民粹主义对新闻业和记者安全的威胁,以及新闻研究与政治传播研究的交叉点等几个部分介绍2017年全球新闻业研究的主要趋势。我们选择综述的研究是2017年出版的论文和著作,包括新闻传播学重要期刊上发表的论文("Journal of Communication""New Media & Society""Journalism""Digital Journalism"等)、其他学科期刊和会议上发表的相关重要论文("Science""Journal of Politics"Communications of the ACM"等)、重要的工作论文("working papers"),以及重要的学术著作。

一、自动化新闻:算法的应用和对新闻业的颠覆性影响

随着人工智能技术的发展,全世界越来越多的新闻编辑室相继引入了自动化新闻技术,从事写稿、编辑、材料收集、内容分发等多种多样的工作。针对自动化新闻的应用情况,西方学者做过多个极富价值的定量分析。

在自动化新闻的接收端,自动化新闻的可读性和接受度等可量化特性依旧是西方学界重点研究的对象。在Digital Journalism学刊上,两位研究者对自动化新闻的接受度和可读性进行了量化研究(Haim & Graefe, 2017)。他们通过两个不同的实验,对比人们对自动化新闻和人类撰写新闻的事先期待值(prior expectations)以及实际接受度(actual perceptions)。

受访者们被随机分配到两个实验组。实验一采用了2(新闻来源:人类

撰写新闻或自动化新闻）×3（话题：体育、财经或娱乐）的设计。第一步，受访者们只被告知他们要阅读的话题和来源，但并不会看到全文。基于这些信息，受访者们被要求打出事先期待值（1—5分打分，13个指标）。接下去，受访者将仔细阅读全文并打出实际接受度。实验二中，每个受访者被随机分配到三个组中的一个，分别是体育报道组、财经报道组和娱乐报道组。受访者首先被告知他们会阅读自动生成的和人类撰写的两篇文章（出现位置随机），并打出事先期待值。随后，他们会在阅读全文后，打出实际接受度分值。

研究发现：第一，受访者对于人类撰写新闻的可读性（readability）和质量（quality）期待度更高，但对可信度（credibility）期待不高。第二，鲜有文章达到受访者的期待。第三，当受访者只看到一篇报道时，自动化新闻和人类撰写新闻的接受度差异很小；但当受访者同时看到两篇文章时，他们认为人类撰写的新闻可读性更高，而自动化新闻的可信度更高。

实际上，Andreas Graefe早在2016年就已经针对自动化新闻的可信度、专业度和可读性进行了定量研究。当时的研究结果显示：参与者对质量的评分并不受到作者栏的混淆。无论真正的报道来源是什么，参与者们都准确地辨别出自动化新闻更具有可信度和专业度，但是人类撰写的新闻报道更具有可读性，人类撰写报道在可读性指标上高于自动化新闻（Graefe, Haim, Haarmann & Brosius, 2016）。

对比2017年和此前的相关研究，可以看到的是，随着自动化新闻的发展，读者们对自动化新闻的可信度的认可进一步提高。更值得关注的是，Andreas Graefe和Mario Haim 2017年的研究结果显示：自动化新闻和人类撰写的新闻在五个与可读性相关的指标中，有四个没太大差别（Haim, & Graefe, 2017）。这与此前的研究结果（Clerwall, 2014; Graefe et al., 2016）大为不同——在此之前，大多数研究结果显示人类记者撰写的新闻在可读性指标上优于人类。2017年的这一研究分析认为，随着算法不断提高内容生产的质量，自动化新闻的可读性正在提高。不过，实验二依旧验证了此前的研究结果：当受访者们同时看到自动化新闻和人类撰写的新闻时，人类撰写的新闻可读性依旧高于自动化新闻。

尽管如此，这一研究结果依旧透露出了自动化新闻可读性正在快速发展的事实。不过，这是否意味着自动化新闻的可读性确实和人类撰写新闻相差无几，却依旧是个问号。首先，自动化新闻的可读性在很大程度上取决于新闻的题材，在财经、体育、地震等自动化新闻擅长的领域，算法确实有可能通过迭代让自动化新闻的可读性无限趋近甚至超越人类撰写的新闻。其次，2017年的新研究是否是可重复的？在受访者的选择和量表的设计等方面，与之前的研究有无显著不同？这些都是需要纳入考量的问题。

在自动化新闻的生产端，有研究针对算法的署名情况进行了研究（Tal Montal & Zvi Reich, 2017）。研究者对七家采用自动化新闻的机构进行访谈，并分析了174篇选自2011年至2014年的自动化新闻样本。研究旨在探究在自动化新闻技术方面领先的机构如何看待自动化内容的充分披露准则（full disclosure policy），以及这些机构执行该准则的真实情况。也即，这些机构是否愿意对使用算法的情况以及算法的原理进行充分的披露。研究发现：截至目前，许多运用自动化新闻技术的机构工作人员并不具备给算法署名的意愿。在这些工作人员看来，与其给算法署名，不如给开发该算法的技术人员或者聘用这些技术人员的机构署名。与此同时，大多数运用算法的机构并没有采用充分披露准则，对自动化内容的署名依旧是人类中心导向的（human-centered perception of authorship）。

Thurman等研究者则对十位记者进行了关于自动化新闻的培训，并在此后对他们进行访谈（Thurman, Dörr & Kunert, 2017）。这些记者在接受了培训之后大多表示：机器人可以提供很好的帮助，但是能做的也很有限。他们也讨论了机器人可能带来的负面影响，比如可以利用机器人大规模制造垃圾内容，以及快速大规模传播这些垃圾内容。此外，如果机器人被训练得带有偏见和歧视，那么带有偏见和歧视的内容也会被大规模复制和流传。

也有的研究者从数字新闻初创企业入手，通过观察这些初创公司如何定义算法、新闻，如何划分新闻与技术之间的界限，从而展望未来新闻与新闻业的变化趋势。Nikki Usher对来自美国和欧洲的18家风险投资新闻公司进行了实证调查后发现：这些公司通过算法等独特技术和文化创新，以"背离"和"复制"传统新闻业的方式对其进行了颠覆式创新（Usher，2017）。

如果说上述研究都偏重于算法的具体应用，那么Matt Carlson等学者更看重算法对新闻业带来的颠覆性影响。他针对算法判断和新闻专业主义的关系展开讨论，并将算法视为一种与社会、技术相关的话语和知识文化进行分析。通过从历史的角度对日益增加的算法实践进行考察，Carlson（2017a）提出：如果算法判断（algorithmic judgment）取代了人类判断，则会对新闻的形态及其合法性话语产生重大影响。在面对算法的缺陷时，一些新闻记者和学者呼吁回到"人工影响模式"（human-influenced model）。Carlson则认为，新闻写作已经逐渐从描述性（descriptive）走向阐释性（interpretive）。但是由于算法判断看上去是客观且需要执行的，而人类的主观性本质上却是不断受到怀疑并不断替代的，这就导致了算法判断对新闻判断提出了根本性的挑战，新闻算法的开发应用也将会给新闻记者的判断和权威带来新的压力。

Carlson回应了其他学者关于"传统的新闻专业主义已无法再适用而今新闻业"的质疑。他认为，新闻专业主义或许受到了冲击，虽然新闻专业主义自身的边界可能模糊了，但是它依然为其他社会力量设立了边界。Carlson认为，面对算法判断带来的压力，新闻记者必须重新评估如何让自己的专业判断合法化，从而保证专业判断在新闻生产中的重要性。他提出，算法判断不仅是现存新闻逻辑的延伸，它有自己独特的特征，并以自己独有的方式在持续不断地变化。比如，算法的知识逻辑不再是强调公众普遍认可的重要性，而是转移到基于用户的特定属性的个性化新闻和碎片化新闻（segmented news）上，这些转变也标志着混杂（hybrid）新闻环境的建立。

从自动化新闻的量化研究延伸出的关于新闻权威性、新闻专业主义的讨论，极有可能成为未来相当长一段时间内新闻传播学者们重点讨论的问题。在这方面，Matt Carlson是最为领先的学者。他出版于2017年的新著 *Journalism Authority* 备受好评。威斯康星大学麦迪逊分校的Sue Robinson评价这本书是她读到过的"关于新闻权威最全面的著作"。该著作探讨了新时代下新闻权威被削弱的深层原因。当人们可以通过自己的能力获取并且传播知识的时候，新闻记者的专业能力又体现在哪里呢（Carlson，2017b）？Carlson举例说明了为什么新闻记者依旧拥有综合各种信息来源后向大众客观传播清晰、事实性消息的能力。

"新闻在大众心中建立权威的能力，取决于新闻记者合法利用他们的职位生产知识的业务能力。与此同时，记者们所在的机构还需要为他们提供合法实现这一行为的场所。"（Carlson，2017b，p. 76）

在书的最后，Carlson写道，尽管目前的新闻业或许不再是大众唯一的信源，也不再具备垄断发布渠道的能力，但是新闻的权威和可信度依旧没有消失。目前新闻业所面临的残酷现状，或许为未来新闻行业新形态的产生及新闻权威新理论的建构提供了方向。

二、假新闻及其对策

2017年，关于假新闻的讨论并没有随着美国大选的尘埃落定而减少。特朗普与主流媒体互相指责对方利用"假新闻"引导舆论。曾担任特朗普竞选顾问的Kellyanne Conway的一句"Alternative fact"引发了新闻研究和政治传播学界关于"后真相时代"的广泛讨论。

2017年，维基百科背后的维基媒体基金会（Wikimedia Foundation）发布了一则假新闻报告。在它的2030年战略规划中，维基媒体基金会评估了免费知识在2030年的未来。其中一个很重要的方面，就是假新闻（或者更准确说是"虚假信息"，misinformation）如何威胁维基所致力于的免费知识传播。这则报告的分析框架是：将对虚假信息的影响因素分为技术、政治和商业三大类别，其中每个类别又具体分为对内容（content）的影响和对渠道（access）的影响。与此同时，脸书、推特、谷歌等互联网公司联手全球75家新闻媒体发起了"信任计划"（Trust Project），通过其共同开发的评估系统对在社交平台上传播的新闻进行"信任指数"打分，从而帮助用户辨别信息的真假。

同样，学术界对假新闻的研究热情依旧高涨。美国科罗拉多大学波德分校和波士顿大学的研究者们研究了假新闻的议程设置能力，以及事实核查员所作出的努力（Vargo, Guo, & Amazeen, 2017）。这项研究表明：2014年至2016年，虽然来自假新闻网站的内容呈现增长趋势，但这些网站并没有过度进行议程设置。2016年，或许受到美国大选的影响，党派媒体（partisan media）在假新闻的议程设置方面显得尤为可疑。这项研究还发现，假新闻越来越具有发散性和自发性，而事实核查（fact-checking）的影响力则在减弱。哈佛大学Berkman研究中心也发布了一项基于2016年美国大选大数据分析的研究报告。研究结果同样显示，社交媒体上的假新闻、不可靠的媒体更加普遍、处于更加中心的位置（Faris, Roberts, Etling, Bourassa, Zuckerman, & Benkler, 2017）。

自2016年美国大选以来，提供事实核查内容的媒体的确是越来越多。然而，大家看到了这些辟谣信息吗？三位政治学研究者的论文（Guess, Nyhan, & Reifler, 2017）提供了一个不太好的消息。研究者收集了2016年10月4日—11月7日（也就是大选投票日前一个月），2525名美国人的真实网络浏览数据。他们发现，大概有27.4%的人在这一个月之内至少读过一则假新闻，有25.3%的人读过至少事实核查网站的一篇文章。单从这个数据上看，有1/4的人看了假新闻，也有1/4的人看了事实核查网站，似乎能够"相互抵消"。问题是，这两个1/4并不完全重合。事实上，有13.3%的人读过假新闻，但从未读过事实核查网站。就算是同时看过假新闻和事实核查网站的人，他们阅读的具体内容也对不上。在这两千多个人里面，没有一个人是在读过某则假新闻之后，又读到了针对这则假新闻的事实核查。

一个比较好的消息是：有论文发现，事实核查并不只是媒体做的事情，社交媒体用户也会主动传播辟谣信息。研究者利用李光耀之死的假新闻在推特上做了研究，在分析了4321则推文之后发现，推特用户发出的辟谣信息比谣言信息更多（Goh, Chua, et al., 2017）。也就是说，用户对辟谣信息的自发传播可能发挥重要作用。

不过，当事实核查网站和辟谣信息摆在了人们面前，大家会作何反应？

会乖乖接受吗？并非如此。有研究者在Facebook、Twitter以及若干论坛上收集了人们对Factcheck.org、Snope这两大事实核查网站的看法。他们发现，人们对这两个网站的评价负面多于正面。很多人认为它们倾向于自由派，有自己的偏见（Brandtzaeg & Følstad, 2017）。

人们在看待事实核查的时候，的确非常具有选择性的。发表在《传播学刊（Journal of Communication）》一则论文就发现：人们更倾向于分享符合自己倾向的辟谣信息。也就是说，在看待事实核查信息的时候，人们也带着"确认偏见"（confirmation bias），更喜欢阅读和分享那些印证自己既有观点的辟谣内容（Shin & Thorson, 2017）。

事实核查能起到辟谣效果吗？有学者采用了多轮实验的方法。研究者向被试者提出一些事实性的问题（例如，奥巴马第二段执政期间，美国人的家庭收入中位数下降了4%），然后告诉他们的答案是对的还是错的。之后再提问一遍，再给出正确答案。如此重复四个回合。研究者发现：只要一轮轮地不停去传递事实核查信息，人们还是会逐渐改变想法的。当然，实验中这种不厌其烦一轮轮告知的情况，在现实生活中是比较难见到的。所以，在现实生活中，辟谣的效果肯定要比研究的结果要差一些（Hill, 2017）。

有学者研究的是法国2016年的地方选举中极右候选人勒庞的得票情况。研究者发现，如果给人们看关于勒庞的事实核查信息，的确会增加人们的政治知识。然而，这种知识上的改变，并没有改变人们的投票意愿（Barrera Rodriguez, Guriev, Henry, & Zhuravskaya, 2017）。也就是说，人们在读到这些辟谣信息之后的反应是：哎，好吧，原来是这样……不过，我还是要给她投票！

技术的进步给了假新闻滋生的土壤。华盛顿大学的几位理工科研究者发布了一则新的研究进展（Suwajanakorn, Seitz, Kemelmacher-Shlizerman, et al. 2017）。他们基于17个小时的奥巴马演讲视频进行了神经网络训练，成果是：只要输入奥巴马本人（或者和他的说话声音很像的人）的任意音频，他们就可以几乎天衣无缝地制作出奥巴马的口型和神态。也就是说，基本上你可以把任意音频都安到奥巴马的头上，让他"说出"自己没有说过的话。

除了假新闻以外，由算法驱动的个性化新闻定制也引起了一些学者的担忧。一项2017年的研究发现，虽然个性化新闻定制算法目前已经被广泛应用，但是大多数用户并不了解个性化算法对新闻信息的过滤和筛选。这项分为两个步骤，旨在探究美国高校学生在多大程度上了解新闻个性化定制及其背后的优先次序和过滤机制（Powers, 2017）。第一步研究对37名学生进行了访谈，重点了解他们使用最频繁的新闻网站。第二步研究对147名学生进行了关于谷歌和Facebook问卷调查。研究结果显示，大部分学生不了解新闻信息源如何追踪用户数据，以及编辑如何利用这些数据从而推送个性化新闻。这一研究提出，大学课程需要更多涉及新闻个性化定制的知识，提高学生的媒介素养。

三、新闻研究与政治传播研究的交叉点：民粹主义、议程设置

民粹主义在全球范围内的重新兴起是自2016年以来的显著现象。社会基层民众长期缺少发声和传播的渠道，与文化建制派的对立和抗争越发明显。正如弗朗西斯·福山在英国《金融时报》发表的文章中所说："真正的问题不应再是为什么民粹主义在2016年出现，而是为什么它过了这么久才显现出来。"

民粹主义主要是一种政治现象，但它对新闻业也有直接而深刻的影响。最明显的体现，就是发生在社交媒体上的、针对媒体和记者的大规模批评、攻击和骚扰。换句话说，媒体的声誉和记者的安全在民粹主义时代受到了更显著的威胁。

2017年5月3日，在联合国举行的世界新闻自由日活动中，特别设置了一场为期两天的、以"记者安全"为主题的学术会议。这里的"记者安全"并不是聚焦于传统意义上的人身安全，而是结合当下的全球政治社会环境，重点关注民粹时代的记者安全——也即大众如何对记者的安全造成了威胁。

这就需要我们对"安全"进行更广义的定义：记者享有安全，不仅指他们不会被打、被杀，还包括他们不会被辱骂、被攻击、被骚扰、被泄露隐

私，他们在从事职务行为的时候不会感到有所顾忌，不会担心自己的作品可能引来攻击和骚扰。

这些其实更接近心理上的安全。它们和身体上的安全同样重要，因为它们都关系记者能否在没有顾虑的状态下从事报道，能否无所顾忌地揭示最多的真相。

而日益兴盛的民粹主义情绪，给世界各地的记者都带来了安全上的威胁。因为民粹主义是反精英的，而媒体往往被视为精英集团的成员（从受教育水平和职业特性来看，媒体人属于文化精英群体；从过往研究对媒体的内容分析上看，媒体确实是更倾向于反映各类精英群体的声音；维持媒体运转的广告收入也是来自商业精英），因此媒体和记者都容易成为民粹主义攻击的对象。

在研讨会上，有来自北欧国家芬兰的研究者。众所周知，北欧国家对自由的保护和媒体生存状态都是全球领先的，但即便在这样的环境下，依然有多达67%的芬兰记者表示自己收到过侮辱性、攻击性的评论（包括面对面和线上）；有17%的芬兰记者表示自己受到过公开的诽谤，而这些越来越多地发生在社交媒体上（Hiltunen, 2017）。

近年来，中国的大众中也在生长一种对记者的反感情绪，所谓"防火防盗防记者"的说法越来越流行（Fang, 2017）。这种现象的发生有几重原因。一方面，它和全球性的民粹主义升温有关。这种升温背后的一个重要背景是技术，特别是社交媒体的发展。前几年，大家关注的重点是社交媒体如何为普通人"赋权"（empowerment）。但是很多人忽略的一点是：社交媒体既可以正面赋权，也可以让民众拥有技术中破坏性的一面，成为喷子（troll），成为骚扰者、攻击者。在此前一对多的大众传播时代，受众即便有意见，也难以表达；而在多对多的社交媒体年代，媒体的权威被消解了，受众成了用户，可以主动发声——这当然有着积极的意义，但也催生了喷子，助燃了民众和媒体之间的对立情绪。

另一方面，它也和中国的特殊背景相关。很多市场化媒体也成为中国语境下的保守派网民攻击的对象。所谓"美分""跪舔资本"这种带有强烈意识形态色彩的贴标签式批评,并不是正常环境下出现的正常评论。

在这次会议上的多位与会者都认为,新闻报道的品质和记者的安全是有正相关性的。也就是说,新闻做得越好,记者被攻击的可能性就越低。然而,在这个新闻业深陷危机依然无法自拔的年代,新闻报道的品质可能在短期内很难有明显提升(甚至,不再往下掉就是好事了)。这样看来,记者的安全状况依然不容乐观。

除了民粹主义之外,经典理论议程设置也是位于新闻研究和政治传播研究交叉点上的重点内容。

民粹主义的兴起,意味着政要和媒体议程设置的能力和效果在2016年和2017年受到了考验。不过,哈佛大学政治学教授Gary King和另外两位合作者发表的研究对媒体的议程设置效果予以了确认。他们研究了"当媒体报道某个政策领域的话题的时候,人们是不是会更多地谈论这个政策领域"这一问题。研究采用大规模的随机实验方法——他们选取了美国48家中小型媒体,达成合作协议。研究第一步,从11个政策领域(种族、移民、就业、教育、堕胎……)中选择一个;第二步,从48家媒体中选择2—5家组成一个小的报道团队(可以自行报名);第三步,让这个小团队在第一步选择的领域中自行选择一个感兴趣的话题,每家媒体准备一篇文章(体裁不限,不干涉具体内容);第四步,选择连续的两个星期,随机确定其中的一个星期为实验星期,让这个小团队同时刊发这组文章,另一个星期为控制星期,这些媒体按照正常情况运转(King, Schneer, & White, 2017)。

这项实验在2014年10月至2016年3月进行,研究结果主要依据Twitter上的相关话题讨论数量得出。研究发现,被安排的文章刊发后的第一天,讨论增加了19.4%,整周的讨论增加了10.4%。此外,研究发现,这些文章的倾向性对讨论内容的倾向性有2.3%的影响。总体而言,这项研究是对媒体议程设置效果的再次确认。研究者们特别强调的一点是:这些报纸都是中小规模的,它们尚且能够带来一些显著的影响,那么大型报纸的影响只会有增无减了。

哈佛大学的另一项研究则关注了美国大选期间两位候选人议程设置的情况。研究发现:主流媒体对2016年美国大选两位候选人的报道都以负面为主,但具体议程主要被特朗普带着走。当报道特朗普的时候,主流媒体主要关注的是移民议题;而当报道希拉里的时候,主流媒体主要关注的是与电子邮件和基金会相关的丑闻。因此,哈佛的这则报告显示:特朗普在议程设置上是极其成功的,他希望依靠移民议题引发选民的关注和支持,而媒体也以报道移民议题为主。相反,希拉里的议程设置是极其失败的,她希望引导大家关注她的能力、经验和政策观点,但最终媒体关注的主要是电邮和基金会(Faris, Roberts, Etling, Bourassa, Zuckerman, & Benkler, 2017)。

四、结语

总的来看,2017年的全球新闻业研究,针对的是新的传播环境和政治经济环境下新闻业的新现象(例如算法、社交媒体上的假新闻等),有不少研究采用了新兴的研究方法(例如随机实验、大数据分析等),而且有越来越多和其他学科交叉的研究出现(例如政治学、社会学,乃至计算机科学)。但是,在这些研究中,研究者们关心的核心议题依然是新闻业最经典、最核心的老话题:新闻业如何呈现和传播真相?新闻业如何在社会中拥有公信力和权威性?新闻专业主义如何在具体的语境下运作?记者在进行新闻工作的时候受到哪些因素的影响?新闻业如何在民主制度中发挥不可或缺的作用,又如何被制度所影响?

在新闻业剧变的年代,对这些新语境下的经典问题进行持续的追问,是学界的本分所在。在未来的新闻业研究中,这也将持续成为一条最重要的线索。

参考文献

Barrera Rodriguez, O. D., Guriev, S. M., Henry, E., & Zhuravskaya, E. (2017). Facts, Alternative Facts, and Fact Checking in Times of Post-Truth Politics. Available at https://papers.ssrn.com/sol3/papers.cfm?abstract_id=3004631.

Brandtzaeg, P. B., & Følstad, A. (2017). Trust and distrust in online fact-checking services. Communications of the ACM, 60 (9), 65-71.

Carlson, M. (2017a). Automating judgment? algorithmic judgment, news knowledge, and journalistic professionalism. New Media & Society (4), 1-18.

Carlson, M. (2017b). Journalistic Authority: Legitimating News in the Digital Era. New York, NY: Columbia University Press.

Fang, K. (2017). "Guard against fire, theft, and journalists": the public against the press in China. Media Asia, 44 (1), 55-60.

Faris, R., Roberts, H., Etling, B., Bourassa, N., Zuckerman, E., Benkler, Y., (2017). Partisanship, Propaganda, and Disinformation: Online Media and the 2016 U.S. Presidential Election. the Berkman Klein Center for Internet & Society at Harvard University. https://cyber.harvard.edu/publications/2017/08/mediacloud?utm_term=0_e3bf78af04-9b0dca7a77-45814577.

Goh, D. H. L., Chua, A. Y., Shi, H., Wei, W., Wang, H., & Lim, E. P. (2017). An Analysis of Rumor and Counter-Rumor Messages in Social Media. In International Conference on Asian Digital Libraries (pp. 256-266). Springer, Cham.

Graefe, A., Haim, M., Haarmann, B., & Brosius, H. B. (2016). Perception of automated computer-generated news: credibility, expertise, and readability. Journalism.

Guess, A., Nyhan, B., & Reifler, J. (2017). Selective Exposure to Misinformation: Evidence from the consumption of fake news during the 2016

US presidential campaign. Available at https://www.dartmouth.edu/~nyhan/fake-news-2016.pdf.

Haim, M., & Graefe, A.（2017）. Automated news: better than expected?, Digital Journalism. 1-16.

Hill, S. J.（2017）. Learning together slowly: Bayesian learning about political facts. The Journal of Politics, 79（4）, 1403-1418.

Hiltunen, I.（2017）. Another day in paradise? Outside interference and harassment of journalists in a Western democracy. Paper presented at the Academic Conference on the Safety of Journalists, Jakarta, Indonesia, May 3-4, 2018.

King, G., Schneer, B., & White, A.（2017）. How the news media activate public expression and influence national agendas. Science, 358（6364）, 776-780.

Powers, E.（2017）. My news feed is filtered?: awareness of news personalization among college students. , Digital Journalism, 5:10, 1315-1335.

Shin, J., & Thorson, K.（2017）. Partisan selective sharing: The biased diffusion of fact-checking messages on social media. Journal of Communication, 67（2）, 233-255.

Suwajanakorn, S., Seitz, S. M., Kemelmacher-Shlizerman, I., et al.（2017）. Synthesizing obama: learning lip sync from audio. Acm Transactions on Graphics, 36（4）, 1-13.

Tal Montal & Zvi Reich（2017）I, Robot. You, Journalist. Who is the Author?, Digital Journalism, 5:7, 829-849.

Thurman, N., Dörr, K., & Kunert, J.（2017）. When reporters get hands-on with robo-writing: professionals consider automated journalism's capabilities and consequences. Social Science Electronic Publishing.

Usher, N.（2017）. Venture-backed News Startups and the Field of Journalism: Challenges, changes, and consistencies. Digital Journalism, 5（9）, 1116-1133.

Vargo, C. J., Guo, L., & Amazeen, M. A.（2017）. The agenda-setting power of fake news: a big data analysis of the online media landscape from 2014 to 2016. New Media & Society, 1-22.

（作者方可成为宾夕法尼亚大学传播学院博士候选人，贾宸琰为北京大学新闻与传播学院硕士生。）

2017年中国新闻业研究的年度观点

徐桂权　尹子伊[①]

自2014年以来,《中国新闻业年度观察报告》每辑都从当年的新闻传播学权威学术期刊中遴选出具有代表性的新闻业研究论文,分主题进行梳理和评述。今年,我们也延续了这个做法:本刊编辑部先从2017年刊载于《新闻与传播研究》《新闻记者》《国际新闻界》《新闻大学》《现代传播》和《传播与社会学刊》等国内权威学术期刊及部分有影响力的学报上初选出20篇新闻业研究论文,然后邀请10位新闻学者和期刊编辑作为评委,在初选入围的论文中进行"2017年度新闻业研究十佳论文"的投票,最后由编辑部汇总得票,评出排名前十的优秀论文(见附录)。

作为2017中国新闻业研究年度观点的综述,本文即以这十篇论文为重点,按照"新闻业的元话语""新闻报道模式""新媒体事件的新闻呈现""新闻从业者"四个研究主题进行归类、叙述与评析,力图从中窥探当下我国新闻业研究的发展图景,并为未来的相关研究提供可资借鉴的学术思路。

一、新媒体环境下新闻业的元话语重构

美国学者卡尔森认为,新闻业可以被理解为一种特定语境下的文化实践,"元新闻话语"则是这种文化实践的描述性概括,它可被界定为对新闻

---

① 本文作者分别为中山大学传播与设计学院副教授、硕士生。本文为教育部人文社会科学项目"媒介融合环境下新闻生产的多元话语研究"(15YJC860033)的研究成果。

文本，生产这些文本的实践，以及接收这些文本的条件展开的公开评判。①在新传播技术环境下，媒体的形态和环境发生了巨大改变，当前新闻业的元话语重构，既是对新闻业的行动者和新闻生产实践的分析和评价，也蕴含着对新闻业未来的思考。

在新媒体环境下，新闻专业主义话语的内涵与表现形态是否发生改变，这一直是个备受关注的话题。复旦大学陆晔教授和威斯康星大学潘忠党教授曾在2002年发表《成名的想象：中国社会转型过程中新闻从业者的专业主义话语建构》一文，考察中国新闻改革中专业主义的话语实践，成为新闻专业主义研究的经典论述。②2017年，两位学者再度合作，在《走向公共：新闻专业主义再出发》一文中阐述当前的传播生态下新闻专业主义话语的内涵与意义，以及这一职业意识形态的未来。文章认为，虽然新技术的出现打破了新闻生产的行业垄断，消解了封闭的管辖权下新闻从业者的职业界定和文化权威，但是作为一套开放的话语体系和实践纲领，新闻专业主义仍能在中国社会变革和新技术重塑公共生活的关键节点发挥力量。因此，探讨新闻专业主义的核心理念和实践具有深刻意义。

文章整合了不同学科的理论及业界和学界对新闻专业主义的论述，对这一套新闻从业者的话语及实践进行再阐释。作者将新闻专业主义的伦理规范归纳为两套准则，即公共服务的准则和经验主义的认识论准则，以及一个基本预设，即新闻业应当服务于一个社会的公共生活。文章在"元传播""公共生活""交往行动""民主商议"及"元新闻话语"等理论框架下，对新闻专业主义的"再出发"进行了话语重构。其核心观点是，新闻专业主义服务于民主的公共生活，既是理念也是核心规范；这一规范体系基于公共生活的交往与表达，遵循民主的价值和理性交往的准则，发挥着规范我们所希冀的公共生活的作用；在媒体和传播生态变化的背景下，职业新闻工作者至少要扮演"践行者"、"示范者"、"阐释者""主持者"这四种角色。作者

---

① Carlson M: Metajournalistic Discourse and the Meanings of Journalism: Definitional Control, Boundary Work, and Legitimation,*Communication Theory*, 2016, 26（4）.
② 陆晔、潘忠党：《成名的想象：中国社会转型过程中新闻从业者的专业主义话语建构》，《新闻学研究》2002年总第71期。

进一步提出，新闻专业主义走向公共是我们建设公共生活的一部分，我们不仅要坚持新闻专业主义的核心理念，更要将它与现实情境相勾连，在规范新闻实践的同时，促使我们建设更加公正而且稳定的社会。①

除新闻专业主义话语的再阐释外，新闻界的"危机话语"也尤其引人注目，它能让我们了解新闻业现阶段面临哪些危机，业内人士如何看待这些危机并且提出了怎样的解决方案。上海社会科学院白红义和李拓的《新闻业危机应对策略的"正当化"话语：一项基于中国媒体宣言的探索性研究》对不同报纸在停刊、改版和创刊这三个重要的仪式性时刻所发表的48篇媒体宣言进行话语分析，重点阐述新闻组织这一新闻领域的主要行动者如何诊断当前新闻业的状态，做出了怎样的回应。研究发现：第一，报纸的停刊宣言作为一种告别话语，具有浓厚的仪式色彩。彻底停刊的报纸在追忆"黄金时代"和对现实无奈的叙事中透露出诸多伤感和不舍，而转向新媒体平台的报纸在停刊宣言中大多传达对未来的期待；其中，新闻理想是停刊宣言里最突出的"正当化"策略。第二，报纸的改版宣言体现了新媒体环境下纸媒坚守的决心，通过阐述报纸生存的必要性进而合法化纸媒的存在。这些宣言包含改版的缘由和定位，重新强调"内容为王"的价值，也反映了新媒体时代报纸的改版不再只是版面上的变化，还加强了渠道和形式上的改变。此外，报纸也通过改版宣言重新界定了自身的功能和角色。第三、报纸在开设新闻客户端之初发布的创刊宣言主要体现了报纸的创新精神。话语风格上，客户端的创刊宣言大多使用宏大叙事的词汇，呈现出传统报纸大气磅礴的发刊词风格。内容上，创刊宣言阐述了报纸创办新闻客户端的原因，通过强调自身与传统报纸的不同之处塑造其正当性。但这一新媒体平台所传达的价值取向与报纸呈现出相似的特点，责任、担当和新闻理想等新闻专业主义话语频繁出现。由于缺乏对如何提高新闻服务的理解，这些宣言并未体现它们作为一个新闻机构的价值。

总之，在新闻业深陷困境的情况下，报纸采用何种危机应对策略是对

---

① 潘忠党、陆晔：《走向公共：新闻专业主义再出发》，《国际新闻界》2017年第10期。

自身外部环境和内部条件进行综合分析后做出的理性选择。其中，传统与创新、政治与市场、分界与合界这三对关键词是新闻组织在转型过程中建构其"正当化"话语时所使用的核心话语资源，反映了报纸在"正当化"其危机行动策略的同时，也试图维护和巩固自身在社会中的位置。①

在新的媒体生态中，"自媒体"是国内学界和业界近年来也一直高度关注的一个概念，但这一概念的原始形态"We media"却没有在英文语境下呈现较高的热度。为了考察从"We media"到"自媒体"所蕴含的意义变迁，上海政法学院於红梅在《从"We Media"到"自媒体"——对一个概念的知识考古》一文中，沿着福柯"知识考古"的路径，运用话语理论分析中英文语境下论述"We media"和"自媒体"的文本，把握两个概念的不同含义，进而通过研究围绕"自媒体"展开的实践活动分析两个概念之间的重合和差异是如何产生的。

在回溯"We media"一词的诞生时，作者发现，这一概念概括和想象的是新闻业从"职业新闻人"垄断向"参与式新闻"模式的转变，反映了新闻业的转型以及新闻如何更好地服务于民主的公共生活。而"自媒体"是指以新信息技术为基础的新兴且可开发的领域，"自媒体"的实践推动了新一轮资本组合、市场分割和话语权力的再分配。从"We media"到"自媒体"，通过对代表普通民众的"我们"一方和代表大资本控制的媒体集团及其权力的"他们"一方的不同想象，规范了不同可能的表达空间。因此，从"We media"到"自媒体"概念的行走轨迹，体现的是一个将"公民参与"转变为"创业者用新技术创业"、以"商业主义"为主导而淡化参与性、公共性元素的概念再创造的轨迹，也是一个体现主导价值方向转换并指向特定实践空间拓展的轨迹。②

---

① 白红义、李拓：《新闻业危机应对策略的"正当化"话语：一项基于中国媒体宣言的探索性研究》，《新闻大学》2017 年第 6 期。
② 於红梅：《从"We Media"到"自媒体"——对一个概念的知识考古》，《新闻记者》2017 年第 12 期。

二、新闻组织的报道模式：延续与变革

中国新闻业历经长期的发展，已经形成了较为稳定的价值观和报道模式，其具有中国特色的新闻生产实践也是众多学者考察的话题。中山大学王海燕和香港浸会大学科林·斯巴克斯、黄煜、吕楠的《中国传统媒体新闻报道模式分析》一文通过对五份报纸的国内新闻报道进行内容分析，从权力关系、记者声音与传受关系三个维度入手，来探究中国传统媒体新闻报道模式的差异和特征。研究的基本发现是：我国媒体新闻实践的范围相当广泛，涵盖了监督模式、喉舌模式、客观模式、干预模式、服务模式和煽情模式。总体上，我国媒体的报道模式存在着显著的共性，报道的文本上呈现出强烈的记者声音维度的特征，只体现了微弱的权力关系和传受关系特征。但不同属性的媒体和不同领域的报道题材也反映了不同媒体的偏好，传统的机关报和政治经济题材大多采用喉舌模式和干预模式，而市场报和社会性题材的报道更倾向于使用监督模式和客观模式。总之，官方媒体和市场化媒体并非相互对抗，二者的报道实践完全可能是一种和谐的关系。

此外，作者在对媒体煽情模式的使用进行观察后得出了与很多历史研究不同的结论：首先，官方媒体比市场化媒体更倾向于采取煽情模式，这说明了是否使用煽情模式可能并不由报纸的属性决定而是由每个报纸的其他特征决定。其次，煽情模式在政治经济报道中比在社会报道中更为显著，这也说明了报道题材不能成为区分我国媒体是否选择煽情模式的可靠因素。研究还发现，煽情模式与喉舌模式呈现高度的正相关关系，这说明煽情模式的使用在一定程度上甚至有助于官方媒体发挥其喉舌功能。①

虽然新闻组织有一套常规化的操作规范，但互联网带来了技术的转型，也在重塑中国新闻业的结构，中国的新闻生产实践也随之发生了改变。在《在开放与保守策略间游移："不确定性"逻辑下的新闻创新——对三家新

---

① 王海燕、科林·斯巴克斯、黄煜、吕楠：《中国传统媒体新闻报道模式分析》，《国际新闻界》2017 年第 6 期。

闻组织采纳数据新闻的研究》一文中，中山大学李艳红对以新闻组织为单位的数据新闻实践进行社会学和现象学的考察，以研究新闻创新的一般性逻辑。在对三家采纳数据新闻的新闻组织进行田野考察及深度访谈的基础上，研究发现：三家新闻组织对数据新闻的采纳是一种自下而上的过程，对整个行业"不确定性"的危机感促使它们以一种开放的姿态迅速吸收数据新闻这一创新性举措。同时，这三家媒体都以缓冲吸纳的策略来降低创新举措可能给原有组织和结构带来的"不确定性"的影响，他们倾向于将数据新闻定位为对原有新闻形态的补充而非替代。此外，对成本和创新周期的高度控制以及将数据新闻实践快速"常规化"也体现了三家新闻组织对数据新闻保守的维护性特征。

作者进一步在理性主义和"制度同型"的理论框架下解释了中国新闻组织在面对数据新闻时，为何表现出一种"既开放，又保守"的矛盾状态：这三家新闻组织对数据新闻的反应不仅是他们对危机和压力的理性应对，也是基于特性对其他标杆媒体的一种模仿；同时，尽管推动新闻组织采纳创新的因素与他们对成本收益比的准确评估无关，但在未来这很有可能成为主导数据新闻发展的因素。这一研究也揭示了中国新闻组织在面对数据新闻这一创新实践时的普遍特征：在对环境"不确定性"的感知下中国媒体往往勇于创新，但创新本身的不确定性又限制了组织进一步进行"革命性"的创新。[①]

三、"新媒体事件"的新闻呈现

基于互联网而发生、发展、乃至发挥重大社会影响的"新媒体事件"是新闻报道的重要议程。2017年4月，香港《传播与社会学刊》出版了"传播科技与新媒体事件"专辑，其中三篇论文均入选为2017年度新闻业研究的优秀论文。

互联网拓宽了人们获取信息的渠道，借助新媒体平台，新闻事件能迅

---

① 李艳红：《在开放与保守策略间游移："不确定性"逻辑下的新闻创新——对三家新闻组织采纳数据新闻的研究》，《新闻与传播研究》2017年第9期。

速进入公众视野。但是新媒体事件要进一步扩大其影响力，还需要和传统媒体形成良好的互动关系。那么，传统媒体在多大程度上对新媒体事件进行报道？报道呈现怎样的分布特征？不同传统媒体在报道新媒体事件时又有哪些差异？复旦大学周葆华和德克萨斯大学博士生吕舒宁的《"新媒体事件"传统媒体报导的多元性：基于中国大陆12份报纸内容的比较研究》以议程多元性为核心概念，采用内容分析法对新媒体事件中新旧媒体的关系进行实证研究。研究发现：总体上新媒体事件已经成为中国报纸报道的常规内容，但不同新闻范式、不同地区的报纸在报道新媒体事件时呈现了多元性差异，具体表现为：第一，就事件本身的形式多元性而言，都市报报道新媒体事件的数量比党报更多，东部报纸比中西部报纸更愿意吸纳新媒体事件。第二，就事件议题、类型和地域的比例多元性而言，都市报比党报更活跃，东部报纸的多元性也明显超过中西部报纸。此外，西部报纸基于新闻范式的内部多元性的差异更加突出，而东部报纸则相对弱化。第三，就新媒体事件报道的外部多元性而言，所有报纸在总体上都显现了较高的多元性，但在事件议题、类型与地域层面，和党报相比，都市报之间的趋同性更高，东部报纸的外部多元性普遍低于中西部报纸的外部多元性。值得注意的是，在比较新闻范式与地域两个影响因素时，新闻范式对传统媒体报道新媒体事件的影响力更大，同时，新媒体事件的基本内涵也可能与传统媒体报道的多元性有关。[①]

在我国，无论是个人维权事件还是群体抗争性事件，它们的影响力都和媒体的关注程度与报道角度息息相关，行动者的媒介策略是决定社会抗争成功与否的重要指标，新媒体出现后更是为中国抗争者提供了新的发声平台。深圳大学周裕琼和美国华盛顿大学博士生杨云康的《中国社会抗争的媒介策略：基于环保与征地事件的综合比较分析》将中国抗争者的媒介策略分为大众媒体主导的"媒介化抗争"、社交媒体主导的"连接性领导力"以及新旧媒体共同主导的"媒介互激与循环"三种框架，通过综合分析2009—2014年间发生的40起群体性事件以及对其中最有影响力的群体性事件——番禺事件

[①] 周葆华、吕舒宁：《"新媒体事件"传统媒体报导的多元性：基于中国大陆12份报纸内容的比较研究》，《传播与社会学刊》2017年总第40期。

和乌坎事件进行个案比较,考察环保和征地抗争中行动者的媒介实践。研究发现:国内外媒体报道的两极化根本上影响了中国社会抗争的媒介策略,这种差异为行动者提供了媒介博弈空间:他们可以在安全范式下通过国内媒体传递自己的诉求,也可以通过海外媒体走"曲线救国"的媒介化抗争道路。

文章进一步指出,新媒体是行动者与主流媒体博弈的核心元素,具体表现为:在抗争早期,行动者通过新媒体能凝聚内部成员,进而达成共识;在抗争中期,行动者能通过新媒体平台的影响力推动传统媒体的关注和报道,形成新旧媒体的互激效应;在抗争后期,行动者通过新媒体发声,影响传统媒体的报道框架,实现传统媒体主导的媒介化抗争,澄清"过度解读"的媒体报道所带来的负面影响。在突发性群体事件中,强大的动机、有效的分工合作和强大的山寨学习能力可能弥合城乡数字鸿沟。但作者也认识到新媒体并非"万金油",随着媒体管制的进一步加强,新媒体的动员功能也会下降,明智的社会抗争者应该采用更灵活的媒介策略,重视整合新旧媒体的资源,进而实现有效的动员。①

在媒体的公共讨论与抗争性事件中,情感动员也是学界目前关注的议题。在《感受他人的"痛苦":"底层"痛苦、公共表达与"同情"的政治》一文中,南京大学袁光锋从归因、话语主体、行动指向三个层面分析媒体对两起毕节留守儿童死亡事件的报道,在超越"情感—理性"二元对立的商议民主框架下研究底层的痛苦如何在公共空间中被表达,以及公众的同情如何塑造公共讨论。研究发现,传统媒体通过代理者语言向公众呈现了留守儿童的痛苦,引发了公众的同情。同情作为一种情感,它与公共理性并不是对立的,它不仅能推动公共讨论,其自身的观点表达也能实现公共性。公众在表达同情时会征用传统的文化资源与官方的话语和承诺,这也反映了公共领域的建构以及人们的公共表达植根于各类文化资源和道德资源之中。

作者还将底层表达痛苦面临的困境归因为:第一,不平等的权力结构和表达能力上的局限使得底层群体表达痛苦依赖于媒体的发现。第二,相较其

---

① 周裕琼、杨云康:《中国社会抗争的媒介策略:基于环保与征地事件的综合比较分析》,《传播与社会学刊》2017年总第40期。

他议题,留守儿童的痛苦进入公共空间的机会有限。第三,政治不平等和底层群体表达渠道的缺失造成阶层间的隔膜,可能会阻止媒体对底层痛苦的感受。作者进一步指出:在政治权力不平等的结构中,底层群体面临公众同情疲劳的问题,底层痛苦所激发的媒体和其他群体的同情是微弱、短暂和偶然的,所形成的共情共识关系也并不是稳定的,这种突发的群体同情无法从根本上改变留守儿童在公共空间的弱势地位。①

四、媒体从业者的行业生态

据中华全国新闻工作者协会发布的《中国新闻事业发展报告（2016年）》显示,截至2016年底,全国共有223925名记者持有有效的新闻记者证,其中报纸记者84130人,期刊记者6007人,通讯社记者2801人,电台、电视台和新闻电影制片厂记者129829人,新闻网站记者1158人。② 在我国的记者群体中,调查记者是最具专业理念和职业精神的典范,享有极高的社会声誉。

2010—2011年,张志安和沈菲针对调查记者生存状况及职业意识开展了首次全国性总体普查,全方位地展现了中国调查记者的职业观念和生存状况。③在此基础上,中山大学张志安和曹艳辉采用问卷调查的形式,对中国调查记者行业进行了第二次全国性普查。在《新媒体环境下中国调查记者行业生态变化报告》一文中,作者将两次调查结果进行对比后发现:总体特征上,调查记者行业人才流失状况非常严重,传统媒体调查记者从业人数下降幅度高达58%。调查记者队伍仍以男性为主,年龄结构非常年轻,接受过专业新闻传播学科教育的比例更高,记者的收入水平有了显著提升,从业经历也更为丰富;从业地点上,调查记者主要集中在7家传统媒体和2家新媒体

---

① 袁光锋:《感受他人的"痛苦":"底层"痛苦、公共表达与"同情"的政治》,《传播与社会学刊》2017年总第40期。
② 中华全国新闻工作者协会:《中国新闻事业发展报告（2016年）》,2017年5月31日,取自 http://www.xinhuanet.com/zgjx/2017-05/31/c_136314150.htm。
③ 张志安,沈菲:《中国调查记者行业生态报告》,《现代传播》2011年第10期。

机构，41%的调查记者在北京工作；籍贯上，与"调查湘军"的衰落之势相较，山东籍新入行调查记者的比例有了显著提升。

研究还发现：虽然中国新闻业的生态环境发生了显著变化，调查报道行业也面临着更大的生存困境，但是调查记者在择业动机、角色认知方面具有较高的稳定性。针对媒体功能的社会认知评价，调查记者更重视事实核查、真相传播的力量和意义。此外，当前调查记者的职业满意度没有显著下降，在某些维度上还有所提升，这和新入行的调查记者与新媒体机构调查记者的工作满意度相对较高有关。令人担忧的是，调查记者的职业认同感显著下降，工作的自主空间被压缩，职业忠诚度普遍较低且呈现出高度的不确定性。作者认为，要想推动中国调查报道行业的可持续发展，就要保持调查记者的从业规模，提供充分的报道空间，重塑调查记者的职业认同感以及提高调查记者的工作满意度和职业忠诚度。①

在市场改革和新媒体的双重压力下，我国的媒体环境发生了很大变化，在这一背景下媒体从业者的劳动状况、职业价值观和职业规范等话题一直是学者所关注的对象。武汉大学夏倩芳和李婧的《媒体从业者的劳动权困境及其形塑机制》一文聚焦我国市场化媒体从业者的劳动状况，从生产政治的视角出发，以都市报的媒体从业者为研究对象，揭示了在信息和文化生产领域普遍存在的劳动权形塑机制。文章发现：我国市场化媒体从业者的劳动状况受到国家、市场、组织等多层级力量以及政策和机制等因素的影响：第一，国家政策的变动驱使媒体企业化改造和改革用工制度；第二，对刊号资源的垄断与配置形成了不平衡的传媒市场及母报—子报的关系模式，促成都市报采纳计件绩效制，"编制"被作为劳动权差异化控制的工具，导致了媒体从业者同工不同酬、低福利、高强度、高风险的劳动权状况；第三，在市场话语下，对"效率第一"和"企业优先"的过度追求使媒体企业采取压低劳动成本的管理机制，抽离其劳动权监管者的角色。

文章进一步指出这些媒体从业者面临的劳动权困境：首先，劳动问题窄

---

① 张志安、曹艳辉：《新媒体环境下中国调查记者行业生态变化报告》，《现代传播》2017年第11期。

化为个人问题,形成了一套以"个人能力"为中心的市场观念,个人劳动条件和状况的恶化仅与个人能力有关,而与劳资关系的不公正及劳动权的受损无关。其次,伴随资本对劳动力的挤压、个人必须被动承担去福利化、社会不公等矛盾,政治和市场话语还遮蔽了劳动权的社会权属性及其社会实质正义的伦理诉求。此外,这种将劳动权窄化的导向,在实践中也阻碍了劳动权的司法保障。①

---

① 夏倩芳、李婧:《媒体从业者的劳动权困境及其形塑机制》,《学术研究》2017 年第 4 期。

2017年"中国新闻业研究十佳论文"评选结果

《中国新闻业年度观察报告》编辑部

为推动中国新闻业研究的发展，本刊编辑部继续开展发起了2017年"中国新闻业研究十佳论文"的评选活动。本刊编辑部先从2017年刊载于《新闻与传播研究》《新闻记者》《国际新闻界》《新闻大学》《现代传播》和《传播与社会学刊》等国内权威学术期刊及部分有影响力的学报上初选出20篇新闻业研究论文，然后邀请10位新闻学者和期刊编辑作为评委，在初选入围的论文中进行"2017年度新闻业研究十佳论文"的投票，最后由编辑部汇总得票，评出排名前十的优秀论文。获选的优秀论文是：

潘忠党、陆晔：《走向公共：新闻专业主义再出发》，《国际新闻界》2017年第10期。

李艳红：《在开放与保守策略间游移："不确定性"逻辑下的新闻创新——对三家新闻组织采纳数据新闻的研究》，《新闻与传播研究》2017年第9期。

夏倩芳、李婧：《媒体从业者的劳动权困境及其形塑机制》，《学术研究》2017年第4期。

周裕琼、杨云康：《中国社会抗争的媒介策略：基于环保与征地事件的综合比较分析》，《传播与社会学刊》2017年总第40期。

袁光锋：《感受他人的"痛苦"："底层"痛苦、公共表达与"同情"的政治》，《传播与社会学刊》2017年总第40期。

周葆华、吕舒宁：《"新媒体事件"传统媒体报导的多元性：基于中国大陆12份报纸内容的比较研究》，《传播与社会学刊》2017年总第40期。

王海燕、科林·斯巴克斯、黄煜、吕楠：《中国传统媒体新闻报道模式分析》，《国际新闻界》2017年第6期。

於红梅：《从"We Media"到"自媒体"——对一个概念的知识考古》，《新闻记者》2017年第12期。

张志安、曹艳辉：《新媒体环境下中国调查记者行业生态变化报告》，《现代传播》2017年第11期。

白红义、李拓：《新闻业危机应对策略的"正当化"话语：一项基于中国媒体宣言的探索性研究》，《新闻大学》2017年第6期。

上述优秀论文作者将获得由本刊编辑部颁发的获奖证书，并受邀参加2018中国新闻业研究圆桌论坛。